目 录

商法 …………………………………………………………………………（1）
专题一　公司法 …………………………………………………………（1）
第一节　公司法概述 …………………………………………………（1）
考点1　公司的分类　/1
考点2　有限责任原则和公司法人人格否认　/2
第二节　公司的设立 …………………………………………………（2）
考点3　发起人及发起人责任　/2
考点4　公司资本　/3
考点5　公司的章程　/3
第三节　公司的股东和股东权利 ……………………………………（4）
考点6　股东资格的取得与确认　/4
考点7　名义股东与实际股东　/5
考点8　股东出资及出资瑕疵责任　/6
考点9　股东的其他义务　/9
考点10　股东的知情权和分红权　/9
考点11　股东代表诉讼　/11
第四节　公司的组织机构 ……………………………………………（11）
考点12　公司的组织机构　/11
考点13　公司担保　/15
第五节　公司的董事、监事、高级管理人员 ………………………（15）
考点14　公司董事、监事、高级管理人员的资格和义务　/15
第六节　公司的财务与会计制度 ……………………………………（17）
考点15　公司的财务会计报告制度　/17
考点16　公司的收益分配制度　/17
第七节　公司的变更、合并与分立 …………………………………（18）
考点17　公司合并和分立　/18
考点18　公司形式变更　/18
考点19　公司增资和减资（注册资本变更）　/19
考点20　公司其他事项变更　/19
第八节　公司的解散与清算 …………………………………………（20）
考点21　公司的解散与清算　/20
第九节　有限责任公司 ………………………………………………（22）
考点22　有限责任公司的设立　/22
考点23　有限责任公司的股权转让　/22
考点24　有限责任公司的股权回购　/23
考点25　一人公司　/24

· 1 ·

第十节　股份有限公司 ……………………………………………………（24）
考点 26　股份有限公司的设立　/ 24
考点 27　股份有限公司的股份转让　/ 25
考点 28　股份有限公司的股份回购　/ 25
考点 29　上市公司特殊规定　/ 25

专题二　合伙企业法 ………………………………………………………………（26）
考点 30　普通合伙企业　/ 26
考点 31　特殊的普通合伙企业　/ 33
考点 32　有限合伙企业　/ 33
考点 33　合伙的解散与清算　/ 36

专题三　个人独资企业法 …………………………………………………………（36）
考点 34　个人独资企业法　/ 36

专题四　外商投资法 ………………………………………………………………（37）
考点 35　外商投资法　/ 37

专题五　企业破产法 ………………………………………………………………（38）
考点 36　破产原因、破产案件的申请和受理　/ 38
考点 37　破产管理人　/ 38
考点 38　债务人财产的范围　/ 39
考点 39　破产费用和共益债务　/ 39
考点 40　撤销权、追回权、抵销权和取回权　/ 39
考点 41　债权申报　/ 41
考点 42　债权人会议和债权人委员会　/ 43
考点 43　重整程序　/ 43

专题六　票据法 ……………………………………………………………………（45）
考点 44　票据法基本制度　/ 45
考点 45　汇票　/ 48
考点 46　支票　/ 50

专题七　证券法 ……………………………………………………………………（50）
考点 47　证券法　/ 50
考点 48　证券投资基金法　/ 54

专题八　保险法 ……………………………………………………………………（55）
考点 49　保险法概述　/ 55
考点 50　人身保险合同　/ 57
考点 51　财产保险合同　/ 59

专题九　海商法 ……………………………………………………………………（61）
考点 52　船舶物权　/ 61

专题十　信托法 ……………………………………………………………………（62）
考点 53　信托法　/ 62

经济法 ………………………………………………………………………………（63）

专题十一　反垄断法 ………………………………………………………………（63）
考点 54　反垄断法　/ 63

专题十二　反不正当竞争法 ………………………………………………………（66）
考点 55　反不正当竞争法　/ 66

专题十三　消费者权益保护法 ………………………………………………………（70）
　　考点56　消费者权益保护法　/70
专题十四　产品质量法 …………………………………………………………………（73）
　　考点57　产品质量法　/73
专题十五　食品安全法 …………………………………………………………………（74）
　　考点58　食品安全法　/74
专题十六　商业银行法 …………………………………………………………………（77）
　　考点59　商业银行法　/77
专题十七　银行业监督管理法 …………………………………………………………（80）
　　考点60　银行业监督管理法　/80
专题十八　企业所得税法 ………………………………………………………………（83）
　　考点61　企业所得税法　/83
专题十九　个人所得税法 ………………………………………………………………（84）
　　考点62　个人所得税法　/84
专题二十　车船税法 ……………………………………………………………………（85）
　　考点63　车船税法　/85
专题二十一　增值税法 …………………………………………………………………（86）
　　考点64　增值税法　/86
专题二十二　消费税法 …………………………………………………………………（86）
　　考点65　消费税法　/86
专题二十三　税收征收管理法 …………………………………………………………（87）
　　考点66　税收征收管理法概述　/87
　　考点67　税务管理　/87
　　考点68　税收征收与保障　/88
专题二十四　审计法 ……………………………………………………………………（89）
　　考点69　审计法　/89
专题二十五　土地管理法 ………………………………………………………………（91）
　　考点70　土地管理法　/91
专题二十六　城乡规划法 ………………………………………………………………（93）
　　考点71　城乡规划法　/93
专题二十七　城市房地产管理法 ………………………………………………………（94）
　　考点72　城市房地产管理法　/94
专题二十八　不动产登记 ………………………………………………………………（98）
　　考点73　不动产登记暂行条例　/98

环境资源法 ………………………………………………………………………………（99）

专题二十九　环境保护法 ………………………………………………………………（99）
　　考点74　环境影响评价法　/99
　　考点75　环境保护法　/100
专题三十　森林法 ………………………………………………………………………（102）
　　考点76　森林法　/102
专题三十一　矿产资源法 ………………………………………………………………（104）
　　考点77　矿产资源法　/104

劳动与社会保障法 ……………………………………………………………………………（105）
 专题三十二 劳动合同法 ………………………………………………………（105）
  考点 78 劳动合同 / 105
  考点 79 劳务派遣 / 110
 专题三十三 劳动法 ……………………………………………………………（112）
  考点 80 劳动法 / 112
 专题三十四 劳动争议调解仲裁法 ……………………………………………（113）
  考点 81 劳动争议调解仲裁法 / 113
 专题三十五 社会保险法 ………………………………………………………（114）
  考点 82 社会保险法 / 114
 专题三十六 军人保险法 ………………………………………………………（115）
  考点 83 军人保险法 / 115

知识产权法 ………………………………………………………………………………（117）
 专题三十七 著作权 ……………………………………………………………（117）
  考点 84 著作权法 / 117
 专题三十八 专利权 ……………………………………………………………（130）
  考点 85 专利法 / 130
 专题三十九 商标权 ……………………………………………………………（138）
  考点 86 商标法 / 138

法律文件简称对照表

简称	全称
公司法解释（二）	最高人民法院关于适用《中华人民共和国公司法》若干问题的规定（二）
公司法解释（三）	最高人民法院关于适用《中华人民共和国公司法》若干问题的规定（三）
公司法解释（四）	最高人民法院关于适用《中华人民共和国公司法》若干问题的规定（四）
企业破产法解释（一）	最高人民法院关于适用《中华人民共和国企业破产法》若干问题的规定（一）
企业破产法解释（二）	最高人民法院关于适用《中华人民共和国企业破产法》若干问题的规定（二）
企业破产法解释（三）	最高人民法院关于适用《中华人民共和国企业破产法》若干问题的规定（三）
保险法解释（二）	最高人民法院关于适用《中华人民共和国保险法》若干问题的解释（二）
保险法解释（三）	最高人民法院关于适用《中华人民共和国保险法》若干问题的解释（三）
保险法解释（四）	最高人民法院关于适用《中华人民共和国保险法》若干问题的解释（四）
民法典担保制度解释	最高人民法院关于适用《中华人民共和国民法典》有关担保制度的解释
民法典婚姻家庭编解释（一）	最高人民法院关于适用《中华人民共和国民法典》婚姻家庭编的解释（一）
民诉法解释	最高人民法院关于适用《中华人民共和国民事诉讼法》的解释

商法 [答案详解]

专题一 公司法

第一节 公司法概述

考点1 公司的分类

1. 分公司民事责任承担[D]

[解析]《公司法》第13条第2款规定:"公司可以设立分公司。分公司不具有法人资格,其民事责任由公司承担。"《民法典》第74条规定:"法人可以依法设立分支机构。法律、行政法规规定分支机构应当登记的,依照其规定。分支机构以自己的名义从事民事活动,产生的民事责任由法人承担;也可以先以该分支机构管理的财产承担,不足以承担的,由法人承担。"

可见,分公司属于总公司的组成部分,没有独立的财产或责任,其实际占有或使用的财产属于总公司财产的一部分。总公司的负债无力偿付的,可以执行各分公司财产;各分公司的负债无力偿付的,可以执行总公司财产。某一分公司的对外债务,如果该分公司管理的财产及总公司直接管理的责任财产仍不能清偿,法院可执行其他分公司管理的财产,所以B、C项正确,D项错误。

分公司归属于总公司,是总公司的附属机构,分公司在总公司授权的范围内从事经营活动,分公司负责人在授权的经营范围内可以代表公司对外签署合同,故A项正确。

法条变更	《中华人民共和国公司法》 2023年12月29日第十四届全国人民代表大会常务委员会第七次会议第二次修订

2. 分公司与子公司[D]

[解析]《公司法》第38条规定:"公司设立分公司,应当向公司登记机关申请登记,领取营业执照。"据此,无论是在北京还是在外地设立分公司,都必须进行公司登记,领取营业执照,故A项错误。分公司不具备法人资格,不能独立承担民事责任,故B项错误。

关于分公司的负责人,现行法律并无特别规定。公司投资者(股东)与公司经营层可以分开,股东之外的人担任公司经理并非罕见,股东之外的人担任公司分支机构负责人也是常态。所以,无论是在北京还是在外地设立分公司,其负责人均可以是股东之外的人,故C项错误。

《公司法》第13条第1款规定:"公司可以设立子公司。子公司具有法人资格,依法独立承担民事责任。"无论在北京还是在外地,无论是否全资子公司,子公司均具备独立法人资格,独立承担责任,故D项正确。

3.(1)子公司的设立[B(原答案为BCD)]

[解析]子公司,是指一定比例以上股份被另一公司持有或通过协议方式受到另一公司实际控制的公司。子公司对应于母公司,虽然子公司受母公司的控制,但其具有以下特点:(1)子公司是具有独立法人地位的企业;(2)有自己的独立名称和公司章程;(3)具有独立的组织机构;(4)以自己的名义进行各类民事经济活动;(5)拥有独立的财产,能够自负盈亏,独立核算,独立承担公司行为所带来的一切后果与责任。子公司享有独立名称权,不需要冠以母公司名称。故A项错误。

对于子公司与母公司营业地,法律并不作限制性规定,属于企业意思自治范围。因此子公司的营业地可不同于甲公司的营业地。故B项正确。

现行《公司法》已经取消了一人有限公司注册资本必须在公司成立时一次足额缴清的规定。故C项错误。

《公司法》第112条第2款规定:"本法第六十条关于只有一个股东的有限责任公司不设股东会的规定,适用于只有一个股东的股份有限公司。"据此,甲公司设立独资子公司的组织形式可以是有限责任公司,也可以是股份有限公司,故D项错误。【旧题新解】2023年新《公司法》全面承认了公司可以只有一个股东,无论有限公司还是股份公司。

(2)子公司的组织机构;经营管理[AB]

[解析]根据《公司法》第75条、第128条规定,规模较小或者股东人数较少的有限责任公司和股份有限公司,可以不设董事会,设一名董事,行使董事会的职权。故A项正确。

新《公司法》对全资子公司再设立自己的全资子公司没有限制,故B项正确。

子公司作为独立法人,依法独立承担民事责任,其有权依照法律的规定自主决定公司法定代表人及经营范围等事项,故C、D项错误。

(3)子公司的财产性质、法律地位、法律责任[CD]

[解析]《公司法》第13条第1款规定:"公司可

以设立子公司。子公司具有法人资格,依法独立承担民事责任。"作为独立法人,子公司有独立的财产权,故 A 项错误。子公司具有独立法人资格,进行诉讼活动时以自己的名义进行,故 C、D 项正确。

《公司法》第 4 条第 1 款规定:"有限责任公司的股东以其认缴的出资额为限对公司承担责任;股份有限公司的股东以其认购的股份为限对公司承担责任。"甲公司属于子公司的股东,对子公司以其出资额为限承担有限责任。故 B 项错误。

考点2 有限责任原则和公司法人人格否认

4. 法人人格否认之诉的诉讼地位[B]

[解析] 2019年《全国法院民商事审判工作会议纪要》(《九民纪要》)第 13 条规定:"人民法院在审理公司人格否认纠纷案件时,应当根据不同情形确定当事人的诉讼地位:(1)债权人对债务人公司享有的债权已经由生效裁判确认,其另行提起公司人格否认诉讼,请求股东对公司债务承担连带责任的,列股东为被告,公司为第三人;(2)债权人对债务人公司享有的债权提起诉讼的同时,一并提起公司人格否认诉讼,请求股东对公司债务承担连带责任的,列公司和股东为共同被告;(3)债权人对债务人公司享有的债权尚未经生效裁判确认,直接提起公司人格否认诉讼,请求公司股东对公司债务承担连带责任的,人民法院应当向债权人释明,告知其追加公司为共同被告。债权人拒绝追加的,人民法院应当裁定驳回起诉。"本题中,债权人乙公司直接起诉股东张某,应适用上述第三种情形,法院应当向乙公司释明,告知其追加甲公司为共同被告,否则裁定驳回起诉。故 B 项当选。

5. 公司法人人格否认[A]

[解析]《公司法》第 23 条第 1 款规定:"公司股东滥用公司法人独立地位和股东有限责任,逃避债务,严重损害公司债权人利益的,应当对公司债务承担连带责任。"零盛公司控股股东甲公司将零盛公司的资产全部用于甲公司的其他项目,严重影响了零盛公司的偿债能力,因此,甲公司应当对零盛公司的债务承担连带责任。故 A 项正确。

乙公司未实施滥用公司法人独立地位和股东有限责任的行为,所以乙公司不应承担对丙公司的连带责任,也不承担按份责任。故 B、C 项错误。

丙公司作为债权人可以依《公司法》第 23 条起诉滥用公司法人人格的股东,未必只能通过破产程序受偿。故 D 项错误。

第二节 公司的设立

考点3 发起人及发起人责任

6. 发起人责任[BC]

[解析] 利城公司设立失败,发起人之间为民事合伙的性质,对外部主体德盛公司和菱菲公司的债务承担连带责任,德盛公司和菱菲公司可以向发起人中的一人或数人追究连带责任,发起人内部约定的责任承担份额只能用于内部追偿。故 A 项错误,B 项正确。若乙对外承担了全部责任,有权向其他发起人追偿。本题中甲、乙、丙约定了各自的责任承担比例为"平均分担",该约定有效,故乙可按约定份额向甲、丙追偿,C 项正确。

发起人因履行公司设立职责而给第三人造成损害,类比职务侵权,公司成立后,由公司承担责任;公司未能成立的,发起人对外承担连带责任。而本题中,丙是在外出旅游的路上发生交通事故将丁撞伤,丙对丁的损害并非因履行公司设立职责,而是因个人原因导致,因此应由丙个人承担责任。故 D 项错误。

7. 发起人职责[A]

[解析]《公司法》第 44 条第 2 款规定:"公司未成立的,其法律后果由公司设立时的股东承受;设立时的股东为二人以上的,享有连带债权,承担连带债务。"本题中,物流公司未能设立,则全体发起人为合伙性质,设立过程中的所有责任应由全体发起人对外负连带责任。故 B、C、D 项错误,A 项正确。【思路拓展】有关发起人责任问题的分析思路:首先看公司是否成立。第一,如果未成立,由全体发起人对外承担连带责任,之后内部追偿。第二,如果公司成立了,再看题目中涉及的具体情形是合同责任还是侵权责任。(1)涉及合同责任。按照合同相对性,如果是发起人以个人名义签章的,由对方选择签章的发起人或成立后的公司承担合同责任(非连带责任)。如果是以设立中公司的名义签章的,由公司承担责任。例外:若公司能证明发起人是为自己的利益对外签订的合同,且相对人非善意,由发起人承担责任。(2)涉及侵权责任。类比职务行为,由公司对外承担责任,对内向有过错的发起人追偿。

8. 发起人的责任[ABC(原答案为AB)]

[解析]《公司法解释(三)》第 2 条规定:"发起人为设立公司以自己名义对外签订合同,合同相对人请求该发起人承担合同责任的,人民法院应予支持;公司成立后合同相对人请求公司承担合同责任的,人民法院应予支持。"相应的,《公司法》第 44 条第 3 款规定:"设立时的股东为设立公司以自己的名义从事民事活动产生的民事责任,第三人有权选择请求公司或者公司设立时的股东承担。"丙作为发起人为设立公司以自己的名义对外签订合同,无论公司是否成立,戊都可以请求丙承担合同责任。故 A 项正确。

《民法典》第 75 条第 2 款规定:"设立人为设立法人以自己的名义从事民事活动产生的民事责任,第三人有权选择请求法人或者设立人承担。"公司成立后,相对人戊享有选择权,既可以请求商贸公司承担清偿责任,也可以请求由丙承担清偿责任,而不是二者承担连带清偿责任。故B、C项正确,D项错误。

法条变更	《最高人民法院关于适用〈中华人民共和国公司法〉若干问题的规定(三)》
	根据2020年12月23日最高人民法院审判委员会第1823次会议通过的《最高人民法院关于修改〈最高人民法院关于破产企业国有划拨土地使用权应否列入破产财产等问题的批复〉等二十九件商事类司法解释的决定》第二次修正

考点4 公司资本

9. 公司的注册资本与出资[ABD]

[解析]《公司法》第47条规定,有限责任公司的注册资本为在公司登记机关登记的全体股东认缴的出资额。现行《公司法》对普通公司最低注册资本没有限制,公司的注册资本可以是1元,故A项正确。

《公司法》第46条第1款规定:"有限责任公司章程应当载明下列事项:……(三)公司注册资本;……"据此,公司注册资本属于公司章程的绝对记载事项,故B项正确。

《公司法》第33条第2款规定,公司营业执照应当载明公司的名称、住所、注册资本、经营范围、法定代表人姓名等事项。据此,公司注册资本属于公司营业执照的法定记载事项,故C项错误。

《公司法》没有规定有限责任公司股东出资时需要验资,但公司章程可以规定股东出资必须经过验资,这属于公司自治的范畴,故D项正确。

10. 出资方式[C]

[解析]《公司法》第49条第2款规定:"股东以货币出资的,应当将货币出资足额存入有限责任公司在银行开设的账户;以非货币财产出资的,应当依法办理其财产权的转移手续。"本题中,甲以面包车出资,应把面包车的所有权转移给商贸公司。故A项错误。

《公司法》对公司股东货币的出资额以及公司首期出资比例未设定法定最低限额,公司章程可以自行约定。故B、D项错误,C项正确。

考点5 公司的章程

11. 公司章程的生效[D]

[解析]股东协议与公司章程彼此独立,性质、适用范围、效力均不同,故A、C项错误。公司章程需经全体股东协商一致才能生效,故B项错误。公司章程应当进行登记,未经登记不能对抗第三人,故D项正确。

12. 忠诚义务[D]

[解析] 根据《公司法》第182条和第186条规定,董事、监事、高级管理人员,直接或者间接与本公司订立合同或者进行交易,应当就与订立合同或者进行交易有关的事项向董事会或者股东会报告,并按照公司章程的规定经董事会或者股东会决议通过。违反上述规定所得的收入,应当归公司所有。这是对公司高管忠诚、勤勉义务的规定。蔡某擅自实施的"自我交易行为"虽然违反了公司高管对公司的忠诚、勤勉义务,且合同金额达到15万元,根据公司章程需要经过董事会批准,但此行为并没有违反合同无效的强制性规定,并不能因此直接认定该行为无效,故A项错误。但高管违反对公司的忠诚义务所得的收入(租金),公司有权收归公司所有,故无需向蔡某支付租金,D项正确。

《公司法》第67条第2款第8项规定,董事会有权决定聘任或者解聘公司经理及其报酬事项,并根据经理的提名决定聘任或者解聘公司副经理、财务负责人及其报酬事项。据此,蔡某作为公司总经理,其解聘应由董事会作出,而非股东会。故B项错误。

《公司法》第5条规定:"设立公司应当依法制定公司章程。公司章程对公司、股东、董事、监事、高级管理人员具有约束力。"第265条第1项规定,高级管理人员,是指公司的经理、副经理、财务负责人,上市公司董事会秘书和公司章程规定的其他人员。本题中,蔡某为公司的总经理,属于公司高管,公司章程当然对蔡某具有约束力。故C项错误。

13. 公司章程;有限公司的组织机构[AB]

[解析]《公司法》第64条第1款规定:"召开股东会会议,应当于会议召开十五日前通知全体股东;但是,公司章程另有规定或者全体股东另有约定的除外。"由此可知,公司章程可以对股东会会议召开的通知时间另外作出规定。故A项正确。

《公司法》第66条第3款规定:"股东会作出修改公司章程、增加或者减少注册资本的决议,以及公司合并、分立、解散或者变更公司形式的决议,应当经代表三分之二以上表决权的股东通过。"选项中公司章程规定全体股东同意才能解散公司的说法并不违反法律规定。故B项正确。

《公司法》第73条第3款规定:"董事会决议的表决,应当一人一票。"这属于法律的强制性规定,公司章程的规定与之冲突的无效,故C项错误。

《公司法》第76条第2款规定:"监事会成员为三人以上。监事会成员应当包括股东代表和适当比例的公司职工代表,其中职工代表的比例不得低于三分之一,具体比例由公司章程规定。监事会中的职工代表由公司职工通过职工代表大会、职工大会或者其他形式民主选举产生。"据此,有限公司监事会必须有适当比例的职工监事,因此,约定全部由股东担任不符合法律规定。故 D 项错误。

14. 有限责任公司章程 [ABC]

[解析]《公司法》第 210 条第 4 款规定:"公司弥补亏损和提取公积金后所余税后利润,有限责任公司按照股东实缴的出资比例分配利润,全体股东约定不按照出资比例分配利润的除外;股份有限公司按照股东所持有的股份比例分配利润,公司章程另有规定的除外。"可见,公司章程可以约定不按出资比例分配红利。故 A 项正确。

《公司法》第 15 条第 1 款规定:"公司向其他企业投资或者为他人提供担保,按照公司章程的规定,由董事会或者股东会决议;……"根据上述规定,公司章程对于对外投资事宜可以由董事会决定,也可以由股东会决定,公司章程可以赋予董事对外投资的决定权。故 B 项正确。

《公司法》第 65 条规定:"股东会会议由股东按照出资比例行使表决权;但是,公司章程另有规定的除外。"表决权行使按照什么规则行使,公司章程可以作出规定,如无规定,则按照出资比例行使。故 C 项正确。

《公司法》第 59 条规定:"股东会行使下列职权:……(五)对公司增加或者减少注册资本作出决议;……"有限责任公司与股份有限公司相比较,人合性较强,若允许其他人经投资而成为新的股东,势必增加注册资本,需要经过股东会予以决定,董事会不享有此项权力。故 D 项错误。

第三节 公司的股东和股东权利

考点 6 股东资格的取得与确认

15. 股东资格的取得与确认 [CD]

[解析]《公司法》第 56 条第 2 款规定:"记载于股东名册的股东,可以依股东名册主张行使股东权利。"据此,股东名册是确定股东资格的法定文件,甲公司已经将潘某写入了股东名册,因此潘某已经取得了股权,成为了股东。故 A 项错误,D 项正确。股权转让可以分期付款,是否取得股权以股东名册为准,与分期付款无关,故 B 项错误。

《公司法》第 34 条第 2 款规定:"公司登记事项未经登记或者未经变更登记,不得对抗善意相对人。"根据《公司法》第 32 条规定,有限责任公司股东的姓名或者名称属于公司登记事项。对此,未办理变更登记的,不得对抗善意相对人。故 C 项正确。

16. 股权转让;股东资格的取得 [BD]

[解析]《公司法》第 56 条第 2 款规定:"记载于股东名册的股东,可以依股东名册主张行使股东权利。"股权转让时,受让人取得股东资格,与公司建立法律关系的证明应该是股东名册的变更。所以 2018 年 5 月公司股东名册及文件变更完成时,乙取得股东资格,D 项正确。

2018 年 4 月,甲还是鼎泰公司的股东,鼎泰公司有权依据章程向甲分配利润,故 B 项正确。甲、乙直接的约定有效,乙可以根据和甲的约定向甲追讨相关权益,但此时因乙尚未成为股东,不能直接向鼎泰公司主张分红,故 C 项错误。

《公司法》第 25 条规定:"公司股东会、董事会的决议内容违反法律、行政法规的无效。"本案中,鼎泰公司股东会决议依法分红,并没有违法违规之处,不存在决议无效的理由,故 A 项错误。

17. 股东资格的继承 [B]

[解析]《公司法》第 90 条规定:"自然人股东死亡后,其合法继承人可以继承股东资格;但是,公司章程另有规定的除外。"据此,自然人股东的继承人可以继承股东资格,但公司章程可以对股东资格的继承作出特别规定,可以规定继承股东资格的条件,也可以规定对股东资格不得继承。故 A、C、D 项正确。

B 项错误,甲股东死亡后,其继承人可以继承的是股东资格,而不能继承董事长职位。

18. 出资证明书;股东资格 [B]

[解析] 根据《公司法》第 56 条第 1 款规定,有限责任公司成立后,应当向股东签发出资证明书。可见,公司在成立之后才能向股东签发出资证明书,不可能在个别股东认缴出资之后当即向其签发出资证明书,故 A 项错误。

《公司法》第 56 条第 2 款规定,记载于股东名册的股东,可以依股东名册主张行使股东权利。据此,公司股东名册是股东资格的法定证明文件。相比之下,出资证明书只是认定股东资格的证明文件之一,并非法定证明文件,所以出资证明书遗失通常不影响股东资格的认定,更不会导致股东资格丧失,故 B 项正确。

根据《公司法》第 55 条第 1 款规定,出资证明书,应当记载下列事项:(1)公司名称;(2)公司成立日期;(3)公司注册资本;(4)股东的姓名或者名称、认缴和实缴的出资额、出资方式和出资日期;(5)出资证明书的编号和核发日期。据此,严某的出资证明书上只需要记载严某的姓名与出资额,不需要记载其他股东的姓名与出资额,股东名册上才需要记载所有股东的姓名与出资额,故 C 项错误。

有价证券具有流通性,出资证明书不可以变现流通,因此出资证明书不是有价证券,而股票具有流通性,属于有价证券。故 D 项错误。

19. 股东名册 [AC]

[解析]《公司法》第 56 条第 1 款规定,有限责任公司应当置备股东名册。可知,置备股东名册是有限

公司的法定义务,故 A 项正确。

《公司法》第 56 条第 2 款规定:"记载于股东名册的股东,可以依股东名册主张行使股东权利。"股东名册是股东行使权利的依据,故 C 项正确。

《公司法》第 34 条第 2 款规定:"公司登记事项未经登记或者未经变更登记,不得对抗善意相对人。"但是,《公司法》仅规定有限责任公司股东的姓名或者名称属于公司登记事项,未规定将股东名册提交于登记机关的义务,故 B 项错误。股东名册是确定股东资格的依据,股东名册与公司登记不一致的,以股东名册为准,而不是以登记为准,故 D 项错误。【特别提醒】需要指出的是,虽然股东资格以股东名册为准,但是股权未登记或未办理变更登记的,不具有对抗善意第三人的效力。

20. 股东资格的认定[C]

[解析]《公司法》第 56 条第 2 款规定:"记载于股东名册的股东,可以依股东名册主张行使股东权利。"《公司法》第 34 条第 2 款规定:"公司登记事项未经登记或者未经变更登记,不得对抗善意相对人。"可见,股东资格的认定以股东名册为标准,股权登记只具有对抗效力,丙已经记入了股东名册,因此具有股东资格。故 C 项正确,A 项错误。

根据《公司法》第 210 条规定,公司弥补亏损和提取公积金后所余税后利润,有限责任公司按照股东实缴的出资比例分配利润,全体股东约定不按照出资比例分配利润的除外。据此,由于丙具有股东资格,在没有另外约定时,丙当然有按照实缴出资比例参与当年分红的权利。故 B、D 项错误。

21. 股东资格[B]

[解析] 法律对股东并无行为能力的要求,所以对于自然人股东,不以完全民事行为能力为必要要件,但发起人股东必须是完全民事行为能力人。故 A 项错误。

《公司法》第 90 条规定:"自然人股东死亡后,其合法继承人可以继承股东资格;但是,公司章程另有规定的除外。"可见,除章程另有规定的外,股东资格可以继承。故 B 项正确。

股东可以是自然人、法人、非法人组织,还可以是参与民事法律关系的国家,法律并未规定股东仅限本国人。故 C、D 项错误。

考点 7 名义股东与实际股东

22. 名义股东与实际股东;实际出资人显名的条件[D]

[解析] 2019 年《全国法院民商事审判工作会议纪要》(《九民纪要》)第 28 条规定了实际出资人显名的条件:"实际出资人能够提供证据证明有限责任公司过半数的其他股东知道其实际出资的事实,并且实际行使股东权利未曾提出异议的,对实际出资人提出的登记为公司股东的请求,人民法院依法予以支持。公司以实际出资人的请求不符合公司法司法解释(三)第 24 条的规定为由抗辩的,人民法院不予支持。"本题中,甲、丙对"乙代持丁股份"一事知情,且无异议,实际出资人丁得以显名化,即使没有办理股权变更登记,在公司内部仍可认定丁为股东。因此,乙擅自处分丁的股份,构成无权处分,甲对此知情,不能善意取得股份,丁可要求甲向其返还股份。故 C 项错误,D 项正确。

虽然乙为无权处分,但不影响乙、甲之间股份转让协议的效力,丁无权主张撤销该协议。故 A 项错误。

乙将股份转让给甲属于公司股东之间的内部转让,其他股东不享有优先购买权。故 B 项错误。

23. 冒名股东[ABC]

[解析]《公司法解释(三)》第 28 条规定:"冒用他人名义出资并将该他人作为股东在公司登记机关登记的,冒名登记行为人应当承担相应责任;公司、其他股东或者公司债权人以未履行出资义务为由,请求被冒名登记为股东的承担补足出资责任或者对公司债务不能清偿部分的赔偿责任的,人民法院不予支持。"本题中胡铭冒用姚顺名义将姚顺作为股东办理了登记,相应责任应由胡铭承担,包括基于出资对贝达公司享有的权利和承担的义务。故 A、B、C 项错误,D 项正确。

24. (1)名义股东与实际股东[AB]

[解析] 李一与李三的约定是否有效,应看是否符合合同有效的条件,即主体资格符合、意思表示真实、内容不违反法律或者社会公共利益、合同标的确定和可能,李一与李三之间的约定并无无效事由。故 A 项正确。

《公司法解释(三)》第 24 条规定:"有限责任公司的实际出资人与名义出资人订立合同,约定由实际出资人出资并享有投资权益,以名义出资人为名义股东,实际出资人与名义股东对该合同效力发生争议的,如无法律规定的无效情形,人民法院应当认定该合同有效。前款规定的实际出资人与名义股东因投资权益的归属发生争议,实际出资人以其实际履行了出资义务为由向名义股东主张权利的,人民法院应予支持。名义股东以公司股东名册记载、公司登记机关登记为由否认实际出资人权利的,人民法院不予支持。实际出资人未经公司其他股东半数以上同意,请求公司变更股东、签发出资证明书、记载于股东名册、记载于公司章程并办理公司登记机关登记的,人民法院不予支持。"股东分为名义股东和实际股东,股东资格的取得一般按照股东名册记载予以认定,《公司法解释(三)》对于名义股东予以法律上的承认。名义股东也是公司的股东,需要承担一定的股东义务,李三虽然未实际出资,但并不妨碍成为股东,故B项正确。虽然根据李一与李三的约定,李一实际享有投资的权益,但不能因此认定李一享有公司股权,因为李一并未记载于股东名册,该股权名义上属于李三,李一只是相对于李三享有投资收益权,不是公司股东。既然李一不享有股权,当然就不存在分割股权的问题,故C项错误。

根据上述规定,李一欲请求变更自己为公司股东,必须经其他股东半数以上同意。故D项错误。

(2)名义股东的处分行为效力[BCD]

[解析]《公司法解释(三)》第25条规定:"名义股东将登记于其名下的股权转让、质押或者以其他方式处分,实际出资人以其对于股权享有实际权利为由,请求认定处分股权行为无效的,人民法院可以参照《民法典》第311条的规定处理。名义股东处分股权造成实际出资人损失,实际出资人请求名义股东承担赔偿责任的,人民法院应予支持。"李三虽然是名义股东,但依然属于合法股东,股权受让人不知名义股东、实际股东之间的约定,其为善意第三人,名义股东与王二之间的转让行为是有效的,故A项错误,B、C项正确。李一因李三股权转让而导致的损失,可以向李三请求赔偿,故D项正确。

25. 冒名股东[A]

[解析]《公司法解释(三)》第28条规定:"冒用他人名义出资并将该他人作为股东在公司登记机关登记的,冒名登记行为人应当承担相应责任;公司、其他股东或者公司债权人以未履行出资义务为由,请求被冒名登记为股东的承担补足出资责任或者对公司债务不能清偿部分的赔偿责任的,人民法院不予支持。"王大伟在未告知其弟王小伟的情况下,直接持王小伟的身份证等证件将王小伟登记为公司股东,属于冒名登记行为,王大伟对房地产中介公司实际出资并享有股东权利,被冒名者王小伟对于登记事项不知情,也无出资,不享有股东权利。因此,应认定王大伟为公司的股东,王小伟并非公司股东,公司债权人无权请求王小伟对公司债务承担相应的责任。故A项正确,B、C、D项错误。

考点8 股东出资及出资瑕疵责任

26. 股东出资形式;出资不实[BCD]

[解析]《公司法》第48条第1款规定:"股东可以用货币出资,也可以用实物、知识产权、土地使用权、股权、债权等可以用货币估价并可以依法转让的非货币财产作价出资;但是,法律、行政法规规定不得作为出资的财产除外。"债权可以用货币估价,可以依法转让,所以股东乙以债权出资是合法的出资形式,故A项错误。

乙享有的债权实际仅有100万元,实际价额显著低于其认缴的出资额,构成"出资不实"。《公司法》第50条规定:"有限责任公司设立时,股东未按照公司章程规定实际缴纳出资,或者实际出资的非货币财产的实际价额显著低于所认缴的出资额的,设立时的其他股东与该股东在出资不足的范围内承担连带责任。"据此,甲、乙、丙、丁作为设立公司的股东(发起人),应对乙的出资不足部分承担连带责任,迅飞公司有权要求乙对其出资不足部分(200万元)承担全部责任。故B项正确。

《公司法》第49条第2款规定,以非货币财产出资的,应当依法办理其财产权的转移手续。该条明确规定"非货币财产"需以"所有权"出资,所以股东甲以厂房20年使用权出资不符合法律规定,故C项正确。

《公司法解释(三)》第7条第1款规定,出资人以不享有处分权的财产出资,当事人之间对于出资行为效力产生争议的,人民法院可以参照《民法典》第311条(善意取得)的规定予以认定。本题中,股东丙用以出资的房屋归他人(戊)所有,属于不享有处分权的财产出资,迅飞公司董事长丁对此知情,即意味着公司对此知情,所以公司不能善意取得该房屋,D项正确。

27. 股东出资[B]

[解析] 丙和陶然公司签署的入股协议为甲和乙附加了提前履行出资的义务,根据合同相对性原则,未经甲、乙同意,该负担的义务对甲、乙不能生效。但是,甲作为陶然公司的法定代表人,代表陶然公司与丙在协议上签字盖章,应认定为甲对此义务的设定是知情且同意的,所以甲应按此约定于2020年缴足出资。陶然公司和丙的增资入股协议中对乙施加的义务,未经乙知情同意,对乙不生效。根据《公司法》第49条第1款规定,股东应当按期足额缴纳公司章程规定的各自所认缴的出资额。因为陶然公司未修改公司章程,章程约定的出资缴足期限仍是2022年,所以乙应按公司章程中约定的2022年完成出资,故B项正确。【特别提醒】根据《公司法》第47条,有限公司的出资缴足期限为5年,本题符合5年的规定。

28. 出资瑕疵责任[D]

[解析]《公司法》第73条第2款规定:"董事会会议应当有过半数的董事出席方可举行。董事会作出决议,应当经全体董事的过半数通过。"甲公司董事会有3人,其中2人出席一致通过决议,符合法定要求,决议有效,故A项错误。

《公司法》第52条第1款规定:"股东未按照公司章程规定的出资日期缴纳出资,公司依照前条第一款规定发出书面催缴书催缴出资的,可以载明缴纳出资的宽限期;宽限期自公司发出催缴书之日起,不得少于六十日。宽限期届满,股东仍未履行出资义务的,公司经董事会决议可以向该股东发出失权通知,通知应当以书面形式发出。自通知发出之日起,该股东丧失其未缴纳出资的股权。"据此,自失权通知发出之日起,李某就丧失了股权,故B项错误。

《公司法》第52条第2款规定:"依照前款规定丧失的股权应当依法转让,或者相应减少注册资本并注销该股权;六个月内未转让或者注销的,由公司其他股东按照其出资比例足额缴纳相应出资。"据此,对丧失的股权或转让或注销,并不是一律要求注销,故C项错误。

在股权丧失之前,相应股东的股东资格及股东义务是存在的,仍应在未缴纳出资额内对公司债务承担责任,故D项正确。

29. 股东出资义务;股权出资 [C]

[解析]《公司法解释(三)》第11条第1款规定:"出资人以其他公司股权出资,符合下列条件的,人民法院应当认定出资人已履行出资义务:(一)出资的股权由出资人合法持有并依法可以转让;(二)出资的股权无权利瑕疵或者权利负担;(三)出资人已履行关于股权转让的法定手续;(四)出资的股权已依法进行了价值评估。"本题中,文某以所持甲公司股权向乙公司出资。文某对甲公司的出资义务尚未实际缴纳完毕,但按甲公司章程规定于2017年5月缴足即符合规定,因此文某对乙公司的股权出资并无权利瑕疵。故A项错误。

《公司法解释(三)》第15条规定:"出资人以符合法定条件的非货币财产出资后,因市场变化或者其他客观因素导致出资财产贬值,公司、其他股东或者公司债权人请求该出资人承担补足出资责任的,人民法院不予支持。但是,当事人另有约定的除外。"本题中,公司经营不善属于客观因素,由此导致文某用来出资的股权贬值,文某并无补足义务。故B项错误。

《公司法解释(三)》第13条第1、2款规定:"股东未履行或者未全面履行出资义务,公司或者其他股东请求其向公司依法全面履行出资义务的,人民法院应予支持。公司债权人请求未履行或者未全面履行出资义务的股东在未出资本息范围内对公司债务不能清偿的部分承担补充赔偿责任的,人民法院应予支持;未履行或者未全面履行出资义务的股东已经承担上述责任,其他债权人提出相同请求的,人民法院不予支持。"本题中,若文某不缴纳其对甲公司的剩余出资义务,甲公司有权要求其履行,故C项正确;乙公司不是甲公司的股东,也不是甲公司的债权人,无权要求其履行,故D项错误。

30. 抽逃出资 [ABC]

[解析]《公司法解释(三)》第12条规定:"公司成立后,公司、股东或者公司债权人以相关股东的行为符合下列情形之一且损害公司权益为由,请求认定该股东抽逃出资的,人民法院应予支持:(一)制作虚假财务会计报表虚增利润进行分配;(二)通过虚构债权债务关系将其出资转出;(三)利用关联交易将出资转出;(四)其他未经法定程序将出资抽回的行为。"第13条第1款规定:"股东未履行或者未全面履行出资义务,公司或者其他股东请求其向公司依法全面履行出资义务的,人民法院应予支持。"本题中,夏某的行为属于利用关联交易将出资转出,榴风公司和其他股东可要求夏某补足出资。故A、C项正确。

《公司法解释(三)》第14条第1款规定:"股东抽逃出资,公司或者其他股东请求其向公司返还出资本息、协助抽逃出资的其他股东、董事、高级管理人员或者实际控制人对此承担连带责任的,人民法院应予支持。"马某并非公司股东、实际控制人或者高管。但《民法典》第1169条第1款规定:"教唆、帮助他人实施侵权行为的,应当与行为人承担连带责任。"本题中,马某帮助夏某抽逃出资,侵害了公司的财产权等合法权益,公司可要求马某承担连带责任。故B项正确。

《公司法解释(三)》第14条第2款规定:"公司债权人请求抽逃出资的股东在抽逃出资本息范围内对公司债务不能清偿的部分承担补充赔偿责任、协助抽逃出资的其他股东、董事、高级管理人员或者实际控制人对此承担连带责任的,人民法院应予支持;……"债权人主张抽逃出资的股东承担责任的前提是公司无力承担债务,且只能主张在抽逃出资本息范围内对公司债务不能清偿的部分承担补充赔偿责任。《公司法》第54条规定的债权人要求未届出资期限的股东提前缴纳出资也有相应前提。本题中未说明榴风公司无力承担债务,故D项错误。

31. 股东抽逃出资 [A]

[解析]《公司法解释(三)》第12条规定,公司成立后,公司、股东或者公司债权人以相关股东的行为符合下列情形之一且损害公司权益为由,请求认定该股东抽逃出资的,人民法院应予支持:(1)制作虚假财务会计报表虚增利润进行分配;(2)通过虚构债权债务关系将其出资转出;(3)利用关联交易将出资转出;(4)其他未经法定程序将出资抽回的行为。故B、C、D项符合抽逃出资的行为,不当选。"将出资款项转入公司账户验资后又转出去",在现行法中已不再认定为抽逃出资。主要原因是"转出"的表意不清,如果股东通过向公司借款等合法程序或合法关系将出资转出不会认定为抽逃出资,只有"非法转出"才能认定为抽逃出资。故A项不符合抽逃出资的行为,当选。

32. 破产财产的管理;股东出资义务[C]

[解析]《企业破产法》第32条规定："人民法院受理破产申请前6个月内,债务人有本法第2条第1款规定的情形,仍对个别债权人进行清偿的,管理人有权请求人民法院予以撤销。但是,个别清偿使债务人财产受益的除外。"本题中,甲公司于12月申请破产,甲公司在9月对乙公司清偿100万元,属于在人民法院受理破产申请前6个月内,仍对个别债权人清偿的行为,因此管理人有权请求法院予以撤销。故A项错误。

汪某向乙公司偿付100万元的行为意味着汪某已向甲公司履行了100万元的出资义务,因此汪某尚余50万元的出资义务未履行,而不是150万元。故B项错误。

《企业破产法》第35条规定："人民法院受理破产申请后,债务人的出资人尚未完全履行出资义务的,管理人应当要求该出资人缴纳所认缴的出资,而不受出资期限的限制。"故C项正确。

《公司法解释(三)》第19条第1款规定："公司股东未履行或者未全面履行出资义务或抽逃出资,公司或者其他股东请求其向公司全面履行出资义务或者返还出资,被告股东以诉讼时效为由进行抗辩的,人民法院不予支持。"因此,汪某就其未履行的出资义务不能主张诉讼时效抗辩。故D项错误。

33. 股东出资[B]

[解析] 根据《公司法》第210条第4款规定,有限责任公司按照股东实缴的出资比例分配利润,全体股东约定不按照出资比例分配利润的除外。本题中,甲、乙、丙并未就红利分配达成特别约定,则应按实缴比例分红。甲、乙、丙的实缴出资分别为20万元、30万元、30万元,总计为80万元,各股东按各自的实缴出资测算分配比例,甲为1/4,乙和丙分别为3/8。故B项正确,A、D项错误。

根据《公司法解释(三)》第16条,对于未出资或未完全履行出资义务的股东,股东会、章程只能对股东权利作出合理的限制,即股东会不能作出完全剥夺股东丙的利润分配权的决定。故C项错误。

34. 抽逃出资[BCD]

[解析] 抽逃出资是股东将所缴出资暗中撤回,却仍保留股东身份和原有出资数额的一种欺诈性违法行为。抽逃出资行为发生在公司成立以后,高才与艾瑟之间关于垫付出资的约定本身不属于抽逃出资行为,而是有效的约定,与其后实施的抽逃出资行为应单独评价。故A项错误。

《公司法解释(三)》第12条规定："公司成立后,公司、股东或者公司债权人以相关股东的行为符合下列情形之一且损害公司权益为由,请求认定该股东抽逃出资的,人民法院应予支持:(一)制作虚假财务会计报表虚增利润进行分配;(二)通过虚构债权债务关系将其出资转出;(三)利用关联交易将出资转出;(四)其他未经法定程序将出资抽回的行为。"高才和艾瑟的行为属于通过虚构债权债务关系,将其出资转出的行为,构成抽逃出资。二人的行为同时构成恶意串通,损害公司和公司债权人利益的行为,根据《民法典》第154条,该合同无效。故B、C项正确。

根据《公司法解释(三)》第14条第2款规定,公司债权人可请求抽逃出资的股东在抽逃出资本息范围内对公司债务不能清偿的部分承担补充赔偿责任。本题中高才抽逃出资10万元,故D项正确。

35. 股东以股权出资的规定[BCD]

[解析]《公司法解释(三)》第11条第1款规定："出资人以其他公司股权出资,符合下列条件的,人民法院应当认定出资人已履行出资义务:(一)出资的股权由出资人合法持有并依法可以转让;(二)出资的股权无权利瑕疵或者权利负担;(三)出资人已履行关于股权转让的法定手续;(四)出资的股权已依法进行了价值评估。"

君则公司章程中对该公司股权是否可用作对其他公司的出资没有明确规定,且属于甲合法持有并依法可以转让的股权,出资人甲可以该股权出资。故A项不当选。

甲对君则公司尚未履行完毕其出资义务,说明甲的股权存在瑕疵,股权受限,以该股权出资会导致甲不能完全履行出资义务。故B项应选。

根据《公司法解释(三)》第11条第1款第2项可知,若甲已将其股权出质给其债权人戊,则该股权存在权利负担,不能作为对天际公司的出资。故C项应选。

甲以其股权作为出资转让给天际公司时,君则公司的另一股东已主张行使优先购买权,这会导致该股权不能转让给新设立的天际有限责任公司,从而导致甲无法全面履行其出资义务。故D项应选。

36. 股东抽逃出资行为[ABD]

[解析] 抽逃出资是指向公司出资后又以各种名义或者手段将出资从公司转移。《公司法解释(三)》第12条规定："公司成立后,公司、股东或者公司债权人以相关股东的行为符合下列情形之一且损害公司权益为由,请求认定该股东抽逃出资的,人民法院应予支持:(一)制作虚假财务会计报表虚增利润进行分配;(二)通过虚构债权债务关系将其出资转出;(三)利用关联交易将出资转出;(四)其他未经法定程序将出资抽回的行为。"据此,张三的行为属于虚构债权债务关系将出资转出的行为,故A项正确。李四以公司总经理身份,与自己所控制的另一公司

签订设备购置合同,将15万元的设备款虚报成65万元,并由天问公司实际转账支付的行为属于"利用关联交易将出资转出"的行为,故B项正确。王五擅自将天问公司若干贵重设备拿回家的行为可以认定为盗窃行为或者侵占行为,不属于抽逃出资的行为,故C项错误。张三、李四、王五的行为属于制作虚假财务会计报表虚增利润进行分配,是抽逃出资的行为,故D项正确。

37. 非货币财产出资不实的责任[ABD]

[解析]《公司法》第50条规定:"有限责任公司设立时,股东未按照公司章程规定实际缴纳出资,或者实际出资的非货币财产的实际价额显著低于所认缴的出资额的,设立时的其他股东与该股东在出资不足的范围内承担连带责任。"注意是"公司设立时"的股东,即发起人,排除公司成立后新加入的股东。因此,对于丙未足额缴纳的出资,应该由甲、乙承担连带责任,丁是后加入的股东,不承担连带责任。故A、B、D项错误,C项正确。

考点9 股东的其他义务

38. 股东的义务[C]

[解析]《公司法》第21条规定:"公司股东应当遵守法律、行政法规和公司章程,依法行使股东权利,不得滥用股东权利损害公司或者其他股东的利益。公司股东滥用股东权利给公司或者其他股东造成损失的,应当承担赔偿责任。"本题中,甲公司作为丙公司的股东,滥用股东权利损害了丙公司的利益,应对丙公司承担赔偿责任,故C项正确。题中并未提及甲公司的行为给公司股东乙公司造成损失,无需对乙公司承担赔偿责任,故B项错误。丁公司和丙公司是业务关系,无需对丙公司承担赔偿责任,故A、D项错误。

考点10 股东的知情权和分红权

39. 股东知情权[AC]

[解析] 根据《公司法》第57条第2款规定,有限责任公司的股东可以要求查阅公司会计账簿、会计凭证。股东要求查阅公司会计账簿、会计凭证的,应当向公司提出书面请求,说明目的。公司有合理根据认为股东查阅会计账簿、会计凭证有不正当目的,可能损害公司合法利益的,可以拒绝提供查阅。公司拒绝提供查阅的,股东可以向人民法院提起诉讼。可知,股东只有先向公司提出查阅请求被拒后,才可起诉,故A项正确。对于会计账簿,有限公司的股东只有查阅权,无复制权,故B项错误。

根据《公司法解释(四)》第9条规定,公司章程、股东之间的协议等实质性剥夺股东依据公司法规定查阅或者复制公司文件材料的权利,公司以此为由拒绝股东查阅或者复制的,人民法院不予支持。可知,股东知情权不能剥夺,协议约定无效,故C项正确。

根据《公司法解释(四)》第8条第1项规定,股东自营或者为他人经营与公司主营业务有实质性竞争关系业务的,人民法院应当认定股东有《公司法》第57条第2款规定的"不正当目的"。本题中,甲公司提出了李某在其他同类公司中"参股"投资的证据,并非"参与经营"的证据。由于李某未实际参与同类公司的经营,不存在同业竞争风险,因此甲公司不能就此拒绝李某的查阅请求,故D项错误。

40. 股东知情权[BD]

[解析] 根据《公司法》第57条规定,股东可以要求查阅公司会计账簿。《公司法解释(四)》第9条规定,公司章程、股东之间的协议等实质性剥夺股东依据公司法规定查阅或者复制公司文件材料的权利,公司以此为由拒绝股东查阅或者复制的,人民法院不予支持。本题中,股东陈某作为有限公司股东有权查阅公司账簿,公司章程以持股比例为理由实质性剥夺了股东的知情权是违法的,故A项错误。此外,根据《公司法》第57条第2款规定,公司拒绝提供查阅会计账簿、会计凭证的,股东可以向人民法院提起诉讼。据此,陈某行使知情权受阻可以向人民法院起诉,公司章程实质性剥夺股东权利,违反法律规定无效,故D项正确。

根据《公司法》第57条第3款和第4款规定,股东查阅会计账簿、会计凭证的,可以委托会计师事务所、律师事务所等中介机构进行。股东及其委托的会计师事务所、律师事务所等中介机构查阅、复制有关材料,应当遵守有关保护国家秘密、商业秘密、个人隐私、个人信息等法律、行政法规的规定。故B项正确。

股东因行使知情权而发生的费用由股东自己承担。故C项错误。

41. 股东知情权[BD]

[解析] 根据《公司法解释(四)》第9条规定,公司章程、股东之间的协议等实质性剥夺股东依据公司法规定查阅或者复制公司文件材料的权利,公司以此为由拒绝股东查阅或者复制的,人民法院不予支持。可知,知情查账权是股东的固有权利,公司不可以通过章程或股东会决议等实质剥夺股东的此项权利。本案中,章程规定,股东查账需经总经理审批,如果总经理不审批或没有总经理,股东的此项权利将无从保障。因此,此项规定应属于实质剥夺股东的查账权的内容,是无效的。故A、C项错误,D项正确。

《公司法》第57条第2款规定:"股东可以要求查阅公司会计账簿、会计凭证。股东要求查阅公司会计账簿、会计凭证的,应当向公司提出书面请求,说明目的……公司拒绝提供查阅的,股东可以向人民法院提起诉讼。"据此,股东要求查阅公司会计账簿的,应当向公司提出书面请求,被拒绝后,才能起诉,故B项正确。

商经法 [答案详解]

42. 股东资格;分红权;知情权[CD]

[解析]《公司法解释(四)》第14条规定:"股东提交载明具体分配方案的股东会或者股东大会的有效决议,请求公司分配利润,公司拒绝分配利润且其关于无法执行决议的抗辩理由不成立的,人民法院应当判决公司按照决议载明的具体分配方案向股东分配利润。"股东享有分红权的条件是:公司有利润可分配、股东符合分配条件、股东会作出包含具体分配方案的有效决议。如果公司没有执行有效分红决议,股东可据此提起诉讼。本案中,甲公司并没有作出有效的分红决议,虽然甲公司扭亏为盈,但公司也可以因扩大生产等原因不分红,所以股东不能直接起诉要求分红。故A项错误。

《公司法》第75条规定:"规模较小或者股东人数较少的有限责任公司,可以不设董事会,设一名董事,行使本法规定的董事会的职权。该董事可以兼任公司经理。"甲公司只有赵某和朱某两个股东,因此可以不设董事会,由赵某担任董事,行使董事会的职权。另根据《公司法》第63条第2款规定,董事会不能履行或者不履行召集股东会会议职责的,由监事会召集和主持;监事会不召集和主持的,代表1/10以上表决权的股东可以自行召集和主持。《公司法》第62条第2款规定,代表1/10以上表决权的股东、1/3以上的董事或者监事提议召开临时股东会会议的,应当召开临时会议。本案中,朱某的持股比例只有2%,没有达到1/10的法定要求,因此无权自行召集和主持股东会会议,也无权提议召开临时股东会会议。故B项错误。

《公司法解释(四)》第8条规定:"有限责任公司有证据证明股东存在下列情形之一的,人民法院应当认定股东有公司法第33条第2款①规定的'不正当目的':(一)股东自营或者为他人经营与公司主营业务有实质性竞争关系业务的,但公司章程另有规定或者全体股东另有约定的除外;……"本案中朱某作为甲公司股东,又是乙公司的法定代表人,甲公司和乙公司的经营范围高度一致,所以甲公司负责人赵某可以此为由认定朱某查账目的不正当,拒绝其查账请求。故C项正确。

根据《公司法》第57条第3款规定,股东查阅会计账簿、会计凭证的,可以委托会计师事务所、律师事务所等中介机构进行。故D项正确。

43. 股东知情权[A]

[解析]《公司法》第57条规定:"股东有权查阅、复制公司章程、股东名册、股东会会议记录、董事会会议决议、监事会会议决议和财务会计报告。股东可以要求查阅公司会计账簿、会计凭证。……"根据《公司法解释(四)》第9条规定,公司章程、股东之间的协议等实质性剥夺股东依据公司法规定查阅或者复制公司文件材料的权利,公司以此为由拒绝股东查阅或者复制的,人民法院不予支持。可知,知情权是股东的固有权利,公司不得通过公司章程、股东协议等对股东知情权作出实质剥夺,因此甲公司章程规定的持股5%以下的股东无查阅权,因内容违法而无效,股东甲虽然持股只有1%,仍有查阅权,故A项正确。根据上述《公司法》第57条,股东有复制财务会计报告的权利,但股东对财务会计账簿只有查阅权,没有复制权,故D项错误。

根据《公司法解释(四)》第7条规定,股东依据公司法或者公司章程的规定,起诉请求查阅或者复制公司特定文件材料的,人民法院应当依法予以受理。公司有证据证明前款规定的原告在起诉时不具有公司股东资格的,人民法院应当驳回起诉,但原告有初步证据证明在持股期间其合法权益受到损害,请求依法查阅或者复制其持股期间的公司特定文件材料的除外。可知,只有公司的股东才有对财务账簿的查阅权,丙和陆某签署代持股协议,根据协议,丙作为名义股东具备股东资格,享有股东权利,履行股东义务,陆某并非公司股东,没有股东的查阅权,故名义股东丙有查阅权,B项错误;实际投资人陆某无查阅权,C项错误。

44. 股东知情权[D]

[解析]《公司法》第57条第2款规定:"股东可以要求查阅公司会计账簿、会计凭证。股东要求查阅公司会计账簿、会计凭证的,应当向公司提出书面请求,说明目的。公司有合理根据认为股东查阅会计账簿、会计凭证有不正当目的,可能损害公司合法利益的,可以拒绝提供查阅,并应当自股东提出书面请求之日起十五日内书面答复股东并说明理由。公司拒绝提供查阅的,股东可以向人民法院提起诉讼。"据此,张某要求查账时,只能以书面方式提出请求,故A项错误。对于张某的查账请求,只要公司有合理根据认为股东查阅公司会计账簿可能存在不当目的,就可以拒绝其查阅,故D项正确。

根据《公司法》第62条第2款规定,代表1/10以上表决权的股东、1/3以上的董事或者监事会提议召开临时股东会会议的,应当召开临时会议。本题中,股东张某持有公司5%的股权,不到1/10以上表决权,因此没有权利提议召开临时股东会会议。故B项错误。

股东要求查阅公司会计账簿,通常是向公司经营层提出,C项没有法律依据。故C项错误。

45. 股东、合伙人知情权[BD(原答案为D)]

[解析] 根据《公司法》第57条规定,有限公司股

---

① 现为《公司法》第57条第2款。

东对公司会计账簿可以申请查阅,但不能复制,且查阅必须经过书面申请。故 A 项错误。

对于股份公司股东的知情权,《公司法》第 110 条第 1 款规定:"股东有权查阅、复制公司章程、股东名册、股东会会议记录、董事会会议决议、监事会会议决议、财务会计报告,对公司的经营提出建议或者质询。"故 B 项正确。【旧题新解】旧法只有"查阅"权,2023 年《公司法》修改为"查阅、复制"权。

对于股东提起解散公司之诉,《公司法》第 231 条规定:"公司经营管理发生严重困难,继续存续会使股东利益受到重大损失,通过其他途径不能解决的,持有公司百分之十以上表决权的股东,可以请求人民法院解散公司。"《公司法解释(二)》第 1 条第 1 款规定:"股东以知情权、利润分配请求权等权益受到损害,或者公司亏损、财产不足以偿还全部债务,以及公司被吊销企业法人营业执照未进行清算等为由,提起解散公司诉讼的,人民法院不予受理。"由此可知,股东不能以知情权受到侵害为由而提起公司解散之诉。故 C 项错误。

《合伙企业法》第 28 条第 2 款规定:"合伙人为了解合伙企业的经营状况和财务状况,有权查阅合伙企业会计账簿等财务资料。"故 D 项正确。

考点 11 股东代表诉讼

46. 股东代表诉讼[BD]

[解析] 根据《公司法》第 189 条规定,股份有限公司连续 180 日以上单独或者合计持有公司 1% 以上股份的股东,在情况紧急、不立即提起诉讼将会使公司利益受到难以弥补的损害的情形下,有权为公司利益以自己的名义直接向人民法院提起诉讼。本题中,岳某已经将股份转让给了宁某,不再具有股东资格,因此不能提起股东代表诉讼;胡某持股 1%,且持股 180 日以上,可以提起股东代表诉讼;宁某虽然持股 5%,但是于 2022 年 6 月 10 日才取得股份,至 2022 年 10 月持股未满 180 日,无权提起股东代表诉讼。故 A、C 项错误,B 项正确。

根据《公司法解释(四)》第 24 条第 1 款规定,提起股东代表诉讼的,应当列公司为第三人参加诉讼。该解释第 25 条规定,股东代表诉讼的胜诉利益归属于公司;股东请求被告直接向其承担民事责任的,人民法院不予支持。故 D 项正确。

47. 股东代表诉讼[AD]

[解析] 根据《公司法》第 189 条规定,董事、高级管理人员执行职务违反法律、行政法规或者公司章程的规定,给公司造成损失的,股份有限公司连续 180 日以上单独或者合计持有公司 1% 以上股份的股东,可以书面请求监事会向人民法院提起诉讼(注意,若是监事违法,则由监事会提起诉讼)。监事会收到股东书面请求后拒绝提起诉讼,或者自收到请求之日起 30 日内未提起诉讼,或者情况紧急、不立即提起诉讼将会使公司利益受到难以弥补的损害的,股东有权为公司利益以自己的名义直接向人民法院提起诉讼。本题中,张某持股 2%,符合提起股东代表诉讼的主体要求。在董事长郭某存在关联交易,损害枫蓝公司利益,而监事会又怠于起诉的情况下,张某有权以自己的名义直接向法院提起股东代表诉讼。另根据《公司法解释(四)》第 24 条规定,股东代表诉讼中,应当列公司为第三人参加诉讼。一审法庭辩论终结前,其他股东以相同的诉讼请求申请参加诉讼的,应当列为共同原告。因此,在股东代表诉讼中,原告为股东(张某),被告为侵权人(郭某),枫蓝公司为第三人,有相同请求的其他股东列为共同原告。综上,本题 A、D 项正确,B、C 项错误。

48. 股东代表诉讼[B]

[解析] 根据《公司法》第 189 条规定,董事、高级管理人员侵害公司利益的,股东应先请求监事会对其提起诉讼。只有在监事侵害公司利益时,才请求董事会提起诉讼。本题中郑贺作为公司经理,属于高级管理人员,因此付冰应书面请求监事会对其提起诉讼,故 A 项错误,B 项正确。在监事会拒绝起诉的情况下,付冰可以自己的名义提起诉讼,故 C 项错误。

由《公司法》第 189 条第 1 款可知,有限责任公司的股东提起股东代表诉讼没有持股比例的要求。故 D 项错误。【陷阱点拨】股东代表诉讼,有限公司股东无持股比例要求,股份公司要求"持股 180 日以上+1%",注意区别。

49. 股东代表诉讼[BD]

[解析] 根据《公司法》第 189 条规定,有限公司股东提起股东代表诉讼不受持股比例限制,故 A 项错误。

在股东代表诉讼中,董事、高级管理人员侵害公司利益的,股东应先请求监事会对其提起诉讼,故 B 项正确。

在股东代表诉讼中,股东是以自己的名义起诉,无需公司签字、盖章,故 C 项错误。

根据《公司法解释(四)》第 25 条规定,股东代表诉讼的胜诉利益归属于公司。股东请求被告直接向其承担民事责任的,人民法院不予支持。故 D 项正确。

第四节 公司的组织机构

考点 12 公司的组织机构

50. 董事的辞任与解任[AC]

[解析]《公司法》第 70 条第 3 款规定:"董事辞任的,应当以书面形式通知公司,公司收到通知之日辞任生效,但存在前款规定情形的,董事应当继续履行职务。"董事辞任无需股东会批准,故 A 项正确。有

限公司董事会人数不得低于3人,乙的辞任会导致董事会低于法定人数,因此乙在新董事就任前仍需履行董事职务,故B项错误。

《公司法》第71条第1款规定:"股东会可以决议解任董事,决议作出之日解任生效。"故C项正确。

《公司法》第71条第2款规定:"无正当理由,在任期届满前解任董事的,该董事可以要求公司予以赔偿。"既然已经被解任,不再担任董事职务,公司当然不用再支付相应的薪酬;只有无正当理由解任的,才可以要求公司赔偿,但赔偿方式也非支付剩余薪酬。故D项错误。

51. 决议效力瑕疵[C]

[解析]《公司法》第25条规定:"公司股东会、董事会的决议内容违反法律、行政法规的无效。"《公司法》第26条规定:"公司股东会、董事会的会议召集程序、表决方式违反法律、行政法规或者公司章程,或者决议内容违反公司章程的,股东自决议作出之日起六十日内,可以请求人民法院撤销。但是,股东会、董事会的会议召集程序或者表决方式仅有轻微瑕疵,对决议未产生实质影响的除外。未被通知参加股东会会议的股东自知道或者应当知道股东会决议作出之日起六十日内,可以请求人民法院撤销;自决议作出之日起一年内没有行使撤销权的,撤销权消灭。"本案中,股东会决议的内容没有违法之处,不属于无效情形。而股东会召集时应该通知而未通知小股东郑某,导致郑某没机会参会表决,且决议中郑某的签字被伪造,此情形应认定为股东会召集程序违法,属于可撤销的事由,故C项当选。【陷阱点拨】注意,本题不属于决议不成立。《公司法》第27条规定:"有下列情形之一的,公司股东会、董事会的决议不成立:(一)未召开股东会、董事会会议作出决议;(二)股东会、董事会会议未对决议事项进行表决;(三)出席会议的人数或者所持表决权数未达到本法或者公司章程规定的人数或者所持表决权数;(四)同意决议事项的人数或所持表决权数未达到本法或者公司章程规定的人数或者所持表决权数。"可见,决议不成立的理由主要是决议并未真正作出(没开会、没表决、出席会议人数不足、同意表决票数不足等),而本案决议已经通过,因此不存在不成立的问题。

52. 决议瑕疵[D]

[解析]《公司法》第25条规定:"公司股东会、董事会的决议内容违反法律、行政法规的无效。"《公司法》第64条第1款规定:"召开股东会会议,应当于会议召开十五日前通知全体股东;但是,公司章程另有规定或者全体股东另有约定的除外。"据此,召开股东会会议的通知时间属于公司自治范围,甲公司章程规定的提前7天以书面形式通知全体股东的内容并无违法违规之处,应属合法有效。故A项错误。

《公司法》第26条第1款规定:"公司股东会、董事会的会议召集程序、表决方式违反法律、行政法规或者公司章程,或者决议内容违反公司章程的,股东自决议作出之日起六十日内,可以请求人民法院撤销。但是,股东会、董事会的会议召集程序或者表决方式仅有轻微瑕疵,对决议未产生实质影响的除外。"本题中,甲公司章程规定,股东会应提前7天以书面形式通知全体股东,而甲公司的股东会提前7天以电话形式通知了秦某,召集程序确实存在瑕疵。但是,并非存在任何瑕疵都会带来撤销的后果,对于轻微瑕疵没有实质影响的,可忽略不计,不认定为撤销的适用情形。本案中,秦某代表的表决权仅为7%,虽然应该书面通知,实际是口头通知的,但秦某参加了会议,也参与了表决,且其所代表的表决权也不足以对决议产生实质影响,故应认定为轻微瑕疵,秦某不可就此要求撤销此决议,故B项错误。

《公司法》第89条第1款规定:"有下列情形之一的,对股东会该项决议投反对票的股东可以请求公司按照合理的价格收购其股权:(一)公司连续五年不向股东分配利润,而公司该五年连续盈利,并且符合本法规定的分配利润条件;(二)公司合并、分立、转让主要财产;(三)公司章程规定的营业期限届满或者章程规定的其他解散事由出现,股东会通过决议修改章程使公司存续。"据此,股东要求公司回购的情形严格限定在法定范围内,即只有股东会决议涉及"连续5年不分红、合并分立转让财产、届满续命改章程"三种情形的,对此投反对票的股东才有权利提起回购请求。本案中虽然股东会决议涉及公司合并事宜,但秦某对此决议投了弃权票而非反对票,故不符合请求回购的主体资格,C项错误。

《公司法解释(四)》第3条规定:"原告请求确认股东会或者股东大会、董事会决议不成立、无效或者撤销决议的案件,应当列公司为被告。对决议涉及的其他利害关系人,可以依法列为第三人。"据此,如果秦某提起决议瑕疵的诉讼,秦某为原告,公司为被告,其他股东与此有利害关系,应列为第三人,故D项正确。

法条变更	《最高人民法院关于适用〈中华人民共和国公司法〉若干问题的规定(四)》根据2020年12月23日最高人民法院审判委员会第1823次会议通过的《最高人民法院关于修改〈最高人民法院关于破产企业国有划拨土地使用权应否列入破产财产等问题的批复〉等二十九件商事类司法解释的决定》第二次修正

53. 公司总经理的聘任、职权［AB］

［解析］《公司法》第67条第2款规定:"董事会行使下列职权：……(八)决定聘任或者解聘公司经理及其报酬事项,并根据经理的提名决定聘任或者解聘公司副经理、财务负责人及其报酬事项；……"由此可知,董事会有权决定总经理的聘任、解聘和薪酬,故A项正确,D项错误。王某受聘为总经理后,有权提请公司董事会任命其提名的财务负责人,但无决定权,故C项错误。

经理就其职权范围的事项,有权以公司名义对外签订合同。故B项正确。

54. 监事会的职权［BCD］

［解析］《公司法》第72条规定:"董事会会议由董事长召集和主持;董事长不能履行职务或者不履行职务的,由副董事长召集和主持;副董事长不能履行职务或者不履行职务的,由过半数的董事共同推举一名董事召集和主持。"据此,监事会不能提议召开董事会,故A项错误。

《公司法》第78条规定:"监事会行使下列职权：……(二)对董事、高级管理人员执行职务的行为进行监督,对违反法律、行政法规、公司章程或者股东会决议的董事、高级管理人员提出解任的建议；……(四)提议召开临时股东会会议,在董事会不履行本法规定的召集和主持股东会会议职责时召集和主持股东会会议；……"据此,监事会有权提议召开临时股东会,故B项正确。监事会有权提议解任董事狄某,故C项正确。

《公司法》第79条第2款规定:"监事会发现公司经营情况异常,可以进行调查;必要时,可以聘请会计师事务所等协助其工作,费用由公司承担。"据此,监事会可以聘请律师协助调查,故D项正确。

55. (1)有限公司临时股东会的召集［AD］

［解析］《公司法》第63条第2款规定:"董事会不能履行或者不履行召集股东会会议职责的,由监事会召集和主持;监事会不召集和主持的,代表十分之一以上表决权的股东可以自行召集和主持。"据此,董事会、监事会都不履行召开股东会的职责,持股1/10以上的股东可以自行召集股东会。本题中,甲持股25%,乙和丙持股均不足1/10,因此甲有权召集股东会,乙和丙不能单独召集股东会,但可以共同召集。故A、D项正确,B、C项错误。

(2)股东抽逃出资的法律后果［ABC］

［解析］《公司法解释(三)》第12条规定:"公司成立后,公司、股东或者公司债权人以相关股东的行为符合下列情形之一且损害公司权益为由,请求认定该股东抽逃出资的,人民法院应予支持：……(三)利用关联交易将出资转出；……"其第14条第1款规定:"股东抽逃出资,公司或者其他股东请求其向公司返还出资本息、协助抽逃出资的其他股东、董事、高级管理人员或者实际控制人对此承担连带责任的,人民法院应予支持。"题目中霓美公司的行为属于利用关联交易将出资转出的行为,应认定为抽逃出资,承担返还本息的责任;陈某作为协助抽逃的高管,对此承担连带责任。故A、B项正确。

《公司法解释(三)》第16条规定:"股东未履行或者未全面履行出资义务或者抽逃出资,公司根据公司章程或者股东会决议对其利润分配请求权、新股优先认购权、剩余财产分配请求权等股东权利作出相应的合理限制,该股东请求认定该限制无效的,人民法院不予支持。"股东霓美公司抽逃出资,源圣公司可以通过股东会决议限制霓美公司的利润分配请求权。故C项正确。

《公司法解释(三)》第17条第1款规定:"有限责任公司的股东未履行出资义务或者抽逃全部出资,经公司催告缴纳或者返还,其在合理期间内仍未缴纳或者返还出资,公司以股东会决议解除该股东的股东资格,该股东请求确认该解除行为无效的,人民法院不予支持。"公司在解除抽逃出资股东的股东资格之前,需要先催告其返还出资,而不能直接解除其股东资格。故D项错误。

(3)股东代表诉讼［AD］

［解析］根据《公司法》第189条规定,有限公司股东提起股东代表诉讼不受持股比例限制。故A项正确,B项错误。

根据《公司法解释(四)》第25条规定,股东代表诉讼的胜诉利益归属于公司。股东请求被告直接向其承担民事责任的,人民法院不予支持。因此,赔偿款应归源圣公司,C项错误,D项正确。

56. 有限责任公司的经理［ABCD(原答案为C)］

［解析］《公司法》第74条第1款规定,有限责任公司可以设经理,由董事会决定聘任或者解聘。据此,是董事会而非董事长有权聘任公司经理,故A项错误。

对于公司而言,享有代表公司对外签订合同的法定代理权的主体只能是公司的法定代表人。关于法定代表人,《公司法》第10条第1款规定:"公司的法定代表人按照公司章程的规定,由代表公司执行公司事务的董事或者经理担任。"据此,公司法定代表人由公司章程确定,不一定是经理。公司经理若未被公司章程确定为公司法定代表人,则不享有对公司的法定代理权,故B项错误。

《公司法》第74条第2款规定:"经理对董事会负责,根据公司章程的规定或者董事会的授权行使职权。经理列席董事会会议。"据此,公司经理的职权实行公司自治,由公司章程规定或者董事会授权。故 C 项错误。

《公司法》第 67 条第 2 款规定:"董事会行使下列职权:……(八)决定聘任或者解聘公司经理及其报酬事项,并根据经理的提名决定聘任或者解聘公司副经理、财务负责人及其报酬事项;……"据此,聘任公司财务负责人是公司董事会的权限,公司经理只是有权提请董事会聘任而已,故 D 项错误。

57. 公司董事、监事的报酬事项[A(原答案为 AB)]

[解析]《公司法》第 59 条第 1 款规定:"股东会行使下列职权:(一)选举和更换董事、监事,决定有关董事、监事的报酬事项;……"A 项正确,董事钱某的年薪作为报酬由股东会批准。

《公司法》第 193 条规定:"公司可以在董事任职期间为董事因执行公司职务承担的赔偿责任投保责任保险。公司为董事投保责任保险或者续保后,董事会应当向股东会报告责任保险的投保金额、承保范围及保险费率等内容。"据此,公司为董事投保责任保险后,董事会应当向股东会报告相关内容,无需股东会批准。故 B 项错误。

《公司法》第 82 条规定:"监事会行使职权所必需的费用,由公司承担。"C 项监事的差旅费如果是行使职权的费用,法律规定应由公司承担,采用报销的形式支付,无须股东会审批,故 C 项错误。

D 项错误,社会保险属于强制险,是法定义务,无需公司股东会批准。

58. 执行董事的职权[AC(原答案为 C)]

[解析] 根据《公司法》第 75 条,股东人数较少的有限公司可不设董事会,设一名董事,行使董事会的职权。

《公司法》第 67 条第 2 款规定:"董事会行使下列职权:……(三)决定公司的经营计划和投资方案;……"故 A 项当选。

《公司法》第 84 条第 2 款规定:"股东向股东以外的人转让股权的,应当将股权转让的数量、价格、支付方式和期限等事项书面通知其他股东,其他股东在同等条件下有优先购买权。……"可知,股东对外转让股权,仅对其他股东有通知义务,无需取得其他股东同意,也不受董事会限制。故 B 项不当选。

《公司法》第 74 条第 1 款规定:"有限责任公司可以设经理,由董事会决定聘任或者解聘。"故 C 项当选。

《公司法》第 59 条第 1 款规定:"股东会行使下列职权:……(四)审议批准公司的利润分配方案和弥补亏损方案;……"据此,D 项属于股东会的职权,故 D 项不当选。

59. 董事会成员;董事任期;董事长的产生办法[CD]

[解析] 根据《公司法》第 68 条第 1 款规定,有限责任公司董事会中的职工代表由公司职工通过职工代表大会、职工大会或者其他形式民主选举产生。故 A 项错误。

《公司法》第 70 条第 2 款规定:"董事任期届满未及时改选,或者董事在任期内辞任导致董事会成员低于法定人数的,在改选出的董事就任前,原董事仍应当依照法律、行政法规和公司章程的规定,履行董事职务。"选项中未说明董事张某辞职是否导致公司董事成员低于法定人数,故 B 项错误。

《公司法》第 68 条第 2 款规定:"董事会设董事长一人,可以设副董事长。董事长、副董事长的产生办法由公司章程规定。"据此,公司章程可以约定公司董事长的产生办法。小股东方圆公司的代表根据公司章程的规定,可以担任董事长,法律并没有对于董事长的产生作强制性规定。故 C 项正确。

《公司法》第 210 条第 4 款规定:"公司弥补亏损和提取公积金后所余税后利润,有限责任公司按照股东实缴的出资比例分配利润,全体股东约定不按照出资比例分配利润的除外;股份有限公司按照股东所持有的股份比例分配利润,公司章程另有规定的除外。"据此,由于有限公司制定章程需要全体股东一致通过,因此章程中可以约定不按出资比例分红;股份公司章程也可对分红另作出约定。我国的公司形式只有有限公司和股份公司两种,国有企业(国家出资公司)仅是出资主体特殊,仍然属于有限公司或股份公司(《公司法》第 168 条),这两种公司均可通过公司章程对分红另行作出约定,故 D 项正确。【特别提醒】有限公司修改公司章程需经代表 2/3 以上表决权的股东同意,若达不到全体股东一致同意的程度,则不能对分红比例另行作出约定。

60. 股东会决议的无效与撤销[A]

[解析]《公司法》第 25 条规定:"公司股东会、董事会的决议内容违反法律、行政法规的无效。"根据《公司法》第 66 条第 3 款规定,经代表 2/3 以上表决权的股东通过,股东会可以作出修改公司章程、增加或者减少注册资本的决议。本题中,公司股东会若要免除甲的出资义务,相当于变相减少了公司注册资本,必须首先经过减资决议,在未通过减资决议的情况下,免除甲的法定出资义务属于违法决议,决议无效。故 A 项正确,B 项错误。【特别提醒】根据《公司法》第 224 条规定,公司减少注册资本,应当自决议作出之日起 10 日内通知债权人。债权人有权要求公司清偿债务或者提供相应的担保。这是因为公司减资客观上降低了公司的偿债能力,涉及债权人利益。因

此,如果没有通知债权人,没有经过合法的减资程序,公司即作出免除股东出资的义务,是违法的。

根据上述《公司法》第66条第3款规定,股东会作出减资决议,应当经代表2/3以上表决权的股东通过,无须全体股东一致同意,故C项错误。

《公司法》第26条第1款规定:"公司股东会、董事会的会议召集程序、表决方式违反法律、行政法规或者公司章程,或者决议内容违反公司章程的,股东自决议作出之日起六十日内,可以请求人民法院撤销。……"据此,股东会的召集程序、表决方式违法或违反公司章程的,属于可撤销情形,股东享有撤销权。而本题情形属于决议内容违法,根据上述《公司法》第25条,属于无效情形,应当提起确认决议无效之诉。故D项错误。

61. 董事会会议的召集和议事规则 [ACD]

[解析]《公司法》第124条第1款和第2款规定:"董事会会议应当有过半数的董事出席方可举行。董事会作出决议,应当经全体董事的过半数通过。董事会决议的表决,应当一人一票。"该法第27条规定:"有下列情形之一的,公司股东会、董事会的决议不成立:……(三)出席会议的人数或者所持表决权数未达到本法或者公司章程规定的人数或者所持表决权数;(四)同意决议事项的人数或者所持表决权数未达到本法或者公司章程规定的人数或者所持表决权数。"

据此,华胜股份公司董事会一共9人,5人以上出席可以举行董事会会议,5人以上通过决议有效。本题中的董事会会议有5人出席,符合法定人数;但是,仅4人表决通过决议,不足全体董事的半数,因此决议不成立。故B项正确,A、C、D项错误。

考点13 公司担保

62. 分公司;公司担保 [AC]

[解析]《民法典担保制度解释》第11条1款规定:"公司的分支机构未经公司股东(大)会或者董事会决议以自己的名义对外提供担保,相对人请求公司或其分支机构承担担保责任的,人民法院不予支持,但是相对人不知道且不应当知道分支机构对外提供担保未经公司决议程序的除外。"据此,甲分公司以自己的名义签订的担保协议系越权担保,丁公司对此知情,非属善意,因此该担保协议无效。故A项正确,B项错误。

根据《民法典》第74条规定,法人分支机构以自己的名义从事民事活动,产生的民事责任由法人承担;也可以先以该分支机构管理的财产承担,不足承担的,由法人承担。据此,本题中,乙公司有权以自己的名义与戊公司签订货物买卖协议,该协议有效,但产生的民事责任应由通程公司承担,故C项正确。债权人戊公司可以选择直接要求总公司承担连带责任,也可以选择先以分公司管理的财产承担责任再行向总公司追偿,而非必须先向分公司主张责任,故D项错误。

63. 一人公司;公司担保 [AC]

[解析]《民法典担保制度解释》第10条规定:"一人有限责任公司为其股东提供担保,公司以违反公司法关于公司对外担保决议程序的规定为由主张不承担担保责任的,人民法院不予支持。公司因承担担保责任导致无法清偿其他债务,提供担保时的股东不能证明公司财产独立于自己的财产,其他债权人请求该股东承担连带责任的,人民法院应予支持。"据此,一人公司可以为其唯一的股东提供担保。此外,一人公司不设股东会,个人股东的同意即代表了公司的意思。本题中,陈某是甲公司的唯一股东,其在担保协议上签字并加盖公章的行为即代表甲公司的行为,该担保合同成立并生效。故A、C项正确,B项错误。

丙公司并非公司股东,不享有优先购买权,故D项错误。

64. 公司提供担保的规定 [D]

[解析]《公司法》第15条第1款和第2款规定:"公司向其他企业投资或者为他人提供担保,按照公司章程的规定,由董事会或者股东会决议;公司章程对投资或者担保的总额及单项投资或者担保的数额有限额规定的,不得超过规定的限额。公司为公司股东或者实际控制人提供担保的,应当经股东会决议。"据此,公司为他人提供担保,董事会或股东会有决定权,经理与董事长均无权决定。故A、B项错误。公司为公司股东或实际控制人提供担保的,只有股东会有决定权,董事会无权决定。故C项错误,D项正确。

第五节 公司的董事、监事、高级管理人员

考点14 公司董事、监事、高级管理人员的资格和义务

65. 董、监、高的任职资格 [D]

[解析]《公司法》第178条第1款规定:"有下列情形之一的,不得担任公司的董事、监事、高级管理人员:(一)无民事行为能力或者限制民事行为能力;(二)因贪污、贿赂、侵占财产、挪用财产或者破坏社会主义市场经济秩序,被判处刑罚,或者因犯罪被剥夺政治权利,执行期满未逾五年,被宣告缓刑的,自缓刑考验期满之日起未逾二年;(三)担任破产清算的公司、企业的董事或者厂长、经理,对该公司、企业的破产负有个人责任的,自该公司、企业破产清算完结之日起未逾三年;(四)担任因违法被吊销营业执照、责令关闭的公司、企业的法定代表人,并负有个人责任的,自该公司、企业被吊销营业执照、责令关闭之日起未逾三年;(五)个人因所负数额较大债务到期未清偿

被人民法院列为失信被执行人。"A项符合第5项、B项符合第2项、C项符合第3项,均不可担任公司董事,故A、B、C项不当选。

D项中,公司倒闭是因为丁上任之前的因素造成的,与丁无关,因此其可以担任董事,故D项当选。

66. 董事、高管的选任及职责[D]

[解析] 根据《公司法》第59条:"股东会行使下列职权:(一)选举和更换董事、监事,决定有关董事、监事的报酬事项;……"乙出任的是绿都公司的董事,其选举或更换应该由绿都公司的股东会作出决议,未经法定流程乙的董事身份不会因阳光公司召回而丧失;同样,丙也不能因阳光公司的单方意思表示而取得绿都公司董事身份,故A、B项错误。

甲、乙虽然受阳光公司指派出任绿都公司的董事,但作为绿都公司的董事,自然应该对绿都公司尽到忠实和勤勉义务。故C项错误,D项正确。

67. 董事任期、职责;股东代表诉讼[B]

[解析]《公司法》第70条第2款规定:"董事任期届满未及时改选,或者董事在任期内辞任导致董事会成员低于法定人数的,在改选出的董事就任前,原董事仍应当依照法律、行政法规和公司章程的规定,履行董事职务。"本题中,因尚未改选出新一届董事会,原董事会成员(含董事长)仍应依法履行董事职责。故A项错误,B项正确。

《公司法》第188条规定:"董事、监事、高级管理人员执行职务违反法律、行政法规或者公司章程的规定,给公司造成损失的,应当承担赔偿责任。"本案中,彭兵"无心公司事务"并不能认定其违反法律法规或公司章程,只能构成未尽到对公司勤勉的义务;公司100万元的损失,并非彭兵的侵权行为造成的,不能由其承担赔偿责任。故C项错误。

根据《公司法》第189条第1款规定,董事、高级管理人员有《公司法》第188条规定的情形,股份有限公司连续180以上单独或者合计持有公司1%以上股份的股东,可以书面请求监事会向人民法院提起诉讼。监事会拒绝提起诉讼,或者自收到请求之日起30日内未提起诉讼,或者情况紧急,不立即提起诉讼将会使公司利益受到难以弥补的损害的,上述股东有权为公司利益以自己的名义直接向人民法院提起诉讼。据此,提起股东代表诉讼以董事存在违反法律、行政法规或公司章程的规定为前提,根据C项分析,彭兵不存在相关情形,因此不具有可诉性。此外,即使彭兵存在相关情形,股东也应先书面请求监事会提起诉讼,不可直接提起股东代表诉讼。故D项错误。

68. 公司财产与个人财产;董事任职资格;高管义务[CD]

[解析] 债务人姜呈将40万元打入李方的个人账户,而非平昌公司的指定账户,由于货币的特殊属性,占有即所有,因此40万元的所有权不属于平昌公司。故A项错误。

《公司法》第178条规定了董事、监事、高级管理人员的消极任职资格,根据该条第1款规定,有下列情形之一的,不得担任公司的董事、监事、高级管理人员:(1)无民事行为能力或者限制民事行为能力;(2)因贪污、贿赂、侵占财产、挪用财产或者破坏社会主义市场经济秩序,被判处刑罚,或者因犯罪被剥夺政治权利,执行期满未逾5年,被宣告缓刑的,自缓刑考验期满之日起未逾2年;(3)担任破产清算的公司、企业的董事或者厂长、经理,对该公司、企业的破产负有个人责任的,自该公司、企业破产清算完结之日起未逾3年;(4)担任因违法被吊销营业执照、责令关闭的公司、企业的法定代表人,并负有个人责任的,自该公司、企业被吊销营业执照、责令关闭之日起未逾3年;(5)个人因所负数额较大债务到期未清偿被人民法院列为失信被执行人。本题中,董事长李方并未实施上述行为,并不当然丧失董事长资格,故B项错误。

虽然李方没有实施涉及董事消极任职资格的行为,但是违反了董事的义务和禁止行为,对此《公司法》第181条规定:"董事、监事、高级管理人员不得有下列行为:(一)侵占公司财产、挪用公司资金;(二)将公司资金以其个人名义或者以其他个人名义开立账户存储;……"《公司法》第186条规定,董事、监事、高级管理人员违反本法第181条至第184条规定所得的收入应当归公司所有。本题中,李方的行为构成将公司资金存入个人账户,并挪用公司资金借贷给他人,该40万元资金的借贷利息属于违法所得,应当归公司所有,平昌公司有权要求李方返还。故D项正确。

李方是公司的董事长,姜呈有理由相信李方代表平昌公司,且姜呈善意无过错,因此姜呈的清偿行为有效。故C项正确。

69. 董事、监事、高管人员的任职资格[CD]

[解析]《公司法》第178条第1款规定:"有下列情形之一的,不得担任公司的董事、监事、高级管理人员:(一)无民事行为能力或者限制民事行为能力;(二)因贪污、贿赂、侵占财产、挪用财产或者破坏社会主义市场经济秩序,被判处刑罚,或者因犯罪被剥夺政治权利,执行期满未逾五年,被宣告缓刑的,自缓刑考验期满之日起未逾二年;(三)担任破产清算的公司、企业的董事或者厂长、经理,对该公司、企业的破产负有个人责任的,自该公司、企业破产清算完结之日起未逾三年;(四)担任因违法被吊销营业执照、责令关闭的公司、企业的法定代表人,并负有个人责任的,自该公司、企业被吊销营业执照、责令关闭之日起

未逾三年;(五)个人因所负数额较大债务到期未清偿被人民法院列为失信被执行人。"可见,重大责任事故罪不属于该条第 2 项规定的五类罪行,王某可以担任公司董事,故 A 项错误。由于并未指明张某对该公司破产负有个人责任,不属于本条第 3 项之情形,可以担任公司董事,故 B 项错误。C、D 项属于该条第 4、5 项之情形,故 C、D 项正确。

第六节 公司的财务与会计制度

考点 15 公司的财务会计报告制度

70. 公司财务会计报告;公积金[BCD(原答案为 BD)]

[解析]《公司法》第 208 条第 1 款规定,公司应当在每一会计年度终了时编制财务会计报告,并依法经会计师事务所审计。据此,公司对自身的年度财务会计报告不能自行审计而必须聘请会计师事务所进行外审,以保证审计的客观、真实,故 A 项错误。

《公司法》第 210 条第 2 款规定:"公司的法定公积金不足以弥补以前年度亏损的,在依照前款规定提取法定公积金之前,应当先用当年利润弥补亏损。"公司资本维持是公司资本制度的核心要求,只有弥补亏损之后,才能提取法定公积金;只有提取法定公积金之后,才能向股东分配利润。故 B 项正确。

《公司法》第 214 条第 1 款和第 2 款规定:"公司的公积金用于弥补公司的亏损、扩大公司生产经营或者转为增加公司注册资本。公积金弥补公司亏损,应当先使用任意公积金和法定公积金;仍不能弥补的,可以按照规定使用资本公积金。"故 C 项正确。【旧题新解】旧法中资本公积金不能用于弥补亏损,2023 年《公司法》作了修改。

《公司法》第 214 条第 3 款规定,法定公积金转为增加注册资本时,所留存的该项公积金不得少于转增前公司注册资本的 25%。故 D 项正确。

考点 16 公司的收益分配制度

71. 资本公积金;利润分配[AB]

[解析]《公司法》第 213 条规定:"公司以超过股票票面金额的发行价格发行股份所得的溢价款、发行无面额股所得股款未计入注册资本的金额以及国务院财政部门规定列入资本公积金的其他项目,应当列为公司资本公积金。"本题羽伦公司注册资本为 1 亿元,而股东认缴的出资为 2 亿元。同时,股份公司并不适用认缴资本制,所有认缴出资均应实缴,因此 2020 年 4 月公司成立时该公司发行股份的溢价为 1 亿元(2 亿元-1 亿元),并应当计入资本公积金。故 A 项正确。

《公司法》第 210 条第 1 款和第 2 款规定:"公司分配当年税后利润时,应当提取利润的百分之十列入公司法定公积金……公司的法定公积金不足以弥补以前年度亏损的,在依照前款规定提取法定公积金之前,应当先用当年利润弥补亏损。"羽伦公司成立于 2020 年,且当年度亏损,尚无法定公积金用来弥补亏损,因此 2021 年产生税后利润时,应先弥补上一年度亏损。故 B 项正确。羽伦公司 2020 年亏损 0.4 亿元,用 2021 年利润 0.8 亿元弥补亏损后还余 0.4 亿元,然后再按照 10% 提取法定公积金为 0.04 亿元。故 C 项错误。

《公司法》第 210 条第 3 款规定:"公司从税后利润中提取法定公积金后,经股东会决议,还可以从税后利润中提取任意公积金。"据此,董事会无权决定,故 D 项错误。

72.(1)法定公积金[ACD]

[解析] 根据《公司法》第 210 条第 1 款和第 2 款规定,公司分配当年税后利润时,应当提取利润的 10% 列入公司法定公积金。公司法定公积金累计额为公司注册资本的 50% 以上的,可以不再提取。公司的法定公积金不足以弥补以前年度亏损的,在依照前款规定提取法定公积金之前,应当先用当年利润弥补亏损。紫霞公司盈利后,首先应弥补亏损,剩余利润 4000 万元;再提取法定公积金,4000 万×10% 为 400 万元法定公积金。故 A 项正确,B 项错误。

《公司法》第 210 条第 3 款规定:"公司从税后利润中提取法定公积金后,经股东会决议,还可以从税后利润中提取任意公积金。"公司对任意公积金的数额没有限制,公司可以通过决议提取 1000 万元作为任意公积金。故 C 项正确。

根据《公司法》第 210 条第 4 款规定,公司弥补亏损和提取公积金后所余税后利润,股份有限公司按照股东所持有的股份比例分配利润,公司章程另有规定的除外。本题中,公司利润 7000 万元,弥补往年亏损 3000 万元后,剩余利润为 4000 万元;提取法定公积金 400 万元,剩余 3600 万元;此前公司的法定公积金余额为 5 万元,公司可用于向股东分配的剩余利润最大上限为 3605 万元。故 D 项正确。

(2)公积金用途[BC]

[解析]《公司法》第 214 条第 1 款规定:"公司的公积金用于弥补公司的亏损、扩大公司生产经营或者转为增加公司注册资本。"当年提取的公积金是用于弥补公司日后的亏损,不可能用于弥补公司当年的亏损;且 2016 年提取 2800 万元的公积金,说明该公司于 2016 年度盈利,无需弥补亏损,故 A 项错误。用于新款游戏软件的研发属于扩大公司生产经营,故 B 项正确。

《公司法》第 214 条第 3 款规定,法定公积金转为增加注册资本时,所留存的该项公积金不得少于转增前公司注册资本的25%。本题中,转增资本前公司注册资本为5000万,则公司转增资本后其法定公积金留存不得少于1250万元(5000万元×25%)。因为2016年公司的法定公积金为405万元(见上题解析,400万元+5万元),即使为1000万元,也少于转增前注册资本的25%,所以不能用于转增资本,故D项错误。但是任意公积金转增资本不受限制,1000万元的任意公积金都可以转增资本,故C项正确。

第七节 公司的变更、合并与分立

考点17 公司合并和分立

73. 公司合并[AD]

[解析]《公司法》第66条第3款规定:"股东会作出修改公司章程、增加或者减少注册资本的决议,以及公司合并、分立、解散或者变更公司形式的决议,应当经代表三分之二以上表决权的股东通过。"张某只持有甲公司65%的股权,未达到2/3以上的多数,故甲公司作出公司合并的决议时,必须有李某的同意方可,故A项正确。

《公司法》第220条规定,公司应当自作出合并决议之日起10日内通知债权人,并于30日内在报纸上或者国家企业信用信息公示系统公告。据此,甲公司应当在合并决议作出之日起10日内通知其债权人,故B项错误。

《公司法》第220条规定,债权人自接到公司合并通知之日起30日内,未接到通知的自公告之日起45日内,可以要求公司清偿债务或者提供相应的担保。据此,债权人有权要求甲公司清偿债务或者提供担保,但无权对甲公司的合并行为提出异议,故C项错误。

《公司法》第221条规定:"公司合并时,合并各方的债权、债务,应当由合并后存续的公司或者新设的公司承继。"在甲公司吸收合并乙公司的情形,甲公司继续存在,而乙公司解散,故原乙公司的债务应当由合并后的甲公司承担,故D项正确。

74. 公司分立[B]

[解析]《公司法》第222条第2款规定:"公司分立,应当编制资产负债表及财产清单。公司应当自作出分立决议之日起十日内通知债权人,并于三十日内在报纸上或者国家企业信用信息公示系统公告。"由该条可知,白阳公司应在作出分立决议之日起10日内通知债权人甲。故A项正确,不当选。

根据《公司法》第220条规定,公司在合并的情况下,债权人可以在接到合并通知之日起30日内,未接到通知的自公告之日起45日内,要求公司清偿债务或者提供相应的担保。可见,公司合并才有对债权人的特殊救济规定。分立后的公司对债权人承担连带责任,债权人的权益不受影响,无需额外救济。故B项错误,当选。

《公司法》第223条规定:"公司分立前的债务由分立后的公司承担连带责任。但是,公司在分立前与债权人就债务清偿达成的书面协议另有约定的除外。"可见,甲有权向分立后的阳春公司与白雪公司主张连带清偿责任,同时,白阳公司在分立前可与债权人甲就债务偿还签订书面协议。故C、D项正确,不当选。

75. 公司合并[BC]

[解析]《公司法》第218条规定:"公司合并可以采取吸收合并或者新设合并。一个公司吸收其他公司为吸收合并,被吸收的公司解散。两个以上公司合并设立一个新的公司为新设合并,合并各方解散。"可见,本题为吸收合并,甲公司的法人主体资格消灭,丁公司的法人主体资格存续。故A项错误。

《公司法》第221条规定:"公司合并时,合并各方的债权、债务,应当由合并后存续的公司或者新设的公司承继。"同时,《民法典》第568条第1款规定:"当事人互负债务,该债务的标的物种类、品质相同的,任何一方可以将自己的债务与对方的到期债务抵销;但是,根据债务性质、按照当事人约定或者依照法律规定不得抵销的除外。"本题中,丁公司兼并甲公司后,甲公司所欠乙公司的100万元货款由丁公司承继,而乙公司又欠丁公司租金80万元,丁公司与乙公司互负债务,因此可以主张债务抵销。故B项正确。

根据《公司法》第220条规定,公司应当自作出合并决议之日起10日内通知债权人,债权人自接到通知之日起30日内,未接到通知的自公告之日起45日内,可以要求公司清偿债务或者提供相应的担保。故C项正确。

公司合并事项属于股东会的职权,董事会无权决定。故D项错误。

考点18 公司形式变更

76. 公司变更形式、增资、发起人出资责任[BD]

[解析]根据《公司法》第32条规定,注册资本属于公司登记事项。《公司法》第34条第1款规定:"公司登记事项发生变更的,应当依法办理变更登记。"本题中,秦川公司原注册资本为1亿元,变更后的注册资本为2亿元,需要办理变更登记。故A项错误。

【特别提醒】根据《公司法》第108条,有限公司变更为股份公司后的实收股本不得高于公司净资产,秦川公司净资产为2亿元,变更后注册资本也为2亿元,因此不必增加发行股份,但仍应办理变更登记。

《公司法》第108条规定:"有限责任公司变更为股份有限公司时,折合的实收股本总额不得高于公司净资产额。有限责任公司变更为股份有限公司,为增加注册资本公开发行股份时,应当依法办理。"据此,秦川公司净资产为2亿元,变更后的公司注册资本为2.5亿元,因此需要募集5000万元。《公司法》第228条第2款规定:"股份有限公司为增加注册资本发行新股时,股东认购新股,依照本法设立股份有限公司缴纳股款的有关规定执行。"对于股份有限公司缴纳股款,根据《公司法》第91条规定,发起设立,是指由发起人认购设立公司时应发行的全部股份而设立公司。募集设立,是指由发起人认购设立公司时应发行股份的一部分,其余股份向特定对象募集或者向社会公开募集而设立公司。因此,对于5000万元新股,既可以由原股东认购,也可以公开募集或定向募集。故B项正确,C项错误。

《公司法》第99条规定:"发起人不按期缴纳其所认购的股份缴纳股款,或者作为出资的非货币财产的实际价额显著低于所认购的股份的,其他发起人与该发起人在出资不足的范围内承担连带责任。"有限公司变更为股份公司,原净资产折抵为股份公司的实收股本,本质上为原股东作为发起人对变更后的股份公司的出资。本题中,公司净资产有漏记,说明净资产低于2亿元,其差额应由发起人承担连带补足责任,故D项正确。

考点19 公司增资和减资(注册资本变更)

77. 公司增资[AB]

[解析]《公司法》第227条第1款规定:"有限责任公司增加注册资本时,股东在同等条件下有权优先按照实缴的出资比例认缴出资。但是,全体股东约定不按出资比例优先认缴出资的除外。"可知,股东可以约定不按出资比例增资。故A项正确。

《公司法》第228条第1款规定:"有限责任公司增加注册资本时,股东认缴新增资本的出资,依照本法设立有限责任公司缴纳出资的有关规定执行。"《公司法》第47条第1款规定:"有限责任公司的注册资本为在公司登记机关登记的全体股东认缴的出资额。全体股东认缴的出资额由股东按照公司章程的规定自公司成立之日起五年内缴足。"据此,有限责任公司注册资本采取认缴制度,甲、乙、丙认缴后在5年内缴足即可,故B项正确。

《公司法》第46条第1款规定:"有限责任公司章程应当载明下列事项:……(三)公司注册资本;……"注册资本属于章程应当载明事项,增加注册资本应当修改章程。故C项错误。

《公司法》第34条第1款规定:"公司登记事项发生变更的,应当依法办理变更登记。"公司增资导致登记事项发生变更,应当依法办理变更登记。故D项错误。

78. 公司增资[B]

[解析]《公司法》第66条第3款规定:"股东会作出修改公司章程、增加或者减少注册资本的决议,以及公司合并、分立、解散或者变更公司形式的决议,应当经代表三分之二以上表决权的股东通过。"新增注册资本的决议不是需要2/3以上的股东人数同意,而是代表2/3以上表决权的股东同意。故A项错误。

《公司法》第228条第1款规定:"有限责任公司增加注册资本时,股东认缴新增资本的出资,依照本法设立有限责任公司缴纳出资的有关规定执行。"对于缴纳出资,《公司法》第47条第1款规定:"有限责任公司的注册资本为在公司登记机关登记的全体股东认缴的出资额。全体股东认缴的出资额由股东按照公司章程的规定自公司成立之日起五年内缴足。"据此,股东认缴的新增出资额可以在5年内分期缴纳,故B项正确。

《公司法》第227条第1款规定:"有限责任公司增加注册资本时,股东在同等条件下有权优先按照实缴的出资比例认缴出资。但是,全体股东约定不按出资比例优先认缴出资的除外。"据此,对于增加注册资本,股东应按实缴出资比例认缴出资,而非认缴出资比例,故C项错误。

根据《公司法解释(三)》第13条第4款规定,股东在公司增资时未履行或者未全面履行出资义务,依照本条第1款或者第2款提起诉讼的原告,请求未尽《公司法》第147条第1款(现为《公司法》第180条)规定的义务而使出资未缴足的董事、高级管理人员承担相应责任的,人民法院应予支持;董事、高级管理人员承担责任后,可以向被告股东追偿。《公司法》第180条是有关董事、监事、高级管理人员忠实和勤勉义务的规定,也即有关董事、监事、高级管理人员未尽到忠实和勤勉义务,导致股东新增出资未缴足的,才承担与其过错相应的责任,这是一种过错责任,非对出资承担连带责任,且D项并未说明董事长对此存在过错,故D项错误。**【陷阱点拨】**只有在有限公司设立时未履行或者未全面履行出资义务,设立时的其他股东(也就是发起人)才对出资不足承担连带责任(《公司法》第50条)。公司增资是在公司设立后,不存在连带责任问题。

考点20 公司其他事项变更

79. 有限公司变更的决议;发起人的出资;股份公司董事长的产生方式[D(原答案为BD)]

[解析]《公司法》第66条第3款规定:"股东会作出修改公司章程、增加或者减少注册资本的决议,以及公司合并、分立、解散或者变更公司形式的决议,应当经代表三分之二以上表决权的股东通过。"可见,变更公司形式的决议,需要经代表2/3以上表决权的股东通过,不需要全体股东一致同意。故A项错误。

《公司法》第98条第1款规定："发起人应当在公司成立前按照其认购的股份全额缴纳股款。"股份公司的出资为实缴，故B项中两年内缴足的说法错误。

《公司法》第122条第1款规定："董事会设董事长一人，可以设副董事长。董事长和副董事长由董事会以全体董事的过半数选举产生。"股份有限责任公司的董事长、副董事长由全体董事过半数选举产生，麻某并不当然成为股份有限责任公司的董事长。故C项错误。

公司名称的承继没有法定限制。故D项正确。

80. 商事登记[ACD]

[解析]《公司法》第38条规定："公司设立分公司，应当向公司登记机关申请登记，领取营业执照。"故A项正确。

《公司法》第239条规定："公司清算结束后，清算组应当制作清算报告，报股东会或者人民法院确认，并报送公司登记机关，申请注销公司登记。"企业被吊销营业执照后，并没有立即丧失主体资格，而要先进行清算。只有经清算并办理注销之后才丧失主体资格。故B项错误，D项正确。

公司营业范围属于《公司法》第32条规定的公司登记事项，根据《公司法》第34条第1款规定："公司登记事项发生变更的，应当依法办理变更登记。"故C项正确。

第八节 公司的解散与清算

考点21 公司的解散与清算

81. 公司清算[BD]

[解析] 在清算期间，公司仍然存续，有关诉讼应当以公司为被告。故A项错误，B选项正确。

《公司法解释（二）》第18条第2款规定："有限责任公司的股东、股份有限公司的董事和控股股东因怠于履行义务，导致公司主要财产、账册、重要文件等灭失，无法进行清算，债权人主张其对公司债务承担连带清偿责任的，人民法院应依法予以支持。"故C项错误，D项正确。

82. 解散公司诉讼[AB]

[解析]《公司法》第231条规定："公司经营管理发生严重困难，继续存续会使股东利益受到重大损失，通过其他途径不能解决的，持有公司百分之十以上表决权的股东，可以请求人民法院解散公司。"根据《公司法解释（二）》第1条规定，以下列事由之一提起解散诉讼，并符合《公司法》第231条规定的，人民法院应予受理：（1）公司持续两年以上无法召开股东会或者股东大会，公司经营管理发生严重困难的；（2）股东表决时无法达到法定或者公司章程规定的比例，持续两年以上不能做出有效的股东会或者股东大会决议，公司经营管理发生严重困难的；（3）公司董事长期冲突，且无法通过股东会或者股东大会解决，公司经营管理发生严重困难的；（4）经营管理发生其他严重困难，公司继续存续会使股东利益受到重大损失的情形。据此，成泰公司自2018年以来一直未能召开股东会，符合上述（1）项公司持续两年无法召开股东会的情形，王某和张某的持股均超过10%，因此有权请求法院解散公司。故A、B项正确。

李某持股9%，不足10%，因此无权向法院提起公司解散之诉，故C项错误。

请求法院解散公司的情形是公司治理僵局，公司盈利状况和股东权利是否受到损害并非请求法院解散公司的情形，法院在判决中也不会考虑相关因素，故D项错误。

83. 公司强制解散[D]

[解析] 根据《公司法》第188条和第189条规定，只有在董事、监事、高级管理人员执行职务违反法律、行政法规或公司章程的规定，给公司造成损失，且公司怠于起诉时，股东才可以提起股东代表诉讼。而董、监、高所负有的忠诚和勤勉义务，本身不具有可诉性，即不能起诉要求其"履行"此义务，只能是针对其因违法或违章造成的损失要求赔偿。故A项错误。

本题中，董事间又长期不和，公司经营管理几近瘫痪，经营管理发生严重困难，符合《公司法》第231条规定的股东提起解散公司之诉的情形。根据《公司法解释（二）》第2条规定，股东提起解散公司诉讼，同时又申请人民法院对公司进行清算的，人民法院对其提出的清算申请不予受理。人民法院可以告知原告，在人民法院判决解散公司后，自行组织清算或者另行申请人民法院对公司进行清算。因此，B项错误，发起人李桃提起解散公司诉讼时不可同时提起清算公司的申请，否则人民法院不予受理。

《公司法解释（二）》第3条规定："股东提起解散公司诉讼时，向人民法院申请财产保全或者证据保全的，在股东提供担保且不影响公司正常经营的情形下，人民法院可予以保全。"因此，C项错误，发起人李桃提起解散公司诉讼时可以向法院申请财产保全，但必须提供担保且不影响公司正常运营。

《公司法解释（二）》第4条第1款和第2款规定："股东提起解散公司诉讼应当以公司为被告。原告以其他股东为被告一并提起诉讼的，人民法院应当告知原告将其他股东变更为第三人；原告坚持不予变更的，人民法院应当驳回原告对其他股东的起诉。"因此，D项正确，在提起司法解散之诉时，应以公司为被告。

法条变更	《最高人民法院关于适用〈中华人民共和国公司法〉若干问题的规定(二)》
	根据2020年12月23日最高人民法院审判委员会第1823次会议通过的《最高人民法院关于修改〈最高人民法院关于破产企业国有划拨土地使用权应否列入破产财产等问题的批复〉等二十九件商事类司法解释的决定》第二次修正

84. 公司的司法解散[B]

[解析] 根据《公司法解释(二)》第2条规定,股东提起解散公司诉讼,同时又申请人民法院对公司进行清算的,人民法院对其提出的清算申请不予受理。故A项错误。

《公司法解释(二)》第3条规定:"股东提起解散公司诉讼时,向人民法院申请财产保全或者证据保全的,在股东提供担保且不影响公司正常经营的情形下,人民法院可予以保全。"故B项正确。

《公司法解释(二)》第4条第1款和第2款规定:"股东提起解散公司诉讼应当以公司为被告。原告以其他股东为被告一并提起诉讼的,人民法院应当告知原告将其他股东变更为第三人;原告坚持不予变更的,人民法院应当驳回原告对其他股东的起诉。"故C项错误,司法解散的被告是公司,只能将其他股东变更为第三人,不能列为共同被告。

《公司法解释(二)》第6条第1款规定:"人民法院关于解散公司诉讼作出的判决,对公司全体股东具有法律约束力。"故D项错误。

85. 公司清算[BCD]

[解析] 根据《公司法》第233条第1款规定,公司逾期不成立清算组进行清算或者成立清算组后不清算的,利害关系人可以申请人民法院指定有关人员组成清算组进行清算。因此,公司债权人作为利害关系人可以向法院提出申请,故A项正确,不当选。

《公司法解释(二)》第10条第2款规定,公司成立清算组的,由清算组负责人代表公司参加诉讼;尚未成立清算组的,由原法定代表人代表公司参加诉讼。据此,应当由清算组负责人而不是由清算组代表公司参加诉讼,故B项错误,当选。

《公司法解释(二)》第13条第1款规定,债权人在规定的期限内未申报债权,在公司清算程序终结前补充申报的,清算组应予登记。据此,债权人可以在公司清算程序终结前补充申报,故C项错误,当选。

《公司法解释(二)》第15条第1款规定,公司自行清算的,清算方案应当报股东会决议确认;人民法院组织清算的,清算方案应当报人民法院确认。未经确认的清算方案,清算组不得执行。据此,法院组织清算时,清算方案应当报法院确认而不是备案,且不能直接执行,故D项错误,当选。

86. 清算组成员[A]

[解析] 《公司法解释(二)》第8条规定:"人民法院受理公司清算案件,应当及时指定有关人员组成清算组。清算组成员可以从下列人员或者机构中产生:(一)公司股东、董事、监事、高级管理人员;(二)依法设立的律师事务所、会计师事务所、破产清算事务所等社会中介机构;(三)依法设立的律师事务所、会计师事务所、破产清算事务所等社会中介机构中具备相关专业知识并取得执业资格的人员。"由此可知,公司债权人唐某不能作为清算人,故A项错误。公司董事长程某、公司财务总监钱某、某律师事务所符合《公司法解释(二)》第8条第1款第1、2项的规定,故B、C、D正确。

87. 解散公司之诉[D]

[解析] 《公司法解释(二)》第1条第2款规定:"股东以知情权、利润分配请求权等权益受到损害,或者公司亏损、财产不足以偿还全部债务,以及公司被吊销企业法人营业执照未进行清算等为由,提起解散公司诉讼的,人民法院不予受理。"故A、B、C项错误。

《公司法》第231条规定,公司经营管理发生严重困难,继续存续会使股东利益受到重大损失,通过其他途径不能解决的,持有公司10%以上表决权的股东,可以请求人民法院解散公司。故D项正确。

88. 公司司法解散[AC]

[解析] 《公司法》第231条规定,公司经营管理发生严重困难,继续存续会使股东利益受到重大损失,通过其他途径不能解决的,持有公司10%以上表决权的股东,可以请求人民法院解散公司。故A项正确。

《公司法》第89条第1款规定:"有下列情形之一的,对股东会该项决议投反对票的股东可以请求公司按照合理的价格收购其股权:(一)公司连续五年不向股东分配利润,而公司该五年连续盈利,并且符合本法规定的分配利润条件;(二)公司合并、分立、转让主要财产;(三)公司章程规定的营业期限届满或者章程规定的其他解散事由出现,股东会通过决议修改章程使公司存续。"本题不符合上述请求公司以合理价格收购其股权的条件,故B项错误。

《公司法》第84条第1款规定:"有限责任公司的股东之间可以相互转让其全部或者部分股权。"股东可依该规定进行股权转让退出公司。故C项正确。

《公司法》第53条第1款规定:"公司成立后,股东不得抽逃出资。"股东的出资属于公司财产,独立于股东个人,不能撤回,只能转让,撤回出资是抽逃出资的行为。故D项错误。

89. 公司解散制度[B]

[解析] 根据《公司法》第 231 条规定,云台公司经营管理发生严重困难,通过其他途径不能解决,持有公司全部股东表决权 10% 以上的股东,可以请求法院解散公司。本题中没有指出公司章程对表决权有另行约定,故应按出资比例行使表决权,而三者的出资比例分别为 70%、25%、5%,只有甲、乙属于持有全部股东表决权 10% 以上的股东,可见只有甲、乙有权请求解散公司。故 B 项正确,A、C 项错误。

本题不符合《公司法》第 89 条规定的股东请求公司回购股权的情形。故 D 项错误。

第九节 有限责任公司

考点 22 有限责任公司的设立

90. 公司的设立[A]

[解析] 公司章程是公司设立的必备条件,非公司股东投资协议所能替代,故 A 项错误。

《公司法》对设立一般公司没有最低注册资本限额要求,张某和潘某可以将公司注册资本数额约定为 50 元人民币,故 B 项正确。

关于公司名称,《公司法》并无特别要求。《企业名称登记管理规定》也未禁止使用个人姓名作为公司名称。同时,使用张某的姓名也不存在违反法律、法规的强制性规定或者公序良俗的情形,故 C 项正确。

D 项情形法律未作禁止,是正确的。

考点 23 有限责任公司的股权转让

91. 股权转让规则;股权的善意取得[A]

[解析] 股权对外转让时,其他股东在同等条件下享有优先购买权。此处"同等条件"应当考虑转让股权的数量、价格、支付方式及期限等因素。本题中,乙仅提出对其中 60% 的股权行使优先购买权,而非全部股权,不符合"同等条件"的要求,因此不具有优先购买权,甲可以拒绝乙的请求,故 A 项正确。

《公司法解释(三)》第 27 条第 2 款规定:"原股东处分股权造成受让股东损失,受让股东请求原股东承担赔偿责任、对于未及时办理变更登记有过错的董事、高级管理人员或者实际控制人承担相应责任的,人民法院应予支持;受让股东对于未及时办理变更登记也有过错的,可以适当减轻上述董事、高级管理人员或者实际控制人的责任。"据此,原股东处分股权造成受让股东损失的,未及时办理变更登记有过错的董事、高管应承担与过错相应的责任,而非与原股东一起承担连带责任,故 B 项错误。

股东名册是证明股东资格的法定文件,记载于股东名册的股东即取得股东资格,可以行使股东权利。公司登记仅具有对抗效力,即不登记不得对抗善意第三人。故 C 项错误。

丁也是红英公司股东,根据《公司法》第 84 条,甲转让股权,应当书面通知其他股东,可知丁对甲转让股权给戊知情,因此不能善意取得,故 D 项错误。

92. 强制执行公司股权[C]

[解析]《公司法》第 85 条规定:"人民法院依照法律规定的强制执行程序转让股东的股权时,应当通知公司及全体股东,其他股东在同等条件下有优先购买权。其他股东自人民法院通知之日起满二十日不行使优先购买权的,视为放弃优先购买权。"本题中,强制执行公司股权,应由法院通知公司其他股东,而不是由债权人通知。优先购买权的期限为 20 天,不是 1 个月。故 A、B 项错误。

强制执行的目的是偿债,所以执行的范围应该是以足以偿债为限。故 C 项正确。

《公司法》第 56 条第 2 款规定:"记载于股东名册的股东,可以依股东名册主张行使股东权利。"《公司法》第 34 条第 2 款规定:"公司登记事项未经登记或者未经变更登记,不得对抗善意相对人。"据此,股东名册是取得股东资格的凭证,公司登记只是对抗要件,因此丁某取得汪某股权的时间为记载于股东名册时。故 D 项错误。

93. 有限责任公司的股权转让[BD(原答案为 ABD)]

[解析] 根据《公司法》第 84 条第 2 款规定,股东向股东以外的人转让股权的,应当将股权转让的数量、价格、支付方式和期限等事项书面通知其他股东,其他股东在同等条件下有优先购买权。据此,股东对外转让股权无需取得其他股东同意,只负有书面通知其他股东的义务,故 A 项正确。【旧题新解】根据旧法,股东对外转让股权应经其他股东过半数同意,2023 年《公司法》修改了这一规定。

修改公司章程属于股东会的职权。根据《公司法》第 66 条第 3 款规定,修改公司章程,应当召开股东会,经代表 2/3 以上表决权的股东通过。本题中,甲持有 69% 的股权,达到 2/3 以上表决权,但是其不能直接修改公司章程,应当通过股东会决议的方式进行。故 B 项错误。

《公司法》第 84 条第 1 款规定:"有限责任公司的股东之间可以相互转让其全部或者部分股权。"因此,C 项正确,股东对内转让股权自由,可以分割成两部分,分别转让给乙、丙。

根据《公司法》第 84 条第 2 款规定,股东向股东以外的人转让股权的,其他股东在同等条件下有优先购买权。两个以上股东行使优先购买权的,协商确定各自的购买比例;协商不成的,按照转让时各自的出资比例行使优先购买权。据此,其他股东在同等条件下才享有优先购买权。D 项中,甲对外转让全部股

· 22 ·

权,乙或丙只主张购买一部分股权,则不属于同等条件,不能行使优先购买权,故 D 项错误。【特别提醒】在两个以上股东共同行使优先购买权的情况下,可以对所转让的股权按照比例分别购买。但 D 项的表述为"乙或丙",不属于乙、丙共同行使优先购买权。

94. 有限责任公司股权转让[A]

[解析] 根据《公司法》第 84 条第 2 款规定,股东对外转让股权,应当书名通知其他股东,其他股东在同等条件下有优先购买权。故 A 项正确,B 项错误。

股权转让是股东之间买卖股权,转让款应支付给出让股权的股东,而非公司。故 C 项错误。

股东资格的认定依据是股东名册,股权变更登记仅具有对抗效力。故 D 项错误。

95. 受让股东资格的认定[CD]

[解析] 根据《公司法》第 87 条规定,依照本法转让股权后,公司应当及时注销原股东的出资证明书,向新股东签发出资证明书,并相应修改公司章程和股东名册中有关股东及其出资额的记载。因此,股权转让后,公司应注销原股东出资证明书,向新股东签发出资证明书,而不是"移交"。故 B 项错误。

股东名册是确认股东资格的依据,新股东自变更股东名册后即成为公司股东,但只有经登记机关办理变更登记后才能对抗善意第三人。故 A 项错误,C、D 项正确。

考点 24 有限责任公司的股权回购

96. 股权回购;决议瑕疵;司法强制解散[BC]

[解析]《公司法》第 89 条第 1 款规定:"有下列情形之一的,对股东会该项决议投反对票的股东可以请求公司按照合理的价格收购其股权:……(三)公司章程规定的营业期限届满或者章程规定的其他解散事由出现,股东会通过决议修改章程使公司存续。"本案情形符合上述规定,甲作为投反对票的异议股东,可以主张公司收购其股权,B 项正确。

《公司法》第 25 条规定:"公司股东会、董事会的决议内容违反法律、行政法规的无效。"本案的股东会决议内容是修改公司章程,以延长公司的经营期限,并无违法之处,不符合无效事由,A 项错误。

《公司法》第 84 条第 1 款规定:"有限责任公司的股东之间可以相互转让其全部或者部分股权。"有限公司股东之间可自由转让股权,所以只要买卖双方达成合意,甲可将股权转让给其他股东,C 项正确。

《公司法》第 231 条规定:"公司经营管理发生严重困难,继续存续会使股东利益受到重大损失,通过其他途径不能解决的,持有公司百分之十以上表决权的股东,可以请求人民法院解散公司。"司法强制解散的前提是公司陷入经营管理的僵局,本案中股东会正常召开,公司的运转机制并未失灵,不具备强制解散的前提,D 项错误。

97. 有限公司股东的权利[C]

[解析] 根据《公司法》第 26 条第 1 款规定,公司股东会、董事会的会议召集程序、表决方式违反法律、行政法规或者公司章程,或者决议内容违反公司章程的,股东自决议作出之日起 60 日内,可以请求人民法院撤销。本题中,根据《公司法》第 66 条规定,转让分店即转让公司财产,属于一般决议事项,不属于应当经代表 2/3 以上表决权的股东通过的事项,只需过半数表决权的股东通过即可。甲、丙合计持股 65%,不足 2/3,但已过半数,因此决议程序合法,不存在可撤销情形。故 A 项错误。

根据《公司法》第 231 条规定,股东提起司法强制解散诉讼的前提是公司陷入经营管理的僵局,即公司经营管理发生严重困难,继续存续会使股东利益受到重大损失,通过其他途径不能解决,而本题中仅是公司业绩不佳,不存在上述情形,因而丙不可提起解散公司之诉。故 B 项错误。

《公司法》第 89 条第 1 款规定:"下列情形之一的,对股东会该项决议投反对票的股东可以请求公司按照合理的价格收购其股权:……(二)公司合并、分立、转让主要财产的;……"本题中的转让公司分店属于上述转让主要财产的情形,且丙属于异议股东,符合上述异议股东回购请求权的要件,可以要求公司按照合理的价格收购其股权。故 C 项正确。

《公司法解释(三)》第 17 条第 1 款规定:"有限责任公司的股东未履行出资义务或者抽逃全部出资,经公司催告缴纳或者返还,其在合理期间内仍未缴纳或者返还出资,公司以股东会决议解除该股东的股东资格,该股东请求确认该解除行为无效的,人民法院不予支持。"可见,撤销公司股东资格必须基于股东未履行出资义务或者抽逃全部出资,本题中的丙不存在此种情形。丙在股东会中投反对票,是正当行使股东权利,公司不能因此解除其股东资格。故 D 项错误。

98. 有限公司股权回购与转让[AB(原答案为 ABD)]

[解析]《公司法》第 59 条第 1 款规定:"股东会行使下列职权:……(四)审议批准公司的利润分配方案和弥补亏损方案;……"该法第 25 条规定:"公司股东会、董事会的决议内容违反法律、行政法规的无效。"股东会有权对利润分配方案作出决议,且该决议内容不存在违反法律、行政法规的规定,决议有效。故 A 项错误。

根据《公司法》第 26 条规定,公司股东会、董事会的会议召集程序、表决方式违反法律、行政法规或者公司章程,或者决议内容违反公司章程的,股东自决议作出之日起 60 日内,可以请求人民法院撤销。本题并未提及股东会会议的召开存在上述情形,故 B 项错误。

《公司法》第 89 条规定:"有下列情形之一的,对股东会该项决议投反对票的股东可以请求公司按照合理的价格收购其股权:(一)公司连续五年不向股东分配利润,而公司该五年连续盈利,并且符合本法规定的分配利润条件的;……"本题中,公司已经连续 5 年盈利且未分配利润,乙是异议股东,符合异议股东回购请求权的要件,乙有权请求公司回购股权。故 C 项正确。

根据《公司法》第 84 条第 2 款规定,股东向股东以外的人转让股权的,应当将股权转让的数量、价格、支付方式和期限等事项书面通知其他股东,其他股东在同等条件下有优先购买权。据此,股东对外转让股权无需取得其他股东同意,故 D 项正确。【旧题新解】根据旧法,股东对外转让股权应当经其他股东过半数同意,2023 年《公司法》修改了这一规定。

考点 25 一人公司

99. 一人公司[AC(原答案为 A)]

[解析]《个人独资企业法》第 27 条第 1 款规定:"个人独资企业解散,由投资人自行清算或者由债权人申请人民法院指定清算人进行清算。"张平打算将加工厂改换成一人有限公司形式,是一种解散原个人独资企业同时设立一人有限责任公司的行为,因此解散个人独资企业应当进行清算。故 A 项错误,当选。

法律并未禁止法人组织形式转换不得使用原商号,所以新成立的一人有限公司仍可继续使用原商号"金地"。故 B 项正确,不当选。

一人有限公司也是有限公司,实行认缴资本制。故 C 项错误,当选。

《公司法》第 23 条第 3 款规定:"只有一个股东的公司,股东不能证明公司财产独立于股东自己的财产的,应当对公司债务承担连带责任。"张平未将公司财产独立于自己的财产,应当对公司债务承担连带责任。故 D 项正确,不当选。

100. 一人公司;个人独资企业[BC(原答案为 C)]

[解析] 我国法律并没有禁止一个自然人同时设立一人有限责任公司和个人独资企业。故 A、D 项正确。

《个人独资企业法》第 19 条第 1 款规定:"个人独资企业投资人可以自行管理企业事务,也可以委托或者聘用其他具有民事行为能力的人负责企业的事务管理。"可见,开办独资企业,并不是必须自己进行经营管理。故 C 项错误。

现行《公司法》对一般公司无注册资本最低限额的要求。故 B 项错误。

101. 一人公司[BD(原答案为 B)]

[解析] 有限责任公司无注册资本最低限额要求,故 A 项错误。

B 项中参股其他有限公司,即公司对外投资,符合法律规定,故 B 项正确。

《公司法》第 10 条第 1 款规定:"公司的法定代表人按照公司章程的规定,由代表公司执行公司事务的董事或者经理担任。"在一人公司中,张某为执行公司事务的董事,他可以自行担任法定代表人,也可以对外聘任经理来担任法定代表人,故 C 项错误。

一人公司可以再投资设立新的一人公司,故 D 项正确。【旧题新解】旧法中,一人公司不能再设立新的一人公司,2023 年《公司法》中删除了相关规定。此外,一个自然人或法人可以同时设立数个一人公司。

第十节 股份有限公司

考点 26 股份有限公司的设立

102. 募集设立;股份公司的设立程序[AD]

[解析]《公司法》第 104 条第 1 款规定,公司成立大会行使下列职权:(1)审议发起人关于公司筹办情况的报告;(2)通过公司章程;(3)选举董事、监事;(4)对公司的设立费用进行审核;(5)对发起人非货币财产出资的作价进行审核;(6)发生不可抗力或者经营条件发生重大变化直接影响公司设立的,可以作出不设立公司的决议。根据上述(2)(5)项规定,A、D 项正确。

《公司法》第 101 条规定:"向社会公开募集股份的股款缴足后,应当经依法设立的验资机构验资并出具证明。"验资是在公司成立大会之前,审核验资证明书不属于成立大会的职权,故 B 项错误。

决定公司经营计划属于董事会的职权,故 C 项错误。

103. 股票承销;股款代收;验资;创立大会的职权[AC]

[解析]《公司法》第 155 条规定,公司向社会公开募集股份,应当由依法设立的证券公司承销,签订承销协议。故 A 项正确。

《公司法》第 156 条第 1 款规定,公司向社会公开募集股份,应当同银行签订代收股款协议。据此,应当由公司而不是证券公司与银行签订股款代收协议,故 B 项错误。

《公司法》第 101 条规定:"向社会公开募集股份的股款缴足后,应当经依法设立的验资机构验资并出具证明。"故 C 项正确。

《公司法》第 104 条第 1 款规定:"公司成立大会行使下列职权:……(三)选举董事、监事;……"据此,公司成立大会可以选举董事会成员与监事会成员,而公司总经理并非由选举产生。《公司法》第126条第1款规定,股份有限公司设经理,由董事会决定聘任或者解聘。故D项错误。

104. 股份有限公司的设立[ABCD(原答案为ABD)]

[解析]《公司法》第92条规定,设立股份有限公司,应当有1人以上200人以下为发起人。故A项正确。

《公司法》第44条第2款规定,公司未成立的,其法律后果由公司设立时的股东承受;设立时的股东为二人以上的,享有连带债权,承担连带债务。据此,命题人认为发起人之间的关系应当认定为一种合伙关系。故B项正确。

《公司法》第98条第1款规定:"发起人应当在公司成立前按照其认购的股份全额缴纳股款。"股份公司发起人认购的股份均应实缴,不缴足公司不能成立,因此不能分期缴纳,故C项正确。

《公司法》第44条规定了发起人责任,涉及违约、侵权等民事责任,同时应受《民法典》调整,故D项正确。

考点27 股份有限公司的股份转让

105. 股份公司股份转让与股份回购[B]

[解析] 根据《公司法》第162条第1款规定,本题情形不属于公司回购的六种情形,所以唐宁不能要求沃运公司收购其股权。故A项错误。

无论是有限公司,还是股份公司,股东转让股权无需经其他股东同意,故B项正确。【特别提醒】与有限公司股东对外转让股权负有通知义务不同,股份公司股东对外转让股权无需通知其他股东(《公司法》第157条)。

股份公司强调资合性,具有股份自由流转的本质,公司章程不得作出禁止性规定,即便有类似规定,股东也可以主张相应内容无效,以确保自己的股份得以流转,故C项错误。

股东的优先购买权只存在于有限责任公司,而股份公司不强调人合性,所以股东可自由向外转让股份,其他股东或发起人没有优先购买权,故D项错误。

考点28 股份有限公司的股份回购

106. 股份公司股份回购[BC]

[解析] 根据《公司法》第162条第1款规定,公司可以收购本公司股份的情形包括:(1)减少公司注册资本;(2)与持有本公司股份的其他公司合并;(3)将股份用于员工持股计划或者股权激励;(4)股东因对股东会作出的公司合并、分立决议持异议,要求公司收购其股份;(5)将股份用于转换公司发行的可转换为股票的公司债券;(6)上市公司为维护公司价值及股东权益所必需。本案中,因意外事件而导

致股价下跌,从而回购公司股票,符合上述第(6)项规定。

根据《公司法》第162条第2款规定,公司因上述第(1)项、第(2)项规定的情形收购本公司股份的,应当经股东会决议;公司因上述第(3)项、第(5)项、第(6)项规定的情形收购本公司股份的,可以按照公司章程或者股东会的授权,经2/3以上董事出席的董事会会议决议。可知,本题中的回购可经授权由董事会会议决议,不是必须经股东会决议,故A项错误。

根据《公司法》第162条第3款规定,公司收购本公司股份后,属于上述第(3)项、第(5)项、第(6)项情形的,公司合计持有的本公司股份数不得超过本公司已发行股份总数的10%,并应当在3年内转让或者注销。故B项正确,D项错误。

根据《公司法》第162条第4款规定,上市公司因上述第(3)项、第(5)项、第(6)项规定的情形收购本公司股份的,应当通过公开的集中交易方式进行。故C项正确。

107. 股份回购[ABCD(原答案为D)]

[解析]《公司法》第162条规定:"公司不得收购本公司股份。但是,有下列情形之一的除外:……(三)将股份用于员工持股计划或者股权激励;……属于第三项、第五项、第六项情形的,公司合计持有的本公司股份数不得超过本公司已发行股份总数的百分之十,并应当在三年内转让或者注销。……"股份回购的上限是不超过本公司已发行股份总额的10%,紫霞公司目前的股份总额是1000万股,能够回购的数额不得超过100万股,故A项正确。所回购的股份应当在3年内转让,所以在2年内完成对职工的股份奖励是符合规定的,故C项正确。

任意公积金是从税后利润中提取的,公司用于股份回购的资金不限于税后利润,也不禁止使用任意公积金,故B项正确。

《公司法》第210条第5款规定,公司持有的本公司股份不得分配利润。故D项正确。

考点29 上市公司特殊规定

108. 上市公司有关联关系董事的表决[AC]

[解析] 根据《公司法》第139条规定,上市公司董事与董事会会议决议事项所涉及的企业或者个人有关联关系的,该董事应当及时向董事会书面报告。有关联关系的董事不得对该项决议行使表决权,也不得代理其他董事行使表决权。该董事会会议由过半数的无关联关系董事出席即可举行,董事会会议所作决议须经无关联关系董事过半数通过。出席董事会会议的无关联关系董事人数不足3人的,应当将该事项提交上市公司股东会审议。本题中,董事梁某的妻子在坤诚公司任副董事长,应当认为梁某与坤诚公司

之间存在关联关系,在表决时应回避,并且不得行使表决权,故A项正确。对此,其他人也不能代梁某行使表决权,故B项错误。董事会的召开需要过半数无关联关系的董事参加,若人数不足,则应提交股东会审议,故C项正确。

投资是公司的权利能力之一,只要经过合法程序就可以对外投资,并不因关联关系存在而一律被禁止(如上述《公司法》第139条规定)。故D项错误。

109. 上市公司独立董事制度[A]

[解析]《上市公司独立董事管理办法》第5条第1款规定:"上市公司独立董事占董事会成员的比例不得低于三分之一,且至少包括一名会计专业人士。"故A项正确;B项错误,独立董事中至少包括一名会计专业人士,对法律专业人士没有要求。

《上市公司独立董事管理办法》第8条规定:"独立董事原则上最多在三家境内上市公司担任独立董事,并应当确保有足够的时间和精力有效地履行独立董事的职责。"故C项错误。

根据《上市公司独立董事管理办法》第6条第1款第6项规定,直接或者间接持有上市公司已发行股份1%以上,不得担任该公司独立董事。可知,对独立董事持有本公司股份有数额限制,并非禁止,故D项错误。

专题二 合伙企业法

考点30 普通合伙企业

110. 普通合伙企业的设立[B]

[解析]《合伙企业法》第17条第1款规定:"合伙人应当按照合伙协议约定的出资方式、数额和缴付期限,履行出资义务。"甲对玩具店的出资义务是甲和玩具店之间的内部关系,与丁公司无关,丁公司作为债权人无权干涉合伙企业内部事务。故A项错误。【特别提醒】不要与公司法中的出资加速到期相混淆。

普通合伙企业的合伙人对合伙企业债务承担无限连带责任,故B项正确。甲对合伙企业债务承担的连带责任是法定义务,与出资是否履行没有关系,不可以未到出资期限为由进行抗辩,故D项错误。

《合伙企业法》第16条第1款规定:"合伙人可以用货币、实物、知识产权、土地使用权或者其他财产权利出资,也可以用劳务出资。"该法第17条第2款规定:"以非货币财产出资的,依照法律、行政法规的规定,需要办理财产权转移手续的,应当依法办理。"本题中,甲是用房屋的使用权而非所有权出资,不需要依法办理财产权转移手续。故C项错误。【特别提醒】普通合伙企业不同于公司,属于非法人组织,不享有法人独立地位,由普通合伙人对合伙企业不能清偿的债务承担连带责任,因此普通合伙人出资的要求更为宽松。而根据《公司法》规定,对公司以非货币财产出资的,应当办理财产权转移手续。

111. 普通合伙出资;合伙名称;合伙协议[B]

[解析]《合伙企业法》第16条第1款规定:"合伙人可以用货币、实物、知识产权、土地使用权或者其他财产权利出资,也可以用劳务出资。"据此,普通合伙企业可以用劳务出资。注意,有限合伙企业中,有限合伙人不得以劳务出资。本题设立的是普通合伙企业,合伙人可以以劳务出资。故A项错误。乙仅以其房屋使用权作为出资,当然不需要进行房屋产权的过户登记。故B项正确。

《合伙企业法》第15条规定:"合伙企业名称中应当标明'普通合伙'字样。"《企业名称登记管理规定实施办法》第10条第3款规定:"自然人投资人的姓名可以作为字号。"故C项错误。

《合伙企业法》第19条规定:"合伙协议经全体合伙人签名、盖章后生效。合伙人按照合伙协议享有权利,履行义务。"据此合伙协议的生效不以登记为要件。故D项错误。

112. 合伙财产的出质[AD]

[解析]《合伙企业法》第25条规定:"合伙人以其在合伙企业中的财产份额出质的,须经其他合伙人一致同意;未经其他合伙人一致同意,其行为无效,由此给善意第三人造成损失的,由行为人依法承担赔偿责任。"合伙人以其合伙财产份额出质的,必须经其他合伙人一致同意,未经同意的,出质绝对无效,善意第三人也不能主张善意取得。故A项正确,C项错误。

合伙人以合伙财产出质的,只要经全体合伙人同意,出质自合同签订之日起生效,而不是经工商登记时。故B项错误。

《合伙企业法》第23条规定:"合伙人向合伙人以外的人转让其在合伙企业中的财产份额的,在同等条件下,其他合伙人有优先购买权;但是,合伙协议另有约定的除外。"如果法院拍卖丁福的合伙企业财产份额,高、田二人享有优先购买权。故D项正确。

113. 合伙企业的利润分配[B]

[解析]《合伙企业法》第33条规定:"合伙企业的利润分配、亏损分担,按照合伙协议的约定办理;合伙协议未约定或者约定不明确的,由合伙人协商决定;协商不成的,由合伙人按照实缴出资比例分配、分担;无法确定出资比例的,由合伙人平均分配、分担。合伙协议不得约定将全部利润分配给部分合伙人或者由部分合伙人承担全部亏损。"合伙协议未作约定又协商不成的,按照实缴出资比例分配。故A、C、D项错误,B项正确。

114. 合伙企业事务的执行[BD]

[解析]《合伙企业法》第11条规定:"合伙企业

的营业执照签发日期,为合伙企业成立日期。合伙企业领取营业执照前,合伙人不得以合伙企业名义从事合伙业务。"故 A 项正确。

《合伙企业法》第 27 条第 1 款规定:"依照本法第二十六条第二款规定委托一个或者数个合伙人执行合伙事务的,其他合伙人不再执行合伙事务。"第 37 条规定:"合伙企业对合伙人执行合伙事务以及对外代表合伙企业权利的限制,不得对抗善意第三人。"据此,既然诚意商行约定了秦某为事务执行人,则郑某无权对外代表诚意商行,但该内部限制不得对抗善意第三人。乙公司作为善意第三人,有权要求合伙企业履行合同。故 D 项错误。

《合伙企业法》第 39 条规定:"合伙企业不能清偿到期债务的,合伙人承担无限连带责任。"本题中,因为诚意商行和乙公司的购销合同有效,债权人乙公司可以主张普通合伙人秦某和郑某对企业不能清偿的债务承担连带责任。故 B 项错误,C 项正确。

115. 合伙事务执行[AC]

[解析]《合伙企业法》第 31 条规定:"除合伙协议另有约定外,合伙企业的下列事项应当经全体合伙人一致同意:……(三)处分合伙企业的不动产;……(六)聘任合伙人以外的人担任合伙企业的经营管理人员。"用合伙企业店面设定抵押,系处分合伙企业不动产的行为,依法应经全体合伙人一致同意,所以丙作为经营管理人员无权实施此行为,A 项正确。聘任合伙人以外的人担任合伙企业的经营管理人员当经全体合伙人一致同意,甲作为合伙事务执行人并无单独决定权,其越权聘任的情形被乙知情后,乙未表态视为对此聘任结果的追认,故此时的聘任生效,C 项正确。

更换大厨和服务员以及借款均属于合伙企业正常的经营范围,丙作为经营管理人员被授权全权负责火锅店的运营事务,有权代表合伙企业实施此行为。故 B、D 项错误。

116. 合伙事务执行权[C]

[解析]《合伙企业法》第 26 条第 1、2 款规定:"合伙人对执行合伙事务享有同等的权利。按照合伙协议的约定或者经全体合伙人决定,可以委托一个或者数个合伙人对外代表合伙企业,执行合伙事务。"C 项完全符合合伙协议的权限和程序,所以该合同合法有效,故 C 项正确。

《合伙企业法》第 27 条第 1 款规定:"依照本法第 26 条第 2 款规定委托 1 个或者数个合伙人执行合伙事务的,其他合伙人不再执行合伙事务。"《合伙企业法》第 37 条规定:"合伙企业对合伙人执行合伙事务以及对外代表合伙企业权利的限制,不得对抗善意第三人。"合伙协议只是合伙内部的文件,不能对抗外部的善意第三人,A、B、D 的内容均属于违反合伙协议的对外协议,是否有效,要看相对方的主观是善意或恶意,不能直接定性有效或无效,所以三项说法均错误。

117. 合伙企业的经营管理人员[B]

[解析]《合伙企业法》第 31 条规定:"除合伙协议另有约定外,合伙企业的下列事项应当经全体合伙人一致同意:……(六)聘任合伙人以外的人担任合伙企业的经营管理人员。"可见,经营管理人员须由第三人担任,因为合伙人可以通过"执行合伙事务"来完成对企业的管理。如果陈东也是合伙人,则不会用到"聘请为经营管理人员"的概念。因此,A 项错误。聘请经营管理人员,需经全体合伙人一致同意。因此,B 项正确。

《合伙企业法》第 35 条第 1 款规定:"被聘任的合伙企业的经营管理人员应当在合伙企业授权范围内履行职务。"因此,C 项错误,陈东并不当然具有以合伙企业的名义对外签订合同的权利,必须经过合伙企业的授权。

《合伙企业法》第 37 条规定,合伙企业内部对合伙执行人权限的限制不得对抗善意第三人,同理可得,合伙企业对第三人作为经营管理人权利的限制也不应对抗善意第三人,故 D 项忽略了第三人的善意问题;再者,由上述 C 项的分析也可推知,合伙企业经营管理人员所能享有的代理权,只是一种普通的意定代理权,从而对该种代理权之限制,只需以合法且合适方式告知第三人,即可对第三人产生效力。因此,D 项错误。

118. (1)合伙企业财产[C]

[解析] 甲、乙将 400 万元资金委托投资股市的行为,是以合伙企业的名义进行的,甲和乙作为普通合伙人,在合伙协议没有特殊约定时,享有合伙事务执行权,有权以合伙企业名义委托投资机构进行投资炒股,故 A 项错误。

《合伙企业法》第 31 条第 2 项规定,改变合伙企业经营范围的,应当由全体合伙人一致同意。本题中,甲、乙二人的行为虽然已越权且超出经营范围,但该一次性的越权行为,尚不构成该项规定意义上的"改变合伙企业的经营范围"的行为,故 B 项错误。

《合伙企业法》第 96 条规定:"合伙人执行合伙事务,或者合伙企业从业人员利用职务上的便利,将应当归合伙企业的利益据为已有的,或者采取其他手段侵占合伙企业财产的,应当将该利益和财产退还合伙企业;给合伙企业或者其他合伙人造成损失的,依法承担赔偿责任。"因此,就委托投资失败所导致的损失,甲、乙二人共同侵害了丙的财产权,应当由甲、乙二人承担连带赔偿责任,故 C 项正确。

受托的投资机构属于善意相对方,不应承担责任,投资风险应由投资者自行负担,故 D 项错误。

(2)合伙企业财产[BD]

[解析]《合伙企业法》第 21 条规定:"合伙人在合伙企业清算前,不得请求分割合伙企业的财产;但是,本法另有规定的除外。合伙人在合伙企业清算前私自转移或者处分合伙企业财产的,合伙企业不得以此对抗善意第三人。"乙以其房屋使用权作为出资,并未将房屋所有权转移给合伙企业,其对房屋仍然享有处分权,故乙将房屋卖给丁属于有权处分,A 项错误。但对合伙企业而言,该房屋使用权属于乙依照合伙协议约定对合伙企业的出资,乙擅自转卖房屋给丁违反了合伙协议,应当对合伙企业承担违约责任,故 D 项正确。

乙将房屋出卖给丁,并且办理了过户登记,丁获得房屋所有权,有权要求合伙企业搬出该房屋,故 B 项正确,C 项错误。

(3)普通合伙企业[ABCD]

[解析]《合伙企业法》第 50 条第 1 款规定:"合伙人死亡或者被依法宣告死亡的,对该合伙人在合伙企业中的财产份额享有合法继承权的继承人,按照合伙协议的约定或者经全体合伙人一致同意,从继承开始之日起,取得该合伙企业的合伙人资格。"据此,戊要成为继承人,需要符合合伙协议约定或者经全体合伙人一致同意,并不能当然取得合伙人资格,故 A 项错误。

《合伙企业法》第 85 条规定:"合伙企业有下列情形之一的,应当解散:(一)合伙期限届满,合伙人决定不再经营;(二)合伙协议约定的解散事由出现;(三)全体合伙人决定解散;(四)合伙人已不具备法定人数满 30 天;(五)合伙协议约定的合伙目的已经实现或者无法实现;(六)依法被吊销营业执照、责令关闭或者被撤销;(七)法律、行政法规规定的其他原因。"合伙企业亏损并非合伙企业解散的法定事由,而戊作为丙的继承人根本没有权利要求解散合伙企业,故 B 项错误。

就委托失败所导致的损失,甲、乙二人共同侵害丙的财产权,应当承担责任。但戊作为丙的继承人,并不能当然成为合伙人,所以不能直接向甲主张赔偿,故 C 项错误。

《合伙企业法》第 96 条规定:"合伙人执行合伙事务,或者合伙企业从业人员利用职务上的便利,将应当归合伙企业的利益据为己有的,或者采取其他手段侵占合伙企业财产的,应当将该利益和财产退还合伙企业;给合伙企业或者其他合伙人造成损失的,依法承担赔偿责任。"乙擅自转卖房屋,给合伙企业造成损失,应当对合伙企业或者其他合伙人承担责任。但戊作为丙的继承人,并不能当然成为合伙人,所以不能直接向乙主张赔偿,故 D 项错误。

119. 合伙企业事务的执行[BD]

[解析]《合伙企业法》第 27 条第 1 款规定:"依照本法第 26 条第 2 款规定委托一个或者数个合伙人执行合伙事务的,其他合伙人不再执行合伙事务。"合伙企业协议约定由赵某、钱某负责合伙事务,孙某不能再执行合伙事务,也当然不能以合伙企业的名义对外签订合同。故 A 项错误。

《合伙企业法》第 27 条第 2 款规定:"不执行合伙事务的合伙人有权监督执行事务合伙人执行事务的情况。"李某作为合伙企业的合伙人,对赵某、钱某的业务执行行为享有监督权。故 B 项正确。

《合伙企业法》第 29 条第 1 款规定:"合伙人分别执行合伙事务的,执行事务合伙人可以对其他合伙人执行的事务提出异议。提出异议时,应当暂停该项事务的执行。如果发生争议,依照本法第 30 条规定作出决定。"可以提出异议权的应该是执行事务的合伙人,周某不是合伙企业的事务执行人,无异议权。故 C 项错误。钱某作为合伙事务执行人,可对另一合伙事务执行人赵某提出异议,享有异议权。故 D 项正确。

120. (1)合伙人决议[CD]

[解析]《合伙企业法》第 26 条第 2 款:"按照合伙协议的约定或者经全体合伙人决定,可以委托一个或者数个合伙人对外代表合伙企业,执行合伙事务。"合伙企业可由合伙人会议对企业内部的管理政策作出约定,所以合伙人会议决定王某不再执行事务是合法的,不涉及侵害非执行人的权益问题。故 A、B 项错误。

合伙人会议对张某的权利限制基于合伙人意思自治是可以生效的,张某如果想突破此限制,应当征得其他合伙人同意方可修改合伙人会议的决定。故 C 项正确。

合伙人的内部约定不能对抗外部善意第三人。故 D 项正确。

(2)合伙事务执行;合伙人对外责任[BD]

[解析] 合伙企业对田某的对外代表权限并无特别规定,田某作为普通合伙人享有完整的执行合伙事务的权利,因此田某签订订购合同不因数额较大而需要征得朱某同意,故 A 项错误。

《合伙企业法》第 29 条第 1 款规定,合伙人分别执行合伙事务的,执行事务合伙人可以对其他合伙人执行的事务提出异议。提出异议时,应当暂停该项事务的执行。如果发生争议,依照本法第 30 条规定作出决定。从合伙企业事务的执行来看,事务执行人提出异议,相关事务应当暂停执行。但从对外效力而言,田某对外签约是以合伙企业的名义,完全合法有效,朱某的异议不能影响该合同的效力,故 B 项正确。

《合伙企业法》第 39 条规定,合伙企业不能清偿到期债务的,合伙人承担无限连带责任。田某作为合伙企业的事务执行人,所签订的合同代表合伙企业,因此所有的合伙人对外都要承担无限连带责任,故 C 项错误,D 项正确。

121. 合伙事务的执行[A]

[解析]《合伙企业法》第 26 条规定:"合伙人对执行合伙事务享有同等的权利。按照合伙协议的约定或者经全体合伙人决定,可以委托 1 个或者数个合伙人对外代表合伙企业,执行合伙事务。作为合伙人的法人、其他组织执行合伙事务的,由其委派的代表执行。"《合伙企业法》第 27 条规定:"依照本法第 26 条第 2 款规定委托 1 个或者数个合伙人执行合伙事务的,其他合伙人不再执行合伙事务。不执行合伙事务的合伙人有权监督执行事务合伙人执行合伙事务的情况。"本题中,赵、钱已被选作合伙事务的执行人,孙、李便不再享有执行合伙事务的权限,但孙、李有权监督合伙事务执行的情况。故 A 项错误,当选,B 项正确,不当选。

《合伙企业法》第 29 条规定:"合伙人分别执行合伙事务的,执行事务合伙人可以对其他合伙人执行的事务提出异议。提出异议时,应当暂停该项事务的执行。如果发生争议,依照本法第 30 条规定作出决定。受委托执行合伙事务的合伙人不按照合伙协议或者全体合伙人的决定执行事务的,其他合伙人可以决定撤销该委托。"据此,如赵单独执行某一合伙事务,钱可以对赵执行的事务提出异议。受委托执行事务的赵违反合伙协议执行事务,其他合伙人孙、李可以决定撤销委托。故 C、D 项正确,不当选。

122.(1)普通合伙事务的表决[B]

[解析]《合伙企业法》第 31 条规定:"除合伙协议另有约定外,合伙企业的下列事项应当经全体合伙人一致同意:(一)改变合伙企业的名称;(二)改变合伙企业的经营范围、主要经营场所的地点;(三)处分合伙企业的不动产;(四)转让或者处分合伙企业的知识产权和其他财产权利;(五)以合伙企业名义为他人提供担保;(六)聘任合伙人以外的人担任合伙企业的经营管理人员。"A 项是改变合伙企业的名称,C 项是处分合伙企业的财产,D 项是聘任合伙人以外的人担任合伙企业的经营管理人员,都属于应当征得全体合伙人一致同意的情形,但在表决该事项时都存在反对情形,属无效表决。故 A、C、D 项错误。停业整顿不属于需要全体合伙人一致同意的。故 B 项正确。

(2)普通合伙事务的执行[CD]

[解析]《合伙企业法》第 31 条规定:"除合伙协议另有约定外,合伙企业的下列事项应当经全体合伙人一致同意:……(二)改变合伙企业的经营范围、主

要经营场所的地点;……"将经营范围扩展至法国红酒代理销售业务属于改变合伙企业经营范围的事项,应由全体合伙人一致同意。故 A 项错误。

以酒吧不动产为抵押,向某银行借款 50 万元属于处分合伙企业不动产的事项,此种情形应由全体合伙人一致同意的情况下进行,经营管理人员无权自主决定。故 B 项错误。

《合伙企业法》第 35 条规定:"被聘任的合伙企业的经营管理人员应当在合伙企业授权范围内履行职务。被聘任的合伙企业的经营管理人员,超越合伙企业授权范围履行职务,或者在履行职务过程中因故意或者重大过失给合伙企业造成损失的,依法承担赔偿责任。"与某音乐师签约,约定音乐师每晚在酒吧表演;整顿员工工作纪律,开除 2 名经常被顾客投诉的员工,招聘 3 名新员工,都属于正常的经营管理事项,不需要全体合伙人一致同意,可由林某自主决定。故 C、D 项正确。

123. 个人独资企业;普通合伙[C]

[解析]《合伙企业法》第 38 条规定:"合伙企业对其债务,应先以其全部财产进行清偿。"第 39 条规定:"合伙企业不能清偿到期债务的,合伙人承担无限连带责任。"也就是说,合伙企业清偿企业的对外债务,先以合伙企业的全部财产承担清偿责任,不足部分由各普通合伙人不分份额地承担连带责任。普通合伙企业甲对丙负担的 50 万元债务,先用甲企业的 20 万元财产清偿,剩余的 30 万元,由合伙人安踞与乙企业承担连带责任。故 A、B 项错误,C 项正确。

《个人独资企业法》第 31 条规定:"个人独资企业财产不足以清偿债务的,投资人应当以其个人的其他财产予以清偿。"由此可知,个人独资企业投资人应对企业债务承担连带责任。故 D 项错误。

124. 合伙人对外行为的效力;普通合伙企业的债务清偿[B]

[解析]《合伙企业法》第 26 条第 1、2 款规定:"合伙人对执行合伙事务享有同等的权利。按照合伙协议的约定或者经全体合伙人决定,可以委托一个或者数个合伙人对外代表合伙企业,执行合伙事务。"第 27 条第 1 款规定:"依照本法第 26 条第 2 款规定委托一个或者数个合伙人执行合伙事务的,其他合伙人不再执行合伙事务。"但根据本法第 33 条第 2 款规定:"合伙协议不得约定将全部利润分配给部分合伙人或者由部分合伙人承担全部亏损。"本题合伙协议中罗飞执行事务与罗飞承担全部亏损用"且"字连接,成为互为因果的一项整体约定,罗飞承担全部亏损因内容违法导致此项约定整体违法,故罗飞应与王曼一样,同为普通合伙人,二人享有同等的执行合伙事务的权利,王曼有权以合伙企业名义向陈阳借款。故 A 项错

误。此外，如果从合同的涉外效力角度分析，A项也是错误的。根据《合伙企业法》第37条规定："合伙企业对合伙人执行合伙事务以及对外代表合伙企业权利的限制，不得对抗善意第三人。"合伙协议已经约定罗飞是合伙事务执行人，王曼就不能代表合伙企业对外签约。但合伙企业关于合伙事务执行人的约定，外人通常难以知晓，第三人有理由相信王曼可以代表合伙企业签约。

《合伙企业法》第38条规定："合伙企业对其债务，应先以其全部财产进行清偿。"王曼以合伙企业名义向陈阳借款20万元，应当由合伙企业对外承担责任。故B项正确。

《合伙企业法》第39条规定："合伙企业不能清偿到期债务的，合伙人承担无限连带责任。"《合伙企业法》第33条第2款规定："合伙协议不得约定将全部利润分配给部分合伙人或者由部分合伙人承担全部亏损。"合伙协议中关于罗飞承担全部亏损的约定违反合伙企业合伙人共享利益、共担风险的原则，因而无效。罗飞、王曼对合伙企业债务都要承担无限连带责任。故C项错误。

《合伙企业法》规定的普通合伙人的无限连带责任，是对合伙企业责任的补充，而非合伙企业与普通合伙人之间的无限连带责任，即对债务先以合伙企业的财产清偿，不足部分由普通合伙人连带清偿。故D项错误。

125. 合伙人的个人债务清偿 [AB]

[解析]《合伙企业法》第42条第1款规定："合伙人的自有财产不足清偿其与合伙企业无关的债务的，该合伙人可以以其从合伙企业中分取的收益用于清偿；债权人也可以依法请求人民法院强制执行该合伙人在合伙企业中的财产份额用于清偿。"故A、B两项都正确。

《合伙企业法》第42条第2款规定："人民法院强制执行合伙人的财产份额时，应当通知全体合伙人，其他合伙人有优先购买权；其他合伙人未购买，又不同意将该财产份额转让给他人的，依照本法第51条的规定为该合伙人办理退伙结算，或者办理削减该合伙人相应财产份额的结算。"据此，对刘璋的合伙份额进行强制执行时，其他合伙人享有优先购买权，故C项错误。相比合伙份额转让，合伙人退伙会给合伙企业造成更大的不良影响，根据《合伙企业法》第42条第2款规定，只有在其他合伙人未购买，又不同意将该财产份额转让给他人时，才能办理退伙结算，故D项错误。

126. 合伙人债务的执行 [BC]

[解析]《合伙企业法》第41条规定，合伙人发生与合伙企业无关的债务，相关债权人不得以其债权抵销其对合伙企业的债务；也不得代位行使合伙人在合伙企业中的权利。据此，朱某对刘某的债务为个人债务，刘某要对朱某实现债权，不能代位行使朱某在合伙企业中的权利，故A项错误。

《合伙企业法》第42条第1款规定，合伙人的自有财产不足清偿其与合伙企业无关的债务的，该合伙人可以以其从合伙企业中分取的收益用于清偿；债权人也可以依法请求人民法院强制执行该合伙人在合伙企业中的财产份额用于清偿。据此，刘某可就朱某在合伙企业中分得的收益主张清偿，也可申请对朱某的合伙财产份额进行强制执行，但对朱某的合伙份额不享有优先受偿权，故B、C项正确，D项错误。

127. 合伙债务；合伙财产份额的转让 [ACD]

[解析]《合伙企业法》第42条第1款规定："合伙人的自有财产不足清偿其与合伙企业无关的债务的，该合伙人可以以其从合伙企业中分取的收益用于清偿；债权人可以依法请求人民法院强制执行该合伙人在合伙企业中的财产份额用于清偿。"郑桃因炒股欠下王椰巨额债务，是其个人债务，郑桃应首先以其合伙企业之外的财产进行清偿，如不能清偿，则王椰可以郑桃从合伙企业分取的收益受偿，故A项正确。当郑桃以其合伙企业之外的财产不能清偿时，王椰可申请法院强制执行郑桃的合伙财产份额，故C项正确。

《合伙企业法》第22条第1款规定："除合伙协议另有约定外，合伙人向合伙人以外的人转让其在合伙企业中的全部或者部分财产份额时，须经其他合伙人一致同意。"郑桃将其合伙财产抵偿给王椰时须经其他合伙人一致同意，故B项错误。

《合伙企业法》第42条第2款规定："人民法院强制执行合伙人的财产份额时，应当通知全体合伙人，其他合伙人有优先购买权；其他合伙人未购买，又不同意将该财产份额转让给他人的，依照本法第51条的规定为该合伙人办理退伙结算，或者办理削减该合伙人相应财产份额的结算。"故D项正确。

128. 表见普通合伙 [B]

[解析] 事实合伙，是指不符合成立合伙的条件，但是具有合伙的事实，法律认定为合伙的情形。事实合伙只能存在于个人合伙中，而不能存在于商事合伙中。故A项错误。

《合伙企业法》第76条规定："第三人有理由相信有限合伙人为普通合伙人并与其交易的，该有限合伙人对该笔交易承担与普通合伙人同样的责任。有限合伙人未经授权以有限合伙企业名义与他人进行交易，给有限合伙企业或者其他合伙人造成损失的，该有限合伙人应当承担赔偿责任。"需要注意的是，有限合伙人是以其认缴的出资额为限对合伙企业债务承担责任,有限合伙人不执行合伙事务,对外不代表有限合伙企业,但是为了保护善意第三人,当有限合伙人以其外部表征足以使第三人认为其为普通合伙人的,此时该有限合伙人应与普通合伙人地位平等,即对该笔交易承担无限责任。故B项正确。

特殊普通合伙,是指以专门知识和技能为客户提供有偿服务的专业服务机构,如律师事务所、会计师事务所、医师事务所、设计事务所等。故C项错误。

隐名合伙,是指当事人的一方对另一方的生产、经营出资,不参加实际的经济活动,而分享营业利益,并仅以出资额为限承担亏损责任的合伙。我国合伙企业法不承认隐名合伙,因为隐名合伙实际上是侵犯了其他合伙人的知情权和优先接受转让合伙份额的权利。故D项错误。

129. 合伙企业财产的对外转让与出质;合伙人个人债务清偿[AC]

[解析]《合伙企业法》第22条第1款规定:"除合伙协议另有约定外,合伙人向合伙人以外的人转让其在合伙企业中的全部或者部分财产份额时,须经其他合伙人一致同意。"张某将其财产份额作价转让给陈某,须经李某和王某同意。故A项正确。

《合伙企业法》第25条规定:"合伙人以其在合伙企业中的财产份额出质的,须经其他合伙人一致同意;未经其他合伙人一致同意,其行为无效,由此给善意第三人造成损失的,由行为人依法承担赔偿责任。"普通合伙企业的合伙人以其合伙财产份额出质的,须经其他合伙人一致同意,否则出质绝对无效。故B项错误。

《合伙企业法》第42条第1款规定:"合伙人的自有财产不足清偿其与合伙企业无关的债务的,该合伙人可以以其从合伙企业中分取的收益用于清偿;债权人也可以依法请求人民法院强制执行该合伙人在合伙企业中的财产份额用于清偿。"可见,陈某可直接要求法院强制执行张某在合伙企业中的财产以实现自己的债权。故C项正确。

合伙人个人债务不同于合伙企业债务,张某的个人债务与李某、王某无关,陈某要求李某和王某承担连带责任于法无据。故D项错误。

130. 普通合伙人转变为有限合伙人时的债务承担[B]

[解析]《合伙企业法》第84条规定:"普通合伙人转变为有限合伙人的,对其作为普通合伙人期间合伙企业发生的债务承担无限连带责任。"本题中的30万元债务发生在甲作为普通合伙人期间,甲应对此债务承担无限连带责任。故B项正确,A、C项错误。

《合伙企业法》第92条第2款规定:"合伙企业依法被宣告破产的,普通合伙人对合伙企业债务仍应承担无限连带责任。"故D项错误。

131. 普通合伙的入伙、退伙[ABC]

[解析] 根据《合伙企业法》第44条第2款规定,新合伙人对入伙前合伙企业的债务承担无限连带责任。故A项正确。

根据《合伙企业法》第43条第2款规定,订立入伙协议时,原合伙人应当向新合伙人如实告知原合伙企业的经营状况和财务状况。该条为原合伙人设定了如实告知义务。《民法典》第147条规定:"基于重大误解实施的民事法律行为,行为人有权请求人民法院或者仲裁机构予以撤销。"在本题事实中,甲、乙、丙未如实告知丁合伙企业的经营状况和财务状况,属于对事实的隐瞒,导致丁在违背真实意思的情况下签订了入伙协议,因此入伙协议属于可撤销的协议。故B项正确。

《合伙企业法》第45条规定:"合伙协议约定合伙期限的,在合伙企业存续期间,有下列情形之一的,合伙人可以退伙:……(二)经全体合伙人一致同意;……"在本题中,丁主张退伙,且经全体合伙人于2021年6月1日一致表述同意,丁的退伙应从该日生效。故C项正确。

根据《合伙企业法》第53条规定,退伙人只对基于退伙前的原因发生的合伙企业债务承担无限连带责任。故D项错误。

132. 合伙人退伙[D]

[解析]《合伙企业法》第46条规定,合伙协议未约定合伙期限的,合伙人在不给合伙企业事务执行造成不利影响的情况下,可以退伙,但应当提前30日通知其他合伙人。据此,合伙人退伙的,应当提前30日通知其他合伙人,不能随意退伙,故A项错误。

《合伙企业法》第51条规定,合伙人退伙,其他合伙人应当与该退伙人按照退伙时的合伙企业财产状况进行结算,退还退伙人的财产份额。《合伙企业法》第86条第1款规定:"合伙企业解散,应当由清算人进行清算。"合伙企业只有在解散之后才进行清算,合伙企业并不必然因贾某退伙而解散,也就不必进行清算。据此,合伙人退伙的,其他合伙人应当与退伙人结算,而不是对合伙企业进行清算。故B项错误。

《合伙企业法》第52条规定,退伙人在合伙企业中财产份额的退还办法,由合伙协议约定或者由全体合伙人决定,可以退还货币,也可以退还实物。据此,合伙企业可以将贾某的房屋退还给贾某,也可以退还相应货币,其具体方法由合伙协议或者全体合伙人决定,并非一定要退还给贾某房屋。所以,贾某并不享有要求合伙企业退还房屋的权利,故C项错误。

《合伙企业法》第53条规定,退伙人对基于其退伙前的原因发生的合伙企业债务,承担无限连带责任。故D项正确。

133. 合伙事务的执行;除名;退伙[ABD]

[解析]《民法典》第144条规定:"无民事行为能力人实施的民事法律行为无效。"丁所谓的"不知情"不能享有善意第三人的保护。因为甲被法院宣告为无民事行为能力人,法院宣告具有公示公信作用,且根据日常生活逻辑和经验,无行为能力人从外观上与常人不同,丁不能单方主张"不知情",所以丁不能享有善意第三人的保护。故A项错误,当选。

《合伙企业法》第49条第1款规定:"合伙人有下列情形之一的,经其他合伙人一致同意,可以决议将其除名:(一)未履行出资义务;(二)因故意或者重大过失给合伙企业造成损失;(三)执行合伙事务时有不正当行为;(四)发生合伙协议约定的事由。"本题中,甲虽然被法院宣告为无民事行为能力人,但是并不具备上述情形,乙、丙不能将其除名。故B项错误,当选。

《合伙企业法》第48条规定:"……合伙人被依法认定为无民事行为能力人或者限制民事行为能力人的,经其他合伙人一致同意,可以依法转为有限合伙人,普通合伙企业依法转为有限合伙企业。其他合伙人未能一致同意的,该无民事行为能力或者限制民事行为能力的合伙人退伙。退伙事由实际发生之日为退伙生效日。"可见,甲丧失民事行为能力,并不必然导致除名,经其他合伙人一致同意,可以转为有限合伙人。故C项正确,不当选。

甲退伙的理由是各合伙人未能一致同意将其转为有限合伙人,并非法院宣告其为无民事行为能力人,故甲退伙理由的实际发生之日是各合伙人未能一致同意将其转为有限合伙人之日,自此甲的退伙生效。故D项错误,当选。

134. 合伙人资格的继承[BCD]

[解析]《合伙企业法》第50条第1款规定:"合伙人死亡或者被依法宣告死亡的,对该合伙人在合伙企业中的财产份额享有合法继承权的继承人,按照合伙协议的约定或者经全体合伙人一致同意,从继承开始之日起,取得该合伙企业的合伙人资格。"经全体合伙人一致同意欧某方可成为合伙人。故C项当选。吴某之父不是合伙企业的合伙人,他的异议并不会阻碍欧某取得合伙人资格。故A项不当选。

《合伙企业法》第50条第2款规定:"有下列情形之一的,合伙企业应当向合伙人的继承人退还被继承合伙人的财产份额:……(二)法律规定或者合伙协议约定合伙人必须具有相关资格,而该继承人未取得该资格……"欧某不具有国家一级厨师资格,属于因特殊资格欠缺不能取得普通合伙人资格。故B项当选。

《合伙企业法》第50条第3款规定:"合伙人的继

承人为无民事行为能力人或者限制民事行为能力人的,经全体合伙人一致同意,可以依法成为有限合伙人,普通合伙企业依法转为有限合伙企业。全体合伙人未能一致同意的,合伙企业应当将被继承合伙人的财产份额退还该继承人。"欧某被宣告为无民事行为能力人的,经全体合伙人一致同意可以依法成为有限合伙人,而不是普通合伙人。故D项当选。

135. 普通合伙的退伙;合伙财产份额的转让[D]

[解析]《合伙企业法》第22条第2款规定:"合伙人之间转让在合伙企业中的全部或者部分财产份额时,应当通知其他合伙人。"张某将财产份额转让给王某,属于合伙人之间进行转让的行为,应当通知其他合伙人。故A项错误。

《合伙企业法》第22条第1款规定:"除合伙协议另有约定外,合伙人向合伙人以外的人转让其在合伙企业中的全部或者部分财产份额时,须经其他合伙人一致同意。"张某将其份额转让给李某的朋友刘某,属于向合伙人以外的人转让合伙份额,应当由其他合伙人一致同意,除经王某、赵某同意外,还需征得李某同意。故B项错误。

《合伙企业法》第45条规定:"合伙协议约定合伙期限的,在合伙企业存续期间,有下列情形之一的,合伙人可以退伙:……(三)发生合伙人难以继续参加合伙的事由;……"第46条规定:"合伙协议未约定合伙期限的,合伙人在不给合伙企业事务执行造成不利影响的情况下,可以退伙,但应当提前三十日通知其他合伙人。"本题中没有约定合伙期限,故不能向其他合伙人要求立即退伙,C项错误。D项符合上述规定,正确。

136. 合伙财产继承[D]

[解析]《合伙企业法》第50条规定:"合伙人死亡或者被依法宣告死亡的,对该合伙人在合伙企业中的财产份额享有合法继承权的继承人,按照合伙协议的约定或者经全体合伙人一致同意,从继承开始之日起,取得该合伙企业的合伙人资格。有下列情形之一的,合伙企业应当向合伙人的继承人退还被继承合伙人的财产份额:(一)继承人不愿意成为合伙人;(二)法律规定或者合伙协议约定合伙人必须具有相关资格,而该继承人未取得该资格;(三)合伙协议约定不能成为合伙人的其他情形。合伙人的继承人为无民事行为能力人或者限制民事行为能力人的,经全体合伙人一致同意,可以依法成为有限合伙人,普通合伙企业依法转为有限合伙企业。全体合伙人未能一致同意的,合伙企业应当将被继承合伙人的财产份额退还该继承人。"可见,李明有权继承其父在合伙企业中的财产份额,故A项正确。李明为限制民事行为能力人,在取得其他合伙人同意后,李明可依法成为有限

合伙人,故 B 项正确。合伙协议可以对合伙人的资格作出限制,若合伙协议约定合伙人必须具有完全行为能力,则李明不能成为合伙人,故 C 项正确。李明能够成为合伙人,完全是基于合伙协议或者全体合伙人的意愿,不能仅是李明的个人意思表示,故 D 项错误。

137. 合伙财产份额的继承;合伙人资格[C]

[解析]《民法典婚姻家庭编解释(一)》第 31 条规定:"民法典第一千零六十三条规定为夫妻一方的个人财产,不因婚姻关系的延续而转化为夫妻共同财产。但当事人另有约定的除外。"甲先与乙、丙设立合伙,1 年后才结婚,因此甲的合伙份额为婚前个人财产,而非夫妻共同财产。故 A 项错误。

《合伙企业法》第 50 条第 1、2 款规定:"合伙人死亡或者被依法宣告死亡的,对该合伙人在合伙企业中的财产份额享有合法继承权的继承人,按照合伙协议的约定或者经全体合伙人一致同意,从继承开始之日起,取得该合伙企业的合伙人资格。有下列情形之一的,合伙企业应当向合伙人的继承人退还被继承合伙人的财产份额:(一)继承人不愿意成为合伙人;(二)法律规定或者合伙协议约定合伙人必须具有相关资格,而该继承人未取得该资格;(三)合伙协议约定不能成为合伙人的其他情形。"可见,戊作为甲的继承人,由于合伙协议对此未作约定,戊要取得合伙人资格,须经全体合伙人的一致同意,即丙、丁一致同意。故 B 项错误,C 项正确。当戊不愿意成为合伙人或者不具备相关合伙人资格、全体合伙人未能一致同意戊成为合伙人时,合伙企业退还甲财产份额。故 D 项错误。

考点 31 特殊的普通合伙企业

138. 特殊的普通合伙企业[AB]

[解析]《合伙企业法》第 58 条规定:"合伙人执业活动中因故意或者重大过失造成的合伙企业债务,以合伙企业财产对外承担责任后,该合伙人应当按照合伙协议的约定对给合伙企业造成的损失承担赔偿责任。"就君平昌成律师事务所而言,其应当以律所的全部财产对合伙人给客户造成的损失承担责任,所以客户可以要求该所承担全部赔偿责任。故 A 项正确。

《合伙企业法》第 57 条第 1 款规定:"一个合伙人或者数个合伙人在执业活动中因故意或者重大过失造成合伙企业债务的,应当承担无限责任或者无限连带责任,其他合伙人以其在合伙企业中的财产份额为限承担责任。"本题中,对于特殊的普通合伙,因曾君、郭昌的重大过失致人损害,应当由曾君、郭昌对客户的损失承担无限连带责任,而其他合伙人仅以其在合伙企业中的财产份额为限承担责任。故 B 项正确,C、D 两项错误。

考点 32 有限合伙企业

139. 有限合伙企业[A]

[解析]《合伙企业法》第 65 条规定:"有限合伙人应当按照合伙协议的约定按期足额缴纳出资;未按期足额缴纳的,应当承担补缴义务,并对其他合伙人承担违约责任。"据此,有限合伙人可以分期缴纳出资。本题中,郑某出资 10 万元并分期缴纳的约定是有效的。另根据《合伙企业法》第 64 条第 2 款规定,有限合伙人不得以劳务出资。本题中,入伙协议约定郑某以其进行游戏机维护工作的工资逐月抵充 10 万元出资,是否构成以劳务出资?答案是否定的。因为入伙协议中已经明确郑某出资 10 万元,是以货币出资,只是这 10 万元货币出资以每月工资的形式分期缴纳。工资不属于劳务,是对已经发生的劳务的对价,属于其他财产权的范畴,最终以货币形式呈现。因此,以工资逐月抵充是一种变相的分期缴纳出资形式,不是以劳务出资,合伙协议中的出资约定合法有效。故 A 项正确。

根据《合伙企业法》第 43 条规定,经全体合伙人一致同意且依法订立书面协议即可获得合伙人资格,并不以登记为生效要件,变更登记只具有对抗效力。故 B 项错误。

《合伙企业法》第 73 条规定:"有限合伙人可以按照合伙协议的约定向合伙人以外的人转让其在有限合伙企业中的财产份额,但应当提前三十日通知其他合伙人。"有限合伙人与普通合伙人不同,因其不执行合伙事务且仅需承担有限责任,因此可以对外转让财产份额,无需经其他合伙人一致同意。此处有限合伙人财产对外转让的通知义务与债权转让的通知义务类似,违反并不会导致转让无效,故 C 项错误。

《合伙企业法》第 72 条规定:"有限合伙人可以将其在有限合伙企业中的财产份额出质;但是,合伙协议另有约定的除外。"有限合伙人的出质行为无需得到其他合伙人一致同意,故 D 项错误。

140. 有限合伙份额处分[CD]

[解析] 根据《合伙企业法》第 50 条第 1 款规定:"合伙人死亡或者被依法宣告死亡的,对该合伙人在合伙企业中的财产份额享有合法继承权的继承人,按照合伙协议的约定或者经全体合伙人(普通合伙人+有限合伙人)一致同意,从继承开始之日起,取得该合伙企业的合伙人资格。"杨某作为普通合伙人,其死亡后,继承人只有在合伙协议有约定或者经全体合伙人一致同意的条件下,才能继承其合伙人资格。故 A 项错误。

根据《合伙企业法》第 74 条第 2 款规定:"人民法院强制执行有限合伙人的财产份额时,应当通知全体合伙人。在同等条件下,其他合伙人有优先购买权。"

可见，法院强制执行有限合伙人的财产份额时，其他合伙人有优先购买权。故 B 项错误。

根据《合伙企业法》第 73 条规定："有限合伙人可以按照合伙协议的约定向合伙人以外的人转让其在有限合伙企业中的财产份额，但应当提前三十日通知其他合伙人。"可见，向合伙人以外的人转让有限合伙份额时，其他合伙人没有优先购买权。故 C 项正确。

【关联记忆】注意 B、C 两项处置有限合伙人财产份额时其他合伙人优先购买权的区别。有限合伙人的份额更多体现为资合性，不体现人合性，所以份额转让、质押、继承等问题一般都无需其他合伙人同意，也不保护优先购买权。但是，当有限合伙人的份额被法院强制执行时，为了提高执行效率，保护其他合伙人的优先购买权。

有限合伙人的份额在合伙人内部可以自由转让，故 D 项正确。

141. 有限合伙人的权利与义务[ABCD]

[解析]《合伙企业法》第 43 条第 1 款规定："新合伙人入伙，除合伙协议另有约定外，应当经全体合伙人一致同意，并依法订立书面入伙协议。"第 60 条规定："有限合伙企业及其合伙人适用本章规定；本章未作规定的，适用本法第二章第一节至第五节关于普通合伙企业及其合伙人的规定。"本题中，雀凰投资作为有限合伙企业，如合伙协议无特别约定，则须经全体合伙人（普通合伙人+有限合伙人）一致同意，三江公司才可成为新的有限合伙人。故 A 项错误。

《合伙企业法》第 77 条规定："新入伙的有限合伙人对入伙前有限合伙企业的债务，以其认缴的出资额为限承担责任。"由此可知，三江公司应当以其认缴的出资额而不是实缴的出资额为限承担责任。故 B 项错误。

《合伙企业法》第 68 条第 2 款第 5 项规定，有限合伙人对涉及自身利益的情况，查阅有限合伙企业财务会计账簿等财务资料的行为，不视为执行合伙事务。三江公司入伙后，只有在具有涉及自身利益的情况这一前提下，才有权查阅雀凰投资的财务会计账簿。故 C 项错误。

《合伙企业法》第 71 条规定："有限合伙人可以自营或者同他人合作经营与本有限合伙企业相竞争的业务；但是，合伙协议另有约定的除外。"除非合伙协议有特别约定，有限合伙人不受同业禁止的限制。故 D 项错误。

142. 有限合伙人的出资及权利义务[BC]

[解析]《合伙企业法》第 64 条规定："有限合伙人可以用货币、实物、知识产权、土地使用权或者其他财产权利作价出资。有限合伙人不得以劳务出资。"据此，甲公司不得以派驻灏德投资的员工的劳务折抵出资。故 A 项错误。

《合伙企业法》第 71 条规定："有限合伙人可以自营或者同他人合作经营与本有限合伙企业相竞争的业务；但是，合伙协议另有约定的除外。"故 B 项正确。

《合伙企业法》第 72 条规定："有限合伙人可以将其在有限合伙企业中的财产份额出质；但是，合伙协议另有约定的除外。"即可以禁止财产出质。故 C 项正确。

《合伙企业法》第 73 条规定："有限合伙人可以按照合伙协议的约定向合伙人以外的人转让其在有限合伙企业中的财产份额，但应当提前 30 日通知其他合伙人。"可见，有限合伙人转让其财产份额并不属于合伙协议可以另行约定的事项。故 D 项错误。

143. 有限合伙人[A]

[解析]《合伙企业法》第 77 条规定："新入伙的有限合伙人对入伙前有限合伙企业的债务，以其认缴的出资额为限承担责任。"李军作为有限合伙人以 20 万元加入某有限合伙企业，仅以 20 万元为限承担有限责任，故 A 项正确。

《合伙企业法》第 78 条规定："有限合伙人有本法第 48 条第 1 款第（一）项、第（三）项至第（五）项所列情形之一的，当然退伙。"《合伙企业法》第 48 条第 1 款规定："合伙人有下列情形之一的，当然退伙：（一）作为合伙人的自然人死亡或者被依法宣告死亡；（二）个人丧失偿债能力；（三）作为合伙人的法人或者其他组织依法被吊销营业执照、责令关闭、撤销，或者被宣告破产；（四）法律规定或者合伙协议约定合伙人必须具有相关资格而丧失该资格；（五）合伙人在合伙企业中的全部财产份额被人民法院强制执行。"由此可见，丧失偿债能力并非有限合伙人的退伙原因。因为有限合伙人仅以出资为限承担有限责任，在李军履行其对某合伙企业的出资义务 20 万元之后，李军仅在此 20 万元的范围内承担责任，其后李军丧失偿债能力并不会影响李军在 20 万元的范围内承担责任。所以，李军丧失偿债能力不影响其有限合伙人资格，故 B 项错误。

《合伙企业法》第 79 条规定："作为有限合伙人的自然人在有限合伙企业存续期间丧失民事行为能力的，其他合伙人不得因此要求其退伙。"有限合伙人并不参与合伙企业经营，不需要具有行为能力，不能因为李军成为植物人而要求其退伙，故 C 项错误。

《合伙企业法》第 75 条规定："有限合伙企业仅剩有限合伙人的，应当解散；有限合伙企业仅剩普通合伙人的，转为普通合伙企业。"因为李军丧失行为能力并未影响其有限合伙人资格，不会影响有限合伙企业的存续，故 D 项错误。

144. (1)合伙人身份转变的条件;有限合伙事务的执行[AB]

[解析]《合伙企业法》第82条规定:"除合伙协议另有约定外,普通合伙人转变为有限合伙人,或者有限合伙人转变为普通合伙人,应当经全体合伙人一致同意。"故A项正确。

登记具有公示公信效力,可以对抗第三人。《合伙企业法》第13条规定:"合伙企业登记事项发生变更的,执行合伙事务的合伙人应当自作出变更决定或者发生变更事由之日起15日内,向企业登记机关申请办理变更登记。"《合伙企业法》第76条第1款规定:"第三人有理由相信有限合伙人为普通合伙人并与其交易的,该有限合伙人对该笔交易承担与普通合伙人同样的责任。"变更合伙企业形式的,必须到登记机关办理变更登记,否则变更不具有对外效力,不能对抗善意第三人。故B项正确。

《合伙企业法》第68条第1款规定:"有限合伙人不执行合伙事务,不得对外代表有限合伙企业。"高崎变更为有限合伙人后无论出资多少都不能执行合伙事务。故C项错误。

《合伙企业法》第84条规定:"普通合伙人转变为有限合伙人的,对其作为普通合伙人期间合伙企业发生的债务承担无限连带责任。"高崎于2月转变为有限合伙人后,应对2月以前的合伙债务承担无限连带责任。故D项错误。

(2)合伙财产的转让;合伙人合伙财产的强制执行[ACD]

[解析]《合伙企业法》第73条规定:"有限合伙人可以按照合伙协议的约定向合伙人以外的人转让其在有限合伙企业中的财产份额,但应当提前30日通知其他合伙人。"可见,有限合伙人对外转让财产份额,可以不经过其他合伙人同意,只需提前30日通知即可。故A项正确。既然有限合伙人可以不经其他合伙人同意转让其财产份额,因此其他合伙人也就不享有优先购买权。故B项错误。

《合伙企业法》第74条规定:"有限合伙人的自有财产不足清偿其与合伙企业无关的债务的,该合伙人可以以其从有限合伙企业中分取的收益用于清偿;债权人也可以依法请求人民法院强制执行该合伙人在有限合伙企业中的财产份额用于清偿。人民法院强制执行合伙人的财产份额时,应当通知全体合伙人。在同等条件下,其他合伙人有优先购买权。"可见,李耕申请法院强制执行高崎的合伙财产份额,不必经田、丁的同意。故C项正确。由该条可知,田、丁可主张优先购买权。故D项正确。【特别提醒】对外转让,无优先购买权;强制执行,有优先购买权。

145. 有限合伙人[B]

[解析]《合伙企业法》第70条规定:"有限合伙人可以同本有限合伙企业进行交易;但是,合伙协议另有约定的除外。"可见,有限合伙人除合伙协议另有约定外,允许自我交易。故A项不当选。

《合伙企业法》第68条第1款规定:"有限合伙人不执行合伙事务,不得对外代表有限合伙企业。"以合伙名义购买汽车是执行合伙事务的行为,有限合伙人无此权利。故B项当选。

《合伙企业法》第72条规定:"有限合伙人可以将其在有限合伙企业中的财产份额出质;但是,合伙协议另有约定的除外。"故C项不当选。

《合伙企业法》第73条规定:"有限合伙人可以按照合伙协议的约定向合伙人以外的人转让其在有限合伙企业中的财产份额,但应当提前30日通知其他合伙人。"故D项不当选。

146. 有限合伙企业[BCD]

[解析]《合伙企业法》第61条规定:"有限合伙企业由2个以上50个以下合伙人设立;但是,法律另有规定的除外。有限合伙企业至少应当有1个普通合伙人。"故A项正确,不当选。

《企业合伙法》第64条规定:"有限合伙人可以用货币、实物、知识产权、土地使用权或者其他财产权利作价出资。有限合伙人不得以劳务出资。"故B项错误,当选。

《企业合伙法》第68条第1款规定:"有限合伙人不执行合伙事务,不得对外代表有限合伙企业。"故C项错误,当选。

《企业合伙法》第83条规定:"有限合伙人转变为普通合伙人的,对其作为有限合伙人期间合伙企业发生的债务承担无限连带责任。"故D项错误,当选。

147. 有限合伙企业出资;事务执行;合伙人相互转换的规则[BC]

[解析]《合伙企业法》第68条第1款规定:"有限合伙人不执行合伙事务,不得对外代表有限合伙企业。"甲以出资额为限承担责任,为有限合伙人,故不能成为合伙事务执行人。故A项错误。

《合伙企业法》第16条规定:"合伙人可以用货币、实物、知识产权、土地使用权或者其他财产权利出资,也可以用劳务出资……合伙人以劳务出资的,其评估办法由全体合伙人协商确定,并在合伙协议中载明。"丙为普通合伙人,可以劳务出资,以劳务出资的,其评估办法由全体合伙人协商确定。故B项正确。

《合伙企业法》第69条规定:"有限合伙企业不得将全部利润分配给部分合伙人;但是,合伙协议另有约定的除外。"有限合伙企业不得将全部利润分配给部分合伙人是一般规定,可以有例外规定,即合伙协议另有约定的,从其约定。故 C 项正确。

《合伙企业法》第 75 条规定:"有限合伙企业仅剩有限合伙人的,应当解散;有限合伙企业仅剩普通合伙人的,转为普通合伙企业。"有限合伙可全部转为普通合伙人,此时该企业转为普通合伙企业;普通合伙人不得全部转为有限合伙人,否则,该企业应解散。故 D 项错误。

148. 有限合伙人的特殊权利;债务承担[BCD]

[解析]《合伙企业法》第 79 条规定:"作为有限合伙人的自然人在有限合伙企业存续期间丧失民事行为能力的,其他合伙人不得因此要求其退伙。"可见,贾某丧失行为能力,不得被要求退伙。故 A 项错误。

《合伙企业法》第 80 条规定:"作为有限合伙人的自然人死亡、被依法宣告死亡或者作为有限合伙人的法人及其他组织终止时,其继承人或者权利承受人可以依法取得该有限合伙人在有限合伙企业中的资格。"贾某死亡,其继承人可以依法取得有限合伙人资格。故 B 项正确。

《合伙企业法》第 83 条规定:"有限合伙人转变为普通合伙人的,对其作为有限合伙人期间有限合伙企业发生的债务承担无限连带责任。"故 C 项正确。

《合伙企业法》第 72 条规定:"有限合伙人可以将其在有限合伙企业中的财产份额出质;但是,合伙协议另有约定的除外。"如果合伙协议无另外约定,贾某作为有限合伙人,可以不经过其他合伙人同意而将其财产份额出质。故 D 项正确。

考点33 合伙的解散与清算

149. 合伙企业清算[BCD]

[解析]《合伙企业法》第 86 条第 1、2 款规定:"合伙企业解散,应当由清算人进行清算。清算人由全体合伙人担任;经全体合伙人过半数同意,可以自合伙企业解散事由出现后 15 日内指定 1 个或者数个合伙人,或者委托第三人,担任清算人。"据此,合伙企业清算人可以是合伙人过半数同意委托的第三人,本案中丙作为经营管理人员经合伙人甲和乙的同意担任清算人是合法的,故 A 项错误。

《合伙企业法》第 101 条规定:"清算人执行清算事务,牟取非法收入或者侵占合伙企业财产的,应当将该收入和侵占的财产退还合伙企业;给合伙企业或者其他合伙人造成损失的,依法承担赔偿责任。"丙担任合伙企业的清算人,收取了丁的好处,牟取了非法收益,应对合伙企业承担赔偿责任,故 C 项正确。

《合伙企业法》第 102 条规定:"清算人违反本法规定,隐匿、转移合伙企业财产,对资产负债表或者财产清单作虚假记载,或者在未清偿债务前分配财产,损害债权人利益的,依法承担赔偿责任。"丙擅自豁免

债务、虚构债权损害债权人利益,应对债权人承担赔偿责任,故 B 项正确。

《合伙企业法》第 91 条规定:"合伙企业注销后,原普通合伙人对合伙企业存续期间的债务仍应承担无限连带责任。"据此,合伙企业作为非法人组织,企业注销后,普通合伙人依旧需要对企业债务承担无限连带责任,故 D 项正确。

专题三 个人独资企业法

考点34 个人独资企业法

150. 个人独资企业[C]

[解析]《个人独资企业法》第 18 条规定:"个人独资企业投资人在申请企业设立登记时明确以其家庭共有财产作为个人出资的,应当依法以家庭共有财产对企业债务承担无限责任。"由此可知,李甲设立的是个人独资企业,只是以家庭共有财产对企业债务承担无限责任。故 A 项错误。

《个人独资企业法》第 19 条第 1 款规定:"个人独资企业投资人可以自行管理企业事务,也可以委托或者聘用其他具有民事行为能力的人负责企业的事务管理。"李乙受托或者受聘管理企业事务,与投资人的出资方式(以家庭共有财产作为企业出资)无关。故 B 项错误。

《个人独资企业法》第 28 条规定:"个人独资企业解散后,原投资人对个人独资企业存续期间的债务仍应承担偿还责任,但债权人在 5 年内未向债务人提出偿债请求的,该责任消灭。"故 C 项正确。

《个人独资企业法》第 17 条规定:"个人独资企业投资人对本企业的财产依法享有所有权,其有关权利可以依法进行转让或继承。"李甲死后,若该企业由李乙和李丙共同继承,可将企业变更为普通合伙企业,并非"必须"分立为两家个人独资企业。故 D 项错误。

151. 合伙企业;个人独资企业[C]

[解析]《合伙企业法》第 2 条第 1 款规定:"本法所称合伙企业,是指自然人、法人和其他组织依照本法在中国境内设立的普通合伙企业和有限合伙企业。"《个人独资企业法》第 2 条规定:"本法所称个人独资企业,是指依照本法在中国境内设立,由一个自然人投资,财产为投资人个人所有,投资人以其个人财产对企业债务承担无限责任的经营实体。"合伙企业的投资人既可以是自然人也可以是法人及其他组织,而个人独资企业的投资人只能是自然人个人。故 A 项错误。

根据《合伙企业法》第 2 条和《个人独资企业法》第 2 条的规定,合伙企业的投资人因合伙人责任承担的不同分为普通合伙人和有限合伙人,普通合伙人对合伙

企业债务承担无限连带责任,而有限合伙人以其认缴的出资额为限对合伙企业债务承担有限责任。个人独资企业投资人承担的是无限责任。故 B 项错误。

企业采取何种组织形式经营是由投资人自己决定的,不管个人独资企业变更为普通合伙企业,还是普通合伙企业变更为个人独资企业,只要符合法律规定的条件即可申请变更。故 C 项正确,D 项错误。

152. 分支机构人的职权[D]

[解析]《个人独资企业法》第 14 条第 3 款规定:"分支机构的民事责任由设立该分支机构的个人独资企业承担。"可见,分支机构的民事责任应由个人独资企业承担,故 A 项错误。

《个人独资企业法》第 20 条规定:"投资人委托或者聘用的管理个人独资企业事务的人员不得有下列行为:……(五)擅自以企业财产提供担保;(六)未经投资人同意,从事与本企业相竞争的业务;(七)未经投资人同意,同本企业订立合同或者进行交易;……"根据上述第 6、7 项,受托人或被聘用人不是绝对不可以从事竞业和自我交易行为,关键前提是看投资人是否同意。如果投资人同意,则是可以的。由于 B 项的竞业行为、C 项的自我交易行为均没有得到投资人的同意,所以 B、C 项错误。根据上述第 5 项,霍火作为分支机构负责人,经过投资人曾水同意之后,可以以分支机构财产担保,故 D 项正确。

153. 个人独资企业[AB(原答案为B)]

[解析] 个人独资企业与公司是不同的市场主体,其名称中不能含有"公司"字样,故 A 项正确。

《个人独资企业法》第 26 条第 2 项规定,个人独资企业投资人死亡或被宣告死亡,无继承人或继承人决定放弃继承时,应当解散。个人独资企业投资人死亡的,其继承人可以继承。故 B 项正确。

《个人独资企业法》第 27 条第 1 款规定:"个人独资企业解散,由投资人自行清算或者由债权人申请人民法院指定清算人进行清算。"可见,清算人可由法院指定也可由投资人自行清算。故 C 项错误。

《企业所得税法》第 1 条规定:"在中华人民共和国境内,企业和其他取得收入的组织(以下统称企业)为企业所得税的纳税人,依照本法的规定缴纳企业所得税。个人独资企业、合伙企业不适用本法。"个人独资企业不缴纳企业所得税,应缴纳个人所得税。故 D 项错误。

专题四 外商投资法

考点35 外商投资法

154. 负面清单制度[AD]

[解析]《外商投资法》第 4 条第 1、2 款规定:"国家对外商投资实行准入前国民待遇加负面清单管理制度。前款所称准入前国民待遇,是指在投资准入阶段给予外国投资者及其投资不低于本国投资者及其投资的待遇;所称负面清单,是指国家规定在特定领域对外商投资实施的准入特别管理措施。国家对负面清单之外的外商投资,给予国民待遇。"《外商投资法》第 28 条第 3 款规定:"外商投资准入负面清单以外的领域,按照内外资一致的原则实施管理。"故 C 项错误,D 项正确。

《最高人民法院关于适用〈中华人民共和国外商投资法〉若干问题的解释》第 2 条第 1 款规定:"对外商投资法第 4 条所指的外商投资准入负面清单之外的领域形成的投资合同,当事人以合同未经有关行政主管部门批准、登记为由主张合同无效或者未生效的,人民法院不予支持。"故 A 项正确。该条第 2 款规定:"前款规定的投资合同签订于外商投资法施行前,但人民法院在外商投资法施行时尚未作出生效裁判的,适用前款规定认定合同的效力。"据此,若该股权转让投资合同签订于《外商投资法》施行前,但人民法院在《外商投资法》施行时尚未作出生效裁判的,应当适用新法的规定认定合同的效力,故 B 项错误。

155. 外商投资保护措施[ABCD]

[解析]《外商投资法》第 22 条第 2 款规定:"国家鼓励在外商投资过程中基于自愿原则和商业规则开展技术合作。技术合作的条件由投资各方遵循公平原则平等协商确定。行政机关及其工作人员不得利用行政手段强制转让技术。"故 A 项错误。

《外商投资法》第 24 条的规定:"各级人民政府及其有关部门制定涉及外商投资的规范性文件,应当符合法律法规的规定;没有法律、行政法规依据的,不得减损外商投资企业的合法权益或者增加其义务,不得设置市场准入和退出条件,不得干预外商投资企业的正常生产经营活动。"故 B 项错误。

《外商投资法》第 25 条的规定:"地方各级人民政府及其有关部门应当履行向外国投资者、外商投资企业依法作出的政策承诺以及依法订立的各类合同。因国家利益、社会公共利益需要改变政策承诺、合同约定的,应当按照法定权限和程序进行,并依法对外国投资者、外商投资企业因此受到的损失予以补偿。"据此,改变政策承诺的前提条件是"因国家利益、社会公共利益需要",故 C 项错误。

《外商投资法》第 20 条规定"国家对外国投资者的投资不实行征收。在特殊情况下,国家为了公共利益的需要,可以依照法律规定对外国投资者的投资实行征收或者征用。征收、征用应当依照法定程序进行,并给予公平、合理的补偿。"故 D 项错误。

专题五　企业破产法

考点36　破产原因、破产案件的申请和受理

156. 破产的申请程序[D]

[解析] 根据《企业破产法解释(一)》第6条第1款规定,债权人申请债务人破产的,应当提交债务人不能清偿到期债务的有关证据。据此,债权人申请债务人破产,只需证明债权已到期,且债务人未能清偿,不需要向法院申请确认合同债权或确认甲公司资产情况,故A、B项错误,D项正确。

《企业破产法》第3条规定,破产案件由债务人住所地人民法院管辖,并无由中级法院管辖的要求,故C项错误。

157. 破产受理的法律效果[B]

[解析]《企业破产法》第18条规定:"人民法院受理破产申请后,管理人对破产申请受理前成立而债务人和对方当事人均未履行完毕的合同有权决定解除或者继续履行,并通知对方当事人。管理人自破产申请受理之日起2个月内未通知对方当事人,或者自收到对方当事人催告之日起30日内未答复的,视为解除合同。管理人决定继续履行合同的,对方当事人应当履行;但是,对方当事人有权要求管理人提供担保。管理人不提供担保的,视为解除合同。"本题中,甲公司和乙公司的租赁协议是破产申请前签订的,双方当事人均未履行完毕,因此管理人有权自行决定解除合同或者继续履行。故本题B项正确。

158. 破产申请材料;债务人异议权行使的期限[AC]

[解析]《企业破产法解释(一)》第6条第1款规定:"债权人申请债务人破产的,应当提交债务人不能清偿到期债务的有关证据。债务人对债权人的申请未在法定期限内向人民法院提出异议,或者异议不成立,人民法院应当依法裁定受理破产申请。"可见,债权人甲公司向法院申请债务人乙公司破产应该提供乙公司不能清偿到期债务的证据,而非不能清偿全部债务的证据。故A项正确,B项错误。

《企业破产法》第10条第1款规定:"债权人提出破产申请,人民法院应当自收到申请之日起5日内通知债务人。债务人对申请有异议的,应当自收到人民法院的通知之日起7日内向人民法院提出。人民法院应当自异议期满之日起10日内裁定是否受理。"由此可知,债务人乙公司如对甲公司的破产申请有异议的,应在收到法院通知之日起7日内向法院提出。故C项正确。

《企业破产法解释(一)》第1条规定:"债务人不能清偿到期债务并且具有下列情形之一的,人民法院应当认定其具备破产原因:(一)资产不足以清偿全部债务;(二)明显缺乏清偿能力。相关当事人以对债务人的债务负有连带责任的人未丧失清偿能力为由,主张债务人不具备破产原因的,人民法院应不予支持。"破产原因是针对企业自身经营能力的判断,与债权人的债权是否有其他担保等保障措施无直接的关系,因此债务人不得以其所负债务有连带责任人且连带责任人具有偿付能力为由,抗辩自己的破产原因。故D项错误。

159. 破产申请的原因[ABC]

[解析]《企业破产法解释(一)》第4条规定:"债务人账面资产虽大于负债,但存在下列情形之一的,人民法院应当认定其明显缺乏清偿能力:(一)因资金严重不足或者财产不能变现等原因,无法清偿债务;(二)法定代表人下落不明且无其他人员负责管理财产,无法清偿债务;(三)经人民法院强制执行,无法清偿债务;(四)长期亏损且经营扭亏困难,无法清偿债务;(五)导致债务人丧失清偿能力的其他情形。"依据该法条规定,A项符合第1项的规定,正确。B项符合第2项的规定,正确。C项符合第3项的规定,正确。

《企业破产法》第2条第1款:"企业法人不能清偿到期债务,并且资产不足以清偿全部债务或者明显缺乏清偿能力的,依照本法规定清理债务。"中南公司虽然纠纷多,市场信誉差,并不意味着构成破产原因。故D项错误。

考点37　破产管理人

160. 破产管理人职权[D]

[解析]《企业破产法》第25条规定:"管理人履行下列职责:……(六)管理和处分债务人的财产;……""管理和处分债务人财产"是管理人的权限,所以将祺航公司的业务和资产转让的决议,应该由管理人作出,不能直接推给法院或债权人会议讨论决定,B、C项错误。

《企业破产法》第69条规定:"管理人实施下列行为,应当及时报告债权人委员会:……(三)全部库存或者营业的转让;……(十)对债权人利益有重大影响的其他财产处分行为。未设立债权人委员会的,管理人实施前款规定的行为应当及时报告人民法院。"所以管理人处分债务人全部库存及营业的时候,需及时报告债权人委员会,而不能直接自行决定后执行,A项错误,D项的程序正确。【特别提醒】对于债务人资产处分的重大事项,管理人应该按如下流程处理:管理人作出决定→向债权人委员会/人民法院报告→执行实施。管理人不可推诿职责,将法定的重大事项直接交由债权人委员会或人民法院决定,也不能过于激进,不报告直接自己决定并实施。

161. 破产管理人的更换 [ABC]

[解析]《企业破产法》第23条规定:"管理人依照本法规定执行职务,向人民法院报告工作,并接受债权人会议和债权人委员会的监督。管理人应当列席债权人会议,向债权人会议报告职务执行情况,并回答询问。"故A项正确。

《企业破产法》第69条规定:"管理人实施下列行为,应当及时报告债权人委员会:(一)涉及土地、房屋等不动产权益的转让;……"故B项正确。

《企业破产法》第33条规定:"涉及债务人财产的下列行为无效:(一)为逃避债务而隐匿、转移财产的;(二)虚构债务或者承认不真实的债务的。"第34条规定:"因本法第31条、第32条或者第33条规定的行为而取得的债务人的财产,管理人有权追回。"故C项正确。

管理人通过律师诉讼追索债务属于债务人内部管理事务,属于管理人的职责范围,管理人有权决定。将该业务交给自己所在律师事务所办理,只要收费合理、尽职尽责,就不存在不正当性。故D项错误。

考点38 债务人财产的范围

162. 债务人财产 [C]

[解析]《企业破产法》第39条规定:"人民法院受理破产申请时,出卖人已将买卖标的物向作为买受人的债务人发运,债务人尚未收到且未付清全部价款的,出卖人可以取回在运途中的标的物。但是,管理人可以支付全部价款,请求出卖人交付标的物。"若出卖人取回在途货物,则不能成为债务人财产。故A项错误。

《企业破产法》第38条规定:"人民法院受理破产申请后,债务人占有的不属于债务人的财产,该财产的权利人可以通过管理人取回。但是,本法另有规定的除外。"破产财产必须是债务人的财产,债务人基于仓储、保管、加工承揽、委托交易、代销、借用、寄存、租赁等法律关系占有、使用的他人财产不属于破产财产。故B、D项错误。

《企业破产法》第30条规定:"破产申请受理时属于债务人的全部财产,以及破产申请受理后至破产程序终结前债务人取得的财产,为债务人财产。"债务人未设定担保的财产和已设定担保的财产都属于债务人的财产。故C项正确。

考点39 破产费用和共益债务

163. 共益债务 [BC]

[解析]《企业破产法》第42条第4项规定,人民法院受理破产申请后,为债务人继续营业而应支付的劳动报酬和社会保险费用以及由此而产生的其他债务为共益债务。该法第43条第1款规定:"破产费用和共益债务由债务人财产随时清偿。"向齐某借款20万元性质上属于共益债务,从债务人财产中随时清偿。故A项错误,B项正确。

《企业破产法》第46条规定:"未到期的债权,在破产申请受理时视为到期。附利息的债权自破产申请受理时起停止计息。"据此,对于共益债务的计息,有息负债自破产申请受理时应停止计息。本题中,双方约定1年内还款不计息,1年后舜泰公司破产,应停止计息,因此本题齐某不可主张利息。故C项正确,D项错误。

164. 破产费用的清偿 [A]

[解析]《企业破产解释(一)》第8条规定:"破产案件的诉讼费用,应根据企业破产法第43条的规定,从债务人财产中拨付。相关当事人以申请人未预先交纳诉讼费用为由,对破产申请提出异议的,人民法院不予支持。"由此可知,法院不能以申请人未预先交纳诉讼费为由裁定不予受理破产申请。故A项错误。

根据《企业破产法》第41条规定,破产案件的诉讼费用属于破产费用。第43条第1款规定:"破产费用和共益债务由债务人财产随时清偿。"故B项正确。

《企业破产法》第43条第2款规定:"债务人财产不足以清偿所有破产费用和共益债务的,先行清偿破产费用。"故C项正确。

《企业破产法》第43条第4款规定:"债务人财产不足以清偿破产费用的,管理人应当提请人民法院终结破产程序。人民法院应当自收到请求之日起15日内裁定终结破产程序,并予以公告。"故D项正确。

考点40 撤销权、追回权、抵销权和取回权

165. 出资加速到期;出资的禁止抵销 [AB]

[解析]《企业破产法》第35条规定:"人民法院受理破产申请后,债务人的出资人尚未完全履行出资义务的,管理人应当要求该出资人缴纳所认缴的出资,而不受出资期限的限制。"本题中,某公司的破产申请被受理,管理人有权利要求股东履行出资义务,此义务不受诉讼时效或出资期限的影响。乙的出资义务虽尚未到期,但也应"加速到期"。因此,管理人有权要求甲和乙履行出资义务,故A、B项正确。【关联规定】《企业破产法解释(二)》第20条:"管理人代表债务人提起诉讼,主张出资人向债务人依法缴付未履行的出资或者返还抽逃的出资本息,出资人以认缴出资尚未届至公司章程规定的缴纳期限或者违反出资义务已经超过诉讼时效为由抗辩的,人民法院不予支持。管理人依据公司法的相关规定代表债务人提起诉讼,主张公司的发起人和负有监督股东履行出资义务的董事、高级管理人员,或者协助抽逃出资的其他股东、董事、高级管理人员、实际控制人等,对股东违反出资义务或抽逃出资承担相应责任,并将财产

商经法 [答案详解] · 39 ·

归入债务人财产的,人民法院应予支持。"

股东的出资义务是股东的身份责任,所以公司被受理破产时应及时足额补缴,补缴的出资将作为债务人财产供债权人平等受偿。因此,股东的出资义务与其对公司享有的债权不能抵销。对此,《企业破产法解释(二)》第46条规定:"债务人的股东主张以下列债务与债务人对其负有的债务抵销,债务人管理人提出异议的,人民法院应予支持:(一)债务人股东因欠缴债务人的出资或者抽逃出资对债务人所负的债务;(二)债务人股东滥用股东权利或者关联关系损害公司利益对债务人所负的债务。"故C、D项错误。

166. 别除权;取回权;抵销权[BC]

[解析]《企业破产法》第109条规定:"对破产人的特定财产享有担保权的权利人,对该特定财产享有优先受偿的权利。"依此规定,抵押权人享有别除权,但要注意,别除权在破产宣告后才可行使。故A项错误。

《企业破产法》第18条第1款规定:"人民法院受理破产申请后,管理人对破产申请受理前成立而债务人和对方当事人均未履行完毕的合同有权决定解除或者继续履行,并通知对方当事人。管理人自破产申请受理之日起2个月内未通知对方当事人,或者自收到对方当事人催告之日起30日内未答复的,视为解除合同。"由此可知,对于待履行合同,管理人可以选择继续履行,也可以解除合同。故B项正确。

《企业破产法解释(二)》第32条第1、2款规定:"债务人占有的他人财产毁损、灭失,因此获得的保险金、赔偿金、代偿物尚未交付给债务人,或者代偿物虽已交付给债务人但能与债务人财产予以区分的,权利人主张取回就此获得的保险金、赔偿金、代偿物的,人民法院应予支持。保险金、赔偿金已经交付给债务人,或者代偿物已经交付给债务人且不能与债务人财产予以区分的,人民法院应当按照以下规定处理:(一)财产毁损、灭失发生在破产申请受理前的,权利人因财产损失形成的债权,作为普通破产债权清偿;(二)财产毁损、灭失发生在破产申请受理后的,因管理人或者相关人员执行职务致权利人损害产生的债务,作为共益债务清偿。"C项中,租用设备毁损、灭失,且赔偿金已经交付给债务人,所以原所有权人翰扬公司不能取回,只能不同情形取得对应的保障权利。故C项正确。

《企业破产法》第40条规定:"债权人在破产申请受理前对债务人负有债务的,可以向管理人主张抵销。但是,有下列情形之一的,不得抵销:(一)债务人的债务人在破产申请受理后取得他人对债务人的债权的;……"本题中,茹洁公司是债务人利捷公司的债务人,在破产受理后取得了翰扬公司对利捷公司的债权,因此茹洁公司又成为利捷公司的债权人。但是,茹洁公司取得的该项债权与其先前对利捷公司所负债务,二者不可抵销。故D项错误。

167. 破产取回权[B]

[解析]关于取回权,《企业破产法》第38条规定:"人民法院受理破产申请后,债务人占有的不属于债务人的财产,该财产的权利人可以通过管理人取回。但是,本法另有规定的除外。"《企业破产法解释(二)》第26条进一步规定:"权利人依据企业破产法第38条的规定行使取回权,应当在破产财产变价方案或者和解协议、重整计划草案提交债权人会议表决前向管理人提出。权利人在上述期限后主张取回相关财产的,应当承担延迟行使取回权增加的相关费用。"故A项正确。根据上述规定,如果乙公司未在规定期限内行使取回权,其取回权并不会灭失,但由此增加的费用需要由乙公司承担,故B项错误,当选。

《企业破产法解释(二)》第27条第1款规定:"权利人依据企业破产法第38条的规定向管理人主张取回相关财产,管理人不予认可,权利人以债务人为被告向人民法院提起诉讼请求行使取回权的,人民法院应予受理。"故C项正确。

《企业破产法解释(二)》第28条规定:"权利人行使取回权时未依法向管理人支付相关的加工费、保管费、托运费、委托费、代销费等费用,管理人拒绝其取回相关财产的,人民法院应予支持。"故D项正确。

168. 管理人的撤销权[CD]

[解析]《企业破产法解释(二)》第14条规定:"债务人对以自有财产设定担保物权的债权进行的个别清偿,管理人依据企业破产法第32条的规定请求撤销的,人民法院不予支持。但是,债务清偿时担保财产的价值低于债权额的除外。"据此,管理人无权撤销债务人对以自有财产设定担保物权的债权进行的个别清偿,故A项错误。

《企业破产法解释(二)》第15条规定:"债务人经诉讼、仲裁、执行程序对债权人进行的个别清偿,管理人依据企业破产法第32条的规定请求撤销的,人民法院不予支持。但是,债务人与债权人恶意串通损害其他债权人利益的除外。"据此,管理人不得撤销债务人个别清偿的经法院判决所确定的债务,故B项错误。

《企业破产法解释(二)》第16条规定:"债务人对债权人进行的以下个别清偿,管理人依据企业破产法第32条的规定请求撤销,人民法院不予支持:(一)债务人为维系基本生产需要而支付水费、电费等的;(二)债务人支付劳动报酬、人身损害赔偿金的;(三)使债务人财产受益的其他个别清偿。"据此,债务人清偿为维系基本生产所需的水电费和劳动报酬债务,管理人不得撤销,故C、D两项正确。

169. 债务人财产中对在途标的物的处理[BCD]

[解析]《企业破产法》第39条规定:"人民法院受理破产申请时,出卖人已将买卖标的物向作为买受人的债务人发运,债务人尚未收到且未付清全部价款的,出卖人可以取回在运途中的标的物。但是,管理人可以支付全部价款,请求出卖人交付标的物。"结合题意,乙公司被受理破产申请前,没有付清货款且未收到货物,卖方甲公司可行使取回权,乙公司不能取得货物所有权。但乙公司如果支付全款,其管理人可请求交付货物。故A项错误,B、C项正确。

该批货物运到乙公司后,货物属于乙公司财产,甲公司的对应货款则构成甲公司对乙公司的破产债权。故D项正确。

170. 破产撤销权[B]

[解析]《企业破产法》第31条规定:"人民法院受理破产申请前1年内,涉及债务人财产的下列行为,管理人有权请求人民法院予以撤销:(一)无偿转让财产的;(二)以明显不合理的价格进行交易的;(三)对没有财产担保的债务提供财产担保的;(四)对未到期的债务提前清偿的;(五)放弃债权的。"某公司于2009年7月5日将市场价格100万元的仓库以30万元出售给母公司,发生在人民法院受理破产申请1年之前,管理人没有撤销权。故A项不当选。该公司将一辆价值30万元的汽车赠与甲的行为发生在人民法院受理该公司破产申请前1年内,属于无偿转让财产,是欺诈破产行为,管理人有权请求人民法院予以撤销。故B项当选。

《企业破产法》第32条规定:"人民法院受理破产申请前6个月内,债务人有本法第2条第1款规定的情形,仍对个别债权人进行清偿的,管理人有权请求人民法院予以撤销。但是,个别清偿使债务人财产受益的除外。"《企业破产法》第2条第1款规定:"企业法人不能清偿到期债务,并且资产不足以清偿全部债务或者明显缺乏清偿能力的,依照本法规定清理债务。"也就是说,此种情况下的撤销权需要在公司具备破产原因(第2条第1款情形)时才可行使,但根据题干无法确定2010年5月5日之时债务人是否存在破产原因,故C项不当选。

《企业破产法》第40条规定:"债权人在破产申请受理前对债务人负有债务的,可以向管理人主张抵销。但是,有下列情形之一的,不得抵销:(一)债务人的债务人在破产申请受理后取得他人对债务人的债权的;(二)债权人已知债务人不能清偿到期债务或者破产申请的事实,对债务人负担债务的;但是,债权人因为法律规定或者有破产申请1年前所发生的原因而负担债务的除外;(三)债务人的债务人已知债务人有不能清偿到期债务或者破产申请的事实,对债务人取得债权的;但是,债务人的债务人因为法律规定或者有破产申请1年前所发生的原因而取得债权的除外。"D项是破产抵销行为,属于对破产受理之前所负债务的抵销,且不属于任何一种不得抵销的情形。故D项不当选。

考点41 债权申报

171. 债权申报[CD]

[解析]《企业破产法解释(三)》第4条第1、2款规定:"保证人被裁定进入破产程序的,债权人有权申报其对保证人的保证债权。主债务未到期的,保证债权在保证人破产申请受理时视为到期。一般保证的保证人主张行使先诉抗辩权的,人民法院不予支持,但债权人在一般保证人破产程序中的分配额应予提存,待一般保证人应承担的保证责任确定后再按照破产清偿比例予以分配。"本题中,根据担保函的约定,乙公司是一般保证人,其保证债权在保证人破产申请受理时视为到期,丧失先诉抗辩权。故A项错误。

《企业破产法》第51条第2款规定:"债务人的保证人或者其他连带债务人尚未代替债务人清偿债务的,以其对债务人的将来求偿权申报债权。但是,债权人已经向管理人申报全部债权的除外。"本题中债权人丙公司已经向管理人申报了全部债权,故B项错误。

《企业破产法解释(三)》第5条第1款规定:"债务人、保证人均被裁定进入破产程序的,债权人有权向债务人、保证人分别申报债权。"故C项正确。

《企业破产法》第46条第2款规定:"附利息的债权自破产申请受理时起停止计息。"故D项正确。

172. 保证关系中破产债权的申报[ACD]

[解析]根据《企业破产法》第51条第2款规定:"债务人的保证人或者其他连带债务人尚未代替债务人清偿债务的,以其对债务人的将来求偿权申报债权。但是,债权人已经向管理人申报全部债权的除外。"据此,甲公司被受理破产后,即使乙公司尚未承担保证责任,也可以用将来求偿权申报债权。故A项正确,B项错误。

《企业破产法解释(三)》第5条规定:"债务人、保证人均被裁定进入破产程序的,债权人有权向债务人、保证人分别申报债权。债权人向债务人、保证人均申报全部债权的,从一方破产程序中获得清偿后,其对另一方的债权额不作调整,但债权人的受偿额不得超出其债权总额。保证人履行保证责任后不再享有求偿权。"据此,建设银行对有权向债务人甲公司、保证人乙公司分别申报债权,故C项正确。因为甲、乙两公司均破产,乙公司履行保证责任后不再享有求偿权,不可向甲公司追偿,故 D 项正确。

173. 破产债权申报[AC]

[解析]《企业破产法》第 46 条规定:"未到期的债权,在破产申请受理时视为到期。附利息的债权自破产申请受理时起停止计息。"甲对 A 公司的未到期债权可以申报,故 A 项正确。

《企业破产法》第 47 条规定:"附条件、附期限的债权和诉讼、仲裁未决的债权,债权人可以申报。"故 B 项错误,C 项正确。

《企业破产法》第 48 条第 2 款规定:"债务人所欠职工的工资和医疗、伤残补助、抚恤费用,所欠的应当划入职工个人账户的基本养老保险、基本医疗保险费用,以及法律、行政法规规定应当支付给职工的补偿金,不必申报,由管理人调查后列出清单并予以公示。职工对清单记载有异议的,可以要求管理人更正;管理人不予更正的,职工可以向人民法院提起诉讼。"据此,职工丁对 A 公司的伤残补助请求权不必申报,故 D 项错误。

174. 破产债权申报[AC]

[解析]《企业破产法》第 46 条第 1 款规定:"未到期的债权,在破产申请时视为已到期。"据此,该余款的支付时间为 2011 年 10 月 30 日,虽然未到期,但是在湘江服装公司的破产申请受理时视为到期,可以申报。故 A 项正确。

《企业破产法》第 18 条规定:"人民法院受理破产申请后,管理人对破产申请受理前成立而债务人和对方当事人均未履行完毕的合同有权决定解除或者继续履行,并通知对方当事人。管理人自破产申请受理之日起 2 个月内未通知对方当事人,或者自收到对方当事人催告之日起 30 日内未答复的,视为解除合同。管理人决定继续履行合同的,对方当事人应当履行;但是,对方当事人有权要求管理人提供担保。管理人不提供担保的,视为解除合同。"法院在受理湘江服装公司的破产申请后,管理人对破产申请前与乙公司成立但并未履行完毕的服装加工合同,有权决定解除或继续履行。乙公司无权单方面请求湘江公司继续履行,因而该请求不能成立,且可申报债权是须以债务人财产为基础的请求权,不是以要求履行劳务为基础的请求权。故 B 项错误。

《企业破产法》第 49 条规定:"债权人申报债权时,应当书面说明债权的数额和有无财产担保,并提交有关证据。申报的债权是连带债权的,应当说明。"可见,无论财产有无担保都可以进行债权申报,只是清偿顺序有所不同。故 C 项正确。

《最高人民法院关于审理企业破产案件若干问题的规定》第 61 条第 1 款规定:"下列债权不属于破产债权:(一)行政、司法机关对破产企业的罚款、罚金及其他有关费用;……"因此,税务机关的行政处罚决定不属于破产债权范畴,不得申报。债权必须是平等主体之间的请求权。故 D 项错误。

175. 债权申报[A]

[解析]《企业破产法》第 51 条第 2 款规定:"债务人的保证人或者其他连带债务人尚未代替债务人清偿债务的,以其对债务人的将来求偿权申报债权。但是,债权人已经向管理人申报全部债权的除外。"可知,债权人甲的保证人可以将来求偿权进行债权申报。故 A 项正确。

《企业破产法》第 18 条第 1 款规定:"人民法院受理破产申请后,管理人对破产申请受理前成立而债务人和对方当事人均未履行完毕的合同有权决定解除或者继续履行,并通知对方当事人。管理人自破产申请受理之日起 2 个月内未通知对方当事人,或者自收到对方当事人催告之日起 30 日内未答复的,视为解除合同。"对于待履行合同,只有在管理人决定解除合同时,对方当事人因合同解除所产生的损害赔偿请求权才可以作为债权予以申报。本题中,辽沈公司的管理人并没有决定解除合同,债权人丙要求继续履行承揽合同,属于合同履行,即行为给付而非财产给付。故 C 项错误。

《最高人民法院关于审理企业破产案件若干问题的规定》第 61 条第 1 款规定:"下列债权不属于破产债权:(一)行政、司法机关对破产企业的罚款、罚金以及其他有关费用……(七)超过诉讼时效的债权;……"可见,海关对于辽沈公司的罚款不属于破产债权,不得申报;债权人乙的债权已过诉讼时效,也不得申报。故 B、D 项错误。

176. 别除权的清偿;破产债权的申报[BC]

[解析]《企业破产法》第 109 条规定:"对破产人的特定财产享有担保权的权利人,对该特定财产享有优先受偿的权利。"该法第 132 条规定:"本法施行后,破产人在本法公布之日前所欠职工的工资和医疗、伤残补助、抚恤费用,所欠的应当划入职工个人账户的基本养老保险、基本医疗保险费用,以及法律、行政法规规定应当支付给职工的补偿金,依照本法第 113 条的规定清偿后不足以清偿的部分,以本法第 109 条规定的特定财产优先于对该特定财产享有担保权的权利人受偿。"甲公司以厂房抵押担保其 100 万元银行贷款,银行对该抵押财产享有优先受偿权,但其优先权能否实现受到一定限制,且优先受偿是在法院破产宣告之后,而非受理破产申请之时。故 A 项错误。

《企业破产法》第 51 条第 1 款规定:"债务人的保证人或者其他连带债务人已经代替债务人清偿债务的,以其对债务人的求偿权申报债权。"保证人 A 公司已代替债务人甲公司清偿债务,可以其对甲公司的求偿权申报100万元债权。故B项正确。

《企业破产法》第51条第2款规定:"债务人的保证人或者其他连带债务人尚未代替债务人清偿债务的,以其对债务人的将来求偿权申报债权。但是,债权人已经向管理人申报全部债权的除外。"乙银行未申报债权,保证人A公司、B公司尚未代替甲公司清偿债务,可以其对债务人甲公司的将来求偿权申报债权。故C项正确。

《企业破产法》第124条规定:"破产人的保证人和其他连带债务人,在破产程序终结后,对债权人依照破产清算程序未受清偿的债权,依法继续承担清偿责任。"破产程序终结后,保证人对乙银行未受清偿的60万债权,依然承担清偿责任。故D项错误。

考点42 债权人会议和债权人委员会

177. 债权人委员会[C]

[解析]《企业破产法》第67条规定:"债权人会议可以决定设立债权人委员会。债权人委员会由债权人会议选任的债权人代表和1名债务人的职工代表或者工会代表组成。债权人委员会成员不得超过9人。债权人委员会成员应当经人民法院书面决定认可。"据此,债权人委员会中应当有1名债务人的职工代表或工会代表,故A项正确。

《企业破产法解释(三)》第15条第1款规定:"管理人处分企业破产法第69条规定的债务人重大财产的,应当事先制作财产管理或者变价方案并提交债权人会议进行表决,债权人会议表决未通过的,管理人不得处分。"《企业破产法》第69条规定:"管理人实施下列行为,应当及时报告债权人委员会:……(三)全部库存或者营业的转让;……"据此,春水公司受让润土公司全部的库存和营业事务,属于《企业破产法》第69条的重大资产处分,管理人需要事先制作财产管理或者变价方案,并经债权人会议通过,故B项正确。如果债权人会议未通过管理人的方案,此处分不得进行。债权人委员会作为债权人会议的常设机关并非上级机关,不能推翻债权人会议的决议。故C项错误。

《企业破产法解释(三)》第15条第2款规定:"管理人实施处分前,应当根据企业破产法第69条的规定,提前10日书面报告债权人委员会或人民法院。债权人委员会可以依照企业破产法第68条第2款的规定,要求管理人对处分行为作出相应说明或者提供有关文件依据。"故D项正确。

178. 债权人会议[D]

[解析]《企业破产法》第67条第1款规定:"债权人会议可以决定设立债权人委员会。债权人委员会由债权人会议选任的债权人代表和1名债务人的职工代表或者工会代表组成。债权人委员会成员不得超过9人。"8名债权人和1名职工代表并没有超过9人,故A项正确。

《企业破产法》第61条第1款规定:"债权人会议行使下列职权:……(二)申请人民法院更换管理人,审查管理人的费用和报酬……(八)通过债务人财产的管理方案……"《企业破产法》第64条第1款规定:"债权人会议的决议,由出席会议的有表决权的债权人过半数通过,并且其所代表的债权额占无财产担保债权总额的1/2以上。但是,本法另有规定的除外。"本题中债权人会议出席会议的有表决权的债权人过半数,且所代表的债权额占无财产担保债权总额的60%,符合"双过半"的要求,所以债务人财产的管理方案、申请更换管理人的决议有效,故B、C项正确。

《企业破产法》第97条规定:"债权人会议通过和解协议的决议,由出席会议的有表决权的债权人过半数同意,并且其所代表的债权额占无财产担保债权总额的2/3以上。"虽然债权人会议出席会议的有表决权的债权人过半数,但是其所代表的债权额占无财产担保债权的总额只有60%,未到2/3,故D项错误。

考点43 重整程序

179. 重整计划的表决[A]

[解析]《企业破产法解释(三)》第11条第2款规定:"根据企业破产法第82条规定,对重整计划草案进行分组表决时,权益因重整计划草案受到调整或者影响的债权人或者股东,有权参加表决;权益未受到调整或者影响的债权人或者股东,参照企业破产法第83条的规定,不参加重整计划草案的表决。"据此,本题中重整计划要求持股5%以上的股东无偿转让股权,该类出资人权益受到调整,需要征得他们同意,所以该类股东有权参加表决,故A项正确。李某持有3%的股权,不受该重整计划影响,该类股东不参加表决,故B项错误。权益未受到调整或者影响的股东无权参加表决,故C项错误。

《企业破产法》第85条第2款规定:"重整计划草案涉及出资人权益调整事项的,应当设出资人组,对该事项进行表决。"第86条第1款规定:"各表决组均通过重整计划草案时,重整计划即为通过。"甲公司股东作为出资人,重整计划草案应当征得其同意,并依照上述《企业破产法解释(三)》第11条第2款规定的规则参与表决。故D项错误。

180. 重整程序中的债权保护[BC]

[解析]《企业破产法》第92条规定:"经人民法院裁定批准的重整计划,对债务人和全体债权人均有约束力。债权人未依照本法规定申报债权的,在重整计划执行期间不得行使权利;在重整计划执行完毕后,可以按照重整计划规定的同类债权的清偿条件行使权利。"据此,经人民法院裁定批准的重整计划对全

体债权人有效,自然对岳某有效,故 D 项错误。岳某未在重整过程中按期申报债权,只是在重整计划执行期间不得行使权利;在重整计划执行完毕后,可以按照重整计划规定的同类债权的清偿条件行使权利。此外,因重整计划执行完毕后,鸿飞公司已经变更为清风公司,岳某的借款应由清风公司负责清偿。故 A 项错误,B、C 项正确。

181. 重整[D]

[解析]《企业破产法》第 70 条第 2 款规定:"债权人申请对债务人进行破产清算的,在人民法院受理破产申请后、宣告债务人破产前,债务人或者出资额占债务人注册资本 1/10 以上的出资人,可以向人民法院申请重整。"第 71 条规定:"人民法院经审查认为重整申请符合本法规定的,应当裁定债务人重整,并予以公告。"本题中,持股 20% 的股东甲有权申请重整,无须提供投资者乙公司的投资承诺或者取得债权人同意。故 A、B 项错误。

重整期间,债务人可以在管理人的监督下自行管理财产和营业事务。因此,重整期间管理人继续履行管理职责。故 C 项错误。

《企业破产法》第 86 条第 2 款规定:"自重整计划通过之日起 10 日内,债务人或者管理人应当向人民法院提出批准重整计划的申请。人民法院经审查认为符合本法规定的,应当自收到申请之日起 30 日内裁定批准,终止重整程序,并予以公告。"故 D 项正确。

182. 破产重整[C]

[解析]《企业破产法》第 70 条规定:"债务人或者债权人可以依照本法规定,直接向人民法院申请对债务人进行重整。债权人申请对债务人进行破产清算的,在人民法院受理破产申请后、宣告债务人破产前,债务人或者出资额占债务人注册资本 1/10 以上的出资人,可以向人民法院申请重整。"据此,债务人或者债权人可以不经过申请破产程序而直接申请破产重整,故 A 项错误。

《企业破产法》第 72 条规定:"自人民法院裁定债务人重整之日起至重整程序终止,为重整期间。"重整计划可能被执行,也可能不被执行,如果重整计划不被执行,重整程序也要终止。所以,破产重整期间的终点为重整程序终止之时而非重整计划执行完毕之时,故 B 项错误。

《企业破产法》第 73 条第 1 款规定:"在重整期间,经债务人申请,人民法院批准,债务人可以在管理人的监督下自行管理财产和营业事务。"故 C 项正确。

《企业破产法解释(二)》第 2 条第 1 项的规定,债务人基于租赁合同占有、使用的财产不属于债务人财产,从而在重整期间内该租赁合同已届期时,依《企业破产法》第 76 条的规定,出租人自己可以根据房屋租赁合同的约定,要求返还所出租的房屋,故 D 项错误。

183. 重整计划的制定、表决程序[AB]

[解析]《企业破产法》第 80 条规定:"债务人自行管理财产和营业事务的,由债务人制作重整计划草案。管理人负责管理财产和营业事务的,由管理人制作重整计划草案。"因此,尚友公司自行管理财产与营业事务时,由其自己制作重整计划草案。故 A 项正确。

《企业破产法》第 82 条规定:"下列各类债权的债权人参加讨论重整计划草案的债权人会议,依照下列债权分类,分组对重整计划草案进行表决:(一)对债务人的特定财产享有担保权的债权;(二)债务人所欠职工的工资和医疗、伤残补助、抚恤费用,所欠的应当划入职工个人账户的基本养老保险、基本医疗保险费用,以及法律、行政法规规定应当支付给职工的补偿金;(三)债务人所欠税款;(四)普通债权。人民法院在必要时可以决定在普通债权组中设小额债权组对重整计划草案进行表决。"可见,债权人会议应该按照上述法定的债权分类,分组表决。故 B 项正确。

《企业破产法》第 84 条第 2 款规定:"出席会议的同一表决组的债权人过半数同意重整计划草案,并且其所代表的债权额占该组债权总额的 2/3 以上的,即为该组通过重整计划草案。"由此可知,重整计划草案的通过需要人数的过半数同时债权占到本组债权总额的 2/3 以上。故 C 项错误。

《企业破产法》第 86 条第 1 款规定:"各表决组均通过重整计划草案时,重整计划即为通过。"故 D 项错误。

184. 破产清算;重整;和解制度[ABC]

[解析] 和解、重整都发生于破产宣告之前,债务人一旦被宣告破产,只能走破产清算的程序,不能再进入重整及和解的程序。故 A 项正确。

《企业破产法》第 7 条第 1、2 款规定:"债务人有本法第 2 条规定的情形,可以向人民法院提出重整、和解或者破产清算申请。债务人不能清偿到期债务,债权人可以向人民法院提出对债务人进行重整或者破产清算的申请。"可见,破产案件受理后,只有债务人才能提出和解申请;重整并非破产案件的必经程序。故 B 项正确,D 项错误。

《企业破产法》第 2 条规定:"企业法人不能清偿到期债务,并且资产不足以清偿全部债务或者明显缺乏清偿能力的,依照本法规定清理债务。企业法人有前款规定情形,或者有明显丧失清偿能力可能的,可以依照本法规定进行重整。"企业法人有明显丧失清偿能力可能的,即使未出现现实的资不抵债情形,也可申请重整程序。故 C 项正确。

185. 破产程序转换[B]

[解析]《企业破产法》第7条规定:"债务人有本法第2条规定的情形,可以向人民法院提出重整、和解或者破产清算申请。债务人不能清偿到期债务,债权人可以向人民法院提出对债务人进行重整或者破产清算的申请……"可见,和解的申请人必须是已经具备破产原因的债务人。如债权人希望和解的,可与债务人协商,由债务人提出和解申请。故A、D项错误。

《企业破产法》第70条第2款规定:"债权人申请对债务人进行破产清算的,在人民法院受理破产申请后、宣告债务人破产前,债务人或者出资额占债务人注册资本1/10以上的出资人,可以向人民法院申请重整。"故B项正确。重整期间不能申请破产清算;若重整失败,法院应当裁定终止重整程序,并宣告债务人破产,进入破产清算程序。故C项错误。

专题六 票据法

考点44 票据法基本制度

186. 票据的特征[D]

[解析] 票据具有设权性。设权性是指票据权利的发生必须首先作成票据,意即票据上所表示的权利,是由出票行为创设,没有票据,就没有票据权利,故A项正确,不当选。

票据具有流通性,票据通常能够转让,本票、汇票、支票都是如此。就此而言,可以说"任何类型的票据"都能够进行转让,故B项正确,不当选。

票据是无因证券。票据法律关系是一种单纯的金钱支付关系,不受基础关系是否存在及其效力的影响。即便票据行为的原因行为不成立、无效或者被撤销,票据效力也不受影响,故C项正确,不当选。

票据是要式证券,各种票据行为如出票、背书、承兑、保证都必须严格按照《票据法》规定的程序与方式进行,否则会导致票据行为无效,甚至导致票据无效;在出票行为中,如果出票的法定记载事项没有记载,将导致票据无效;在背书行为中,将汇票金额的一部分转让的背书或者将汇票金额分别转让给二人以上的背书无效,故D项错误,当选。

187. 票据伪造;除权判决[ACD]

[解析] 根据《民事诉讼法》第229~233条规定,按照规定可以背书转让的票据持有人,因票据被盗、遗失或者灭失,可以向票据支付地的基层人民法院申请公示催告。人民法院决定受理申请,应当同时通知支付人停止支付,并在3日内发出公告,催促利害关系人申报权利。没有人申报的,人民法院应当根据申请人的申请,作出判决,宣告票据无效。本案中,经张某申请,法院已经对此票据进行了除权判决,所以票据已经无效,不存在票据责任,工商银行、甲公司、乙公司与丙公司之间并无其他的法律关系,故三者对丙公司不承担票据的付款责任。故A、C项正确,B项错误。

《票据法》第14条第1款规定:"票据上的记载事项应当真实,不得伪造、变造。伪造、变造票据上的签章和其他记载事项的,应当承担法律责任。"刘某实施了伪造签章的行为,虽然不承担票据责任,但刘某和丙公司之间存在买卖合同民事法律关系,应依合同约定对丙公司承担付款责任,故D项正确。

188. 票据的权利与责任[ABD]

[解析] 根据《票据法》第4条第1~3款规定:"票据出票人制作票据,应当按照法定条件在票据上签章,并按照所记载的事项承担票据责任。持票人行使票据权利,应当按照法定程序在票据上签章,并出示票据。其他票据债务人在票据上签章的,按照票据所记载的事项承担票据责任。"所以在票据上签章,是成为票据当事人承担票据责任的前提,题目中的被伪造人李某与伪造人王某均没有真实签章,均不承担票据责任,故B项错误,C项错误。

《票据法》第14条第2款规定:"票据上有伪造、变造签章的,不影响票据上其他真实签章的效力。"甲公司和丙公司都是真实的签章主体,按照签章内容承担票据责任,享有票据权利,不受票据伪造的影响,故A、D项正确。

189. 票据的伪造与无权代理;付款人的无条件支付义务;背书人责任[A]

[解析]《票据法》第5条第2款规定:"没有代理权而以代理人名义在票据上签章的,应当由签章人承担票据责任;代理人超越代理权限的,应当就其超越权限的部分承担票据责任。"甲未经乙同意而以乙的名义签发一张商业汇票,乙无真实签章也没有对甲的合法授权,不承担票据责任。甲没有在票据上签章,根据票据文义性,甲不承担票据责任,而不是不承担责任,承担民法上的责任。故A项正确,D项错误。

《最高人民法院关于审理票据纠纷案件若干问题的规定》第65条规定:"具有下列情形之一的票据,未经背书转让的,票据债务人不承担票据责任;已经背书转让的,票据无效不影响其他真实签章的效力:(一)出票人签章不真实的;……"即使出票人乙的签章不真实,但丁的背书的签章真实,这种情况下,丙银行作为付款人,有见票无条件支付之义务,不能以该票据无权代理为由拒绝支付。故B项错误。

《票据法》第37条规定:"背书人以背书转让汇票后,即承担保证其后手所持汇票承兑和付款的责任……"无论票据背书人丁对于甲的无权代理行为是否知情,都不影响对于被背书人戊承担保证汇票承兑和付款的责任。故C项错误。

【思路拓展】有观点认为本题不属于票据的无权代理,而属于伪造票据。根据《最高人民法院关于审理票据纠纷案件若干问题的规定》第67条:"……伪造、变造票据者除应当依法承担刑事、行政责任外,给他人造成损失的,还应当承担民事赔偿责任。被伪造签章者不承担票据责任。"乙作为被伪造者既无真实签章也没有对甲的合法授权,不承担票据责任;而甲作为伪造者没有在票据上真实签章,不承担票据责任,但需要承担相应的民事、行政乃至刑事责任。故A项正确,D项错误。《票据法》第14条第2款规定:"票据上有伪造、变造的签章的,不影响票据上其他真实签章的效力。"所以真实签章的丙和丁都应当承担相应的票据责任。故B、C项错误。

190. 汇票的转让;独立性原则[AC]

[解析]《票据法》第26条规定:"出票人签发汇票后,即承担保证该汇票承兑和付款的责任。……"甲是汇票的出票人,签发的票面金额为10万元,应对戊承担10万元的票据责任,A项正确。

《票据法》第37条规定:"背书人以背书转让汇票后,即承担保证其后手所持汇票承兑和付款的责任。……"第14条第3款规定:"票据上其他记载事项被变造的,在变造之前签章的人,对原记载事项负责;在变造之后签章的人,对变造之后的记载事项负责;不能辨别是在票据被变造之前或者之后签章的,视同在变造之前签章。"本题中乙、丙、丁都是票据背书人,应对最后持票人承担责任。但乙的背书签章已不能辨别是在记载金额变造之前,还是在变造之后,视同在变造之前签章,应对原记载事项负责,即乙对戊承担10万元票据责任,B项错误。丙变造票据金额,丁在变造之后转让,应对变造后的记载事项负责,即丙和丁应对戊承担20万元票据责任,C项正确,D项错误。

191. 票据的无因性;非完全民事行为能力人签章的效力;伪造或变造票据的效力[AC(原答案为AD)]

[解析]根据票据无因性特征,票据行为与作为其发生前提的原因关系相分离,从而使票据行为的效力不受原因关系的效力有无的影响。即使甲、乙之间没有真实交易,但该汇票仍然有效。故A项正确。

《票据法》第6条规定:"无民事行为能力人或者限制民事行为能力人在票据上签章的,其签章无效,但是不影响其他签章的效力。"可见,未成年人丙的签章无效。故B项错误。

《票据法》第14条规定:"票据上的记载事项应当真实,不得伪造、变造。伪造、变造票据上的签章和其他记载事项的,应当承担法律责任。票据上有伪造、变造的签章的,不影响票据上其他真实签章的效力。票据上其他记载事项被变造的,在变造之前签章的人,对原记载事项负责;在变造之后签章的人,对变造之后的记载事项负责;不能辨别是在票据被变造之前或者之后签章的,视同在变造之前签章。"票据被变造并不导致票据无效,在票据金额变造之前签章的人,对原票据记载金额负责;在票据金额变造之后签章的人,对票据变造后的金额负责。故C项正确,D项错误。

192. 票据灭失及救济[D]

[解析] 根据《票据法》第4条规定:"票据出票人制作票据,应当按照法定条件在票据上签章。并按照所记载的事项承担票据责任。持票人行使票据权利,应当按照法定程序在票据上签章,并出示票据。其他票据债务人在票据上签章的,按照票据所记载的事项承担票据责任。本法所称票据权利,是指持票人向票据债务人请求支付票据金额的权利,包括付款请求权和追索权。本法所称票据责任,是指票据债务人向持票人支付票据金额的义务。"票据是设权和要式证券。票据权利人行使票据权利应当出示合法有效的票据,票据灭失后,应当经过挂失止付、公示催告和除权判决或者普通的民事诉讼实现权利的救济。票据复印件没有票据效力,因此丙公司无权持复印件主张票据权利。故A、B、C项错误,D项正确。

193. 公示催告[C]

[解析]《票据法》第44条规定:"付款人承兑汇票后,应当承担到期付款的责任。"《票据法》第15条规定:"票据丧失,失票人可以及时通知票据的付款人挂失止付,但是,未记载付款人或者无法确定付款人及其代理付款人的票据除外。收到挂失止付通知的付款人,应当暂停支付。失票人应当在通知挂失止付后3日内,也可以在票据丧失后,依法向人民法院申请公示催告,或者向人民法院提起诉讼。"本案中,申请人五悦公司向法院申请了公示催告,但法院尚未作出除权判决。公司催告只能暂时阻止持票人行使付款请求权;在法院作出除权判决前,被申请的票据并不会因此而无效,承兑人仍须承担付款责任,权利人亿凡公司仍享有票据权利。故A项错误,C项正确。

除权判决才是申请人恢复票据权利的确认文件,除权判决前,五悦公司没有票据权利。故B项错误。

《民事诉讼法》第232条规定:"利害关系人应当在公示催告期间向人民法院申报。人民法院收到利害关系人的申报后,应当裁定终结公示催告程序,并通知申请人和支付人。申请人或者申报人可以向人民法院起诉。"只要利害关系人申报,法院即应当裁定终结公示催告程序,而不是作出除权判决。故D项错误。

194. 票据的挂失止付[BC]

[解析]《票据法》第15条规定:"票据丧失,失票人可以及时通知票据的付款人挂失止付,但是,未记载付款人或者无法确定付款人及其代理付款人的票据除外。收到挂失止付通知的付款人,应当暂停支付。失票人应当在通知挂失止付后3日内,也可以在票据丧失后,依法向人民法院申请公示催告,或者向人民法院提起诉讼。"票据丧失后,失票人可以采取补救措施,并不确定丧失票据权利,故A项错误。失票人可以直接向法院申请公示催告,也可以直接提起诉讼,故B项正确。付款人收到挂失止付通知后,应暂停支付,违反这一义务付款的,应向失票人承担赔偿责任,故C项正确。失票人应在挂失止付后3日内申请公示催告,而不是15日内,故D项错误。

195. 票据丧失[D]

[解析]《票据法》第15条规定:"票据丧失,失票人可以及时通知票据的付款人挂失止付,但是,未记载付款人或者无法确定付款人及其代理付款人的票据除外。收到挂失止付通知的付款人,应当暂停支付。失票人应当在通知挂失止付后3日内,也可以在票据丧失后,依法向人民法院申请公示催告,或者向人民法院提起诉讼。"本题是法条的直接考查。故D项错误。

196. 票据权利的继受取得;票据原因关系;票据的赠与;票据抗辩[D]

[解析]票据行为人即出票人、承兑人应当承担票据责任,在原因关系出现瑕疵的情况下,票据不因此而无效。故A项错误,D项正确。

《票据法》第13条第1、2款规定:"票据债务人不得以自己与出票人或者与持票人的前手之间的抗辩事由,对抗持票人。但是,持票人明知存在抗辩事由而取得票据的除外。票据债务人可以对不履行约定义务的与自己有直接债权债务关系的持票人,进行抗辩。"由此可知,直接当事人之间可以用票据原因关系对抗票据关系,甲、乙公司之间存在直接的债权责任关系,乙公司提供假冒伪劣产品,在原因关系中是可以对抗持票人的。故B项错误。

《票据法》第11条规定:"因税收、继承、赠与可以依法无偿取得票据的,不受给付对价的限制。但是,所享有的票据权利不得优于其前手的权利。前手是指在票据签章人或者持票人之前签章的其他票据债务人。"丙是通过从乙公司接受赠与而获得票据,其所享有的票据权利不能优于乙公司,而甲、乙公司之间存在直接原因关系,因箱包假冒伪劣,甲公司可以对乙公司抗辩拒付。所以甲公司可以拒绝丙的票据权利请求。故C项错误。

197. 票据抗辩;票据的无因性[BCD]

[解析]银行承兑汇票,是由在承兑银行开立存款账户的存款人出票,向开户银行申请并经银行审查同意承兑的,保证在指定日期无条件支付确定的金额给收款人或持票人的票据。所以银行承兑汇票经承兑后才能产生付款的效力。故A项正确,不当选。

《票据法》第13条规定:"票据债务人不得以自己与出票人或者与持票人的前手之间的抗辩事由,对抗持票人。但是,持票人明知存在抗辩事由而取得票据的除外。票据债务人可以对不履行约定义务的与自己有直接债权债务关系的持票人,进行抗辩。本法所称抗辩,是指票据债务人根据本法规定对票据债权人拒绝履行义务的行为。"因为甲银行与楚天公司存在直接的债权债务关系,甲银行可以楚天公司尚欠其贷款未还为由拒绝付款。故B项错误,当选。

根据票据的无因性,债务人甲银行不得以出票人潇湘公司与持票人楚天公司间的原因关系对抗楚天公司的付款请求权。虽然根据B项分析,因为甲银行与楚天公司存在直接债权债务关系,甲银行可据此抗辩,拒绝对楚天公司履行付款义务;但是,甲银行也可放弃这种抗辩,履行自己的付款义务。由于甲银行是履行正当的票据义务,由此给潇湘公司造成的损失,甲银行不承担责任。故C项错误,当选。

楚天公司交付的货物有质量问题,属于票据的基础关系存在瑕疵,根据票据的无因性,甲银行的付款义务不受货物质量问题的影响,甲银行不能以此为由拒绝付款,且甲银行付款后可以依据票据关系向出票人潇湘公司主张追索权。故D项错误,当选。

198. 支票的付款日期;票据抗辩;票据丧失及其救济[AC]

[解析]票据具有无因性,尽管甲尚未履行房屋过户登记义务,但银行无权拒绝支付票据金额。故A项正确。

关于B项存在争议。《票据法》第13条第2款规定:"票据债务人可以对不履行约定义务的与自己有直接债权债务关系的持票人,进行抗辩。"甲和乙是房屋买卖合同中的当事人,具有直接的债权债务关系。甲可根据房屋买卖合同要求乙支付房款,乙可要求甲履行过户房屋之义务,因此若甲要求乙支付房款,乙可以行使合同中的抗辩权拒绝支付票据金额,故B项正确。另一种观点认为,实践中,当事人只能配合但无法决定行政机关的登记过户事项,因此不能以此作为拒付理由,故B项错误。司法部答案采用后者观点。

《票据法》第17条第1款第2项规定,持票人对支票出票人的票据权利期限为6个月,自出票日起算。本题中,2006年1月中旬,距出票日并未超过6

商经法 [答案详解]

个月,所以甲对乙仍享有票据权利,乙仍须对甲承担票据责任。银行拒付后,甲可向乙行使票据权利,也可依据房屋买卖合同要求乙承担合同的付款责任。故C项正确。

持票人丧失对票据的占有时,法律给予一定的补救措施,即挂失止付、公示催告和诉讼程序,但是票据人并没有丧失票据权利。故D项错误。

199. 票据抗辩[A]

[解析]《票据法》第13条第2款规定:"票据债务人可以对不履行约定义务的与自己有直接债权债务关系的持票人,进行抗辩。"丙公司作为持票人与付款人某银行间存在直接债权债务关系,则银行可以此进行抗辩。故A项正确。

《票据法》第13条第1款规定:"票据债务人不得以自己与出票人或者与持票人的前手之间的抗辩事由,对抗持票人。但是,持票人明知存在抗辩事由而取得票据的除外。"可见,甲、丙间由于不存在直接债权债务关系,甲公司不能行使抗辩权。故B项错误。

《票据法》第44条规定:"付款人承兑汇票后,应当承担到期付款的责任。"本题中丁公司已经对汇票进行了承兑,那么它就成了第一付款人,要承担到期付款的票据责任。但是并非任何情况下都不能对抗持票人。《票据法》第13条第2款规定:"票据债务人可以对不履行约定义务的与自己有直接债权债务关系的持票人,进行抗辩。"可知,如果丁公司与持票人之间有直接的债权、债务关系时,持票人没有履行相应的债务,那么丁公司可以此为由对抗持票人的付款请求。故C项错误。

《票据法》第19条第1款规定:"汇票是出票人签发的,委托付款人在见票时或者在指定日期无条件支付确定的金额给收款人或者持票人的票据。"《票据法》第22条第1款第2项规定,无条件支付的委托是汇票的必要记载事项。可见,汇票出票时不能记载附条件的付款,如果在付款上附有条件的话,就会导致该汇票无效。故D项错误。

考点45 汇票

200. 汇票背书;追索权[D]

[解析] 根据《票据法》第31条第1款规定,以背书转让的汇票,背书应当连续。持票人以背书的连续,证明其汇票权利。据此,汇票应以背书方式转让,单纯的交付票据给对方,不发生票据转让的效力。因此,A公司及其财务负责人王某均不享有票据权利,故A、B项错误。

《票据法》第34条规定:"背书人在汇票上记载'不得转让'字样,其后手再背书转让的,原背书人对后手的被背书人不承担保证责任。"据此,汇票上记载"不得转让"字样,转让有效,故

C项错误;但是原背书人(乙)对此不承担保证责任,因此丁不可向乙追索,故D项正确。

201. 背书连续性规则;汇票保证[D]

[解析] 根据《票据法》第31条第1款规定,以背书转让的汇票,背书应当连续。持票人以背书的连续,证明其汇票权利。《关于审理票据纠纷案件若干问题的规定》第15条规定,票据债务人依照"以背书方式取得但背书不连续"的理由,对持票人提出抗辩的,人民法院应予支持。所以,乙无需承担票据责任。但是,这并不意味着乙对丙不需负担任何法律责任,乙仍要承担不当得利等民事责任。故B项错误。

根据《票据法》第46、47条规定,票据保证的必要事项,仅为"保证字样+签章";若没有记载被保证人,已承兑的汇票,承兑人为被保证人,未承兑的汇票,出票人为被保证人。据此,票据保证没有记载被保证人,虽然具有瑕疵,但不影响票据保证的效力,故C项错误。本题中的汇票已经承兑,所以承兑人为被保证人,故D项正确。

《票据法》第50条规定:"被保证的汇票,保证人应当与被保证人对持票人承担连带责任。汇票到期后得不到付款的,持票人有权向保证人请求付款,保证人应当足额付款。"根据上述分析,本题中丁的票据保证有效,因此应当与被保证人对持票人承担连带责任,故A项错误。

202. 期后背书;汇票追索权[BC]

[解析]《票据法》第36条规定:"汇票被拒绝承兑、被拒绝付款或者超过付款提示期限的,不得背书转让;背书转让的,背书人应当承担汇票责任。"据此,乙公司被拒绝付款后,不得将该汇票背书转让给丙公司,故C项正确。若背书转让的,称为期后背书,不能发生《票据法》上的效力,乙公司需对丙公司承担汇票责任,但不能因交付票据终结乙公司和丙公司之间的债务。故A项错误。

《票据法》第62条规定:"持票人行使追索权时,应当提供被拒绝承兑或者被拒绝付款的有关证明。持票人提示承兑或者提示付款被拒绝的,承兑人或者付款人必须出具拒绝证明,或者出具退票理由书。未出具拒绝证明或者退票理由书的,应当承担由此产生的民事责任。"据此,银行拒绝付款,必须出具拒绝证明,或者出具退票理由书,以方便持票人行使追索权。银行口头拒付,若导致乙公司无法行使追索权,银行应对乙公司承担民事责任。故B项正确。

《票据法》第65条规定:"持票人不能出示拒绝证明、退票理由书或者未按照规定期限提供其他合法证明的,丧失对其前手的追索权。但是,承兑人或者付款人仍应当对持票人承担责任。"但是,本题中,乙公司对丙公司的背书是期后背书,不适用《票据法》规

· 48 ·

定,丙公司只可向乙公司主张票据责任,而甲公司和银行对丙公司不承担票据责任。故D项错误。

203. 汇票保证[B]

[解析]《票据法》第48条规定:"保证不得附有条件;附有条件的,不影响对汇票的保证责任。"因此,A项错误,保证不得附条件。

《票据法》第47条第2款规定,保证人在汇票或者粘单上未记载前条第4项(保证日期)的,出票日期为保证日期。因此,B项正确。

《票据法》第50条规定:"被保证的汇票,保证人应当与被保证人对持票人承担连带责任。汇票到期后得不到付款的,持票人有权向保证人请求付款,保证人应当足额付款。"因此,C项错误,保证人与被保证人对持票人承担连带责任。

《票据法》第52条规定:"保证人清偿汇票债务后,可以行使持票人对被保证人及其前手的追索权。"因此,D项错误,被追索人清偿债务后,与持票人享有同一权利,本题中,丁对戊付款后,可以向丙行使追索权,也可以向乙行使追索权。

204. 汇票质押;出票效力、有效条件;必要记载事项[BCD]

[解析]《票据法》第35条第2款规定:"汇票可以设定质押;质押时应当以背书记载'质押'字样。被背书人依法实现其质权时,可以行使汇票权利。"汇票质押必须在票据上背书记载"质押"字样,否则质押不生效。故A项错误。

《票据法》第26条规定:"出票人签发汇票后,即承担保证该汇票承兑和付款的责任。出票人在汇票得不到承兑或者付款时,应当向持票人清偿本法第70条、第71条规定的金额和费用。"据此,出票人合法签章后即应向收款人及其后手承担票据责任,当汇票得不到承兑时,持票人有权要求出票人承担责任。此外,《票据法》第61条规定:"汇票到期被拒绝付款的,持票人可以对背书人、出票人以及汇票的其他债务人行使追索权。汇票到期日前,有下列情形之一的,持票人也可以行使追索权:……(三)承兑人或者付款人被依法宣告破产的或者因违法被责令终止业务活动的。"据此,如果汇票到期被拒绝付款,或者在到期日前发生特定情形的,持票人可以直接向出票人、背书人及其他债务人进行追索。故B项正确。

我国法律对汇票出票人和付款人,没有特别的限制,既可以是银行,也可以是公司、企业或者个人。故C项正确。

《票据法》第22条规定:"汇票必须记载下列事项:(一)表明'汇票'的字样;(二)无条件支付的委托;(三)确定的金额;(四)付款人名称;(五)收款人名称;(六)出票日期;(七)出票人签章。汇票上未记载前款规定事项之一的,汇票无效。"可见,汇票未记载出票日期的,汇票无效。故D项正确。

205. 票据背书;追索权[C]

[解析]《票据法》第37条规定:"背书人以背书转让汇票后,即承担保证其后所持汇票承兑和付款的责任。背书人在汇票得不到承兑或者付款时,应当向持票人清偿本法第70条、第71条规定的金额和费用。"本题中,乙公司将汇票背书转让给丁公司后,并不退出票据权利义务关系,其向后手负有担保汇票得到承兑和付款的责任。故A项错误。

《票据法》第61条第1款规定:"汇票到期被拒绝付款的,持票人可以对背书人、出票人以及汇票的其他债务人行使追索权。"甲公司是汇票的出票人,也是持票人行使追索权的对象,是票据债务人。故B项错误。

《票据法》第33条第1款规定:"背书不得附有条件。背书时附有条件的,所附条件不具有汇票上的效力。"故C项正确。

《票据法》第27条第2款规定:"出票人在汇票上记载'不得转让'字样的,汇票不得转让。"甲公司作为出票人,在出票时于汇票上记载有"不得转让"字样,则乙公司的背书行为无效。故D项错误。

206. 汇票法律关系当事人;汇票的付款[B]

[解析]《票据法》第61条规定:"汇票到期被拒绝付款的,持票人可以对背书人、出票人以及汇票的其他债务人行使追索权。汇票到期日前,有下列情形之一的,持票人也可以行使追索权:(一)汇票被拒绝承兑的;(二)承兑人或者付款人死亡、逃匿的;(三)承兑人或者付款人被依法宣告破产的或者因违法被责令终止业务活动的。"票据意义上的保证要求必须在票据上有表明"保证"的字样。本题中,丁未在汇票中记载表明"保证"的字样,所以出具的保函不构成汇票保证,而是民法意义上的保证。丁所出具的担保函明确承担的是连带保证责任,持票人乙公司在被拒绝付款后,可以向出票人甲公司、承兑人丙银行行使追索权,同时可要求丁承担连带责任。故A、C项错误。

票据的无因性,是指票据法律关系是一种纯粹的金钱支付关系,票据持有人享有的权利只以符合票据法为必要,至于票据赖以发生的原因关系在所不问。即使原因关系无效或有瑕疵均不影响票据的效力。因此,银行作为付款人与出票人之间的资金法律关系不得对抗票人的权利。丙银行不能以甲公司的信誉问题为由拒绝付款。故B项正确。

票据关系的非基本当事人是相对于基本当事人而言的。票据关系的基本当事人,是指票据一经成立即已存在的当事人,包括出票人、收款人、付款人。非基本当事人,是指票据已经成立,通过各种票据行为而加入票据关系中的当事人,如背书人、保证人、参加付款人、预备付款人等。丁所出具的担保函不构成汇票保证,其不是汇票意义上的保证人而是民法意义上的保证人,因此不能认定丁为票据关系上的非基本当事人。故 D 项错误。

207. 票据追索权;背书人的禁止及其效力[AB]

[解析]《票据法》第 61 条规定:"汇票到期被拒绝付款的,持票人可以对背书人、出票人以及汇票的其他债务人行使追索权。汇票到期日前,有下列情形之一的,持票人也可以行使追索权:(一)汇票被拒绝承兑的;……"丁某为背书人、乙公司为出票人,均可被行使追索权。故 A、B 项正确。

《票据法》第 34 条规定:"背书人在汇票上记载'不得转让'字样,其后手再背书转让的,原背书人对后手的被背书人不承担保证责任。"本题中甲公司为原背书人,记载"不得转让后"不承担对后手的汇票责任,戊某无权向其追偿。故 C 项错误。追索权的主体应为其前手而不包括承兑人本身,戊某不可以向承兑人丙银行主张追索权。故 D 项错误。

208. 期后背书[A]

[解析]《票据法》第 36 条规定:"汇票被拒绝承兑、被拒绝付款或者超过付款提示期限的,不得背书转让;背书转让的,背书人应当承担汇票责任。"甲公司在汇票被拒绝承兑时,仍背书转让给丙公司,背书人甲公司应承担汇票责任。故 A 项正确。追索权的适用前提是汇票的背书转让合法,而本案汇票的背书违法,因已被拒绝承兑,无追索权的适用。故 C 项错误。返还交易中的对价以及承担侵权责任都是民事责任而不是票据责任。故 B、D 项错误。

考点 46 支票

209. 支票;票据无因性[D]

[解析] 根据《票据法》第 84 条规定,支票必须记载下列事项:(1)表明"支票"的字样;(2)无条件支付的委托;(3)确定的金额;(4)付款人名称;(5)出票日期;(6)出票人签章。支票上未记载前款规定事项之一的,支票无效。

《票据法》第 85 条规定:"支票上的金额可以由出票人授权补记,未补记前的支票,不得使用。"《票据法》第 86 条第 1 款规定:"支票上未记载收款人名称的,经出票人授权,可以补记。"据此,支票的金额、收款人均可以由出票人授权补记,故 A、B、C 项错误。

【特别提醒】这种支票即"空白支票",只要经出票人授权补记即可使用。

《票据法》第 90 条规定:"支票限于见票即付,不得另行记载付款日期。另行记载付款日期的,该记载无效。"支票注明"见票一个月付款",属于另行记载付款日期,因此该记载无效,故 D 项正确。

【总结提示】(1)支票不记载则支票无效的事项(支票无效):"支票"字样;无条件支付的委托;付款人名称;出票日期;签章。(2)支票记载则该记载无效的事项(支票有效):付款日期。

210. 支票的记载事项[CD]

[解析]《票据法》第 84 条规定:"支票必须记载下列事项:(一)表明'支票'的字样;(二)无条件支付的委托;(三)确定的金额;(四)付款人名称;(五)出票日期;(六)出票人签章。支票上未记载前款规定事项之一的,支票无效。"没有记载票据金额的中文大写不属于上述任何一种情形,该支票出票行为为有效,忠谊公司享有票据权利,东霖公司应承担票据责任。故 A、B 项错误,C 项正确。

《票据法》第 85 条规定:"支票上的金额可以由出票人授权补记,未补记前的支票,不得使用。"故 D 项正确。

211. 支票[BC]

[解析]《票据法》第 83 条第 2 款规定,现金支票只能用于支取现金,故 A 项表述错误,不选。

《票据法》第 87 条第 1 款规定:"支票出票人所签发的支票金额不得超过在付款时付款人处实有的存款金额。"B 项表述符合该规定,为正确选项,当选。

《票据法》第 90 条规定:"支票限于见票即付,不得另行记载付款日期。另行记载付款日期的,该记载无效。"C 项符合该规定,也为正确选项,当选。

《票据法》第 86 条第 1 款规定:"支票上未记载收款人名称的,经出票人授权,可以补记。"因此,支票上未记载收款人名称时,该支票并不当然无效,故 D 项说法错误,不选。

专题七 证券法

考点 47 证券法

212. 债券受托管理人;募集资金的用途[B]

[解析] 本题中,甲公司为证券发行人,乙证券公司为债券受托管理人。

《证券法》第 92 条第 2 款规定:"公开发行公司债券的,发行人应当为债券持有人聘请债券受托管理人,并订立债券受托管理协议。受托管理人应当由本次发行的承销机构或者其他经国务院证券监督管理机构认可的机构担任,债券持有人会议可以决议变更债券受托管理人。债券受托管理人应当勤勉尽责,公正履行受托管理职责,不得损害债券持有人利益。"故 A 项错误。

《证券法》第 92 条第 3 款规定:"债券发行人未能按期兑付债券本息的,债券受托管理人可以接受全部或者部分债券持有人的委托,以自己名义代表债券持有人提起、参加民事诉讼或者清算程序。"故 B 项正确。

《证券法》第 15 条第 2 款规定:"公开发行公司债券筹集的资金,必须按照公司债券募集办法所列资金用途使用;改变资金用途,必须经债券持有人会议作出决议。公开发行公司债券筹集的资金,不得用于弥补亏损和非生产性支出。"《证券法》第 185 条对擅自改变公开发行证券所募集资金用途的行为规定了责令改正和处罚措施,追究债券发行人和相关责任人员的行政责任。据此,对改变资金用途的行为主要是通过行政责任进行追究,且责令改正后对债券持有人没有实质损害,债券持有人无需提起诉讼,也不用债券受托管理人提起代位诉讼。故 C 项错误。根据上述第 15 条规定,公开发行公司债券筹集的资金,不得用于弥补亏损和非生产性支出。故 D 项错误。

法条变更	《中华人民共和国证券法》2019 年 12 月 28 日第十三届全国人民代表大会常务委员会第十五次会议第二次修订,自 2020 年 3 月 1 日起施行

213. 预警制度;临时报告 [ABD]

[解析]《证券法》第 63 条第 1 款规定:"通过证券交易所的证券交易,投资者持有或者通过协议、其他安排与他人共同持有一个上市公司已发行的有表决权股份达到 5%时,应当在该事实发生之日起 3 日内,向国务院证券监督管理机构、证券交易所作出书面报告,通知该上市公司,并予公告,在上述期限内不得再行买卖该上市公司的股票,但国务院证券监督管理机构规定的情形除外。"据此,初次增持股份达到 5%时,应当启动预警(3 日内通知+书面报告+公告+暂停交易)。本题中,甲公司增持股份后,持有乙公司的股份比例为 5%,应该依法进行预警,3 日内向证监会报告,通知乙公司,并予公告,同时在此期限内不得买卖乙公司的股票,故 A、D 项正确。

《证券法》第 63 条第 2 款规定:"投资者持有或者通过协议、其他安排与他人共同持有一个上市公司已发行的有表决权股份达到 5%后,其所持该上市公司已发行的有表决权股份比例每增加或者减少 5%,应当依照前款规定进行报告和公告,在该事实发生之日起至公告后 3 日内,不得再行买卖该上市公司的股票,但国务院证券监督管理机构规定的情形除外。"据此,股份变动达到 5%时,应当启动预警(3 日内通知+书面报告+公告+公告 3 日内禁止交易)。第 3 款规定:"投资者持有或者通过协议、其他安排与他人共同持有一个上市公司已发行的有表决权股份达到 5%后,其所持该上市公司已发行的有表决权股份比例每增加或者减少 1%,应当在该事实发生的次日通知该上市公司,并予公告。"据此,股份变动达到 1%时,应当启动简易预警(次日通知+公告)。本题中,甲公司的减持比例为 2.9%,只涉及上述第 3 款增减幅度达 1%时的简易预警制度,即次日内通知+公告,尚未触及第 2 款规定的预警制度,无需作出书面报告,故 C 项错误。

《证券法》第 80 条规定:"发生可能对上市公司、股票在国务院批准的其他全国性证券交易场所交易的公司的股票交易价格产生较大影响的重大事件,投资者尚未得知时,公司应当立即将有关该重大事件的情况向国务院证券监督管理机构和证券交易场所报送临时报告,并予公告,说明事件的起因、目前的状态和可能产生的法律后果。前款所称重大事件包括:……(八)持有公司百分之五以上股份的股东或者实际控制人持有股份或者控制公司的情况发生较大变化,公司的实际控制人及其控制的其他企业从事与公司相同或者相似业务的情况发生较大变化;……"乙公司作为持股 6.04%的大股东减持股份,符合上述第 8 项,乙公司应依法作出临时公告,故 B 项正确。

214. 上市公司收购 [BD]

[解析]《证券法》第 63 条第 1 款规定:"通过证券交易所的证券交易,投资者持有或者通过协议、其他安排与他人共同持有一个上市公司已发行的有表决权股份达到百分之五时,应当在该事实发生之日起 3 日内,向国务院证券监督管理机构、证券交易所作出书面报告,通知该上市公司,并予公告,在上述期限内不得再行买卖该上市公司的股票,但国务院证券监督管理机构规定的情形除外。"第 4 款规定:"违反第 1 款、第 2 款规定买入上市公司有表决权的股份的,在买入后的 36 个月内,对该超过规定比例部分的股份不得行使表决权。"本题中,甲在证券市场上陆续买入力扬股份公司的股票,持股达 6%时才公告,违反了上述信息披露义务,甲应承担的违法责任是:在买入后的 36 个月内,对该超过规定比例部分的股份不得行使表决权。A、C 项均不符合法律规定,故错误。

《证券法》第 62 条规定:"投资者可以采取要约收购、协议收购及其他合法方式收购上市公司。"据此,乙可邀请其他公司对力扬公司展开要约收购。注意一种特殊情形,《证券法》第 65 条第 1 款规定:"通过证券交易所的证券交易,投资者持有或者通过协议、其他安排与他人共同持有一个上市公司已发行的有表决权股份达到 30%时,继续进行收购的,应当依法向该上市公司所有股东发出收购上市公司全部或者部分股份的要约。"据此,持股达到 30%的股东有强制要约收购的义务。乙的持股份额题中未予说明,依题意应理解为不构成 30%份额的强制收购,因此 B 项中"可"邀请其他公司展开要约收购的表述是合理的。

故B项正确。

《证券法》第71条第1款规定："采取协议收购方式的，收购人可以依照法律、行政法规的规定同被收购公司的股东以协议方式进行股份转让。"丁作为股份公司的股东，其股份可以自由转让。丁与甲之间的股权转让方式属于协议收购。故D项正确。

215. 上市公司收购[BC]

[解析]《证券法》第74条第1款规定："收购期限届满，被收购公司股权分布不符合证券交易所规定的上市交易要求的，该上市公司的股票应当由证券交易所依法终止上市交易；其余仍持有被收购公司股票的股东，有权向收购人以收购要约的同等条件出售其股票，收购人应当收购。"据此，收购完成后，如果被收购公司股权分布符合上市条件的，可以继续上市交易，并非一律退市。故A项错误。

若收购失败，《证券法》并未禁止收购人继续购买目标公司的股份，也不会影响吉达公司的股票正常交易，嘉豪公司仍可以继续购入吉达公司股份。故B项正确。

收购分为协议收购和要约收购。对于采用要约收购，《证券法》第70条规定："采取要约收购方式的，收购人在收购期限内，不得卖出被收购公司的股票，也不得采取要约规定以外的形式和超出要约的条件买入被收购公司的股票。"可见不得在要约收购期间采用协议收购。故C项正确。

《证券法》第65条第1款规定："通过证券交易所的证券交易，投资者持有或者通过协议、其他安排与他人共同持有一个上市公司已发行的有表决权股份达到30%时，继续进行收购的，应当依法向该上市公司所有股东发出收购上市公司全部或者部分股份的要约。"据此，持股达到30%的股东有强制要约收购的义务。《证券法》第68条规定："在收购要约确定的承诺期限内，收购人不得撤销其收购要约。收购人需要变更收购要约的，应当及时公告，载明具体变更事项，且不得存在下列情形：（一）降低收购价格；（二）减少预定收购股份数额；（三）缩短收购期限；（四）国务院证券监督管理机构规定的其他情形。"据此，收购要约不得撤销，但并非不可变更，故D项错误。

216. 股票发行[C]

[解析]《证券法》第9条规定："公开发行证券，必须符合法律、行政法规规定的条件，并依法报经国务院证券监督管理机构或者国务院授权的部门注册。未经依法注册，任何单位和个人不得公开发行证券。证券发行注册制的具体范围、实施步骤，由国务院规定。有下列情形之一的，为公开发行：（一）向不特定对象发行证券；（二）向特定对象发行证券累计超过200人，但依法实施员工持股计划的员工人数不计算在内；（三）法律、行政法规规定的其他发行行为。非公开发行证券，不得采用广告、公开劝诱和变相公开方式。"据此，公开发行应向不特定对象公开发行，或者向特定对象超过200人发行，A项表述为"向特定对象公开发行"不够严谨。此外，股份公司发行股票，需要依法报经国务院证券监督管理机构或者国务院授权的部门注册，未经依法注册，任何单位和个人不得公开发行证券，因此不能"根据需要"随意发行。故A项错误。

《公司法》第59条规定："股东会行使下列职权：……（五）对公司增加或者减少注册资本作出决议……"另根据上述《证券法》第9条第1款规定，公开发行证券，必须符合法律、行政法规规定的条件，并依法报经国务院证券监督管理机构或者国务院授权的部门注册。未经依法注册，任何单位和个人不得公开发行证券。所以，公开发行新股，须经股东大会认可，且依法须报经国务院证券监督管理机构或者国务院授权的部门注册，不是由董事会决定后即可径自发行。故B项错误。

《公司法》第148条规定："面额股股票的发行价格可以按票面金额，也可以超过票面金额，但不得低于票面金额。"《证券法》第32条规定："股票发行采取溢价发行的，其发行价格由发行人与承销的证券公司协商确定。"据此，股票发行价格可以平价，也可以溢价，但不得折价发行，故C项正确。

《证券法》第34条规定："公开发行股票，代销、包销期限届满，发行人应当在规定的期限内将股票发行情况报国务院证券监督管理机构备案。"公开发行股票，必须经国务院证券监督管理机构备案。故D项错误。

217. 债券与股票[D]

[解析]先明晰两个概念。股票，是指股份有限公司签发的证明股东权利和义务的要式有价证券。债券，根据《公司法》第194条规定，本法所称公司债券，是指公司发行的约定按期还本付息的有价证券。股票和债券都是企业的筹资手段，股票只能由股份公司发行，有限责任公司不能发行，但是债券二者都可以发行。故A项错误。

债券兼有投资及储蓄的性质，以资本保值和获取固定收益为目的，债券到期后，除非发行人破产，否则发行人应当按照约定向持券人支付本息，因此债券的投资回报固定，风险小；购买股票是单纯的投资行为，股息收入随股份公司盈利情况而定，所以股票的风险更大。故B项错误。

股票和债券都可以自由转让及上市流通，流通性是相同的，故C项错误。

股票和债券所代表的权利性质不同，股票代表股东对公司的股权,是投资关系,而债券代表持券人对公司的债权,是债的关系。故 D 项正确。

218. 上市公司披露虚假信息的责任主体[C]

[解析]《证券法》第85条规定:"信息披露义务人未按照规定披露信息,或者公告的证券发行文件、定期报告、临时报告及其他信息披露资料存在虚假记载、误导性陈述或者重大遗漏,致使投资者在证券交易中遭受损失的,信息披露义务人应当承担赔偿责任;发行人的控股股东、实际控制人、董事、监事、高级管理人员和其他直接责任人员以及保荐人、承销的证券公司及其直接责任人员,应当与发行人承担连带赔偿责任,但是能够证明自己没有过错的除外。"据此,上市公司披露虚假信息的责任主体包括信息披露义务人(发行人、上市公司)、控股股东、实际控制人、董事、监事、高管、直接责任人员、保荐人、证券公司及其直接责任人员,故 A、B、D 项正确。该上市公司财务报告的刊登媒体没有过错,也不是直接责任人,因此不承担民事赔偿责任,故 C 项错误。

219. 证券交易所[D]

[解析]《证券法》第101条规定:"证券交易所可以自行支配的各项费用收入,应当首先用于保证其证券交易场所和设施的正常运行并逐步改善。实行会员制的证券交易所的财产积累归会员所有,其权益由会员共同享有,在其存续期间,不得将其财产积累分配给会员。"据此,实行会员制的证券交易所在存续期间不得将其财产积累分配给会员,故 A 项错误。

《证券法》第102条规定:"实行会员制的证券交易所设理事会、监事会。证券交易所设总经理1人,由国务院证券监督管理机构任免。"据此,证券交易所总经理不经理事会选举,而是直接由国务院证券监督管理机构任免,故 B 项错误。

《证券法》第99条第2款规定:"设立证券交易所必须制定章程。证券交易所章程的制定和修改,必须经国务院证券监督管理机构批准。"据此,是经国务院证券监督管理机构批准,而非备案,故 C 项错误。

《证券法》第96条第2款规定:"证券交易所、国务院批准的其他全国性证券交易场所的设立、变更和解散由国务院决定。"故 D 项正确。

220. 证券公司业务规则[ACD]

[解析]《证券法》第123条第2款规定:"证券公司除依照规定为其客户提供融资融券外,不得为其股东或者股东的关联人提供融资或者担保。"故 A 项违法,当选。

《证券法》第120条第1款规定:"经国务院证券监督管理机构核准,取得经营证券业务许可证,证券公司可以经营下列部分或者全部证券业务:……(五)证券融资融券;……"故 B 项不违法,不当选。

《证券法》第135条规定:"证券公司不得对客户证券买卖的收益或者赔偿证券买卖的损失作出承诺。"故 C 项违法,当选。

《证券法》第134条第1款规定:"证券公司办理经纪业务,不得接受客户的全权委托而决定证券买卖、选择证券种类、决定买卖数量或者买卖价格。"故 D 项违法,当选。

221. 公开发行股票所募集资金的使用;擅自改变募集资金用途的责任[ABC]

[解析]《证券法》第14条规定:"公司对公开发行股票所募集资金,必须按照招股说明书或者其他公开发行募集文件所列资金用途使用;改变资金用途,必须经股东大会作出决议。擅自改变用途,未作纠正的,或者未经股东大会认可的,不得公开发行新股。"据此,改变资金用途,必须经股东大会作出决议,故 A 项正确;擅自改变用途,未经股东大会认可的,不得公开发行新股,故 D 项错误。

《证券法》第185条第1款规定:"发行人违反本法第14条、第15条的规定擅自改变公开发行证券所募集资金的用途的,责令改正,处以50万元以上500万元以下的罚款;对直接负责的主管人员和其他直接责任人员给予警告,并处以10万元以上100万元以下的罚款。"据此,本题中发行人(某上市公司)擅自改变公开发行证券所募集资金的用途,证券监督管理机构有权责令其改正,并有权对相关责任人员处以罚款,故 B、C 项正确。

222. 短线交易的禁止性规定[ABC]

[解析]《证券法》第44条第1款规定:"上市公司、股票在国务院批准的其他全国性证券交易场所交易的公司持有5%以上股份的股东、董事、监事、高级管理人员,将其持有的该公司的股票或者其他具有股权性质的证券在买入后6个月内卖出,或者在卖出后6个月内又买入,由此所得收益归该公司所有,公司董事会应当收回其所得收益。但是,证券公司因购入包销售后剩余股票而持有5%以上股份,以及有国务院证券监督管理机构规定的其他情形的除外。"据此,该上市公司董事吴某持有该公司6%的股份,将其持有的该公司股票在买入后的第5个月(不足6个月)卖出,违反了上述规定,其所得收益应归该公司所有,公司董事会应当收回其所得收益,故 A、B 项正确。【特别提醒】根据《证券法》第44条第2款规定,这里的董事、监事、高级管理人员、自然人股东持有的股票或者其他具有股权性质的证券,包括其配偶、父母、子女持有的及利用他人账户持有的股票或者其他具有股权性质的证券。这是2020年《证券法》修改新增的内容,要重点掌握。

《证券法》第44条第3款规定:"公司董事会不按

照第1款规定执行的,股东有权要求董事会在30日内执行。公司董事会未在上述期限内执行的,股东有权为了公司的利益以自己的名义直接向人民法院提起诉讼。"据此,董事会不收回该收益的,股东有权要求董事会先期30日内收回,故C项正确。董事会拒不收回该收益的,股东有权以自己的名义向法院起诉,而非以公司的名义起诉,故D项错误。【特别提醒】注意责任董事的连带责任。根据《证券法》第44条第4款规定,公司董事会不按照本条第1款的规定执行的,负有责任的董事依法承担连带责任。

223. 对证券公司的监管[BCD]

[解析]《证券法》第120条第1款规定:"经国务院证券监督管理机构核准,取得经营证券业务许可证,证券公司可以经营下列部分或者全部证券业务:……(五)证券融资融券;……"可知,A项是证券交易所的正常业务,不为《证券法》所禁止,故不当选。

《证券法》第131条第2款规定:"证券公司不得将客户的交易结算资金和证券归入其自有财产。禁止任何单位或者个人以任何形式挪用客户的交易结算资金和证券。证券公司破产或者清算时,客户的交易结算资金和证券不属于其破产财产或者清算财产。非因客户本身的债务或者法律规定的其他情形,不得查封、冻结、扣划或者强制执行客户的交易结算资金和证券。"可知,挪用客户交易结算资金是《证券法》所禁止,有偿使用或无偿使用都不可以,故B项当选。

《证券法》第129条第3款规定:"证券公司不得将其自营账户借给他人使用。"C项是《证券法》所禁止,当选。

《证券法》第134条第1款规定:"证券公司办理经纪业务,不得接受客户的全权委托而决定证券买卖、选择证券种类、决定买卖数量或者买卖价格。"D项是《证券法》所禁止,当选。

考点48 证券投资基金法

224. 基金运作方式[B]

[解析]《证券投资基金法》第86条第3、4款规定:"基金份额持有人大会就审议事项作出决定,应当经参加大会的基金份额持有人所持表决权的1/2以上通过;但是,转换基金的运作方式、更换基金管理人或者基金托管人、提前终止基金合同、与其他基金合并,应当经参加大会的基金份额持有人所持表决权的2/3以上通过。基金份额持有人大会决定的事项,应当依法报国务院证券监督管理机构备案,并予以公告。"转换基金的运作方式是报证监会备案(非核准),且应当由2/3以上表决权通过。故A、C项错误。

《证券投资基金法》第68条规定:"开放式基金应当保持足够的现金或者政府债券,以备支付基金份额持有人的赎回款项。基金财产中应当保持的现金或

者政府债券的具体比例,由国务院证券监督管理机构规定。"故B项正确。

《证券投资基金法》第46条第2款规定:"公开募集基金的基金份额持有人有权查阅或者复制公开披露的基金信息资料;非公开募集基金的基金份额持有人对涉及自身利益的情况,有权查阅基金的财务会计账簿等财务资料。"公开募集基金的基金份额持有人仅有权查阅或者复制公开披露的基金信息资料,并无权查阅或复制财务会计账簿等财务资料。故D项错误。

225. 非公开募集基金的合格投资者;托管及其管理人[C]

[解析]《证券投资基金法》第87条第1款规定:"非公开募集基金应当向合格投资者募集,合格投资者累计不得超过200人。"故A项错误。

《证券投资基金法》第91条规定:"非公开募集基金,不得向合格投资者之外的单位和个人募集资金,不得通过报刊、电台、电视台、互联网等公众传播媒体或者讲座、报告会、分析会等方式向不特定对象宣传推介。"故B项错误。

《证券投资基金法》第94条第2款规定:"非公开募集基金财产的证券投资,包括买卖公开发行的股份有限公司股票、债券、基金份额,以及国务院证券监督管理机构规定的其他证券及其衍生品种。"故C项正确。

《证券投资基金法》第94条第1款规定:"非公开募集基金募集完毕,基金管理人应当向基金行业协会备案。对募集的资金总额或者基金份额持有人的人数达到规定标准的基金,基金行业协会应当向国务院证券监督管理机构报告。"据此,非公开募集基金应当向基金业协会备案。故D项错误。

226. 证券投资基金份额持有人的权利[ABD]

[解析]《证券投资基金法》第46条第1款规定:"基金份额持有人享有下列权利:(一)分享基金财产收益;(二)参与分配清算后的剩余基金财产;(三)依法转让或者申请赎回其持有的基金份额;……"据此,A、B两项正确,分别对应上述法条中的第1项与第2项。C项显然错误,转让基金份额属于基金份额持有人的基本权利,C项表述与上述条文第3项不符。

《证券投资基金法》第47条规定:"基金份额持有人大会由全体基金份额持有人组成,行使下列职权:……(三)决定更换基金管理人、基金托管人;……"据此,基金份额持有人可以通过基金份额持有人大会来更换基金管理人,D项正确。

227. 基金管理人行为之禁止;基金财产使用范围[BCD]

[解析]《证券投资基金法》第20条规定:"公开募集基金的基金管理人及其董事、监事、高级管理人

员和其他从业人员不得有下列行为:(一)将其固有财产或者他人财产混同于基金财产从事证券投资;(二)不公平地对待其管理的不同基金财产;(三)利用基金财产或者职务之便为基金份额持有人以外的人牟取利益;(四)向基金份额持有人违规承诺收益或者承担损失;……"

根据上述第 1 项,A 项不违反规定。另据《证券投资基金法》第 5 条第 2 款规定:"基金财产独立于基金管理人、基金托管人的固有财产。基金管理人、基金托管人不得将基金财产归入其固有财产。"故 A 项不当选。

B 项违反第 3 项规定。另据《证券投资基金法》第 73 条规定:"基金财产不得用于下列投资或者活动:……(二)违反规定向他人贷款或者提供担保;……"故 B 项当选。

C 项违反第 2 项规定,当选;D 项违反第 4 项规定,当选。

228. 基金财产的投资范围[ABCD(原答案为 BCD)]

[解析]《证券投资基金法》第 73 条第 2 款规定:"运用基金财产买卖基金管理人、基金托管人及其控股股东、实际控制人或者与其有其他重大利害关系的公司发行的证券或承销期内承销的证券,或者从事其他重大关联交易的,应当遵循基金份额持有人利益优先的原则,防范利益冲突,符合国务院证券监督管理机构的规定,并履行信息披露义务。"据此,新法允许运用基金财产买卖基金管理人发行的债券,只是限定了一定的条件,故 A 项正确。

《证券投资基金法》第 72 条规定:"基金财产应当用于下列投资:(一)上市交易的股票、债券;(二)国务院证券监督管理机构规定的其他证券及其衍生品种。"故 B 项正确。

《证券投资基金法》第 73 条第 1 款规定:"基金财产不得用于下列投资或者活动:(一)承销证券;(二)违反规定向他人贷款或者提供担保;(三)从事承担无限责任的投资;(四)买卖其他基金份额,但是国务院证券监督管理机构另有规定的除外;(五)向基金管理人、基金托管人出资;(六)从事内幕交易、操纵证券交易价格及其他不正当的证券交易活动;(七)法律、行政法规和国务院证券监督管理机构规定禁止的其他活动。"故 C、D 项正确。

专题八 保险法

考点49 保险法概述

229. 保险合同条款纠纷[AD]

[解析]《保险法》第 117 条第 1 款规定:"保险代理人是根据保险人的委托,向保险人收取佣金,并在保险人授权的范围内代为办理保险业务的机构或者个人。"据此,保险代理人是保险人(保险公司)的代理人,而非投保人(白某)的代理人,故 A 项正确,B 项错误。

《保险法》第 127 条第 1 款规定:"保险代理人根据保险人的授权代为办理保险业务的行为,由保险人承担责任。"保险代理人是代表保险人签订保险合同,若其在订立合同时出现重大失误,应由保险人承担责任,因此保险公司不能解除合同,而是应当承担保险责任。故 C 项错误,D 项正确。

230. 最大诚信原则;保险合同的解除[C]

[解析] 根据《保险法解释(二)》第 8 条规定:"保险人未行使合同解除权,直接以存在保险法第十六条第四款、第五款规定的情形为由拒绝赔偿的,人民法院不予支持。但当事人就拒绝赔偿事宜及保险合同存续另行达成一致的情况除外。"当投保人存在未如实告知的情形时,保险公司只有在法定条件下明确解除保险合同,对发生的保险事故才能拒绝赔偿;如果不解除保险合同,则保险合同是有效的,对在保险合同有效期内发生的保险事故应当作出赔偿。所以甲公司不能既不解除合同又不赔偿,A 项错误。

《保险法》第 16 条第 4 款规定:"投保人故意不履行如实告知义务的,保险人对于合同解除前发生的保险事故,不承担赔偿或者给付保险金的责任,并不退还保险费。"本案中,甲隐瞒乙肝病史,属于"故意"不告知,甲公司有权解除合同,不退不赔,B 项错误。

《保险法解释(三)》第 5 条规定:"保险合同订立时,被保险人根据保险人的要求在指定医疗服务机构进行体检,当事人主张投保人如实告知义务免除的,人民法院不予支持。保险人知道被保险人的体检结果,仍以投保人未就相关情况履行如实告知义务为由要求解除合同的,人民法院不予支持。"投保人张某到甲公司指定的医院进行体检,并不因此免除其如实告知的义务,体检与告知是平行的两条线,不能彼此替代,D 项错误。

订立保险合同时,若保险公司明知张某患有乙肝,仍然承保并订立合同,等同于其放弃了解除权,事后不能再以张某未如实告知而主张解除合同不予赔偿,C 项正确。

231. 保险欺诈[AB]

[解析]《保险法》第 27 条第 3 款规定:"保险事故发生后,投保人、被保险人或者受益人以伪造、变造的有关证明、资料或者其他证据,编造虚假的事故原因或者夸大损失程度的,保险人对其虚报的部分不承担赔偿或者给付保险金的责任。"据此,保险公司仍应按保险合同的约定,按实际损失情况承担保险金给付

义务。故 A 项正确,C 项错误。投保人、被保险人等夸大保险损失并非解除保险合同的理由,此种情况下,保险人不享有解除保险合同的权利。故 D 项错误。

《保险法》第 27 条第 4 款规定:"投保人、被保险人或者受益人有前三款规定行为之一,致使保险人支付保险金或者支出费用的,应当退回或者赔偿。"保险公司由于投保人甲公司的夸大损失而为查清事实所花费的 5 万元,应当由投保人甲公司承担。故 B 项正确。

232. 保险合同的成立 [C]

[解析] 《保险法解释(二)》第 3 条第 1 款规定,投保人或者投保人的代理人订立保险合同时没有亲自签字或者盖章,而由保险人或者保险人的代理人代为签字或者盖章的,对投保人不生效;但投保人已经交纳保险费的,视为其对代签字或者盖章行为的追认。本题中,甲公司代理人谢某代替投保人何某签字,一开始对投保人不生效;但投保人何某交纳了保险费,说明其认可保险合同,故保险合同成立并且生效。《保险法》第 14 条规定:"保险合同成立后,投保人按照约定交付保险费,保险人按照约定的时间开始承担保险责任。"据此,保险事故发生后,应当由甲公司承担责任,C 项正确。本题中,保险合同有效成立,谢某及甲公司都无缔约过失,不存在缔约过失责任问题,故 A、B、D 项均错误。

233. 投保人的告知义务 [AD]

[解析] 《保险法解释(二)》第 6 条第 1 款规定:"投保人的告知义务限于保险人询问的范围和内容。当事人对询问范围及内容有争议的,保险人负举证责任。"故 A 项正确;B 项错误,不是投保人而是保险人。

《保险法解释(二)》第 6 条第 2 款规定:"保险人以投保人违反了对投保单询问表中所列概括性条款的如实告知义务为由请求解除合同的,人民法院不予支持。但该概括性条款有具体内容的除外。"故 C 项错误。

《保险法解释(二)》第 7 条规定:"保险人在保险合同成立后知道或者应当知道投保人未履行如实告知义务,仍然收取保险费,又依照保险法第 16 条第 2 款的规定主张解除合同的,人民法院不予支持。"故 D 项正确。

234. 保险合同的设立;保险单与投保单冲突的解决 [C]

[解析] 《保险法》第 13 条第 1 款规定:"投保人提出保险要求,经保险人同意承保,保险合同成立。保险人应当及时向投保人签发保险单或者其他保险凭证。"保险合同是诺成合同,只要保险人同意承保,保险合同即成立。送达保单和缴纳保费都不是保险合同成立的要件。故 A、D 项错误,C 项正确。

《保险法解释(二)》第 14 条规定:"保险合同中记载的内容不一致的,按照下列规则认定:(一)投保单与保险单或者其他保险凭证不一致的,以投保单为准。但不一致的情形系经保险人说明并经投保人同意的,以投保人签收的保险单或者其他保险凭证载明的内容为准;……"故 B 项存在例外情形,不准确。

235. 保险合同的解除 [BCD]

[解析] 《保险法》第 36 条规定:"合同约定分期支付保险费,投保人支付首期保险费后,除合同另有约定外,投保人自保险人催告之日起超过 30 日未支付当期保险费,或者超过约定的期限 60 日未支付当期保险费的,合同效力中止,或者由保险人按照合同约定的条件减少保险金额。被保险人在前款规定期限内发生保险事故的,保险人应当按照合同约定给付保险金,但可以扣减欠交的保险费。"该法第 37 条规定:"合同效力依照本法第 36 条规定中止的,经保险人与投保人协商并达成协议,在投保人补交保险费后,合同效力恢复。但是,自合同效力中止之日起满 2 年双方未达成协议的,保险人有权解除合同。保险人依照前款规定解除合同的,应当按照合同约定退还保险单的现金价值。"人身保险中投保人在交纳首期保险费后未按期交纳后续保费,合同效力中止,保险人不享有解除合同权。故 A 项错误。

《保险法》第 16 条第 3 款规定:"前款规定的合同解除权,自保险人知道有解除事由之日起,超过 30 日不行使而消灭。自合同成立之日起超过 2 年的,保险人不得解除合同;发生保险事故的,保险人应当承担赔偿或者给付保险金的责任。"《保险法》第 32 条第 1 款:"投保人申报的被保险人年龄不真实,并且其真实年龄不符合合同约定的年龄限制的,保险人可以解除合同,并按照合同约定退还保险单的现金价值。保险人行使合同解除权,适用本法第 16 条第 3 款、第 6 款的规定。"保险合同成立已 1 年 6 个月,未超过 2 年除斥期间,保险人可解除合同。故 B 项正确。

《保险法》第 16 条第 2 款规定:"投保人故意或者因重大过失未履行前款规定的如实告知义务,足以影响保险人决定是否同意承保或者提高保险费率的,保险人有权解除合同。"可知,投保人在投保时故意未告知投保汽车曾遇严重交通事故致发动机受损的事实,保险人有权解除合同。故 C 项正确。

《保险法》第 51 条第 3 款规定:"投保人、被保险人未按照约定履行其对保险标的的安全应尽责任的,保险人有权要求增加保险费或者解除合同。"因此,投保人未履行对保险标的安全维护之责任,保险人可以解除合同。故 D 项正确。

236. 保险利益 [BCD]

[解析] 《保险法》第 12 条第 6 款规定:"保险利

益是指投保人或者被保险人对保险标的具有的法律上承认的利益。"故 A 项正确。

《保险法》第 12 条第 1 款规定："人身保险的投保人在保险合同订立时,对被保险人应当具有保险利益。"可见,人身保险的投保人应该在保险合同订立时对保险标的应当具有保险利益,而非在保险事故发生时对保险标的具有保险利益。故 B 项错误。

《保险法》第 12 条第 2 款规定："财产保险的被保险人在保险事故发生时,对保险标的应当具有保险利益。"可见,对于财产保险来说,在保险事故发生时被保险人对保险标的具有保险利益即可,不需要在保险合同订立之时就具有。故 C 项错误。

责任保险的投保人对保险标的应在何时具有保险利益,《保险法》没有给出明确的规定。但是责任保险属于财产保险的一种,应该适用财产保险的相关规定,即适用在保险事故发生时具有保险利益的规定即可。故 D 项错误。

考点 50 人身保险合同

237. 人身保险合同的解除[C]

[解析]《保险法解释(三)》第 17 条规定："投保人解除保险合同,当事人以其解除合同未经保险人或者受益人同意为由主张解除行为无效的,人民法院不予支持,但被保险人或者受益人已向投保人支付相当为保险单现金价值的款项并通知保险人的除外。"据此,投保人解除保险合同无需经被保险人或者受益人同意,故 A、B 项错误。

《保险法》第 47 条规定："投保人解除合同的,保险人应当自收到解除合同通知之日起三十日内,按照合同约定退还保险单的现金价值。"保险是投保人出资购买的,合同解除后保单的现金价值应当退还投保人。故 C 项正确,D 项错误。

【特别提醒】保险合同的当事人是投保人和保险公司,因此投保人享有合同解除权及保单现金价值返还请求权,被保险人和受益人并非合同当事人,一般不享有相关权利。

238. 以死亡为支付条件的保险合同[BD]

[解析]《保险法解释(三)》第 24 条规定："投保人为被保险人订立以死亡为给付保险金条件的保险合同,被保险人被宣告死亡后,当事人要求保险人按照保险合同约定给付保险金的,人民法院应予支持。被保险人被宣告死亡之日在保险责任期间之外,但有证据证明下落不明之日在保险责任期间之内,当事人要求保险人按照保险合同约定给付保险金的,人民法院应予支持。"本题中,虽然 2014 年 4 月法院宣告李某死亡,但若有证据证明李某系 2009 年 9 月 1 日下落不明,保险公司应承担保险责任。故 A、C 项错误,B、D 项正确。

239. 人身保险合同的特征;人身保险合同当事人的权利和义务[B]

[解析]《保险法》第 44 条第 1 款规定："以被保险人死亡为给付保险金条件的合同,自合同成立或者合同效力恢复之日起 2 年内,被保险人自杀的,保险人不承担给付保险金的责任,但被保险人自杀时为无民事行为能力人的除外。"据此,若王某 2 年后自杀,保险公司应支付保险金。故 A 项错误。

《保险法》第 34 条第 1 款规定："以死亡为给付保险金条件的合同,未经被保险人同意并认可保险金额的,合同无效。"又依据《保险法解释(三)》第 1 条规定,当事人订立以死亡为给付保险金条件的合同,根据保险法第 34 条的规定,"被保险人同意并认可保险金额"可以采取书面形式、口头形式或者其他形式;可以在合同订立时作出,也可以在合同订立后追认。据此,关于以死亡为给付保险金条件的保险合同,既可以被保险人自己签字认可,也可以授权他人签字认可。故 B 项正确。

《保险法》第 34 条第 2 款规定："按照以死亡为给付保险金条件的合同所签发的保险单,未经被保险人书面同意,不得转让或者质押。"故 C 项错误。

《保险法》第 34 条第 3 款规定："父母为其未成年子女投保的人身保险,不受本条第 1 款规定限制。"第 33 条第 1 款规定："投保人不得为无民事行为能力人投保以死亡为给付保险金条件的人身保险,保险人也不得承保。"所以原则上"无行为能力人不入死亡险",如果王某此时为无行为能力人,不能为其购买死亡险。故 D 项错误。

240. 投保人的告知义务[B]

[解析]《保险法》第 16 条第 1 款规定："订立保险合同,保险人就保险标的或者被保险人的有关情况提出询问的,投保人应当如实告知。"本题中,甲在填写投保单以及回答保险公司相关询问时,未如实说明自己两年前曾做过心脏搭桥手术,违反了投保人的告知义务。在投保人违反告知义务时,《保险法》给予保险人的救济措施是保险人可以解除保险合同或者不承担赔偿责任之类,并不涉及追究投保人违约责任的问题,故 A 项错误。

《保险法》第 16 条第 2 款规定："投保人故意或者因重大过失未履行前款规定的如实告知义务,足以影响保险人决定是否同意承保或者提高保险费率的,保险人有权解除合同。"本题中,投保人甲故意或者因重大过失而未履行告知义务,保险公司可以解除保险合同,故 B 项正确。

《保险法解释(二)》第 8 条规定,在投保人故意未履行如实告知义务的情况下,保险人未行使合同解除权的,不能直接以保险法第 16 条第 4、5 款的规定为由

商经法[答案详解]

拒绝承担给付保险金的责任,故 C 项错误。

《保险法》第 16 条第 5 款规定,只有在投保人因为重大过失而未履行告知义务时,保险公司才需要退还保险费。本题中,难以确定投保人甲属于因重大过失而未履行告知义务,更多的可能反而是故意违反告知义务,故 D 项错误。

241. 保险合同的成立;人身保险免责事由[ABD]

[解析]《保险法解释(二)》第 3 条第 1 款规定:"投保人或者投保人的代理人订立保险合同时没有亲自签字或者盖章,而由保险人或者保险人的代理人代为签字或者盖章的,对投保人不生效。但投保人已经交纳保险费的,视为其对代签字或者盖章行为的追认。"本题中,虽然由保险公司业务员代为填写和签字保单,但是甲公司为张某交纳了保费,保险合同成立。故 A 项正确。

《保险法》第 45 条规定:"因被保险人故意犯罪或者抗拒依法采取的刑事强制措施导致其伤残或者死亡的,保险人不承担给付保险金的责任。投保人已交足 2 年以上保险费的,保险人应当按照合同约定退还保险单的现金价值。"由此可知,张某为了催要租金,采取打碎玻璃挡在车前的行为,并不具有严重的社会危害性,不构成犯罪,保险公司应当承担保险责任。故 B 项正确。

自助行为是指,权利人在受到不法侵害时,因"情况紧急来不及请求国家机关救助",依靠自己的力量对他人财产和自由加以扣押或者约束的行为。本题中张某的行为不是在情况紧急的时候实施,不能算作自助行为。故 C 项错误。

导致张某死亡的直接原因是李某开车故意撞击张某的犯罪行为,张某自身的行为与其死亡之间不构成直接因果关系。故 D 项正确。

242. 保险金的继承;人身保险代位求偿权的禁止[A]

[解析]《保险法》第 42 条第 2 款规定:"受益人与被保险人在同一事件中死亡,且不能确定死亡先后顺序的,推定受益人死亡在先。"根据该条第 1 款第 2 项规定,受益人先于被保险人死亡,没有其他受益人的,保险金作为被保险人的遗产,由保险人依照《继承法》(现为《民法典》继承编)的规定履行给付保险金的义务。本案中,被保险人甲与受益人乙在同一交通事故中意外身亡,根据《保险法》的规定,推定受益人乙死亡在先,因此,保险金应作为甲的遗产,由甲的继承人继承。故 A 项正确,B、C 项均错误。

根据《保险法》第 46 条:"被保险人因第三者的行为而发生死亡、伤残或者疾病等保险事故的,保险人向被保险人或者受益人给付保险金后,不享有向第三者追偿的权利,但被保险人或者受益人仍有权向第三者请求赔偿。"可知,保险公司不享有代位求偿权,故 D 项错误。

243. 人身保险的保险利益[C]

[解析]《保险法》第 31 条规定:"投保人对下列人员具有保险利益:(一)本人;(二)配偶、子女、父母;(三)前项以外与投保人有抚养、赡养或者扶养关系的家庭其他成员、近亲属;(四)与投保人有劳动关系的劳动者。除前款规定外,被保险人同意投保人为其订立合同的,视为投保人对被保险人具有保险利益。订立合同时,投保人对被保险人不具有保险利益的,合同无效。"由该条可知,投保人对关系密切的邻居、合伙经营的合伙人不具有保险利益。故 A、D 项错误。

投保人的前妻与投保人已经离婚,即使一起生活也不属于法律意义上的配偶。故 B 项错误。

根据上述《保险法》第 31 条第 4 项,投保人对有劳动关系的劳动者具有保险利益。故 C 项正确。

244. 虚报被保险人年龄的法律后果[BD]

[解析]《保险法》第 16 条第 3 款规定,投保人因违反如实告知义务致保险人享有的合同解除权,自保险人知道有解除事由之日起,超过 30 日不行使而消灭。自合同成立之日起超过 2 年的,保险人不得解除合同;发生保险事故的,保险人应当承担赔偿或者给付保险金的责任。保险人在合同订立时已经知道投保人未如实告知的情况的,保险人不得解除合同;发生保险事故的,保险人应当承担赔偿或者给付保险金的责任。本题中,合同成立已超过 2 年,保险人不得解除合同。故 A 项错误,B 项正确。发生保险事故的,保险人应当承担赔偿或者给付保险金的责任。故 C 项错误。

《保险法》第 32 条第 2 款规定:"投保人申报的被保险人年龄不真实,致使投保人支付的保险费少于应付保险费的,保险人有权更正并要求投保人补交保险费,或者在给付保险金时按照实付保险费与应付保险费的比例支付。"故 D 项正确。

245. 受益人的确定;向第三者追偿;受益人的变更;保险金的继承[ACD]

[解析]《保险法》第 39 条规定:"人身保险的受益人由被保险人或者投保人指定。投保人指定受益人时须经被保险人同意……"因此,甲指定受益人时须经乙同意。故 A 项正确。

《保险法》第 46 条规定:"被保险人因第三者的行为而发生死亡、伤残或者疾病等保险事故的,保险人向被保险人或者受益人给付保险金后,不享有向第三者追偿的权利,但被保险人或者受益人仍有权向第三者请求赔偿。"代位求偿权只存在于财产保险中,是从损失补偿原则派生出来的,而人身保险合同因其储蓄性质,保险人不得享有代位求偿权。故B项错误。

《保险法》第41条规定:"被保险人或者投保人可以变更受益人并书面通知保险人。保险人收到变更受益人的书面通知后,应当在保险单或者其他保险凭证上批注或者附贴批单。投保人变更受益人时须经被保险人同意。"投保人变更受益人与指定受益人同理,都要经过被保险人同意,但如果是被保险人变更受益人的,无须经投保人同意,只需书面通知保险人即可。故C项正确。

《保险法》第42条规定,受益人先于被保险人死亡,且没有其他受益人的,保险金作为被保险人的遗产,由保险人依照《继承法》(现为《民法典》继承编)的规定履行给付保险金的义务。因此,保险金属于被保险人的遗产按照法定继承处理。故D项正确。

246. 人身保险[A]

[解析]《保险法》第46条规定:"被保险人因第三者的行为而发生死亡、伤残或者疾病等保险事故的,保险人向被保险人或者受益人给付保险金后,不享有向第三者追偿的权利,但被保险人或者受益人仍有权向第三者请求赔偿。"可见,丁某可以在向保险公司索赔的同时要求医院承担赔偿责任。故A项正确。

根据上述《保险法》第46条规定可知,在人身保险中,因第三人的行为造成被保险人死亡、伤残或疾病的,被保险人或受益人有权同时向保险人和第三人进行追偿,法律没有规定追偿的先后顺序。而且在人身保险中,保险人先支付了保险金的,也不享有代位求偿权。故B、C项错误。

《保险法》第26条规定:"人寿保险以外的其他保险的被保险人或者受益人,向保险人请求赔偿或者给付保险金的诉讼时效期间为2年,自其知道或者应当知道保险事故发生之日起计算。人寿保险的被保险人或者受益人向保险人请求给付保险金的诉讼时效期间为5年,自其知道或者应当知道保险事故发生之日起计算。"上述规定中明确给出了各种保险请求保险支付保险金的诉讼时效,说明本案中丁某可以用诉讼方式请求保险公司支付保险金。故D项错误。

考点51 财产保险合同

247. 财产保险的代位求偿权[A]

[解析]《保险法解释(四)》第9条规定:"在保险人以第三者为被告提起的代位求偿权之诉中,第三者以被保险人在保险合同订立前已放弃对其请求赔偿的权利为由进行抗辩,人民法院认定上述放弃行为合法有效,保险人就相应部分主张行使代位求偿权的,人民法院不予支持。保险合同订立时,保险人就是否存在上述放弃情形提出询问,投保人未如实告知,导致保险人不能代位行使请求赔偿的权利,保险人请求返还相应保险金的,人民法院应予支持,但保

险人知道或者应当知道上述情形仍同意承保的除外。"本案中,中天公司在投保前对作为投保标的的机器设备豁免了蒋某一半的赔偿责任,该放弃合法有效,故蒋某只承担50%的赔偿责任;在保险公司赔偿后,向蒋某追偿,也只能追偿50%的赔偿责任。故A项正确,B项错误。投保人告知的义务限于保险公司询问的范围和内容。保险公司在投保时未就该设备的免责事宜询问,中天公司没有告知的义务,所以不存在保险公司被骗的情形,保险公司不能主张中天公司返还已经支付的保险赔偿金。故D项错误。

《保险法解释(四)》第12条规定:"保险人以造成保险事故的第三者为被告提起代位求偿权之诉的,以被保险人与第三者之间的法律关系确定管辖法院。"代位求偿诉讼的双方当事人是保险公司和第三者,保险公司的权利承继自被保险人,所以诉讼争议原本是被保险人和第三者之间的关系,应按照被保险人(中天公司)和第三者(蒋某)之间的关系确定管辖法院。故C项错误。

248. 保险标的危险增加的通知义务[C]

[解析]《保险法》第52条规定:"在合同有效期内,保险标的的危险程度显著增加的,被保险人应当按照合同约定及时通知保险人,保险人可以按照合同约定增加保险费或者解除合同。保险人解除合同的,应当将已收取的保险费,按照合同约定扣除自保险责任开始之日至合同解除之日应收的部分后,退还投保人。被保险人未履行前款规定的通知义务的,因保险标的的危险程度显著增加而发生的保险事故,保险人不承担赔偿保险金的责任。"因姜某未履行通知义务,保险公司有权解除合同,但不影响保险合同的效力。故A项错误。解除保险合同的,扣除保险费后,剩余部分应退还给姜某。故D项错误。姜某将私家车改为网约车显著增加其危险程度,未履行通知义务,保险公司不承担赔偿保险金的责任。故C项正确,B项错误。

249. 财产保险[BD]

[解析]《保险法》第55条第4款规定:"保险金额低于保险价值的,除合同另有约定外,保险人按照保险金额与保险价值的比例承担赔偿保险金的责任。"本题中,潘某就自己的古玩所投保险为不足额保险,甲保险公司只需按照保险金额与保险价值的比例赔偿潘某的部分损失,而不需要赔偿潘某的全部损失,故A项错误。

《保险法》第60条第2款规定:"前款规定的保险事故发生后,被保险人已经从第三者取得损害赔偿的,保险人赔偿保险金时,可以相应扣减被保险人从第三者已取得的赔偿金额。"据此,如果刘某已经对潘某进行了全部赔偿,则保险公司可以拒绝向潘某支付

保险金,故 B 项正确。

《保险法》第 60 条第 1 款规定:"因第三者对保险标的的损害而造成保险事故的,保险人自向被保险人赔偿保险金之日起,在赔偿金额范围内代位行使被保险人对第三者请求赔偿的权利。"《保险法解释(二)》第 16 条第 1 款规定:"保险人应以自己的名义行使保险代位求偿权。"故 C 项错误。

《保险法》第 60 条第 3 款规定:"保险人依照本条第 1 款规定行使代位请求赔偿的权利,不影响被保险人就未取得赔偿的部分向第三者请求赔偿的权利。"故 D 项正确。

250. 责任保险[AB]

[解析]《保险法》第 65 条第 1、2 款规定:"保险人对责任保险的被保险人给第三者造成的损害,可以依照法律的规定或者合同的约定,直接向该第三者赔偿保险金。责任保险的被保险人给第三者造成损害,被保险人对第三者应负的赔偿责任确定的,根据被保险人的请求,保险人应当直接向该第三者赔偿保险金。被保险人怠于请求的,第三者有权就其应获赔偿部分直接向保险人请求赔偿保险金。"责任保险合同是为第三人的利益而订立的保险合同,但责任保险的当事人不包括第三人。本题中,乙旅行社与红星保险公司签订的责任保险,当事人为乙旅行社与红星保险公司,乙旅行社为被保险人。丙公司与白云保险公司之间签订的承运人责任保险,当事人为丙公司与白云保险公司,丙公司为被保险人。因此基于合同的相对性,被保险人乙、丙可请求各自的保险人承担责任,故 A、B 项正确。

根据《保险法》第 65 条,只有在被保险人怠于请求保险人支付保险金的情况下,受到损害的第三者才能向保险人请求支付保险金,因此丁不能直接要求保险公司向其支付保险金,故 C、D 项错误。

251. 财产保险合同中的代位求偿权[B]

[解析]《保险法》第 60 条第 1、2 款规定:"因第三者对保险标的的损害而造成保险事故的,保险人自向被保险人赔偿保险金之日起,在赔偿金额范围内代位行使被保险人对第三者请求赔偿的权利。前款规定的保险事故发生后,被保险人已经从第三者取得损害赔偿的,保险人赔偿保险金时,可以相应扣减被保险人从第三者已取得的赔偿金额。"该法第 61 条第 1 款规定:"保险事故发生后,保险人未赔偿保险金之前,被保险人放弃对第三者请求赔偿的权利的,保险人不承担赔偿保险金的责任。"

本题中,张三向保险公司购买汽车损失险属于财产保险,张三的汽车被李四撞坏,张三既可以要求责任人李四赔偿,也可以要求保险公司赔偿。保险公司赔偿前,张三放弃对李四的部分赔偿请求权,就放弃

的 1000 元,保险公司不再承担赔偿保险金的责任。不过就未放弃的 4000 元,保险公司仍应承担赔偿责任,保险公司就 4000 元部分赔偿后,有权向李四追偿。故 B 项正确,A、C、D 项错误。

252. 财产保险代位求偿权[A]

[解析]《保险法》第 60 条第 1 款规定:"因第三者对保险标的的损害而造成保险事故的,保险人自向被保险人赔偿保险金之日起,在赔偿金额范围内代位行使被保险人对第三者请求赔偿的权利。"第 62 条规定:"除被保险人的家庭成员或者其组成人员故意造成本法第 60 条第 1 款规定的保险事故外,保险人不得对被保险人的家庭成员或者其组成人员行使代位请求赔偿的权利。"本题中保姆属于潘某家庭的其他组成人员,且保姆对保险事故的发生仅存在过失,而非故意,因此,保险公司不得对保姆行使代位请求赔偿的权利。故 A 项正确。

潘某向保险公司投保了 1 年期的家庭财产保险,且在保险期限内发生了保险事故,虽然是第三人引起的,但是保险公司依然负有支付保险金的责任。故 B、D 项错误。

潘某一家外出,嘱托保姆看家。潘某与保姆之间形成了保管合同关系,标的物是家中的财产。因保姆的过错导致潘某家财产被盗,保姆虽然不用承担保险法上的保险责任,但是应当承担民法中的违约责任。故 C 项错误。

253. 财产保险事故的理赔;保险公司的代位求偿权[A]

[解析]《保险法》第 59 条规定:"保险事故发生后,保险人已支付了全部保险金额,并且保险金额相等于保险价值的,受损保险标的的全部权利归于保险人;保险金额低于保险价值的,保险人按照保险金额与保险价值的比例取得受损保险标的的部分权利。"《保险法》第 60 条规定:"因第三者对保险标的的损害而造成保险事故的,保险人自向被保险人赔偿保险金之日起,在赔偿金额范围内代位行使被保险人对第三者请求赔偿的权利。前款规定的保险事故发生后,被保险人已经从第三者取得损害赔偿的,保险人赔偿保险金时,可以相应扣减被保险人从第三者已取得的赔偿金额。保险人依照本条第 1 款行使代位请求赔偿的权利,不影响被保险人就未取得赔偿的部分向第三者请求赔偿的权利。"

本题中,保险金额按车辆价值确定为 20 万元,即保险金额等于保险价值。车被盗后,保险公司支付了全部保险金额,此时被盗汽车的全部权利归于保险公司。在保险公司支付了全部保险金额之后,即取得代位行使甲对第三者请求赔偿的权利。汽车被公安机关追回,甲也不能主张对汽车的所有权。故 A 项正

254. 财产保险的代位求偿权[ABC]

[解析]《保险法》第 60 条规定："因第三者对保险标的的损害而造成保险事故的,保险人自向被保险人赔偿保险金之日起,在赔偿金额范围内代位行使被保险人对第三者请求赔偿的权利。前款规定的保险事故发生后,被保险人已经从第三者取得损害赔偿的,保险人赔偿保险金时,可以相应扣减被保险人从第三者已取得的赔偿金额。保险人依照第 1 款行使代位请求赔偿的权利,不影响被保险人就未取得赔偿的部分向第三者请求赔偿的权利。"当第三人的行为引起保险事故时,被保险人一方面因保险事故的发生而取得对保险人的保险赔偿请求权,另一方面又作为第三人行为的受害者而取得对第三人的损害赔偿请求权。本题中王某既可以先向保险公司行使保险赔偿请求权,也可以先向第三人——邻居行使损害赔偿请求权。故 A 项错误。同时被保险人从保险公司未得到赔偿的部分可向第三人请求赔偿。故 D 项正确。财产保险中被保险人获得足额赔偿后不能再向保险人求偿。故 C 项错误。

《保险法》第 61 条规定："保险事故发生后,保险人未赔偿保险金之前,被保险人放弃对第三者请求赔偿的权利的,保险人不承担赔偿保险金的责任。保险人向被保险人赔偿保险金后,被保险人未经保险人同意放弃对第三者请求赔偿的权利的,该行为无效。被保险人故意或者因重大过失致使保险人不能行使代位请求赔偿的权利的,保险人可以扣减或者要求返还相应的保险金。"保险事故发生后,在保险人未赔偿保险金之前,保险人不得放弃对第三人的赔偿请求权,否则保险人不承担赔偿保险金的责任。故 B 项错误。

专题九　海商法

考点52 船舶物权

255. 船舶所有权[A]

[解析]《民法典》第 224 条规定,动产物权的设立和转让,自交付时发生效力,但是法律另有规定的除外。据此,船舶为动产,自交付时转移所有权,故 A 项正确。

《海商法》第 9 条第 1 款规定："船舶所有权的取得、转让和消灭,应当向船舶登记机关登记;未经登记的,不得对抗第三人。"《民法典》第 225 条规定,船舶、航空器和机动车等物权的设立、变更、转让和消灭,未经登记,不得对抗善意第三人。据此,船舶所有权的取得并不以登记为要件,未经登记只是不能对抗善意第三人,故 B 项错误。

《海商法》第 10 条规定："船舶由两个以上的法人或者个人共有的,应当向船舶登记机关登记;未经登记的,不得对抗第三人。"据此,船舶与其他物一样,都能成为共同共有的客体,故 C 项错误。

船舶作为物,当然可以继承,对自然人继承没有限制,故 D 项错误。

256. 船舶留置权;船舶抵押权;抵押顺位[B]

[解析]《海商法》第 25 条第 2 款规定："前款所称船舶留置权,是指造船人、修船人在合同另一方未履行合同时,可以留置所占有的船舶,以保证造船费用或者修船费用得以偿还的权利。船舶留置权在造船人、修船人不再占有所造或者所修的船舶时消灭。"可见,只有造船人、修船人才享有船舶留置权。故 A 项错误。

《海商法》第 12 条第 2 款规定："船舶抵押权的设定,应当签订书面合同。"第 13 条第 1 款规定："设定船舶抵押权,由抵押权人和抵押人共同向船舶登记机关办理抵押权登记;未经登记的,不得对抗第三人。"船舶抵押担保采取登记对抗主义,抵押合同生效时抵押权产生,未经登记的,只是不能对抗善意第三人。故 B 项正确。

《民法典》第 403 条规定："以动产抵押的,抵押权自抵押合同生效时设立;未经登记,不得对抗善意第三人。"据此,动产抵押采取登记对抗制,不登记不影响抵押权生效,但不得对抗善意第三人。船舶作为动产,也适用上述规定。故 C 项错误。

《海商法》第 19 条规定："同一船舶可以设定两个以上抵押权,其顺序以登记的先后为准。同一船舶设定两个以上抵押权的,抵押权人按照抵押权登记的先后顺序,从船舶拍卖所得价款中依次受偿。同日登记的抵押权,按照同一顺序受偿。"因此,同一船舶有数个抵押权的,受偿时按照登记顺序为准,不是按照合同签订时间为准。故 D 项错误。

257. 船舶优先权[ACD]

[解析]《海商法》第 22 条第 1 款规定："下列各项海事请求具有船舶优先权:(一)船长、船员和在船上工作的其他在编人员根据劳动法律、行政法规或者劳动合同所产生的工资、其他劳动报酬、船员遣返费用和社会保险费用的给付请求;(二)在船舶营运中发生的人身伤亡的赔偿请求;(三)船舶吨税、引航费、港务费和其他港口规费的缴付请求;(四)海难救助的救助款项的给付请求;(五)船舶在营运中侵权行为产生的财产赔偿请求。"《海商法》第 23 条第 1 款规定:"本法第 22 条第 1 款所列各项海事请求,依顺序受偿。但是,第(四)项海事请求,后于第(一)项至第(三)项发生的,应当先于第(一)项至第(三)项受偿。"据此,船舶优先权按照上述 1~5 项顺序受偿,但第 4 项相对于第 1~3 项存在例外。本题中,A 项中

的海难救助款项给付请求属于第4项,船舶运营中的人身伤亡赔偿请求属于第5项,无论第4项海事请求发生在先还是在后,均优先于第5项海事请求受偿,故A项正确。B项中的船舶营运中因侵权行为产生的财产赔偿请求属于第5项,船舶吨税、引航费等的缴付请求属于第3项,第3项优先于第5项受偿,故B项错误。

《海商法》第24条规定:"因行使船舶优先权产生的诉讼费用,保存、拍卖船舶和分配船舶价款产生的费用,以及为海事请求人的共同利益而支付的其他费用,应当从船舶拍卖所得价款中先行拨付。"故C项正确。

《海商法》第25条第1款规定:"船舶优先权先于船舶留置权受偿,船舶抵押权后于船舶留置权受偿。"由此可知,船舶优先权>船舶留置权>船舶抵押权,故D项正确。

258. 海商法中各项权利的受偿程序[AB]

[解析]《海商法》第22条第1款规定:"下列各项海事请求具有船舶优先权:(一)船长、船员和在船上工作的其他在编人员根据劳动法律、行政法规或者劳动合同所产生的工资、其他劳动报酬、船员遣返费用和社会保险费用的给付请求;(二)在船舶营运中发生的人身伤亡的赔偿请求;(三)船舶吨税、引航费、港务费和其他港口规费的缴付请求;(四)海难救助的救助款项的给付请求;(五)船舶在营运中因侵权行为产生的财产赔偿请求。"《海商法》第25条第1款规定:"船舶优先权先于船舶留置权受偿,船舶抵押权后于船舶留置权受偿。"可见,优先权>留置权>抵押权,船员损害赔偿属于优先权范畴,故A、B项正确,D项错误。造船公司的造船费用请求权并不属于船舶优先权的范畴,故C项错误。

专题十 信托法

考点53 信托法

259. 信托财产;受托人[B]

[解析]《信托法》第34条规定:"受托人以信托财产为限向受益人承担支付信托利益的义务。"本题中,信托公司为受托人,双方约定的信托财产为300万元,所以信托公司应当以300万元为限向受益人李某承担支付信托利益的义务。故B项正确,A、C项错误。

本题中的信托合同中未明确约定预取收益;即使约定了预期收益,按照相关规定,信托公司也不承担刚性兑付的责任,相关约定是无效的。故D项错误。

260. 信托的设立;受托人的报酬[BCD]

[解析]《信托法》第35条第1款规定:"受托人有权依照信托文件的约定取得报酬。信托文件未作事先约定的,经信托当事人协商同意,可以作出补充约定;未作事先约定和补充约定的,不得收取报酬。"本题中双方未约定报酬,其后也未作出补充约定,因此受托人甲公司无权请求齐某支付报酬。故A项错误,B项正确。

《信托法》第8条第3款规定:"采取信托合同形式设立信托的,信托合同签订时,信托成立。采取其他书面形式设立信托的,受托人承诺信托时,信托成立。"据此,齐某与甲公司签订信托合同后,信托即成立,甲公司要依约承担信托义务,故C项正确。此外,根据《信托法》第9条规定,信托期限、信托财产的管理方法、受托人的报酬、新受托人的选任方式、信托终止事由等事项并非信托必备事项,而是可以选择载明的事项,因此未约定受托人的报酬不会影响信托的设立,故D项正确。

经济法 [答案详解]

专题十一 反垄断法

考点54 反垄断法

261. 垄断协议[ACD]

[解析] 根据《反垄断法》第17条和第18条规定,具有竞争关系的经营者之间达成的固定商品价格、限制商品数量等的协议,是横向垄断协议。经营者与交易相对人之间达成的固定或者限定向第三人转售商品的最低价格的协议,是纵向垄断协议。本题中,某市玉米行业协会组织会员企业签订协议,各企业之间均为"具有竞争关系的经营者",因此构成横向垄断协议。故A项错误,B项正确。

滥用市场支配地位的只能是市场经营者,行业协会并非经营者,故C项错误。

《反垄断法》第20条规定了垄断协议豁免情形,经营者能够证明所达成的协议属于下列情形之一的,不构成垄断:(1)为改进技术、研究开发新产品的;(2)为提高产品质量、降低成本、增进效率,统一产品规格、标准或者实行专业化分工的;(3)为提高中小经营者经营效率,增强中小经营者竞争力的;(4)为实现节约能源、保护环境、救灾救助等社会公共利益的;(5)因经济不景气,为缓解销售量严重下降或者生产明显过剩的;(6)为保障对外贸易和对外经济合作中的正当利益的;(7)法律和国务院规定的其他情形。本题中,协议的核心内容是固定玉米销售价格,难以证明是为了"增强中小经营者的竞争力",所以不属于反垄断豁免情形。故D项错误。

262. 经营者集中;违反反垄断法的法律责任[B]

[解析]《反垄断法》第26条第1款规定:"经营者集中达到国务院规定的申报标准的,经营者应当事先向国务院反垄断执法机构申报,未申报的不得实施集中。"第58条规定:"经营者违反本法规定实施集中,且具有或者可能具有排除、限制竞争效果的,由国务院反垄断执法机构责令停止实施集中、限期处分股份或者资产、限期转让营业以及采取其他必要措施恢复到集中前的状态,处上一年度销售额百分之十以下的罚款;不具有排除、限制竞争效果的,处五百万元以下的罚款。"据此,本题中,甲公司和乙公司以设立合营企业的方式实施经营者集中,应申报而未申报,应依法予以处罚;丙公司未实施排除限制竞争的行为,没有违法行为,不应予以处罚。故B项正确。

263. 垄断协议[D]

[解析]《反垄断法》第20条规定:"经营者能够证明所达成的协议属于下列情形之一的,不适用本法第十七条、第十八条第一款、第十九条的规定:……(二)为提高产品质量、降低成本、增进效率,统一产品规格、标准或者实行专业化分工的;……属于前款第一项至第五项情形,不适用本法第十七条、第十八条第一款、第十九条规定的,经营者还应当证明所达成的协议不会严重限制相关市场的竞争,并且能够使消费者分享由此产生的利益。"由此可知,并非所有"协调市场行为"的协议都是垄断协议,若该协议是有关"统一产品规格、标准或者实行专业化分工的",则不适用垄断协议的规定。故A、B项错误。即使符合第20条第1款第2项的规定,还需要经营者证明所达成的协议不会严重限制相关市场的竞争,并且能够使消费者分享由此产生的利益。故C项错误。

《反垄断法》第16条规定:"本法所称垄断协议,是指排除、限制竞争的协议、决定或者其他协同行为。"因此,不具有排除、限制竞争的效果的协议就不属于《反垄断法》所规制的协议。故D项正确。

法条变更	《中华人民共和国反垄断法》根据2022年6月24日第十三届全国人民代表大会常务委员会第三十五次会议《关于修改〈中华人民共和国反垄断法〉的决定》修正

264. 滥用市场支配地位[A]

[解析] 认定经营者具有市场支配地位要考虑该经营者在相关市场的市场份额,以及相关市场的竞争状况,因此反垄断机构执法时应界定该公司所涉相关市场。故A项正确。

根据《反垄断法》第24条第3款:"被推定具有市场支配地位的经营者,有证据证明不具有市场支配地位的,不应当认定其具有市场支配地位。"该公司可以举证证明自己没有市场支配地位。故B项错误。

本题涉及两个法律关系:(1)该公司和其上游气源企业之间的关系;(2)该公司和消费者(客户)之间的关系,这两个法律关系并无关联性。故C项错误。

"不缴纳预付气费款,不予供气"属于《反垄断法》第22条第1款第5项"没有正当理由搭售商品,或者在交易时附加其他不合理的交易条件"的情形,是依法被禁止的滥用市场支配地位的行为。故 D 项错误。

265. 横向垄断协议的认定与处罚规则[AD]

[解析]《反垄断法》第 21 条规定:"行业协会不得组织本行业的经营者从事本章禁止的垄断行为。"该县会计师行业自律委员会组织下达成的排除、限制竞争的协议,具有违法性。故 A 项正确,B 项错误。

《反垄断法》第 13 条规定,对垄断协议行为,国务院反垄断执法机构或经授权的相应省级机构,负责反垄断执法工作。该自律委员会组织达成垄断协议,违反《反垄断法》,实践中主要由市场监督管理部门(原工商行政管理部门)负责执法。故 C 项错误。

《反垄断法》第 56 条第 1 款规定:"经营者违反本法规定,达成并实施垄断协议的,由反垄断执法机构责令停止违法行为,没收违法所得,并处上一年度销售额百分之一以上百分之十以下的罚款……尚未实施所达成的垄断协议的,可以处三百万元以下的罚款。……"可见,即使该协议尚未实施,如构成违法,也可予以查处。故 D 项正确。

266. 违反《反垄断法》的法律责任[ABC]

[解析]《反垄断法》第 56 条第 1 款规定:"经营者违反本法规定,达成并实施垄断协议的,由反垄断执法机构责令停止违法行为,没收违法所得,并处上一年度销售额百分之一以上百分之十以下的罚款,上一年度没有销售额的,处五百万元以下的罚款……"故 A 项正确。

《反垄断法》第 56 条第 3 款规定:"经营者主动向反垄断执法机构报告达成垄断协议的有关情况并提供重要证据的,反垄断执法机构可以酌情减轻或者免除对该经营者的处罚。"故 B 项正确。

《反垄断法》第 60 条第 1 款规定:"经营者实施垄断行为,给他人造成损失的,依法承担民事责任。"故 C 项正确。

目前我国立法没有关于追究垄断协议的刑事责任的规定,无相关罪名。故 D 项错误。

267. 达成垄断协议的责任[ABC]

[解析]《反垄断法》第 17 条规定:"禁止具有竞争关系的经营者达成下列垄断协议:(一)固定或者变更商品价格;……"第 21 条规定:"行业协会不得组织本行业的经营者从事本章禁止的行为。"本题中,L 市旅游协会为防止零团费等恶性竞争,召集当地旅行社商定对游客统一报价,属于达成垄断协议,并非正当的行业自律行为,故 A 项错误。B 项陷阱为"尚未实施"。注意,垄断协议一经达成,即构成垄断行为,不要求经营者"已经实施",B 项错误。

《反垄断法》第 13 条第 2 款规定:"国务院反垄断执法机构根据工作需要,可以授权省、自治区、直辖市人民政府相应的机构,依照本法规定负责有关反垄断执法工作。"可见,反垄断执法机构最低授权到省一级,市一级无权进行反垄断执法;另外,我国的反垄断执法机构为市场监督管理局,而非发改委。故 C 项错误。

《反垄断法》第 56 条第 3 款规定:"经营者主动向反垄断执法机构报告达成垄断协议的有关情况并提供重要证据的,反垄断执法机构可以酌情减轻或者免除对该经营者的处罚。"故 D 项正确,不当选。

268. 纵向垄断协议[D]

[解析] 在市场经济活动中,经销商有一定的自主定价权,如果生产厂家要求其下游的经销商转售其商品时不得低于某一价格,必然会推高商品价格,这不仅会损害消费者的权益,还会侵害其他厂家的利益,所以不可能是维护品牌形象的正当行为。故 A 项错误。

《反垄断法》第 23 条规定:"认定经营者具有市场支配地位,应当依据下列因素:(一)该经营者在相关市场的市场份额,以及相关市场的竞争状况;(二)该经营者控制销售市场或者原材料采购市场的能力;(三)该经营者的财力和技术条件;(四)其他经营者对该经营者在交易上的依赖程度;(五)其他经营者进入相关市场的难易程度;(六)与认定该经营者市场支配地位有关的其他因素。"题干并没有明确指出生产商具有法律所规定的具有市场支配地位的条件,所以也无从推定生产商实施了滥用市场支配地位的行为。故 B 项错误。

价格同盟是横向垄断协议的一种形式,是指两个或两个以上处于同一经营阶段的同业竞争者之间因经营同类产品或服务而在生产或销售过程中达成的垄断协议。本题中是生产商与经销商的联盟,并非有竞争关系的经营者(同行),不是横向的价格联盟。故 C 项错误。

纵向垄断协议,是指在同一产业中,处于不同经济阶段且有买卖关系的企业间所订立的旨在排除和限制其他竞争者的经营活动的协议。《反垄断法》第 18 条第 1 款规定:"禁止经营者与交易相对人达成下列垄断协议:(一)固定向第三人转售商品的价格;(二)限定向第三人转售商品的最低价格;(三)国务院反垄断执法机构认定的其他垄断协议。"本题中,生产者与经销商属于纵向关系,两者开会固定销售价格符合上述第 2 项的规定,构成纵向价格垄断协议。故 D 项正确。

269. 行政垄断行为;反垄断执法机构及其职权[ACD]

[解析] 某县政府仅仅是规定现场施工不得搅拌

混凝土,只能使用预拌的商品混凝土,并未含有排除、限制竞争内容,即并未限定或者变相限定施工单位购买、使用其指定的经营者提供的商品,所以不构成行政垄断行为,故A项错误,当选。

《反垄断法》第17条规定:"禁止具有竞争关系的经营者达成下列垄断协议:……(三)分割销售市场或者原材料采购市场;……"第21条规定:"行业协会不得组织本行业的经营者从事本章禁止的垄断行为。"本题中,县建材协会组织的协调行为促使企业间达成了分割销售市场的横向垄断协议,妨碍了商品在地区之间的自由流通,违反了《反垄断法》的法律规定。故B项正确,不当选。

《反垄断法》第13条规定:"国务院反垄断执法机构负责反垄断统一执法工作。国务院反垄断执法机构根据工作需要,可以授权省、自治区、直辖市人民政府相应的机构,依照本法规定负责有关反垄断执法工作。"据此,反垄断执法机构的级别最低为"省级",C项的"县工商局"(现为市场监督管理局)无权执法。故C项错误,当选。

《反垄断法》第53条规定,对反垄断执法机构调查的涉嫌垄断行为,被调查的经营者承诺在反垄断执法机构认可的期限内采取具体措施消除该行为后果的,反垄断执法机构可以决定中止调查。因此,反垄断执法机构可以"中止调查"而不是"终止调查",故D项错误,当选。

270. 滥用市场支配地位[AD]

[解析]《反垄断法》只打击"滥用"市场支配地位的行为,企业有支配地位但不滥用该地位的,《反垄断法》并不禁止。故A项正确。

《反垄断法》第23条规定,认定经营者具有市场支配地位,应当依据下列因素:(1)该经营者在相关市场的市场份额,以及相关市场的竞争状况;(2)该经营者控制销售市场或者原材料采购市场的能力;(3)该经营者的财力和技术条件;(4)其他经营者对该经营者在交易上的依赖程度;(5)其他经营者进入相关市场的难易程度;(6)与认定该经营者市场支配地位有关的其他因素。根据该条可知,市场支配地位的认定,除了考虑经营者在相关市场的市场份额外,相关因素也很多,包括其他经营者进入相关市场的难易程度。故B、C项错误。

根据《反垄断法》第24条第1款第1项规定,一个经营者在相关市场的市场份额达到1/2,可以推定经营者具有市场支配地位。故D项正确。

271. 经营者集中[CD]

[解析]《反垄断法》第25条规定:"经营者集中是指下列情形:(一)经营者合并;(二)经营者通过取得股权或者资产的方式取得对其他经营者的控制权;

(三)经营者通过合同等方式取得对其他经营者的控制权或者能够对其他经营者施加决定性影响。"可见,企业合并只是经营者集中的三种方式之一。故A项错误。

《反垄断法》第26条第1款规定:"经营者集中达到国务院规定的申报标准的,经营者应当事先向国务院反垄断执法机构申报,未申报的不得实施集中。"可见,经营者集中实行事前申报制,不允许在实施集中后补充申报。故B项错误。

《反垄断法》第33条规定:"审查经营者集中,应当考虑下列因素:(一)参与集中的经营者在相关市场的市场份额及其对市场的控制力;……"故C项正确。

《反垄断法》第34条规定:"经营者集中具有或者可能具有排除、限制竞争效果的,国务院反垄断执法机构应当作出禁止经营者集中的决定。但是,经营者能够证明该集中对竞争产生的有利影响明显大于不利影响,或者符合社会公共利益的,国务院反垄断执法机构可以作出对经营者集中不予禁止的决定。"故D项正确。本题答案为C、D项,但考生应注意,D项并不严谨,没有考虑"但书"。

272. 反垄断实施机构的定位和职责[B]

[解析]《反垄断法》第12条规定:"国务院设立反垄断委员会,负责组织、协调、指导反垄断工作,履行下列职责:(一)研究拟订有关竞争政策;(二)组织调查、评估市场总体竞争状况,发布评估报告;(三)制定、发布反垄断指南;(四)协调反垄断行政执法工作;(五)国务院规定的其他职责。国务院反垄断委员会的组成和工作规则由国务院规定。"《反垄断法》第13条规定:"国务院反垄断执法机构负责反垄断统一执法工作。国务院反垄断执法机构根据工作需要,可以授权省、自治区、直辖市人民政府相应的机构,依照本法规定负责有关反垄断执法工作。"可知,B项符合第12条第1款第4项规定。A、D项所述职责属于反垄断执法机构而不是反垄断委员会。C项没有法律依据。故A、C、D项错误,B项正确。

273. 垄断协议的认定和豁免[ACD]

[解析]《反垄断法》第20条第1款规定了垄断协议的豁免情形:(1)为改进技术、研究开发新产品的;(2)为提高产品质量、降低成本、增进效率,统一产品规格、标准或者实行专业化分工的;(3)为提高中小经营者经营效率,增强中小经营者竞争力的;(4)为实现节约能源、保护环境、救灾救助等社会公共利益的;(5)因经济不景气,为缓解销售量严重下降或者生产明显过剩的;(6)为保障对外贸易和对外经济合作中的正当利益的;(7)法律和国务院规定的其他情形。因此,A、C、D项分别属于豁免中的(6)、(2)、(1)的情

商经法 [答案详解]

形,不构成垄断协议,当选。B项,房地产公司达成锁定价格的协议,是典型的横向垄断协议,不当选。

274. 市场支配地位的推定[ABD]

[解析]《反垄断法》第24条规定:"有下列情形之一的,可以推定经营者具有市场支配地位:(一)一个经营者在相关市场的市场份额达到二分之一的;(二)两个经营者在相关市场的市场份额合计达到三分之二的;(三)三个经营者在相关市场的市场份额合计达到四分之三的。有前款第二项、第三项规定的情形,其中有的经营者市场份额不足十分之一的,不应当推定该经营者具有市场支配地位。被推定具有市场支配地位的经营者,有证据证明不具有市场支配地位的,不应当认定其具有市场支配地位。"故A、B、D项正确。推定具有市场支配地位的最低份额是1/10,两个经营者的合计份额不足1/5,存在两种情况:一是两个经营者的份额都不足1/10,则不应当推定该经营者具有市场支配地位;二是其中一个经营者的份额不足1/10,而另一个经营者的份额达到1/10,对于后者应当推定该经营者具有市场支配地位。因此,"不应当推定该两个经营者具有市场支配地位"的说法过于绝对。故C项错误。

275. 滥用行政权力排除、限制竞争行为[AD]

[解析]《反垄断法》第39条规定:"行政机关和法律、法规授权的具有管理公共事务职能的组织不得滥用行政权力,限定或者变相限定单位或者个人经营、购买、使用其指定的经营者提供的商品。"可知,滥用行政权力排除、限制竞争的行为的主体除了行政机关还包括具有管理公共事务职能的组织。故A项正确。行政机关不仅包括地方政府及其部门,也包括中央政府部门。故B项错误。

《反垄断法》第41~45条规定了五种滥用行政权力排除、限制竞争的行为:妨碍商品流通、妨碍招标投标、限制或强制投资或设立分支机构、强制从事垄断行为、制定垄断性规定。C项过于偏概全。故C项错误。

《反垄断法》第61条规定:"行政机关和法律、法规授权的具有管理公共事务职能的组织滥用行政权力,实施排除、限制竞争行为的,由上级机关责令改正;对直接负责的主管人员和其他直接责任人员依法给予处分。反垄断执法机构可以向有关上级机关提出依法处理的建议。行政机关和法律、法规授权的具有管理公共事务职能的组织应当将有关改正情况书面报告上级机关和反垄断执法机构。法律、行政法规对行政机关和法律、法规授权的具有管理公共事务职能的组织滥用行政权力实施排除、限制竞争行为的处理另有规定的,依照其规定。"可知,针对排除、限制竞争行为主要是行政责任。故D项正确。

专题十二 反不正当竞争法

考点55 反不正当竞争法

276. 混淆行为[C]

[解析]《反不正当竞争法》第6条规定:"经营者不得实施下列混淆行为,引人误认为是他人商品或者与他人存在特定联系:……(二)擅自使用他人有一定影响的企业名称(包括简称、字号等)、社会组织名称(包括简称等)、姓名(包括笔名、艺名、译名等);……"本题中,"金硕"经过金硕巅峰公司多年的宣传推广,在当地已经形成较大影响力。作为同行竞争者的前程公司在课程命名中擅自使用"金硕"字样,容易使人误以为是与金硕巅峰公司有关联的课程,构成混淆行为。故A项错误,C项正确。

《反不正当竞争法》第8条第1款规定:"经营者不得对其商品的性能、功能、质量、销售状况、用户评价、曾获荣誉等作虚假或者引人误解的商业宣传,欺骗、误导消费者。"据此,虚假或者引人误解的商业宣传是指对商品本身的功能、质量等宣传不实。本题中,前程公司并未对其"金硕VIP全程班"的内容、功能、销售状况等作不实宣传,因此不构成虚假或引人误解的商业宣传行为,但其"金硕"字样容易让人产生联想,造成混淆,因此构成混淆行为。故B项错误。

《反不正当竞争法》第12条第2款规定:"经营者不得利用技术手段,通过影响用户选择或者其他方式,实施下列妨碍、破坏其他经营者合法提供的网络产品或者服务正常运行的行为:(一)未经其他经营者同意,在其合法提供的网络产品或者服务中,插入链接、强制进行目标跳转;(二)误导、欺骗、强迫用户修改、关闭、卸载其他经营者合法提供的网络产品或者服务;(三)恶意对其他经营者合法提供的网络产品或者服务实施不兼容;(四)其他妨碍、破坏其他经营者合法提供的网络产品或者服务正常运行的行为。"据此,本题中,前程公司虽然利用了互联网技术,但实施的并非法律规定的互联网不正当竞争行为。故D项错误。

277. 不正当竞争行为[AC]

[解析]"不正当竞争行为"是指经营者在生产经营活动中,采取非法的或者有悖商业道德的手段和方式,与其他经营者相竞争的行为。甲开发广告屏蔽软件,破坏了乙网站"广告"加"免费视频"的完整商业模式,并自行招商播放第三方的广告,违反诚信原则和商业道德,构成不正当竞争行为。故A项正确。

《反不正当竞争法》第12条第2款规定:"经营者不得利用技术手段,通过影响用户选择或者其他方式,实施下列妨碍、破坏其他经营者合法提供的网络产品或者服务正常运行的行为;……(四)其他妨碍、破坏其他经营者合法提供的网络产品或者服务正常运行的行为。"本题甲以无广告播放为宣传噱头,破坏乙公司合法提供的完整服务的正常运行。因此,不得以"技术手段"为名掩盖不正当竞争的事实。故 B 项错误。

《反不正当竞争法》第 17 条第 3 款规定:"因不正当竞争行为受到损害的经营者的赔偿数额,按照其因被侵权所受到的实际损失确定;实际损失难以计算的,按照侵权人因侵权所获得的利益确定。经营者恶意实施侵犯商业秘密行为,情节严重的,可以在按照上述方法确定数额的一倍以上五倍以下确定赔偿数额。赔偿数额还应当包括经营者为制止侵权行为所支付的合理开支。"据此,知识产权侵权、反不正当竞争中的民事责任赔偿的一般顺序为:(1)实际损失;(2)因侵权所获得的利益。两者均加上合理费用。本题中乙网站实际损失无法确定时,应以侵权人甲因侵权所获得的利益即其收取的广告费用计算赔偿数额,故 C 项正确。不是赔偿"所有费用",应当是"合理费用",故 D 项错误。

278. 互联网不正当竞争[BD]

[解析]《反不正当竞争法》第 2 条第 1 款规定:"经营者在生产经营活动中,应当遵循自愿、平等、公平、诚信的原则,遵守法律和商业道德。"据此,"公平、诚信、法律和商业道德"是区分不正当竞争和正当经营的关键。本题中,赵某的行为损害了甲公司产品的正常运营,且获取了经济利益,不能以"有利于消费者"来掩盖这一不公平、不道德的行为,所以赵某的行为已经构成了不正当竞争,而非合法行为。故 A 项错误,B 项正确。

《反不正当竞争法》第 2 条第 3 款规定:"本法所称的经营者,是指从事商品生产、经营或者提供服务(以下所称商品包括服务)的自然人、法人和非法人组织。"本题中,赵某利用其软件播放公司广告获取收益,属于经营者,故 C 项错误。

《反不正当竞争法》第 17 条第 3 款规定:"因不正当竞争行为受到损害的经营者的赔偿数额,按照其因被侵权所受到的实际损失确定;实际损失难以计算的,按照侵权人因侵权所获得的利益确定。经营者恶意实施侵犯商业秘密行为,情节严重的,可以在按照上述方法确定数额的 1 倍以上 5 倍以下确定赔偿数额。赔偿数额还应当包括经营者为制止侵权行为所支付的合理开支。"据此,不正当竞争行为的民事赔偿数额确定的依据是:首先按照被害者的实际损失确定;实际损失难以计算的,按照侵权人因侵权所获得的利益确定。所以当甲公司的实际损失不确定的时候,按其赵某的侵权所得,即其向乙公司收取的报酬确定赔偿金额,故 D 项正确。

279. 互联网不正当竞争[C]

[解析]《反不正当竞争法》第 12 条规定:"经营者利用网络从事生产经营活动,应当遵守本法的各项规定。经营者不得利用技术手段,通过影响用户选择或者其他方式,实施下列妨碍、破坏其他经营者合法提供的网络产品或者服务正常运行的行为:(一)未经其他经营者同意,在其合法提供的网络产品或者服务中,插入链接、强制进行目标跳转;……"本案中,乙公司未经甲网站同意,擅自在其提供的搜索引擎服务中强行插入广告,构成了互联网不正当竞争行为,违反了上述第 1 项规定,故 A、D 项错误,C 项正确。

《反不正当竞争法》第 8 条第 1 款规定:"经营者不得对其商品的性能、功能、质量、销售状况、用户评价、曾获荣誉等作虚假或者引人误解的商业宣传,欺骗、误导消费者。"本题中,乙公司的宣传内容并未体现出虚假或误导的情形,故不构成虚假宣传,B 项错误。

280. 诚信原则;虚假宣传行为[C]

[解析]《反不正当竞争法》第 2 条第 1、2 款规定:"经营者在生产经营活动中,应当遵循自愿、平等、公平、诚信的原则,遵守法律和商业道德。本法所称的不正当竞争行为,是指经营者在生产经营活动中,违反本法规定,扰乱市场竞争秩序,损害其他经营者或者消费者的合法权益的行为。"蛋糕店雇人排队抢购,造成商品供不应求的假象,损害其他经营者的合法权益,扰乱社会经济秩序,并不是正当的营销行为,故 A 项错误。

混淆行为是指经营者在市场经营活动中,采用假冒、仿冒或者其他虚假手段,对自己的商品或服务作虚假的表示、说明或承诺,从而获得交易机会,损害同业竞争者利益及消费者利益的行为。本题中并不存在混淆行为,故 B 项错误。

《反不正当竞争法》第 8 条第 1 款规定:"经营者不得对其商品的性能、功能、质量、销售状况、用户评价、曾获荣誉等作虚假或者引人误解的商业宣传,欺骗、误导消费者。"本题中蛋糕店出钱雇人排队抢购的行为,属于制造虚假的销售状况进行虚假宣传,欺骗消费者,构成虚假宣传行为。故 C 项正确。

商业贿赂行为指经营者采用财物或其他手段进行贿赂,暗中给予交易相对人或其有关人员好处以获得交易机会,或暗中接受回扣的行为。商业贿赂行为强调的是"账外暗中"。本题中蛋糕店花钱雇人排队的行为不属于商业贿赂的情形,故 D 项错误。

281. 虚假宣传行为;反不正当竞争法的立法目的[AD]

[解析]《反不正当竞争法》第 2 条第 1 款规定:

"经营者在生产经营活动中,应当遵循自愿、平等、公平、诚信的原则,遵守法律和商业道德。"陈某继承祖业后注册善福公司,并规范使用其商业标识,符合诚信原则。故 A 项正确。

《反不正当竞争法》第 11 条规定:"经营者不得编造、传播虚假信息或者误导性信息,损害竞争对手的商业信誉、商品声誉。"乙公司在其网站登载善福铺的历史及荣誉,不属于诋毁商誉行为。故 B 项错误。

本案显示甲公司规范使用其商业标识,没有假冒乙公司注册商标等混淆行为,也未误导公众,不构成侵犯商标权。故 C 项错误。

《反不正当竞争法》第 8 条规定:"经营者不得对其商品的性能、功能、质量、销售状况、用户评价、曾获荣誉等作虚假或者引人误解的商业宣传,欺骗、误导消费者。经营者不得通过组织虚假交易等方式,帮助其他经营者进行虚假或者引人误解的商业宣传。"由于乙公司登载善福铺历史及标注字样的行为会让消费者误认为其生产者为善福铺,从而购买其商品,进而构成了虚假宣传行为。故 D 项正确。

282. 不正当竞争行为[ABC]

[解析]《商标法》第 57 条规定:"有下列行为之一的,均属侵犯注册商标专用权:……(七)给他人的注册商标专用权造成其他损害的。"《关于审理商标民事纠纷案件适用法律若干问题的解释》第 1 条规定:"下列行为属于商标法第 57 条第(七)项规定的给他人注册商标专用权造成其他损害的行为:(一)将与他人注册商标相同或者相近似的文字作为企业的字号在相同或者类似商品上突出使用,容易使相关公众产生误认的;……"本题乙公司和商标权人甲公司为同行,乙公司在自己生产的酱油商品上突出使用"飞鸿"字样,并且已经造成甲公司的市场声誉和产品销量受到严重影响的后果,充分说明已经导致混淆,所以乙公司构成侵犯商标权。故 A 项正确。

《反不正当竞争法》第 6 条规定,擅自使用与他人有一定影响的商品名称、包装、装潢等相同或者近似的标识是不正当竞争行为。《商标法》第 58 条规定,将他人注册商标、未注册的驰名商标作为企业名称中的字号使用,误导公众,构成不正当竞争行为的,依照《反不正当竞争法》处理。本题中乙公司将"飞鸿"登记为企业字号并突出使用的行为属于典型的欺骗性交易行为,构成不正当竞争,故 B 项正确;也正基于此,如果乙公司对"飞鸿"进行突出宣传,只是更换相应的商标,依然构成不正当竞争行为,故 D 项错误。

根据《反不正当竞争法》第 17 条第 3 款规定,因不正当竞争行为受到损害的经营者的赔偿数额,还应当包括经营者为制止侵权行为所支付的合理开支。故 C 项正确。

法条变更	《中华人民共和国反不正当竞争法》2019 年 4 月 23 日第十三届全国人民代表大会常务委员会第十次会议《关于修改〈中华人民共和国建筑法〉等八部法律的决定》修正

283. 虚假宣传行为;诋毁商誉行为[D]

[解析] 本题中,红心地板公司宣传自己的地板是"原装进口实木地板",而实际情况是"该公司生产的实木地板是用进口木材在国内加工而成",其宣传行为容易让消费者产生该地板是国外生产的认识,因而违反了《反不正当竞争法》第 8 条的规定,是对商品作引人误解的虚假宣传的行为。此外,该公司在广告中宣称"强化木地板甲醛高、不耐用",并且造成了当地市场上强化木地板销量锐减的情况,该行为对当地所有生产强化木地板的生产企业的商业信誉带来了不利影响,违反了《反不正当竞争法》第 11 条的规定,即"经营者不得编造、传播虚假信息或者误导性信息,损害竞争对手的商业信誉、商品声誉"。故本题的正确答案为 D 项,其行为既构成虚假宣传行为,又构成诋毁商誉行为。

284. 混淆行为[ABD]

[解析] 混淆行为只要有"擅自使用知名商品特有的名称、包装、装潢,或者使用与知名商品近似的名称、包装、装潢,造成和他人的知名商品相混淆,使购买者误认为是该知名商品"的,即可构成不正当竞争,并不需要乙厂白酒获得外观设计专利这一附加条件。故 A 项表述错误。

题干中告知甲厂"精心摹仿"乙厂知名白酒的包装装潢,说明二者包装装潢很近似,即使甲厂标明了自己的厂名厂址商标等信息,也只能判断出甲厂不构成"虚假宣传",但甲厂仍构成"混淆"。故 B 项表述错误。

因为已经告知"不足以使消费者误认为",既然没有达到"误认"的程度,则不构成混淆。故 C 项表述正确。

"长期消费者"+"留意",这种措辞说明甲厂白酒和乙厂白酒近似度极高,已经达到"使购买者误认"的程度,所以构成混淆行为。故 D 项表述错误。

285. 劳动合同中的保密协议;竞业禁止义务[BC]

[解析]《劳动合同法》第 23 条规定:"用人单位与劳动者可以在劳动合同中约定保守用人单位的商业秘密和与知识产权相关的保密事项。对负有保密义务的劳动者,用人单位可以在劳动合同或者保密协议中与劳动者约定竞业限制条款,并约定在解除或者终止劳动合同后,在竞业限制期限内按月给予劳动者

经济补偿。劳动者违反竞业限制约定的,应当按照约定向用人单位支付违约金。"企业在与员工签订保密协议时可以要求员工无条件承担保密义务,也可以约定以支付保密费作为承担保密义务的条件,但后者在企业未支付保密费的情况下,无权要求员工按保密协议承担保密义务。也就是说,保密协议并非未约定支付保密费就无法律约束力,故A项错误。如果双方未明确约定江某负有竞业限制义务,则江某有权到乙厂工作,故B项正确。

《劳动合同法》第23条第1款规定:"用人单位与劳动者可以在劳动合同中约定保守用人单位的商业秘密和与知识产权相关的保密事项。"如果江某违反保密协议的要求,向乙厂泄露甲厂的商业秘密,则构成侵犯商业秘密,需要承担民事或刑事责任。故C项正确。

《反不正当竞争法》第9条第1~3款规定:"经营者不得实施下列侵犯商业秘密的行为:……(三)违反保密义务或者违反权利人有关保守商业秘密的要求,披露、使用或者允许他人使用其所掌握的商业秘密;……第三人明知或者应知商业秘密权利人的员工、前员工或者其他单位、个人实施本条第1款所列违法行为,仍获取、披露、使用或者允许他人使用该商业秘密的,视为侵犯商业秘密。"D项中,若乙厂明知或应知江某泄露他人商业秘密,仍然违法使用,构成侵犯商业秘密。故D项错误。

286. 不正当竞争行为;侵犯商业秘密行为;不正当竞争中的"混淆行为";虚假宣传行为[C]

[解析]《反不正当竞争法》第2条第2款规定,不正当竞争行为是指经营者在经营活动中,违反《反不正当竞争法》的规定,扰乱市场竞争秩序,损害其他经营者或消费者的合法权益的行为。本题中"'牛记酒楼'遂改名为'老社长酒楼',服装、歌曲、装修、菜名等一应照搬",显然是模仿"大队长酒楼"的行为,会误导消费者,对"大队长酒楼"的经营将会产生不利影响,损害其合法权益,属于扰乱社会经济秩序的不正当竞争行为。故A项错误。

《反不正当竞争法》第9条第4款规定,商业秘密,是指不为公众所知悉、具有商业价值并经权利人采取相应保密措施的技术信息、经营信息等商业信息。本题中,"大队长酒楼"的装潢、服务等均为大众所知悉且权利人并未采取保密措施,其并不是商业秘密,所以"牛记酒楼"的行为不构成侵犯商业秘密行为。故B项错误。

《反不正当竞争法》第6条规定:"经营者不得实施下列混淆行为,引人误认为是他人商品或者与他人存在特定联系:(一)擅自使用与他人有一定影响的商品名称、包装、装潢等相同或者近似的标识;……"本题中,"大队长酒楼"采用具有时代特征的菜名、店面装修等,为大众所熟知,属于知名商品;"牛记酒楼"仿冒"大队长酒楼"的各种特色服务,且名称具有相似性,容易使消费者产生误解,属于擅自使用与知名商品近似的名称、包装、装潢,造成和他人的知名商品相混淆的行为。故C项正确。

虚假宣传,是指商品宣传的内容与商品的实际情况不相符。《反不正当竞争法》第8条规定:"经营者不得对其商品的性能、功能、质量、销售状况、用户评价、曾获荣誉等作虚假或者引人误解的商业宣传,欺骗、误导消费者。经营者不得通过组织虚假交易等方式,帮助其他经营者进行虚假或者引人误解的商业宣传。"本题中虽然"牛记酒楼"模仿照搬"大队长酒楼"的名称、服装、歌曲、装修、菜名等,但并未以任何方式对外虚假宣传其就是"大队长酒楼",其所宣传的内容与其所提供的商品、服务的实际情况是相符的,因此"牛记酒楼"并没有虚假宣传行为。故D项错误。

287. 不正当竞争行为;诋毁商誉行为;混淆行为[AD]

[解析]《反不正当竞争法》第11条规定:"经营者不得编造、传播虚假信息或者误导性信息,损害竞争对手的商业信誉、商品声誉。"本题A项中甲的行为属于编造、传播虚假信息,损害了竞争对手乙的商业信誉。故A项当选。

甲公司通过高薪招聘到乙公司数名高管的行为,既没有以获取非法利益为目的,也不存在违反竞争法规定的情形,属于正常的市场行为。故B项不当选。

甲公司自始至终都没有实施过任何侵害其他经营者的行为,不正当竞争行为无从谈起。另外,不正当竞争的行为主体是经营者,媒体不是经营者,即使误报道也不构成不正当竞争。故C项不当选。

《反不正当竞争法》第6条规定:"经营者不得实施下列混淆行为,引人误认为是他人商品或者与他人存在特定联系:(一)擅自使用与他人有一定影响的商品名称、包装、装潢等相同或者近似的标识;……"本题D项中,甲厂仿冒乙厂的知名商品,使消费者经仔细辨认才能区别二者之间的差异,足以构成消费者对该商品的误认,其行为属于上述法条中所描述的混淆行为。故D项当选。

288. 虚假宣传行为;不正当有奖销售行为;商业贿赂行为[AC]

[解析]《反不正当竞争法》第8条第1款规定:"经营者不得对其商品的性能、功能、质量、销售状况、用户评价、曾获荣誉等作虚假或者引人误解的商业宣传,欺骗、误导消费者。"A项中甲企业的行为实际上是对有效期作了引人误解的虚假宣传,因此属于不正当竞争行为。故A项当选。

《反不正当竞争法》第10条规定:"经营者进行有奖销售不得存在下列情形:……(三)抽奖式的有奖销售,最高奖的金额超过5万元。"B项中乙企业设置的最高奖金额未超过5万元。故B项不当选。

《反不正当竞争法》第7条第2款规定:"经营者在交易活动中,可以以明示方式向交易相对方支付折扣,或者向中间人支付佣金。经营者向交易相对方支付折扣、向中间人支付佣金的,应当如实入账。接受折扣、佣金的经营者也应当如实入账。"C项中给中间人5%佣金不入账的行为,属于不正当竞争行为。故C项当选。

《反不正当竞争法》第2条第2款规定:"本法所称的不正当竞争行为,是指经营者在生产经营活动中,违反本法规定,扰乱市场竞争秩序,损害其他经营者或者消费者的合法权益的行为。"D项中,丁企业按低于成本的价格销售商品是为了清偿债务,是正当的生产经营行为,未损害其他经营者或消费者的合法权益。故D项不当选。

289. 诋毁商誉行为[BD]

[解析]《反不正当竞争法》第11条规定:"经营者不得编造、传播虚假信息或者误导性信息,损害竞争对手的商业信誉、商品声誉。"

甲公司的行为不仅损害了乙公司的声誉,还损害了同类软件公司的声誉,所以包括乙公司在内的其他经营者都可以起诉甲公司。故A项错误。

法条用语"编造、传播"说明损害商誉的行为人主观是故意,过失不构成"诋毁"。故B项正确。

损害商誉的行为主体是具有竞争关系的"经营者",新闻单位仅构成一般侵权名誉权的行为主体,不构成诋毁商誉行为的行为主体。故C项错误。

诋毁商誉应有编造、传播虚假信息或者误导性信息的行为。如果发布的消息是真实的,则不构成诋毁商誉。故D项正确。

专题十三 消费者权益保护法

考点56 消费者权益保护法

290. 消费纠纷的解决[ABCD]

[解析] 本题某手机品牌官网将二手手机当作新手机出售,属于欺诈行为。欺诈行为是可撤销行为,故A项当选。

《消费者权益保护法》第24条第1款规定:"经营者提供的商品或者服务不符合质量要求的,消费者可以依照国家规定、当事人约定退货,或者要求经营者履行更换、修理等义务……"据此,程某可以主张更换手机,故B项当选。当然,程某也可以选择保留手机,要求经营者履行补偿差价的义务,故D项当选。

《消费者权益保护法》第55条第1款规定:"经营者提供商品或者服务有欺诈行为的,应当按照消费者的要求增加赔偿其受到的损失,增加赔偿的金额为消费者购买商品的价款或者接受服务的费用的三倍……"故C项当选。

291. 经营者侵权;惩罚性赔偿[AB]

[解析] 本案争议的关键问题有两个:第一,点餐网提供的服务内容问题。点餐网提供的服务应包括两方面:一方面,作为网络交易平台提供者,其应提供网络经营场所、交易撮合、信息发布等服务,具体到本案,点餐网应保证交易平台正常运行,应将陈某的订单信息及时、准确地提供给商家并及时告知陈某订单的进展情况。另一方面,作为配送服务的提供者,其应将案涉订单餐品及时送达陈某指定地点。第二,点餐网在提供服务过程中是否存在欺诈行为的问题。点餐网的经营模式在客观上存在配送服务在履行上具有不确定性的情况,对陈某而言,其订单可能因配送原因被取消的情形属于影响其决定是否选择购买该项服务的重要因素。因此,点餐网应将其提供配送服务在履行上存在的不确定性的情况如实告知陈某,而点餐网并未将有关信息事先告知陈某,应属故意隐瞒影响交易的重要信息的行为,构成欺诈。

《消费者权益保护法》第55条第1款规定:"经营者提供商品或者服务有欺诈行为的,应当按照消费者的要求增加赔偿其受到的损失,增加赔偿的金额为消费者购买商品的价款或者接受服务的费用的三倍;增加赔偿的金额不足五百元的,为五百元。法律另有规定的,依照其规定。"据此,经营者有欺诈行为,应当承担"退一罚三,最低500"的惩罚性赔偿。本案中,点餐网如果承担因欺诈带来的惩罚性赔偿,法律设置的最低界限是500元,本案中的争议价款是50元,价款3倍为150元,不足500元,应按500元追究责任。故A、B项正确,C项错误。

本案中,取消订单系点餐网的配送问题,故而对外责任应由点餐网承担。在点餐网进行赔偿后,如果查明是因商家原因导致的问题,点餐网可以事后向商家行使追偿权,但商家不用直接对陈某承担赔偿责任。故D项错误。

292. 消费者的权利;民事责任[AB]

[解析]《消费者权益保护法》第8条第1款规定:"消费者享有知悉其购买、使用的商品或者接受的服务的真实情况的权利。"乙公司在甲办理手机通讯服务时未能全面说明商品的真实情况,导致甲未能获知与服务有关的重要规定,属于侵犯消费者知情权的情形。故A项正确。

《消费者权益保护法》第26条第1款规定:"经营者在经营活动中使用格式条款的,应当以显著方式提请消费者注意商品或者服务的数量和质量、价款或者费用、履行期限和方式、安全注意事项和风险警示、售后服务、民事责任等与消费者有重大利害关系的内容,并按消费者的要求予以说明。"乙公司理应在甲办理业务时说明有关暂停服务等情形的特别规定。故 B 项正确。

根据《消费者权益保护法》第48、53条和《民法典》第577、580条,乙公司单方暂停手机服务构成违约,甲有权要求乙公司承担违约责任,甲可要求取消话费有效期限制、继续履行合同或退还余款,而不能要求退还全部预付费。故 C 项错误。

乙公司在交易过程中侵犯的是消费者的知情权,并没有欺诈行为,不适用惩罚性赔偿的规定。故 D 项错误。

293. 消费者的权利与经营者的义务[B]

[解析] 题干中已经告知,储户甲妥善保管该银行卡和密码,也从未委托他人使用。甲基于对银行的信赖,在取款操作过程中并未存在过错,所以甲对银行卡号被盗无过错,无需承担损失。故 A 项错误。

《消费者权益保护法》第18条第2款规定:"宾馆、商场、餐馆、银行、机场、车站、港口、影剧院等经营场所的经营者,应当对消费者尽到安全保障义务。"《商业银行法》第6条规定:"商业银行应当保障存款人的合法权益不受任何单位和个人的侵犯。"甲和A银行之间存在合法有效的储蓄存款合同关系。A 银行有义务保障存款人的合法权益不受他人侵犯,并为储户提供安全的交易环境。本题中,A 银行对其经营场所内的 ATM 自动取款机疏于管理和维护,使犯罪分子能够安装摄像和读卡装置,给储户造成交易安全隐患,所以 A 银行要承担赔偿责任。故 B 项正确,D 项错误。

甲的存款是在异地 B 银行的自动取款机上被犯罪分子取走,但是窃取的是 A 银行账户的存款,且是在 A 银行的取款机上窃取了甲的密码信息,B 银行不存在主观过错。此外,按银行之间"银联协议"的约定,B 银行的自动取款机应视为 A 银行办理业务场所的延伸。所以储户甲仅与 A 银行存在法律关系,B 银行不承担赔偿责任。故 C 项错误。

294. (1) 产品质量责任[ABC]

[解析]《消费者权益保护法》第18条第2款规定:"宾馆、商场、餐馆、银行、机场、车站、港口、影剧院等经营场所的经营者,应当对消费者尽到安全保障义务。"故王某、栗某作为消费者有权要求商场承担赔偿责任。故 A 项正确。

《产品质量法》第43条规定:"因产品存在缺陷造成人身、他人财产损害的,受害人可以向产品的生产者要求赔偿,也可以向产品的销售者要求赔偿。属于产品的生产者的责任,产品的销售者赔偿的,产品的销售者有权向产品的生产者追偿。属于产品的销售者的责任,产品的生产者赔偿的,产品的生产者有权向产品的销售者追偿。"故 B、C 项正确。

《消费者权益保护法》规定,商场有义务保障消费者的安全,但在题述案例并未提到商场在对电梯运营管理过程中存在过错,因而商场赔偿后,可向缺陷产品生产者全部追偿,不可能是按份赔偿责任。故 D 项错误。

(2) 产品责任;消费者的权利和经营者的义务 [ABCD]

[解析]《消费者权益保护法》第49条规定:"经营者提供商品或者服务,造成消费者或者其他受害人人身伤害的,应当赔偿医疗费、护理费、交通费等为治疗和康复支出的合理费用,以及因误工减少的收入。造成残疾的,还应当赔偿残疾生活辅助具费和残疾赔偿金。造成死亡的,还应当赔偿丧葬费和死亡赔偿金。"故 A、B 项正确。

《消费者权益保护法》第51条规定:"经营者有侮辱诽谤、搜查身体、侵犯人身自由等侵害消费者或者其他受害人人身权益的行为,造成严重精神损害的,受害人可以要求精神损害赔偿。"本题中,栗某半身瘫痪,数次自杀未遂,造成严重精神利益损失的后果,有权主张精神损害赔偿。故 C 项正确。

《消费者权益保护法》第55条第2款规定:"经营者明知商品或者服务存在缺陷,仍然向消费者提供,造成消费者或者其他受害人死亡或者健康严重损害的,受害人有权要求经营者依照本法第49条、第51条等法律规定赔偿损失,并有权要求所受损失 2 倍以下的惩罚性赔偿。"故 D 项正确。

295. 7 日内无理由退货[ABD]

[解析] 根据本题的案例描述,可以确认张某从某网店购买的汽车坐垫并不存在质量问题,因而不适用《消费者权益保护法》第24条有关质量问题引起的退换货的规定。《消费者权益保护法》第25条规定:"经营者采用网络、电视、电话、邮购等方式销售商品,消费者有权自收到商品之日起 7 日内退货,且无需说明理由,但下列商品除外:(一)消费者定作的;(二)鲜活易腐的;(三)在线下载或者消费者拆封的音像制品、计算机软件等数字化商品;(四)交付的报纸、期刊。除前款所列商品外,其他根据商品性质并经消费者在购买时确认不宜退货的商品,不适用无理由退货。消费者退货的商品应当完好。经营者应当自收到退回商品之日起 7 日内返还消费者支付的商品价款。退回商品的运费由消费者承担;经营者和消费者另有约定的,按照约定。"据此,网店 7 日内退货不需要理由,故 A、B 项说法错误。如网店同意退货,客户

应承担退货的运费,故 C 项说法正确。经营者应当自收到退回商品之日起 7 日内返还消费者支付的商品价款,故 D 项说法错误。

296. 消费者的权益;侵犯商业秘密的行为[ABCD]

[解析] 防"跳单"条款,是钱某不得利用甲公司的信息直接与房主签约,是维护本公司经营利益的做法,同时也并非直接干涉消费者的自主选择权,所以未限制《消费者权益保护法》第 9 条规定的消费者的自主选择权,故 A 项说法错误,当选。

甲公司的定价属于市场行为,是合理性的商业竞争,并非损害消费者的经济利益,也没有强迫消费者交易,因此没有侵害《消费者权益保护法》第 10 条规定的消费者的公平交易权,故 B 项说法错误,当选。

乙公司的定价同样属于市场竞争行为,并未采用混淆行为、商业贿赂行为、虚假宣传行为、侵犯商业秘密行为、不正当的有奖销售行为、诋毁商誉行为等不正当竞争行为,所以不能得出其是不正当竞争行为,故 C 项说法错误,当选。

钱某并未以盗窃、利诱、胁迫等手段获得甲公司商业秘密,也未利用甲公司的商业秘密进行非法的活动,因而不构成《反不正当竞争法》第 9 条规定的侵犯商业秘密的行为,故 D 项说法错误,当选。

297. 知情权;赔偿请求权;销售者的责任[AB(原答案为 ABC)]

[解析]《消费者权益保护法》第 8 条规定:"消费者享有知悉其购买、使用的商品或者接受的服务的真实情况的权利。消费者有权根据商品或者服务的不同情况,要求经营者提供商品的价格、产地、生产者、用途、性能、规格、等级、主要成份、生产日期、有效期限、检验合格证明、使用方法说明书、售后服务,或者服务的内容、规格、费用等有关情况。"因此,消费者购买商品或接受服务享有知悉真情权。故 A 项正确。

《产品质量法》第 40 条第 1 款第 2 项规定,售出的产品有不符合在产品或者其包装上注明采用的产品标准的,销售者应当负责修理、更换、退货;给购买产品的消费者造成损失的,销售者应当赔偿损失。本题中,F 公司在销售家具时标注的是"外国原产",实际上是"国内生产",且 F 公司不能提供所售商品的真实信息和充分证明,属于所售产品不符合产品或其包装上注明采用的产品标准的情况,顾客有权要求其退货。故 B 项正确。若 F 公司提供了真实信息和充分证据可以证明其所售家具为"外国原产"高档家具,则其不存在违法行为,顾客不能以"对公司失去信任"为由要求退货。故 D 项错误。

《消费者权益保护法》第 55 条规定:"经营者提供商品或者服务有欺诈行为的,应当按照消费者的要求增加赔偿其受到的损失,增加赔偿的金额为消费者购买商品的价款或者接受服务的费用的 3 倍;增加赔偿的金额不足 500 元的,为 500 元。法律另有规定的,依照其规定……"因此,依据新《消费者权益保护法》,本题中顾客可以要求 4 倍返还价款。故 C 项错误。【旧题新解】根据旧的《消费者权益保护法》,对于欺诈行为,消费者只能要求双倍返还价款,原本 C 项正确,但新法增加了惩罚性赔偿的力度。

298. 生产者、销售者的产品责任;展销会举办者、柜台出租者的特殊责任[ACD]

[解析]《消费者权益保护法》第 40 条第 2 款规定:"消费者或者其他受害人因商品缺陷造成人身、财产损害的,可以向销售者要求赔偿,也可以向生产者要求赔偿。属于生产者责任的,销售者赔偿后,有权向生产者追偿。属于销售者责任的,生产者赔偿后,有权向销售者追偿。"可见,李某可以向销售者丙公司要求赔偿,也可以向生产者丁公司要求赔偿。故 A、C 项丙、丁公司主张不符合法律规定,当选。

《消费者权益保护法》第 43 条规定:"消费者在展销会、租赁柜台购买商品或者接受服务,其合法权益受到损害的,可以向销售者或者服务者要求赔偿。展销会结束或者柜台租赁期满后,也可以向展销会的举办者、柜台的出租者要求赔偿。展销会的举办者、柜台的出租者赔偿后,有权向销售者或者服务者追偿。"可见,展销会结束后,李某可以向展销会举办者甲公司要求赔偿。故 D 项甲公司主张不符合法律规定,当选。

乙公司并不是家用电暖器的生产者和销售者,也不是展销会的举办者,不属于责任主体。故 B 项乙公司的主张符合法律规定,不当选。

299. 消费者安全保障权[B]

[解析]《消费者权益保护法》第 7 条规定:"消费者在购买、使用商品和接受服务时享有人身、财产安全不受损害的权利。消费者有权要求经营者提供的商品和服务,符合保障人身、财产安全的要求。"《民法典》第 1198 条规定:"宾馆、商场、银行、车站、机场、体育场馆、娱乐场所等经营场所、公共场所的经营者、管理者或者群众性活动的组织者,未尽到安全保障义务,造成他人损害的,应当承担侵权责任。因第三人的行为造成他人损害的,由第三人承担侵权责任;经营者、管理者或者组织者未尽到安全保障义务的,承担相应的补充责任。经营者、管理者或者组织者承担补充责任后,可以向第三人追偿。"据此,饭馆作为经营者,负有保证其提供的饮食服务符合保障人身、财产安全的义务。此外,饭馆对用餐人员的人身、财产负有安全保障义务,这种安全保障义务是一种过错责任。本题中,郭某到饭馆用餐,如厕时将手提包留在

座位上嘱咐儿子看管,对于手提包丢失,饭馆并不存在过错,因此不应承担赔偿责任。需要说明的是,饭馆负有安全保障义务,并不意味着对顾客物品负有保管的合同义务,这种安全保障义务,只要尽到合理的注意义务即可免责。故本题B项正确。

300. 产品缺陷造成损害的责任[D]

[解析]《消费者权益保护法》第11条规定:"消费者因购买、使用商品或者接受服务受到人身、财产损害的,享有依法获得赔偿的权利。"第18条第1款规定:"经营者应当保证其提供的商品或者服务符合保障人身、财产安全的要求。对可能危及人身、财产安全的商品和服务,应当向消费者作出真实的说明和明确的警示,并说明和标明正确使用商品或者接受服务的方法以及防止危害发生的方法。"本题中,美容院向王某提供的护肤品系假冒伪劣产品,不符合保障人身安全的要求,应当承担全部责任。故D项正确,A、B项错误。C项中,王某的怀疑并不构成明知,不能减轻美容院的责任。故C项错误。

专题十四 产品质量法

考点57 产品质量法

301. 产品责任[C]

[解析]《产品质量法》第46条规定:"本法所称缺陷,是指产品存在危及人身、他人财产安全的不合理的危险;产品有保障人体健康和人身、财产安全的国家标准、行业标准的,是指不符合该标准。"本题中,韩某在正常使用时受到伤害,说明该床存在危及人身、财产安全的不合理危险,属于缺陷产品,虽然没有国家标准,也可以判断该床存在缺陷,故A项错误。本题属于缺陷产品致害,不是意外事件所致伤害,故B项错误。

《产品质量法》第41条第1款规定:"因产品存在缺陷造成人身、缺陷产品以外的其他财产(以下简称他人财产)损害的,生产者应当承担赔偿责任。"据此,缺陷产品生产者的责任承担并无保质期的限制,故C项正确。

根据《产品质量法》第41条第2款规定,缺陷产品致害责任,生产者承担的是无过错责任,受害人不对产品存在质量缺陷承担证明责任,故D项错误。

302. 产品质量责任[A]

[解析]《产品质量法》第26条规定:"生产者应当对其生产的产品质量负责。产品质量应当符合下列要求:……(三)符合在产品或者其包装上注明采用的产品标准,符合以产品说明、实物样品等方式表明的质量状况。"第40条第1款规定:"售出的产品有下列情形之一的,销售者应当负责修理、更换、退货;给

购买产品的消费者造成损失的,销售者应当赔偿损失:……(三)不符合以产品说明、实物样品等方式表明的质量状况的。"本题中该车气囊电脑不符产品说明所述质量,靓顺公司应承担合同责任,即修理、更换、退货、赔偿损失,汽车生产者承担相应的产品质量责任,故A项正确、B项错误。

根据《产品质量法》第43条规定,因产品存在缺陷造成人身、他人财产损害的,受害人可以向产品的生产者要求赔偿,也可以向产品的销售者要求赔偿。可见,构成产品侵权要求对他人人身、财产造成损害,本题中,霍某并没有因此遭受损害,因此不存在产品侵权责任。故C、D项错误。

303. 销售者的产品质量义务;经营者召回[AB]

[解析]《产品质量法》第26条第2款第1项规定,产品安全性系产品质量的基本要求,是指产品不存在不合理危险或符合国家标准、行业标准。故A项正确。

《产品质量法》第27条第1款第5项规定,使用不当,容易造成产品本身损坏或者可能危及人身、财产安全的产品,应当有警示标志或者中文警示说明。故B项正确。

《产品质量法》第15条第3款规定,对产品进行抽查检验的,不得向被检查人收取检验费用,监督抽查所需检验费用按照国务院规定列支。故C项错误。

《消费者权益保护法》第19条规定,产品有缺陷,经营者应当召回,召回的必要费用应当由经营者承担。衣柜本身并不存在缺陷,只是安装方法有特殊要求,所以该衣柜不应被召回。即使被召回,经营者只承担召回产生的必要费用,而不是全部费用。故D项错误。

304. 产品缺陷(侵权)责任[ABCD]

[解析]《产品质量法》第43条规定:"因产品存在缺陷造成人身、他人财产损害的,受害人可以向产品的生产者要求赔偿,也可以向产品的销售者要求赔偿。属于产品的生产者的责任,产品的销售者赔偿的,产品的销售者有权向产品的生产者追偿。属于产品的销售者的责任,产品的生产者赔偿的,产品的生产者有权向产品的销售者追偿。"

本题中孙某从某超市买回的跑步机在使用中出现故障并致其受伤,其性质是因产品缺陷造成消费者人身损害,孙某可以向销售者超市、煌煌商贸公司要求赔偿,也可以向生产者跑步机生产商要求赔偿。故A、B项正确。

该型号跑步机既然已被认定为不合格产品,即存在缺陷,生产厂家和总经销商还生产和经营该产品,说明二者存在过错。超市从总经销商煌煌商贸公司依正规渠道进货,说明超市无过错,该产品的侵权责

任与超市无关,超市向孙某赔偿后,有权向该跑步机生产商索赔,也有权向煌煌商贸公司索赔。故C、D项正确。

305.《消费者权益保护法》的调整对象;生产者承担责任的情形及免责事由;销售者承担责任的情形
[AD(原答案为D)]

[解析]《消费者权益保护法》第40条第2款规定:"消费者或者其他受害人因商品缺陷造成人身、财产损害的,可以向销售者要求赔偿,也可以向生产者要求赔偿。属于生产者责任的,销售者赔偿后,有权向生产者追偿。属于销售者责任的,生产者赔偿后,有权向销售者追偿。"所以受害人(钱某)当然可以根据《消费者权益保护法》请求赔偿,故A项错误。如果高压锅被认定为缺陷产品,那么作为受害者的赵某既可以向生产者即该厂请求赔偿,也可向销售者即该商场请求赔偿,故B项正确。

《产品质量法》第41条第1款规定:"因产品存在缺陷造成人身、缺陷产品以外的其他财产(以下简称他人财产)损害的,生产者应当承担赔偿责任。"由此可见,只有产品被认定为存在缺陷,产品的生产者才承担责任,本题中如果高压锅未被认定为缺陷产品,则作为生产者的该厂并不承担赔偿责任。故C项正确。

《产品质量法》第41条第2款规定:"生产者能够证明有下列情形之一的,不承担赔偿责任:(一)未将产品投入流通的;(二)产品投入流通时,引起损害的缺陷尚不存在的;(三)将产品投入流通时的科学技术水平尚不能发现缺陷的存在的。"D项免责事由的证明主体应是生产者,而非销售者。故D项错误。

专题十五　食品安全法

考点58　食品安全法

306.食品安全法律责任[CD]

[解析]《最高人民法院关于审理食品药品纠纷案件适用法律若干问题的规定》第12条规定:"食品检验机构故意出具虚假检验报告,造成消费者损害,消费者请求其承担连带责任的,人民法院应予支持。食品检验机构因过失出具不实检验报告,造成消费者损害,消费者请求其承担相应责任的,人民法院应予支持。"本题中食品检验机构未能检测出农药残留超标,明显是出于过失,而非故意出具虚假检验报告,因此不对消费者的损害承担赔偿责任,故A项错误。

《食品安全法》第140条第4款规定:"违反本法规定,食品安全监督管理等部门、食品检验机构、食品行业协会以广告或者其他形式向消费者推荐食品,消费者组织以收取费用或者其他牟取利益的方式向消费者推荐食品的,由有关主管部门没收违法所得,依法对直接负责的主管人员和其他直接责任人员给予记大过、降级或者撤职处分;情节严重的,给予开除处分。"据此,食品行业协会推荐食品的,应当承担行政责任,而非民事赔偿责任,故B项错误。【特别提醒】社会团体或者其他组织、个人在虚假广告、宣传中向消费者推荐食品,应当与食品生产经营者承担连带责任(《食品安全法》第140条第3款)。本题并非虚假宣传。

根据《食品安全法》第148条第1款规定,消费者因不符合食品安全标准的食品受到损害的,可以向经营者要求赔偿损失,也可以向生产者要求赔偿损失。本题中的生产者为甲公司,经营者为丙公司,故D项正确。另根据《食品安全法》第130条第1款规定,集中交易市场的开办者、柜台出租者、展销会的举办者允许未依法取得许可的食品经营者进入市场销售食品,或者未履行检查、报告等义务,使消费者的合法权益受到损害的,应当与食品经营者承担连带责任。乙公司作为集中交易市场的开办者,允许无食品经营许可证的食品经营者丙公司入场经营,应与丙公司承担连带责任,故C项正确。

307.食品虚假广告的法律责任[C]

[解析] 本题中,甲公司"擅自篡改食品安全监管部门审批的批准文号",由此导致其发布的广告为"虚假广告",并且已经导致消费者的合法权益受到损害。

《食品安全法》第140条第2款规定:"广告经营者、发布者设计、制作、发布虚假食品广告,使消费者的合法权益受到损害的,应当与食品生产经营者承担连带责任。"广告经营者(乙广告公司)未审查保健品相关批准文号,可知其主观过错明显,因此应当承担法律责任,而"功效"并非广告经营者的审查范围,故B项错误。报纸、电视台属于广告发布者,需承担连带责任,故D项错误。

《食品安全法》第140条第3款规定:"社会团体或者其他组织、个人在虚假广告或者其他虚假宣传中向消费者推荐食品,使消费者的合法权益受到损害的,应当与食品生产经营者承担连带责任。"故C项正确。

《食品安全法》第140条第4款规定:"违反本法规定,食品安全监督管理等部门、食品检验机构、食品行业协会以广告或者其他形式向消费者推荐食品,消费者组织以收取费用或者其他牟取利益的方式向消费者推荐食品的,由有关主管部门没收违法所得,依法对直接负责的主管人员和其他直接责任人员给予记大过、降级或者撤职处分;情节严重的,给予开除处分。"食品安全监督管理部门是行政监管机构,应当承担行政责任,而非民事赔偿责任,故 A 项错误。

308. 食品标签;食品安全法律责任[AD]

[解析]《食品安全法》第 71 条规定:"食品和食品添加剂的标签、说明书,不得含有虚假内容,不得涉及疾病预防、治疗功能。生产经营者对其提供的标签、说明书的内容负责。食品和食品添加剂的标签、说明书应当清楚、明显,生产日期、保质期等事项应当显著标注,容易辨识。食品和食品添加剂与其标签、说明书的内容不符的,不得上市销售。"葡萄酒的标签应当清楚明确,不能含有虚假内容误导消费者,故 A 项正确。保质期是食品标签必须显著标注的项目,故 D 项正确。

《食品安全法》第 148 条第 2 款规定:"生产不符合食品安全标准的食品或者经营明知是不符合食品安全标准的食品,消费者除要求赔偿损失外,还可以向生产者或者经营者要求支付价款 10 倍或者损失 3 倍的赔偿金;增加赔偿的金额不足 1000 元的,为 1000 元。但是,食品的标签、说明书存在不影响食品安全且不会对消费者造成误导的瑕疵的除外。"该葡萄酒的标签瑕疵在合理误差范围内,不影响食品安全,且不会对消费者造成误导,不应承担 10 倍价款(1 万元)的惩罚性赔偿责任,故 B 项错误。

《食品安全法》第 125 条第 2 款规定:"生产经营的食品、食品添加剂的标签、说明书存在瑕疵但不影响食品安全且不会对消费者造成误导的,由县级以上人民政府食品安全监督管理部门责令改正;拒不改正的,处 2000 元以下罚款。"本案中,葡萄酒标签存在瑕疵,应由食品安全监督管理部门责令改正,只有拒不改正的,才处以罚款,故 C 项错误。

309. 食品安全标准;惩罚性赔偿[AD]

[解析]《食品安全法》第 148 条第 2 款规定:"生产不符合食品安全标准的食品或者经营明知是不符合食品安全标准的食品,消费者除要求赔偿损失外,还可以向生产者或者经营者要求支付价款 10 倍或者损失 3 倍的赔偿金;增加赔偿的金额不足 1000 元的,为 1000 元。但是,食品的标签、说明书存在不影响食品安全且不会对消费者造成误导的瑕疵的除外。"苦茶不符合食品安全标准,李某有权主张 10 倍价款的赔偿。故 A 项正确。

《食品安全法》第 27 条第 1 款规定:"食品安全国家标准由国务院卫生行政部门会同国务院食品安全监督管理部门制定、公布,国务院标准化行政部门提供国家标准编号。"食品安全国家标准并非由国家卫健委独立制定、公布,且编号由国务院标准化行政部门提供。故 B 项错误。

《食品安全法》第 29 条规定:"对地方特色食品,没有食品安全国家标准的,省、自治区、直辖市人民政府卫生行政部门可以制定并公布食品安全地方标准,报国务院卫生行政部门备案。食品安全国家标准制定后,该地方标准即行废止。"应该是即行废止而非酌情废止。故 C 项错误。

《食品安全法》第 30 条规定:"国家鼓励食品生产企业制定严于食品安全国家标准或者地方标准的企业标准,在本企业适用,并报省、自治区、直辖市人民政府卫生行政部门备案。"故 D 项正确。

310. 食品安全标准;民事赔偿[BCD]

[解析]《农产品质量安全法》第 2 条规定,农产品是指来源于农业的初级产品,食用油不属于初级产品。故 A 项错误。

《食品安全法》第 26 条第 4 项规定,食品安全标准应当包括对与卫生、营养等食品安全要求有关的标签、标志、说明书的要求。该法第 67 条第 1 款规定:"预包装食品的包装上应当有标签。标签应当标明下列事项:(一)名称、规格、净含量、生产日期;(二)成分或者配料表;……"吊牌上写明"添加了特等初榨橄榄油",未标明橄榄油添加量,不符合食品安全标准要求。故 B 项正确。

《食品安全法》第 148 条第 1 款规定:"消费者因不符合食品安全标准的食品受到损害的,可以向经营者要求赔偿损失,也可以向生产者要求赔偿损失。接到消费者赔偿要求的生产经营者,应当实行首负责任制,先行赔付,不得推诿;属于生产者责任的,经营者赔偿后有权向生产者追偿;属于经营者责任的,生产者赔偿后有权向经营者追偿。"食品安全赔偿责任实行"首负责任制",如李某只向该超市索赔,该超市应先行赔付。故 C 项正确。

《最高人民法院关于审理食品药品纠纷案件适用法律若干问题的规定》第 3 条规定:"因食品、药品质量问题发生纠纷,购买者向生产者、销售者主张权利,生产者、销售者以购买者明知食品、药品存在质量问题而仍然购买为由进行抗辩的,人民法院不予支持。"故 D 项正确。

311. 食品经营者的义务;致消费者人身及财产损害的责任;欺诈经营的责任[ACD]

[解析]《食品安全法》第 34 条规定:"禁止生产经营下列食品、食品添加剂、食品相关产品:……(十)标注虚假生产日期、保质期或者超过保质期的食品、食品添加剂;……"故 A 项正确。

《食品安全法》第 54 条第 1 款规定,食品经营者应当按照保证食品安全的要求贮存食品,定期检查库存食品,及时清理变质或者超过保质期的食品。某超市销售超过保质期的食品属于违反法律禁止性规定的行为,应当对曾某承担赔偿责任。无论消费者是否注意,均无须承担责任。故 B 项错误。

商经法 [答案详解]

曾某可以要求该超市退还其购买酸奶所付的价款。故 C 项正确。

《食品安全法》第 148 条第 2 款规定:"生产不符合食品安全标准的食品或者经营明知是不符合食品安全标准的食品,消费者除要求赔偿损失外,还可以向生产者或者经营者要求支付价款 10 倍或者损失 3 倍的赔偿金;增加赔偿的金额不足 1000 元的,为 1000 元。但是,食品的标签、说明书存在不影响食品安全且不会对消费者造成误导的瑕疵的除外。"D 项中,(1)800 元医疗费为补偿性赔偿(实际损失);(2)增加赔偿 800 元,即"酸奶价款 80 元×10 倍 = 800 元"。2015 年修订《食品安全法》时增加了兜底条款,即"增加赔偿的金额不足 1000 元的,为 1000 元"。故 D 项"增加赔偿 800 元"不太准确,但在实践中,由于赔偿请求权为消费者的权利,若消费者愿意放弃部分权利仅主张 800 元亦无可非议。此题为旧题新解,考生掌握新法规定即可。故 D 项正确。

312. 食品召回制度[C]

[解析]《食品安全法》第 63 条第 2 款规定,食品经营者发现其经营的食品不符合食品安全标准或者有证据证明可能危害人体健康的,应当立即停止经营,通知相关生产经营者和消费者,并记录停止经营和通知情况。食品生产者认为应当召回的,应当立即召回。由于食品经营者原因造成其经营的食品有前款规定的情形,食品经营者应当召回。本题中,红星超市属于食品经营者,具有立即停止经营、通知生产商和消费者及记录停止经营和通知情况的义务。此外,题目中并未涉及水饺不符合安全标准是红星超市造成的,故其没有召回的义务。故 C 项错误,当选,A、B、D 项正确,不当选。

313. 食用农产品质量安全管理[BCD]

[解析]《食品安全法》第 2 条第 2 款规定:"供食用的源于农业的初级产品(以下称食用农产品)的质量安全管理,遵守《中华人民共和国农产品质量安全法》的规定。但是,食用农产品的市场销售、有关质量安全标准的制定、有关安全信息的公布和本法对农业投入品作出规定的,应当遵守本法的规定。"根据此规定,大米、米制品属于供食用的源于农业的初级产品,因而其质量安全管理应该遵守《农产品质量安全法》,故 A 项错误。对于大米、米制品相关的食品安全信息,应当依照《食品安全法》的有关规定进行公布,故 B 项正确。

《食品安全法》第 110 条规定:"县级以上人民政府食品安全监督管理部门履行食品安全监督管理职责,有权采取下列措施,对生产经营者遵守本法的情况进行监督检查:(一)进入生产经营场所实施现场检查;⋯⋯"可见,县有关部门可对米粉加工厂进行检查,该厂应对检查进行配合,不得以商业秘密为由予以拒绝,故 C 项正确。

《食品安全法》第 118 条第 1 款规定:"国家建立统一的食品安全信息平台,实行食品安全信息统一公布制度。国家食品安全总体情况、食品安全风险警示信息、重大食品安全事故及其调查处理信息和国务院确定需要统一公布的其他信息由国务院食品安全监督管理部门统一公布。食品安全风险警示信息和重大食品安全事故及其调查处理信息的影响限于特定区域的,也可以由有关省、自治区、直辖市人民政府食品安全监督管理部门公布。未经授权不得发布上述信息。"可见,D 项中虽已构成重大食品安全事故,但影响仅限于该省,因而可由该省食品安全监督管理部门公布食品安全信息,故 D 项正确。

314. 食品安全事故报告制度;处理食品安全事故的措施;食品安全信息报告制度[ABD]

[解析]《食品安全法》第 103 条第 1 款规定:"发生食品安全事故的单位应当立即采取措施,防止事故扩大。事故发生单位和接收病人进行治疗的单位应当及时向事故发生地县级人民政府食品安全监督管理、卫生行政部门报告。"本题中,D 市 S 县发生重大食品安全事故,接收病人的 S 县医院应立即向事故发生地县级食品安全监管、卫生行政部门报告。故 A 项正确。

《食品安全法》第 103 条第 3 款规定:"发生食品安全事故,接到报告的县级人民政府食品安全监督管理部门应当按照应急预案的规定向本级人民政府和上级人民政府食品安全监督管理部门报告。县级人民政府和上级人民政府食品安全监督管理部门应当按照应急预案的规定上报。"本题中接到报告的 S 县卫生局应及时向 S 县政府和 D 市食品安全监督管理部门报告。故 B 项正确。

《食品安全法》第 105 条第 2 款规定:"发生食品安全事故需要启动应急预案的,县级以上人民政府应当立即成立事故处置指挥机构,启动应急预案,依照前款和应急预案的规定进行处置。"因此只有 S 县政府以及上级人民政府才有权成立食品安全事故处置指挥部。故 C 项错误。

《食品安全法》第 119 条第 1 款规定:"县级以上地方人民政府食品安全监督管理、卫生行政、农业行政部门获知本法规定需要统一公布的信息,应当向上级主管部门报告,由上级主管部门立即报告国务院食品安全监督管理部门;必要时,可以直接向国务院食品安全监督管理部门报告。"由此可知,本题中 S 县卫生局在必要时可以将重大食品安全事故及处置信息直接向国务院食品安全监督管理部门报告。故 D 项正确。

315. 食品添加剂实施许可制度[C]

[解析]《食品安全法》规定了食品添加剂的生产许可制度,并未规定销售许可制度,食品添加剂生产企业向食品生产者销售食品添加剂,不需要办理许可证。故A项错误。

《食品安全法》对销售食品添加剂不实行销售许可制度,销售含有食品添加剂的食品当然也不需要取得食品添加剂销售许可。故B项错误。

《食品安全法》第70条规定,食品添加剂应当有标签、说明书和包装。标签、说明书应当载明本法第67条第1款第1项至第6项、第8项、第9项规定的事项,以及食品添加剂的使用范围、用量、使用方法,并在标签上载明"食品添加剂"字样。故C项正确。

D项说法无法律依据,在现实当中也不可能如此规定。故D项错误。

316. 10倍赔偿;民事责任优先原则;行政责任;职业限制[B]

[解析]《食品安全法》第148条第2款规定:"生产不符合食品安全标准的食品或者经营明知是不符合食品安全标准的食品,消费者除要求赔偿损失外,还可以向生产者或者经营者要求支付价款10倍或者损失3倍的赔偿金;增加赔偿的金额不足1000元的,为1000元。但是,食品的标签、说明书存在不影响食品安全且不会对消费者造成误导的瑕疵的除外。"故A项正确,不当选。

《食品安全法》第147条规定:"违反本法规定,造成人身、财产或者其他损害的,依法承担赔偿责任。生产经营者财产不足以同时承担民事赔偿责任和缴纳罚款、罚金时,先承担民事赔偿责任。"可见,当财产不足以同时支付时,先承担民事责任,而非"优先支付罚款、罚金"。故B项错误,当选。

根据《食品安全法》第九章关于法律责任的规定,可能被采取的强制措施种类有:责令改正、警告、停产停业、没收、罚款、吊销许可证。故C项正确,不当选。

《食品安全法》第135条第1款规定:"被吊销许可证的食品生产经营者及其法定代表人、直接负责的主管人员和其他直接责任人员自处罚决定作出之日起5年内不得申请食品生产经营许可,或者从事食品生产经营管理工作、担任食品生产经营企业食品安全管理人员。"故D项正确,不当选。

317. 食品安全风险监测和评估制度[ABC]

[解析]《食品安全法》第14条第1款规定:"国家建立食品安全风险监测制度,对食源性疾病、食品污染以及食品中的有害因素进行监测。"故A项正确。

《食品安全法》第14条第2款规定:"国务院卫生行政部门会同国务院食品安全监督管理等部门,制定、实施国家食品安全风险监测计划。"故B项正确。

《食品安全法》第18条规定:"有下列情形之一的,应当进行食品安全风险评估:(一)通过食品安全风险监测或者接到举报发现食品、食品添加剂、食品相关产品可能存在安全隐患的;(二)为制定或者修订食品安全国家标准提供科学依据需要进行风险评估的;(三)为确定监督管理的重点领域、重点品种需要进行风险评估的;(四)发现新的可能危害食品安全因素的;(五)需要判断某一因素是否构成食品安全隐患的;(六)国务院卫生行政部门认为需要进行风险评估的其他情形。"故C项正确。

《食品安全法》第21条第1款规定:"食品安全风险评估结果是制定、修订食品安全标准和实施食品安全监督管理的科学依据。"可知,D项错在"食品安全风险监测信息",应为"食品安全风险评估结果"。故D项错误。

专题十六 商业银行法

考点59 商业银行法

318. 商业银行的接管;法律责任[BD]

[解析]《商业银行法》第64条第1款规定:"商业银行已经或者可能发生信用危机,严重影响存款人的利益时,国务院银行业监督管理机构可以对该银行实行接管。"国家金融监督管理总局是国务院银行业监督管理机构,故A项错误,B项正确。

《商业银行法》第76条规定:"商业银行有下列情形之一,由中国人民银行责令改正,有违法所得的,没收违法所得,违法所得五十万元以上的,并处违法所得一倍以上五倍以下罚款;没有违法所得或者违法所得不足五十万元的,处五十万元以上二百万元以下罚款;情节特别严重或者逾期不改正的,中国人民银行可以建议国务院银行业监督管理机构责令停业整顿或者吊销其经营许可证;构成犯罪的,依法追究刑事责任;……(三)违反规定同业拆借的。"据此,对于违法同业拆借的银行,中国人民银行也可罚款;在情节特别严重或者逾期不改正的情况下,中国人民银行可以建议国务院银行业监督管理机构责令停业整顿,而不能自行作出责令停业整顿的决定。故C项错误,D项正确。

319. 商业银行对个人信息的保密义务[D]

[解析]《商业银行法》第29条规定:"商业银行办理个人储蓄存款业务,应当遵循存款自愿、取款自由、存款有息、为存款人保密的原则。对个人储蓄存款,商业银行有权拒绝任何单位或者个人查询、冻结、扣划,但法律另有规定的除外。"据此,蓝音公司和劳动仲裁委均无权查询个人储蓄存款,只有在法定情形下银行才有义务提供。故A、B、C项错误,D项正确。

320. 商业银行的接管、托管[ABC]

[解析]《商业银行法》第64条规定:"商业银行已经或者可能发生信用危机,严重影响存款人的利益时,国务院银行业监督管理机构可以对该银行实行接管。接管的目的是对被接管的商业银行采取必要措施,以保护存款人的利益,恢复商业银行的正常经营能力。被接管的商业银行的债权债务关系不因接管而变化。"商业银行被接管,只是由接管组接管其经营管理权,商业银行的主体资格不丧失,债权债务关系也不发生变化,所以储户的存款利息不变,故A项正确。

根据相关法律规定和行业规定,接管组为了实现更好的接管效果,帮助商业银行恢复经营能力,可以将其业务托管给其他商业银行,故B项正确。

《商业银行法》第68条规定:"有下列情形之一的,接管终止:(一)接管决定规定的期限届满或者国务院银行业监督管理机构决定的接管延期届满;(二)接管期限届满前,该商业银行已恢复正常经营能力;(三)接管期限届满前,该商业银行被合并或者被依法宣告破产。"据此,接管期限届满前,商业银行被宣告破产,接管的目的已经无法实现,拖延无益,接管终止而无需等到接管期限届满,故C项正确。如果接管期限内商业银行恢复运营能力,说明接管的目的已经提前达成,可以终止接管而无需等到接管期限届满,故D项错误。

321. 商业银行的贷款业务[BCD]

[解析]《商业银行法》第3条第2款规定:"经营范围由商业银行章程规定,报国务院银行业监督管理机构批准。"《银行业监督管理法》第18条规定:"银行业金融机构业务范围内的业务品种,应当按照规定经国务院银行业监督管理机构审查批准或者备案。需要审查批准或者备案的业务品种,由国务院银行业监督管理机构依照法律、行政法规作出规定并公布。""校园贷"属于贷款的业务品种之一种,则商业银行推出该业务,须经国务院银监机构审批或备案。故A项正确。

《商业银行法》第36条第2款规定,借款人资信良好,确能偿还贷款的,经商业银行审查、评估,确认后可以不提供担保。故B项错误。

《商业银行法》第35条第1款规定:"商业银行贷款,应当对借款人的借款用途、偿还能力、还款方式等情况进行严格审查。"法律并未要求对借款人的"学习、恋爱经历等"情况进行审查。故C项错误。

《商业银行法》第35条第2款规定:"商业银行贷款,应当实行审贷分离、分级审批的制度。"审查人员和放贷人员为同一人的做法是错误的。故D项错误。

322. 贷款法律制度[C]

[解析]《商业银行法》第46条规定:"同业拆借,应当遵守中国人民银行的规定。禁止利用拆入资金发放固定资产贷款或者用于投资。拆出资金限于交足存款准备金、留足备付金和归还中国人民银行到期贷款之后的闲置资金。拆入资金用于弥补票据结算、联行汇差头寸的不足和解决临时性周转资金的需要。"本题中C项发放有担保的短期固定资产贷款是违法的,故当选。

323. 借款人的义务;商业银行业务的限制[AC]

[解析]《商业银行法》第42条第2款规定,借款人到期不归还担保贷款的,商业银行依法享有要求保证人归还贷款本金和利息或者就该担保物优先受偿的权利。商业银行因行使抵押权、质权而取得的不动产或者股权,应当自取得之日起2年内予以处分。故A项做法合法,B项做法超过了2年内予以处分的规定,不合法。

《商业银行法》第43条规定,商业银行在中华人民共和国境内不得从事信托投资和证券经营业务,不得向非自用不动产投资或者向非银行金融机构和企业投资,但国家另有规定的除外。修建自用办公楼,属于投资自用不动产,故C项做法合法;入股某房地产企业,属于向企业投资,故D项做法不合法。

324. 商业银行贷款规则[C]

[解析]《商业银行法》第37条规定:"商业银行贷款,应当与借款人订立书面合同。合同应当约定贷款种类、借款用途、金额、利率、还款期限、还款方式、违约责任和双方认为需要约定的其他事项。"因此,商业银行与借款人的贷款合同是要式合同,只能采取书面形式,不能采用口头或其他形式。故A项错误。

商业银行的不良贷款是指呆账贷款、呆滞贷款和逾期贷款。其中,呆账贷款是指按照财政部有关规定确认为无法偿还,而列为呆账的贷款;呆滞贷款是指按财政部有关规定,逾期(含展期后到期)超过2年仍未归还的贷款,或虽未逾期或逾期不满规定年限但生产经营已经终止、项目已经停建的贷款(不含呆账贷款);逾期贷款是指借款合同约定到期(含展期后到期)未归还的贷款(不含呆滞贷款和呆账贷款)。因此,借款合同到期未偿还,经展期后到期仍未偿还的贷款应为逾期贷款而不是呆账贷款。故B项错误。

《商业银行法》第41条规定:"任何单位和个人不得强令商业银行发放贷款或者提供担保。商业银行有权拒绝任何单位和个人强令要求其发放贷款或者提供担保。"因此,对于政府部门强令要求发放贷款,商业银行有权拒绝,故C项正确。

《商业银行法》第40条第1款规定:"商业银行不得向关系人发放信用贷款;向关系人发放担保贷款的

条件不得优于其他借款人同类贷款的条件。"因此,商业银行不得向关系人发放信用贷款,但在同等条件下可以向关系人发放担保贷款。故 D 项错误。

325. 商业银行分支机构的设立、审批、运营资金等[ABD]

[解析]《商业银行法》第 19 条第 1 款规定:"商业银行根据业务需要可以在中华人民共和国境内外设立分支机构。设立分支机构必须经国务院银行业监督管理机构审查批准。在中华人民共和国境内的分支机构,不按行政区划设立。"由此可知,商业银行设立分支机构不按行政区划设立,本题 A 项"应当按行政区划设立"明显错误。故 A 项错误,当选。另外,商业银行设立分支机构必须经国务院银行业监督管理机构审批,而不是 B 项中所说的经地方政府批准即可设立。故 B 项错误,当选。

《商业银行法》第 22 条第 2 款规定:"商业银行分支机构不具有法人资格,在总行授权范围内依法开展业务,其民事责任由总行承担。"故 C 项正确,不当选。

《商业银行法》第 19 条第 2 款规定:"商业银行在中华人民共和国境内设立分支机构,应当按照规定拨付与其经营规模相适应的营运资金额。拨付各分支机构营运资金额的总和,不得超过总行资本金总额的 60%。"由此可见,拨付各分支机构营运资金额的总和,不得超过总行资本金总额的 60%,而非 D 项中所说的 70%。故 D 项错误,当选。

326. 商业银行的设立、变更、组织形式;银行业监督管理机构审批事项[ABD]

[解析]《商业银行法》第 13 条第 2 款:"国务院银行业监督管理机构根据审慎监管的要求可以调整注册资本最低限额,但不得少于前款规定的限额。"由此可知,《商业银行法》只是对注册资本调低作出了限制性规定,没有对调高作出限制规定。故 A 项正确。

《商业银行法》第 17 条第 1 款规定:"商业银行的组织形式、组织机构适用《中华人民共和国公司法》的规定。"故 B 项正确。

《商业银行法》第 25 条第 1 款规定:"商业银行的分立、合并,适用《中华人民共和国公司法》的规定。"故 C 项错误。

《商业银行法》第 28 条规定:"任何单位和个人购买商业银行股份总额 5% 以上的,应当事先经国务院银行业监督管理机构批准。"故 D 项正确。

327. (1) 关系人贷款规则[BD]

[解析]《商业银行法》第 40 条规定:"商业银行不得向关系人发放信用贷款;向关系人发放担保贷款的条件不得优于其他借款人同类贷款的条件。前款所称关系人是指:(一)商业银行的董事、监事、管理人员、信贷业务人员及其近亲属;(二)前项所列人员投资或者担任高级管理职务的公司、企业和其他经济组织。"本题中,李大伟为 M 银行的董事,其子李小武是 L 公司的董事长,故李小武是其关系人。因此 M 银行只能对 L 公司发放担保贷款,且不得优于其他贷款人同类贷款的条件。故 A 项错误,B 项正确。

本题中,M 银行向 L 公司发放的贷款是担保贷款(提供了 2000 万元的个人储蓄存单作为贷款质押),且不存在《民法典》规定的违反法律法规强制性规定、违背公序良俗、恶意串通损害他人合法利益等合同无效情形,因此贷款合同有效。故 C 项错误,D 项正确。

(2) 强令贷款的责任[ACD]

[解析]《商业银行法》第 41 条规定:"任何单位和个人不得强令商业银行发放贷款或者提供担保。商业银行有权拒绝任何单位和个人强令要求其发放贷款或者提供担保。"本案中,李大伟强令下属机构发放贷款,违反了《商业银行法》的禁止性规定。故 A 项正确。

虽然是违规发放贷款,但违反该规定不会导致私法上的贷款合同无效。故 B 项错误。

《商业银行法》第 88 条第 1 款规定:"单位或者个人强令商业银行发放贷款或者提供担保的,应当对直接负责的主管人员和其他直接责任人员或者个人给予纪律处分;造成损失的,应当承担全部或者部分赔偿责任。"虽然贷款合同有效,但违规发放贷款给银行造成损失的,相关人员要承担相应责任。故 C 项正确。

《商业银行法》第 88 条第 2 款规定:"商业银行的工作人员对单位或者个人强令其发放贷款或者提供担保未予拒绝的,应当给予纪律处分;造成损失的,应当承担相应的赔偿责任。"故 D 项正确。

(3) 商业银行贷款违法行为[AC]

[解析]《商业银行法》第 48 条第 2 款规定:"任何单位和个人不得将单位的资金以个人名义开立账户存储。"据此可知,公款私存行为是商业银行法禁止的违法行为,应承担法律责任,并非一般财务违纪行为。本题中,S 公司的行为属于公款私存,是违反《商业银行法》规定的违法行为,而不只是一般的财务违纪行为。故 A 项正确,B 项错误。

《商业银行法》第 79 条规定:"有下列情形之一,由国务院银行业监督管理机构责令改正,有违法所得的,没收违法所得,违法所得 5 万元以上的,并处违法所得 1 倍以上 5 倍以下罚款;没有违法所得或者违法所得不足 5 万元的,处 5 万元以上 50 万元以下罚款;……(三)将单位的资金以个人名义开立账户存储的。"本题中,S 公司公款私存,有违法所得 50 万元,应由银行业监督管理机构(现为国家金融监督管理总局)没收。故 C 项正确,D 项错误。

商经法 [答案详解]

328. 中国人民银行的建议权[CD]

[解析]《商业银行法》第74条规定:"商业银行有下列情形之一,由国务院银行业监督管理机构责令改正,……情节特别严重或者逾期不改正的,可以责令停业整顿或者吊销其经营许可证;构成犯罪的,依法追究刑事责任;……(二)未经批准分立、合并或者违反规定对变更事项不报批的;……(六)未经批准买卖政府债券或者发行、买卖金融债券的;……"可知,A、B项属于国家金融监督管理总局的职权,央行对此没有建议权。故A、B项错误。

《商业银行法》第77条规定:"商业银行有下列情形之一,由中国人民银行责令改正,并处20万元以上50万元以下罚款;情节特别严重或者逾期不改正的,中国人民银行可以建议国务院银行业监督管理机构责令停业整顿或者吊销其经营许可证……(二)提供虚假的或者隐瞒重要事实的财务会计报告、报表或者统计报表的;……"故C项正确。

《商业银行法》第76条规定:"商业银行有下列情形之一,由中国人民银行责令改正……情节特别严重或者逾期不改正的,中国人民银行可以建议国务院银行业监督管理机构责令停业整顿或者吊销其经营许可证……(三)违反规定同业拆借的。"故D项正确。

329.(1)商业银行的监管[B]

[解析]《商业银行法》第64条规定:"商业银行已经或者可能发生信用危机,严重影响存款人的利益时,国务院银行业监督管理机构可以对该银行实行接管。接管的目的是对被接管的商业银行采取必要措施,以保护存款人的利益,恢复商业银行的正常经营能力。被接管的商业银行的债权债务关系不因接管而变化。"《银行业监督管理法》第38条规定:"银行业金融机构已经或者可能发生信用危机,严重影响存款人和其他客户合法权益的,国务院银行业监督管理机构可以依法对该银行业金融机构实行接管或者促成机构重组,接管和机构重组依照有关法律和国务院的规定执行。"本题中,该银行"已经"发生信用危机,应由国家金融监督管理总局实行接管或重组。故B项正确,A、C、D项错误。

(2)国家金融监督管理总局接管措施[ABC]

[解析]《银行业监督管理法》第40条规定:"银行业金融机构被接管、重组或者被撤销的,国务院银行业监督管理机构有权要求该银行业金融机构的董事、高级管理人员和其他工作人员,按照国务院银行业监督管理机构的要求履行职责。在接管、机构重组或者撤销清算期间,经国务院银行业监督管理机构负责人批准,对直接负责的董事、高级管理人员和其他直接责任人员,可以采取下列措施:(一)直接负责的董事、高级管理人员和其他直接责任人员出境将对国家利益造成重大损失的,通知出境管理机关依法阻止其出境;(二)申请司法机关禁止其转移、转让财产或者对其财产设定其他权利。"可知,A、B、C项都符合法律的规定。D项只能申请司法机关禁止财产的转让,不能直接"通知停止"。故D项错误,A、B、C项正确。

(3)商业银行的破产[C]

[解析]《商业银行法》第71条规定:"商业银行不能支付到期债务,经国务院银行业监督管理机构同意,由人民法院依法宣告其破产。商业银行被宣告破产的,由人民法院组织国务院银行业监督管理机构等有关部门和有关人员成立清算组,进行清算。商业银行破产清算时,在支付清算费用、所欠职工工资和劳动保险费用后,应当优先支付个人储蓄存款的本金和利息。"可知,银行申请破产的条件只有一个,即不能支付到期债务,不需要"资产不足以清偿全部债务"这一条件。故A项错误。清算组是商业银行被宣告破产后,由人民法院组织国务院银行业监督管理机构等有关部门和有关人员成立的,而不是"在提出破产申请前"成立的。故B项错误。银行在向法院提交破产申请前应当得到国家金融监督管理总局的同意。故C项正确。

《企业破产法》第8条规定:"向人民法院提出破产申请,应当提交破产申请书和有关证据。破产申请书应当载明下列事项:(一)申请人、被申请人的基本情况;(二)申请目的;(三)申请的事实和理由;(四)人民法院认为应当载明的其他事项。债务人提出申请的,还应当向人民法院提交财产状况说明、债务清册、债权清册、有关财务会计报告、职工安置预案以及职工工资的支付和社会保险费用的缴纳情况。"可知,债务人申请公司破产时,需要提交的材料没有债务清偿方案。故D项错误。

330. 商业银行贷款的业务规则[B]

[解析]《商业银行法》第35条规定:"商业银行贷款,应当对借款人的借款用途、偿还能力、还款方式等情况进行严格审查。商业银行贷款,应当实行审贷分离、分级审批的制度。"故A、D项正确,不当选。

《商业银行法》第38条规定:"商业银行应当按照中国人民银行规定的贷款利率的上下限,确定贷款利率。"故B项错误,当选。

《商业银行法》第39条规定:"商业银行贷款,应当遵守下列资产负债比例管理的规定:(一)资本充足率不得低于8%;……"故C项正确,不当选。

专题十七 银行业监督管理法

考点60 银行业监督管理法

331. 银行业监督管理措施[ABCD]

[解析] 由"某商业银行的流动性比率低于

20%"可推知,本题考查点在于银行的审慎经营规则及监管措施。对此,《银行业监督管理法》第37条第1款规定:"银行业金融机构违反审慎经营规则的,国务院银行业监督管理机构或者其省一级派出机构应当责令限期改正;逾期未改正的,或者其行为严重危及该银行业金融机构的稳健运行、损害存款人和其他客户合法权益的,经国务院银行业监督管理机构或者其省一级派出机构负责人批准,可以区别情形,采取下列措施:(一)责令暂停部分业务、停止批准开办新业务;(二)限制分配红利和其他收入;(三)限制资产转让;(四)责令控股股东转让股权或者限制有关股东的权利;(五)责令调整董事、高级管理人员或者限制其权利;(六)停止批准增设分支机构。"故A、B、C、D项均正确。

332. 商业银行清算[C]

[解析]《商业银行法》第71条规定:"商业银行不能支付到期债务,经国务院银行业监督管理机构同意,由人民法院依法宣告其破产。商业银行被宣告破产的,由人民法院组织国务院银行业监督管理机构等有关部门和有关人员成立清算组,进行清算。商业银行破产清算时,在支付清算费用、所欠职工工资和劳动保险费用后,应当优先支付个人储蓄存款的本金和利息。"据此,商业银行破产清算时,首先应优先支付清算费用、所欠职工工资和劳动保险费用,其次应优先支付个人储蓄存款的本金和利息,税款、罚款不在被优先清偿之列,故A、B项错误。

《银行业监督管理法》第40条第2款规定:"在接管、机构重组或者撤销清算期间,经国务院银行业监督管理机构负责人批准,对直接负责的董事、高级管理人员和其他直接责任人员,可以采取下列措施:(一)直接负责的董事、高级管理人员和其他直接责任人员出境将对国家利益造成重大损失的,通知出境管理机关依法阻止其出境;(二)申请司法机关禁止其转移、转让财产或者对其财产设定其他权利。"据此,商业银行在撤销清算期间,可申请司法机关禁止董事长张某转移、转让财产,故C项正确。

《税收征收管理法》第52条第2款规定:"因纳税人、扣缴义务人计算错误等失误,未缴或者少缴税款的,税务机关在3年内可以追征税款、滞纳金;有特殊情况的,追征期可以延长到5年。"据此,因为纳税人、银行自身的计算错误未缴税款,税务机关可以追征税款并追征滞纳金,故D项错误。

333. 银行业监督管理机构的监督管理措施[ABD]

[解析]《银行业监督管理法》第2条第3款规定,信托投资公司应当适用《银行业监督管理法》对银行业金融机构监督管理的规定。

《银行业监督管理法》第21条规定:"银行业金融机构的审慎经营规则,由法律、行政法规规定,也可以由国务院银行业监督管理机构依照法律、行政法规制定。前款规定的审慎经营规则,包括风险管理、内部控制、资本充足率、资产质量、损失准备金、风险集中、关联交易、资产流动性等内容。银行业金融机构应当严格遵守审慎经营规则。"信托公司适用银行业金融机构监督管理的规定,应当严格遵守审慎经营规则。故A项正确。

《银行业监督管理法》第46条第5项规定,银行业金融机构严重违反审慎经营规则的,由国务院银行业监督管理机构责令改正,并处20万元以上50万元以下罚款;情节特别严重或者逾期不改正的,可以责令停业整顿或者吊销其经营许可证;构成犯罪的,依法追究刑事责任。据此,应由国务院银行业监督管理机构(国家金融监督管理总局)吊销其经营许可证,而非国家市场监督管理总局,故C项错误。依上述规定,B项是正确的。

《银行业监督管理法》第48条第3项规定,银行业金融机构违反法律、行政法规以及国家有关银行业监督管理规定的,银行业监督管理机构除依照本法第44条至第47条规定处罚外,还可以区别不同情形,采取取消直接负责的董事、高级管理人员一定期限直至终身的任职资格,禁止直接负责的董事、高级管理人员和其他直接责任人员一定期限直至终身从事银行业工作的措施。故D项正确。

334. 银行业监督管理机构的职权;商业银行业务范围的变更[AC]

[解析]《银行业监督管理法》第16条规定:"国务院银行业监督管理机构依照法律、行政法规规定的条件和程序,审查批准银行业金融机构的设立、变更、终止以及业务范围。"《商业银行法》第24条第1款规定:"商业银行有下列变更事项之一的,应当经国务院银行业监督管理机构批准:(一)变更名称;(二)变更注册资本;(三)变更总行或者分支行所在地;(四)调整业务范围;(五)变更持有资本总额或者股份总额5%以上的股东;(六)修改章程;(七)国务院银行业监督管理机构规定的其他变更事项。"该新型理财产品的推出是对银行业务范围的调整,需经过国家金融监督管理总局批准,在审批之前的试销行为为无效的民事行为。故A选项正确,B、D选项错误。

《银行业监督管理法》第45条规定:"银行业金融机构有下列情形之一,由国务院银行业监督管理机构责令改正,有违法所得的,没收违法所得,违法所得50万元以上的,并处违法所得1倍以上5倍以下罚款;没有违法所得或者违法所得不足50万元的,处50万元以上200万元以下罚款;情节特别严重或者逾期不改正的,可以责令停业整顿或者吊销其经营许可证

商经法[答案详解] 81

构成犯罪的,依法追究刑事责任;……(三)违反规定从事未经批准或者未备案的业务活动的;……"C选项正确,未经国家金融监督管理总局批准开展业务的,总局有权进行罚款、责令停业整顿或者吊销其经营许可证等处分。

335. 商业银行违反审慎经营规则的整改措施[AC]

[解析]《银行业监督管理法》第37条第1款规定:"银行业金融机构违反审慎经营规则的,国务院银行业监督管理机构或者其省一级派出机构应当责令限期改正;逾期未改正的,或者其行为严重危及该银行业金融机构的稳健运行、损害存款人和其他客户合法权益的,经国务院银行业监督管理机构或者其省一级派出机构负责人批准,可以区别情形,采取下列措施:(一)责令暂停部分业务、停止批准开办新业务;(二)限制分配红利和其他收入;(三)限制资产转让;(四)责令控股股东转让股权或者限制有关股东的权利;(五)责令调整董事、高级管理人员或者限制其权利;(六)停止批准增设分支机构。"本题中,A项对应第2项,C项对应第5项,而B、D项没有相关法律依据。故A、C项正确,当选。

336. 银行业金融机构的信用危机;商业银行接管的条件和程序[A]

[解析]《银行业监督管理法》第38条规定,银行业金融机构已经或者可能发生信用危机,严重影响存款人和其他客户合法权益的,国务院银行业监督管理机构可以依法对该银行业金融机构实行接管或者促成机构重组,接管和机构重组依照有关法律和国务院的规定执行。据此,本题中A项信用危机可以是已经或者可能发生,并不是"必须已经发生"。故A项错误,当选;B项正确,不当选。除"接管"外,还包括"促成机构重组"的方式。故C、D项正确,不当选。

337.《银行业监督管理法》的适用范围[A]

[解析]《银行业监督管理法》第2条第3款规定:"对在中华人民共和国境内设立的金融资产管理公司、信托投资公司、财务公司、金融租赁公司以及经国务院银行业监督管理机构批准设立的其他金融机构的监督管理,适用本法对银行业金融机构监督管理的规定。"因此,本题中信托投资公司、金融资产管理公司、财务公司和金融租赁公司都属于非银行金融机构,均适用《银行业监督管理法》的规定。故A项正确,B、C、D项错误。

338. 银行业监督管理机构的职责范围[D]

[解析]《银行业监督管理法》第16条规定:"国务院银行业监督管理机构依照法律、行政法规规定的条件和程序,审查批准银行业金融机构的设立、变更、终止以及业务范围。"故A项属于其职责范围,不当选。

《银行业监督管理法》第17条规定:"申请设立银行业金融机构,或者银行业金融机构变更持有资本总额或者股份总额达到规定比例以上的股东的,国务院银行业监督管理机构应当对股东的资金来源、财务状况、资本补充能力和诚信状况进行审查。"故B项属于其职责范围,不当选。

《银行业监督管理法》第18条规定:"银行业金融机构业务范围内的业务品种,应当按照规定经国务院银行业监督管理机构审查批准或者备案。需要审查批准或者备案的业务品种,由国务院银行业监督管理机构依照法律、行政法规作出规定并公布。"故C项属于其职责范围,不当选。

《中国人民银行法》第23条第1款第1项规定:"中国人民银行为执行货币政策,可以运用下列货币政策工具:(一)要求银行业金融机构按规定的比例交存存款准备金;……"故D项不属于其职责范围,当选。

339. 银行业监督管理机构对金融违法行为的处理措施[ABD]

[解析]《银行业监督管理法》第42条第1款规定:"银行业监督管理机构依法对银行业金融机构进行检查时,经设区的市一级以上银行业监督管理机构负责人批准,可以对与涉嫌违法事项有关的单位和个人采取下列措施:(一)询问有关单位或者个人,要求其对有关情况作出说明;(二)查阅、复制有关财务会计、财产权登记等文件、资料;(三)对可能被转移、隐匿、毁损或者伪造的文件、资料,予以先行登记保存。"故A、B、D项均符合法律规定,正确。

《银行业监督管理法》第41条规定:"经国务院银行业监督管理机构或者其省一级派出机构负责人批准,银行业监督管理机构有权查询涉嫌金融违法的银行业金融机构及其工作人员以及关联行为人的账户;对涉嫌转移或者隐匿违法资金的,经银行业监督管理机构负责人批准,可以申请司法机关予以冻结。"可知,涉嫌转移或者隐匿违法资金的账户的冻结只能申请司法机关执行,银行业监管机构无权自行执行。故C项错误。

340. 突发事件报告责任制度[D]

[解析]《银行业监督管理法》第28条第2款规定:"银行业监督管理机构发现可能引发系统性银行业风险、严重影响社会稳定的突发事件的,应当立即向国务院银行业监督管理机构负责人报告;国务院银行业监督管理机构负责人认为需要向国务院报告的,应当立即向国务院报告,并告知中国人民银行、国务院财政部门等有关部门。"故D项正确,A、B、C项错误。

专题十八 企业所得税法

考点61 企业所得税法

341. 企业所得税[AB]

[解析] 根据《企业所得税法》第5条规定："企业每一纳税年度的收入总额，减除不征税收入、免税收入、各项扣除以及允许弥补的以前年度亏损后的余额，为应纳税所得额。"第8条规定："企业实际发生的与取得收入有关的、合理的支出，包括成本、费用、税金、损失和其他支出，准予在计算应纳税所得额时扣除。"某公司所发生的①购买原材料5000万元、⑤设备租赁费500万元、⑦专利使用费1000万元，应属于上述第8条与收入有关的成本、费用等合理支出，可扣除。

《企业所得税法》第9条规定："企业发生的公益性捐赠支出，在年度利润总额12%以内的部分，准予在计算应纳税所得额时扣除；超过年度利润总额12%的部分，准予结转以后三年内在计算应纳税所得额时扣除。"本题中，该公司2018年度利润为1000万元，可扣除的公益性捐赠的额度是120万元，所以第④项"向贫困地区捐赠扶贫资金100万元"可扣除。

《企业所得税法》第10条规定："在计算应纳税所得额时，下列支出不得扣除：（一）向投资者支付的股息、红利等权益性投资收益款项；（二）企业所得税款；（三）税收滞纳金；（四）罚金、罚款和被没收财物的损失；（五）本法第九条规定以外的捐赠支出；（六）赞助支出；（七）未经核定的准备金支出；（八）与取得收入无关的其他支出。"本题中，根据上述第2项规定，该公司第③项支出"补缴上年度所欠的企业所得税100万元"不得扣除，故C项错误。根据上述第6项规定，第⑥项"明星演唱会赞助费100万元"不能扣除。

《企业所得税法》第11条规定："在计算应纳税所得额时，企业按照规定计算的固定资产折旧，准予扣除。下列固定资产不得计算折旧扣除：……（三）以融资租赁方式租出的固定资产；……"所以第②项"以融资租赁方式租出厂房的折旧费100万元"不能扣除。

综上，第①⑤⑦项支出可扣除，第②③⑥项支出不可扣除，因此A、B项当选。

342. 居民企业；非居民企业[ABCD]

[解析]《企业所得税法》第2条规定："企业分为居民企业和非居民企业。本法所称居民企业，是指依法在中国境内成立，或者依照外国（地区）法律成立但实际管理机构在中国境内的企业。本法所称非民企业，是指依照外国（地区）法律成立且实际管理机构不在中国境内，但在中国境内设立机构、场所，或者在中国境内未设立机构、场所，但有来源于中国境内所得的企业。"A基金注册在境外某群岛并在当地设置总部，实际管理机构不在中国境内，为非居民企业。D公司注册在中国境内，为居民企业。故A、B项正确。

《企业所得税法》第3条第3款规定："非居民企业在中国境内未设立机构、场所的，或者虽设立机构、场所但取得的所得与其所设机构、场所没有实际联系的，应当就其来源于中国境内的所得缴纳企业所得税。"A基金所转让的标的实际为D公司股权，属于来源于我国境内的所得，应作为非居民纳税人向我国进行纳税申报。故C项正确。

《企业所得税法》第47条规定："企业实施其他不具有合理商业目的的安排而减少其应纳税收入或者所得额的，税务机关有权按照合理方法调整。"第19条规定："非居民企业取得本法第3条第3款规定的所得，按照下列方法计算其应纳税所得额：……（二）转让财产所得，以收入全额减除财产净值后的余额为应纳税所得额……"故D项正确。

343. 企业所得税应纳税收入范围；免税收入；不征税收入[BC]

[解析]《企业所得税法》第7条规定："收入总额中的下列收入为不征税收入：（一）财政拨款；（二）依法收取并纳入财政管理的行政事业性收费、政府性基金；（三）国务院规定的其他不征税收入。"由此可见，财政拨款属于不征税收入的范围。故A项错误。

《企业所得税法》第6条规定："企业以货币形式和非货币形式从各种来源取得的收入，为收入总额。包括：（一）销售货物收入；……（七）特许权使用费收入；……"由此可见，B项销售产品收入属于上述第1项，C项专利转让收入属于第7项，都属于应纳税收入。故B、C项正确。

《企业所得税法》第26条规定："企业的下列收入为免税收入：（一）国债利息收入；（二）符合条件的居民企业之间的股息、红利等权益性投资收益；（三）在中国境内设立机构、场所的非居民企业从居民企业取得与该机构、场所有实际联系的股息、红利等权益性投资收益；（四）符合条件的非营利组织的收入。"由此可知，国债和国家发行的金融债券利息，属于免纳企业所得税情形，不属于企业所得税征税范围。故D项错误。

344. 税收优惠[ACD]

[解析]《企业所得税法》第25条规定："国家对重点扶持和鼓励发展的产业和项目，给予企业所得税优惠。"故A项正确。

《企业所得税法》第28条第2款规定："国家需要重点扶持的高新技术企业，减按15%的税率征收企业所得税。"B项中"适当提高"的说法错误。故B项错误。

《企业所得税法》第27条规定："企业的下列所得，可以免征、减征企业所得税：（一）从事农、林、牧、渔业项目的所得；……"故C项正确。

《企业所得税法》第30条规定："企业的下列支出，可以在计算应纳税所得额时加计扣除：……（二）安置残疾人员及国家鼓励安置的其他就业人员所支付的工资。"故D项正确。

345. 企业所得税 [C]

[解析]《企业所得税法》第1条规定："在中华人民共和国境内，企业和其他取得收入的组织（以下统称企业）为企业所得税的纳税人，依照本法的规定缴纳企业所得税。个人独资企业、合伙企业不适用本法。"故A、B项正确，不当选。

《企业所得税法》第4条规定，企业所得税的税率为25%。非居民企业在中国境内未设立机构、场所的，或者虽设立机构、场所但取得的所得与其所设机构、场所没有实际联系的，应就其来源于中国境内的所得缴纳企业所得税，适用税率为20%。可知，非居民企业中"在中国境内未设立机构、场所的，或者虽设立机构、场所但取得的所得与其所设机构、场所没有实际联系的"，才适用20%的税率，除上述情况外是适用25%税率的。因此，二者的适用税率不是完全不同。故C项错误，当选。

《企业所得税法》第25~36条规定可知，税收优惠是扶持和鼓励，不按主体划分，居民企业和非居民企业都有权享受。故D项正确，不当选。

346. 企业所得税的纳税主体 [C]

[解析]《企业所得税法》第1条规定："在中华人民共和国境内，企业和其他取得收入的组织（以下统称企业）为企业所得税的纳税人，依照本法的规定缴纳企业所得税。个人独资企业、合伙企业不适用本法。"故C项正确，A、B、D项错误。

347. 企业所得税的减免 [A]

[解析]《企业所得税法》第30条规定："企业的下列支出，可以在计算应纳税所得额时加计扣除：（一）开发新技术、新产品、新工艺发生的研究开发费用；（二）安置残疾人员及国家鼓励安置的其他就业人员所支付的工资。"故A项正确，B、C、D项错误。

专题十九 个人所得税法

考点62 个人所得税法

348. 个人所得税 [C]

[解析] 根据《个人所得税法》第11条规定，办理汇算清缴的时间为取得所得的次年3月1日至6月30日。A项中的汇算清缴期间是正确的。根据《个人所得税法实施条例》第25条规定："取得综合所得需要办理汇算清缴的情形包括：（一）从两处以上取得综合所得，且综合所得年收入额减除专项扣除的余额超过6万元；……"从题干可知，李某只从甲公司获得工资收入，没有其他收入所得，故其不属于需要汇算清缴的情形，A项错误。

《个人所得税法》第9条规定："个人所得税以所得人为纳税人，以支付所得的单位或者个人为扣缴义务人。纳税人有中国公民身份号码的，以中国公民身份号码为纳税人识别号；纳税人没有中国公民身份号码的，由税务机关赋予其纳税人识别号。扣缴义务人扣缴税款时，纳税人应当向扣缴义务人提供纳税人识别号。"据此，李某作为纳税义务人，有自己的纳税人识别号，其个人所得税应当由甲公司代扣代缴。故B项错误。

《个人所得税法》第1条规定："在中国境内有住所，或者无住所而一个纳税年度内在中国境内居住累计满一百八十三天的个人，为居民个人。……"据此，李某在北京有住所，尽管其被甲公司派往德国工作，仍属于中国居民纳税人。故D项错误。另根据《个人所得税法》第2条规定，居民个人综合所得包括：（1）工资、薪金所得；（2）劳务报酬所得；（3）稿酬所得；（4）特许权使用费所得。根据该法第11条规定，居民个人取得综合所得，按年计算个人所得税；有扣缴义务人的，由扣缴义务人按月或者按次预扣预缴税款。因此，李某取得的工资作为综合所得，应当按年计税，按月预扣预缴。故C项正确。

349. 个人所得税；车船税 [B]

[解析]《个人所得税法》第3条规定："个人所得税的税率：（一）综合所得，适用3%至45%的超额累进税率（税率表附后）；……"据此，稿酬属于综合所得之一，合并计算个人所得税，适用3%~45%的超额累进税率，并非比例税率。故A项错误。

《个人所得税法》第4条规定："下列各项个人所得，免征个人所得税：（一）省级人民政府、国务院部委和中国人民解放军军以上单位，以及外国组织、国际组织颁发的科学、教育、技术、文化、卫生、体育、环境保护等方面的奖金；……"据此，外国组织发放的文化方面的奖金，属于法定免税范围，无需缴纳个人所得税。故B项正确。

《车船税法》第4条规定："对节约能源、使用新能源的车船可以减征或者免征车船税；对受严重自然灾害影响纳税困难以及有其他特殊原因确需减税、免税的，可以减征或者免征车船税。具体办法由国务院规定，并报全国人民代表大会常务委员会备案。"新能源汽车并非法定免税范围，而是根据国务院规定减征或免征，C项表述为"应免纳车船税"是错误的。

《个人所得税法》第1条第1款规定:"在中国境内有住所,或者无住所而一个纳税年度内在中国境内居住累计满183天的个人,为居民个人。居民个人从中国境内和境外取得的所得,依照本法规定缴纳个人所得税。"第2条规定:"下列各项个人所得,应当缴纳个人所得税:……(三)稿酬所得;(四)特许权使用费所得;……居民个人取得前款第一项至第四项所得(以下称综合所得),按纳税年度合并计算个人所得税;非居民个人取得前款第一项至第四项所得,按月或者按次分项计算个人所得税。纳税人取得前款第五项至第九项所得,依照本法规定分别计算个人所得税。"程某作为我国作家,在没有特别说明的情况下应认定为居民纳税人,应就其取得的境内外所得缴纳个人所得税,所以程某在国内获得的稿酬、国外获得的特许权使用费应缴纳个人所得税。故 D 项错误。

350. 个人所得税的征缴规则[B]

[解析]《个人所得税法》第3条第3项规定,利息、股息、红利所得,财产租赁所得,财产转让所得和偶然所得,适用比例税率,税率为20%。彩票收入属于偶然所得,应适用比例税率,税率为20%。故 A 项错误。

《个人所得税法》第17条规定,对扣缴义务人按照所扣缴的税款,付给2%的手续费。故 B 项正确。

《个人所得税法》第4条第1款第5项规定,保险赔款免征个人所得税。故 C 项错误。

个人所得税是针对个人工资薪金所得征税,每个纳税人应当单独计算工资薪金收入及其起征点。故 D 项错误。

351. 个人所得税法[C(原答案为CD)]

[解析] 个人所得税属于所得税,不属于财产税。故 A 项错误。

《个人所得税法》第1条第1、2款规定,在中国境内有住所,或者无住所而一个纳税年度内在中国境内居住累计满183天的个人,为居民个人。居民个人从中国境内和境外取得的所得,依照本法规定缴纳个人所得税。在中国境内无住所又不居住,或者无住所而一个纳税年度内在中国境内居住累计不满183天的个人,为非居民个人。非居民个人从中国境内取得的所得,依照本法规定缴纳个人所得税。居民纳税人和非居民纳税人是按照住所或居住时间为标准进行区分的。故 B 项错误。同时,对于居民纳税人境内外所得均要求缴纳个人所得税。故 C 项正确。

《个人所得税法》第3条规定,劳务报酬所得适用超额累进税率。故 D 项错误。

352. 个人所得税的基本内容[ABCD]

[解析]《个人所得税法》第1条第1款规定:"在中国境内有住所,或者无住所而一个纳税年度内在中国境内居住累计满183天的个人,为居民个人。居民

个人从中国境内和境外取得的所得,依照本法规定缴纳个人所得税。"本题中,约翰2012年来到中国且一直居住在中国,是中国的居民纳税人,须对其国内外所得纳税。

《个人所得税法》第2条第1款规定:"下列各项个人所得,应当缴纳个人所得税:(一)工资、薪金所得;(二)劳务报酬所得;(三)稿酬所得;(四)特许权使用费所得;(五)经营所得;(六)利息、股息、红利所得;(七)财产租赁所得;(八)财产转让所得;(九)偶然所得。" A 项属于薪金所得,B 项属于财产租赁所得,C 项属于劳务报酬所得,D 项属于稿酬所得。约翰作为居民纳税人均需要纳税。故 A、B、C、D 项当选。

353. 个人所得税纳税申报[CD(原答案为ABCD)]

[解析]《个人所得税法》第10条规定:"有下列情形之一的,纳税人应当依法办理纳税申报:(一)取得综合所得需要办理汇算清缴;(二)取得应税所得没有扣缴义务人;(三)取得应税所得,扣缴义务人未扣缴税款;(四)取得境外所得;(五)因移居境外注销中国户籍;(六)非居民个人在中国境内从两处以上取得工资、薪金所得;(七)国务院规定的其他情形。扣缴义务人应当按照国家规定办理全员全额扣缴申报,并向纳税人提供其个人所得和已扣缴税款等信息。"根据第2、4项,C、D 符合题意,当选。

专题二十 车船税法

考点63 车船税法

354. 征税范围和税收优惠[ABCD]

[解析]《企业所得税法》第1条规定:"在中华人民共和国境内,企业和其他取得收入的组织为企业所得税的纳税人,依照本法的规定缴纳企业所得税。个人独资企业、合伙企业不适用本法。"据此,合伙企业不缴纳企业所得税。故 A 项错误,当选。

根据《关于节能新能源车船享受车船税优惠政策的通知》第2条规定,对新能源车船,免征车船税。免征车船税的新能源汽车是指纯电动商用车、插电式(含增程式)混合动力汽车、燃料电池商用车。纯电动乘用车和燃料电池乘用车不属于车船税征税范围,对其不征车船税。免征,是指本应征收,但免除征收。而纯电动乘用车,不属于车船税征税范围,本就不应征收车船税,也就谈不上免征问题。故 B 项错误,当选。

《环境保护税法》第12条规定:"下列情形,暂予免征环境保护税:……(二)机动车、铁路机车、非道路移动机械、船舶和航空器等流动污染源排放应税污染物;……"根据该法第3条规定,本法所称应税污染物,包括大气污染物、水污染物、固体废物和噪声。纯

电动乘用车属于机动车,对其应免征环境保护税。故C项错误,当选。

《增值税暂行条例》第1条规定:"在中华人民共和国境内销售货物或者加工、修理修配劳务,销售服务、无形资产、不动产以及进口货物的单位和个人,为增值税的纳税人,应当依照本条例缴纳增值税。"其第15条第1款规定:"下列项目免征增值税:(一)农业生产者销售的自产农产品;(二)避孕药品和用具;(三)古旧图书;(四)直接用于科学研究、科学试验和教学的进口仪器、设备;(五)外国政府、国际组织无偿援助的进口物资和设备;(六)由残疾人的组织直接进口供残疾人专用的物品;(七)销售的自己使用过的物品。"据此,进口纯电动汽车并销售属于增值税征税范围,且不属于免征范围。《消费税暂行条例》第1条规定:"在中华人民共和国境内生产、委托加工和进口本条例规定的消费品的单位和个人,以及国务院确定的销售本条例规定的消费品的其他单位和个人,为消费税的纳税人,应当依照本条例缴纳消费税。"根据该条例中的《消费税税目税率表》所示,应税消费品中的小汽车包括燃油乘用车和中轻型商用客车,不包括电动汽车,所以进口纯电动汽车不属于消费税的征税范围。故D项错误,当选。

355.税收优惠制度[BC]

[解析]《消费税暂行条例》中的《消费税税目税率表》明确了化妆品为应纳税商品,可见进口化妆品应当缴纳消费税。故A项错误。

《车船税法》第3条第2项规定,对军队、武装警察部队专用的车船,免征车船税。故B项正确。

《企业所得税法》第27条第1项规定,企业从事农、林、牧、渔业项目的所得,可以免征、减征企业所得税。故C项正确。

《增值税暂行条例》第15条第1款第1项规定,农业生产者销售的自产农产品免征增值税。农民张某销售收购的农产品不属于免征增值税的范畴。故D项错误。

法条变更	《中华人民共和国车船税法》 2019年4月23日第十三届全国人民代表大会常务委员会第十次会议《关于修改〈中华人民共和国建筑法〉等八部法律的决定》修正

专题二十一 增值税法

考点64 增值税法

356.增值税[D]

[解析]《增值税暂行条例》第1条规定:"在中华人民共和国境内销售货物或者提供加工、修理修配劳务(以下简称劳务),销售服务、无形资产、不动产以及进口货物的单位和个人,为增值税的纳税人,应当依照本条例缴纳增值税。"可知,纳税人提供的商品和劳务的增值额是增值税的税基。故A项正确,不当选。

《增值税暂行条例实施细则》第37条第1款规定,增值税的纳税人包括单位和个人,但起征点的范围只限于个人,不含单位。故B项正确,不当选。

《增值税暂行条例》第15条规定:"下列项目免征增值税:(一)农业生产者销售的自产农产品;(二)避孕药品和用具;(三)古旧图书;(四)直接用于科学研究、科学试验和教学的进口仪器、设备;(五)外国政府、国际组织无偿援助的进口物资和设备;(六)由残疾人的组织直接进口供残疾人专用的物品;(七)销售的自己使用过的物品。除前款规定外,增值税的免税、减税项目由国务院规定。任何地区、部门均不得规定免税、减税项目。"C项符合第1款第1项规定。故C项正确,不当选。

《增值税暂行条例》第2条规定:"增值税税率:(一)纳税人销售货物、劳务、有形动产租赁服务或者进口货物,除本条第二项、第四项、第五项另有规定外,税率为17%。(二)纳税人销售交通运输、邮政、基础电信、建筑、不动产租赁服务,销售不动产,转让土地使用权,销售或者进口下列货物,税率为11%:1.粮食等农产品、食用植物油、食用盐;2.自来水、暖气、冷气、热水、煤气、石油液化气、天然气、二甲醚、沼气、居民用煤炭制品;3.图书、报纸、杂志、音像制品、电子出版物;4.饲料、化肥、农药、农机、农膜;5.国务院规定的其他货物。(三)纳税人销售服务、无形资产,除本条第一项、第二项、第五项另有规定外,税率为6%。(四)纳税人出口货物,税率为零;但是,国务院另有规定的除外。(五)境内单位和个人跨境销售国务院规定范围内的服务、无形资产,税率为零。税率的调整,由国务院决定。"故D项应适用11%的增值税率,而非免征增值税,故D项错误。

专题二十二 消费税法

考点65 消费税法

357.税收法定原则;增值税;消费税;车船税[AB]

[解析]税收法定原则是指由立法者决定全部税收问题的税法基本原则,即如果没有相应法律作前提,政府则不能征税,公民也没有纳税的义务。其具体内容包括三个部分:税种法定、税收要素法定、程序法定。这就意味着,类推适用方法不适用于税法。故

A 项正确。

《增值税暂行条例》第 12 条规定："小规模纳税人增值税征收率为 3%，国务院另有规定的除外。"故 B 项正确。

《消费税暂行条例》规定，木制一次性筷子的税率为 5%，实木地板的税率为 5%。因此，竹制筷子和复合地板并不属于消费税应税对象。故 C 项错误。

《车船税法》第 8 条规定："车船税纳税义务发生时间为取得车船所有权或者管理权的当月。"应为"当月"而非"当年"，故 D 项错误。

专题二十三 税收征收管理法

考点66 税收征收管理法概述

358. 税收的征收依据[AB]

[解析]《税收征收管理法》第 3 条第 1 款规定："税收的开征、停征以及减税、免税、退税、补税，依照法律的规定执行；法律授权国务院规定的，依照国务院制定的行政法规的规定执行。"据此可知，地方政府开征、停征的依据为法律和法律授权国务院制定的行政法规。故 A、B 项正确，C、D 项错误。

359. 纳税人的权利[ABCD]

[解析]《税收征收管理法》第 8 条第 1 款规定："纳税人、扣缴义务人有权向税务机关了解国家税收法律、行政法规的规定以及与纳税程序有关的情况。"A 项是纳税人的知情权。故 A 项正确。

该条第 3 款规定："纳税人依法享有申请减税、免税、退税的权利。"B 项是纳税人申请减免退税的权利。故 B 项正确。

该条第 4 款规定："纳税人、扣缴义务人对税务机关所作出的决定，享有陈述权、申辩权；依法享有申请行政复议、提起行政诉讼、请求国家赔偿等权利。"C 项属于申辩权、复议权。D 项属于申请国家赔偿权。故 C、D 项正确。

360. 纳税人的权利和税务机关的义务[ABCD]

[解析]《税收征收管理法》第 8 条第 2 款规定："纳税人、扣缴义务人有权要求税务机关为纳税人、扣缴义务人的情况保密。税务机关应当依法为纳税人、扣缴义务人的情况保密。"A 项张某的丈夫是纳税人，税务机关拒绝张某查询，正是为了保护纳税人秘密。故 A 项正确。

《税收征收管理法》第 8 条第 1 款规定："纳税人、扣缴义务人有权向税务机关了解国家税收法律、行政法规的规定以及与纳税程序有关的情况。"B 项要求解释有关税收计算方法的疑问，符合规定。故 B 项正确。

《税收征收管理法》第 88 条第 2 款规定："当事人对税务机关的处罚决定、强制执行措施或者税收保全措施不服的，可以依法申请行政复议，也可以依法向人民法院起诉。"故 C 项正确。

《税收征收管理法》第 8 条第 5 款规定："纳税人、扣缴义务人有权控告和检举税务机关、税务人员的违法违纪行为。"故 D 项正确。

考点67 税务管理

361. 税务登记[C]

[解析]《税收征收管理法》第 15 条第 1 款规定："企业，企业在外地设立的分支机构和从事生产、经营的场所，个体工商户和从事生产、经营的事业单位（以下统称从事生产、经营的纳税人）自领取营业执照之日起 30 日内，持有关证件，向税务机关申报办理税务登记。税务机关应当于收到申报的当日办理登记并发给税务登记证件。"故 A 项正确，不当选。

《税收征收管理法》第 17 条第 1 款规定："从事生产、经营的纳税人应当按照国家有关规定，持税务登记证件，在银行或者其他金融机构开立基本存款账户和其他存款账户，并将其全部账号向税务机关报告。"故 B 项正确，不当选。

《税收征收管理法实施细则》第 14 条规定："纳税人税务登记内容发生变化的，应当自工商行政管理机关或者其他机关办理变更登记之日起 30 日内，持有关证件向原税务登记机关申报办理变更税务登记。纳税人税务登记内容发生变化，不需要到工商行政管理机关或者其他机关办理变更登记的，应当自发生变化之日起 30 日内，持有关证件向原税务登记机关申报办理变更税务登记。"故 C 项错误，当选。

《税收征收管理法实施细则》第 21 条第 2 款规定："从事生产、经营的纳税人外出经营，在同一地累计超过 180 天的，应当在营业地办理税务登记手续。"故 D 项正确，不当选。

362. 账簿、凭证管理[BCD（原答案为 ABCD）]

[解析]《税收征收管理法实施细则》第 23 条规定："生产、经营规模小又确无建账能力的纳税人，可以聘请经批准从事会计代理记账业务的专业机构或者财会人员代为建账和办理账务。"据此，应是"经批准从事会计代理记账业务的"而非"经税务机关认可的"财会人员，故 A 项错误。

《税收征收管理法实施细则》第 24 条第 2 款规定："纳税人使用计算机记账的，应当在使用前将会计电算化系统的会计核算软件、使用说明书及有关资料报送主管税务机关备案。"故 B 项正确。

《税收征收管理法实施细则》第 26 条第 1 款规定："纳税人、扣缴义务人会计制度健全，能够通过计算机正确、完整计算其收入和所得或者代扣代缴、代收代缴税款情况的，其计算机输出的完整的书面会计

商经法 [答案详解] · 87 ·

记录,可视同会计账簿。"故 C 项正确。

《税收征收管理法实施细则》第 29 条第 2 款规定:"账簿、记账凭证、报表、完税凭证、发票、出口凭证以及其他有关涉税资料应当保存 10 年;但是,法律、行政法规另有规定的除外。"故 D 项正确。

363. 扣缴义务人[D]

[解析]《税收征收管理法》第 4 条第 2 款规定:"法律、行政法规规定负有代扣代缴、代收代缴税款义务的单位和个人为扣缴义务人。"故 A 项正确,不当选。

《税收征收管理法》第 25 条第 2 款规定:"扣缴义务人必须依照法律、行政法规规定或者税务机关依照法律、行政法规的规定确定的申报期限、申报内容如实报送代扣代缴、代收代缴税款报表以及税务机关根据实际需要要求扣缴义务人报送的其他有关资料。"故 B 项正确,不当选。

《税收征收管理法》第 27 条第 1 款规定:"纳税人、扣缴义务人不能按期办理纳税申报或者报送代扣代缴、代收代缴税款报告表的,经税务机关核准,可以延期申报。"故 C 项正确,不当选。

《税收征收管理法》第 26 条规定:"纳税人、扣缴义务人可以直接到税务机关办理纳税申报或者报送代扣代缴、代收代缴税款报告表,也可以按照规定采取邮寄、数据电文或者其他方式办理上述申报、报送事项。"本条规定的纳税人、扣缴义务人可以采用多种形式报税,不必直接到税务机关报税。故 D 项错误,当选。

考点68 税收征收与保障

364. 税款征收[BC]

[解析]《税收征收管理法》第 51 条规定:"纳税人超过应纳税额缴纳的税款,税务机关发现后应当立即退还;纳税人自结算缴纳税款之日起三年内发现的,可以向税务机关要求退还多缴的税款并加算银行同期存款利息,税务机关及时查实后应当立即退还;涉及从国库中退库的,依照法律、行政法规有关国库管理的规定退还。"据此,税务局不仅应退还税款,还应加算银行同期存款利息,故 A 项错误,B 项正确。申请退还税款的期限是 3 年,自结算缴纳税款之日起算,故 C 项正确,D 项错误。

365. 税收征收管理法[ACD]

[解析]《税收征收管理法》第 14 条规定:"本法所称税务机关是指各级税务局、税务分局、税务所和按照国务院规定设立的并向社会公告的税务机构。"《税收征收管理法实施细则》第 9 条第 1 款规定:"税收征管法第 14 条所称按照国务院规定设立的并向社会公告的税务机构,是指省以下税务局的稽查局。稽查局专司偷税、逃避追缴欠税、骗税、抗税案件的查处。"由此可知,稽查局是法定的税务机关,具有独立

的执法主体资格。故 A 项正确。

《税收征收管理法》第 35 条第 1 款第 6 项规定,纳税人申报的计税依据明显偏低,又无正当理由的,税务机关有权核定其应纳税额。本题中,昌昌公司所涉拍卖行为合法有效,也不存在逃税、骗税等行为,税务机关无权核定其应纳税额,也无权加收滞纳金。故 B 项错误,C 项正确。

《税收征收管理法》第 88 条第 1 款规定:"纳税人、扣缴义务人、纳税担保人同税务机关在纳税上发生争议时,必须先依照税务机关的纳税决定缴纳或者解缴税款及滞纳金或者提供相应的担保,然后可以依法申请行政复议;对行政复议决定不服的,可以依法向人民法院起诉。"本题中属于纳税上的争议,实行复议前置制度。故 D 项正确。

366. 税款征收[B]

[解析]《税收征收管理法》第 45 条第 1、2 款规定:"税务机关征收税款,税收优先于无担保债权,法律另有规定的除外;纳税人欠缴的税款发生在纳税人以其财产设定抵押、质押或者纳税人的财产被留置之前的,税收应当先于抵押权、质权、留置权执行。纳税人欠缴税款,同时又被行政机关决定处以罚款、没收违法所得的,税收优先于罚款、没收违法所得。"

A 项错误,B 项正确,该企业拖欠缴纳税款发生在纳税人以其办公楼设定抵押权之前,税款优先于贷款。C 项错误,税款应优先于罚款。D 项错误,因为税款优先于抵押权和罚款,所以同等受偿说法是错误的。

367. 少缴税款的征收[ABC]

[解析]《税收征收管理法》第 52 条第 2 款规定,因纳税人、扣缴义务人计算错误等失误,未缴或者少缴税款的,税务机关在 3 年内可以追征税款、滞纳金;有特殊情况的,追征期可以延长到 5 年。该条第 3 款规定,对偷税、抗税、骗税的,税务机关追征其未缴或者少缴的税款、滞纳金或者所骗取的税款,不受前款规定期限的限制。

因为是纳税人的原因未缴税款,所以需要追征税款,并可追征滞纳金。故 A、B 项正确。

该企业未缴税款累计达 50 万元,属于"数额较大",所以税务机关的追征期限可以延长到 5 年。故 C 项正确。

某企业未缴税款是因计算错误,并非企业故意偷税、抗税、骗税。故 D 项错误。

368. 税务机关的代位权[ABCD]

[解析]《税收征收管理法》第 50 条第 1 款规定,欠缴税款的纳税人因怠于行使到期债权,或者放弃到期债权,或者无偿转让财产,或者以明显不合理的低价转让财产而受让人知道该情形,对国家税收造成损害的,税务机关可以依法行使代位权、撤销权。由此

可知,税务机关行使代位权的前提条件是怠于行使到期债权,或者放弃到期债权;税务机关行使代位权必须通过人民法院行使。甲公司没有怠于行使到期债权,或者放弃到期债权的情形。故A项错误。

《民法典》第535条第1款规定:"因债务人怠于行使其债权或者与该债权有关的从权利,影响债权人的到期债权实现的,债权人可以向人民法院请求以自己的名义代位行使债务人对相对人的权利,但是该权利专属于债务人自身的除外。"据此,代位权的主张必须通过诉讼的方式行使。本题中,如代位权成立,税务局应请求法院行使,而不能直接向乙公司行使代位权。故B项错误。

《税收征收管理法》第38条规定:"税务机关有根据认为从事生产、经营的纳税人有逃避纳税义务行为的,可以在规定的纳税期之前,责令限期缴纳应纳税款;……"税务机关责令纳税人限期缴纳适用于从事生产、经营的纳税人有逃避纳税义务行为的情况,本题中,甲是纳税人,乙不是本案的直接纳税人,故税务局有权责令甲公司限期缴纳,对乙公司无权责令限期缴纳。故C项错误。

依据《税收征收管理法》第40条第1款规定:"从事生产、经营的纳税人、扣缴义务人未按照规定的期限缴纳或者解缴税款,纳税担保人未按照规定的期限缴纳所担保的税款,由税务机关责令限期缴纳,逾期仍未缴纳的,经县以上税务局(分局)局长批准,税务机关可以采取下列强制执行措施:……"因此税收强制执行措施的适用对象是从事生产、经营的纳税人、扣缴义务人,所以乙公司也不是采取税收强制执行措施的对象。故D项错误。

369. 纳税担保;税收保全;税收争议[BCD]

[解析]《税收征收管理法》第38条第1款规定:"……如果纳税人不能提供纳税担保,经县以上税务局(分局)局长批准,税务机关可以采取下列税收保全措施:(一)书面通知纳税人开户银行或者其他金融机构冻结纳税人的金额相当于应纳税款的存款;(二)扣押、查封纳税人的价值相当于应纳税款的商品、货物或者其他财产。"A项应是"冻结"相当于应纳税款的存款,而非"直接从其存款中扣缴",故A项错误。B项完全符合上述规定,故B项正确。

《税收征收管理法》第88条第1款规定,纳税人、扣缴义务人、纳税担保人同税务机关在纳税上发生争议时,必须先依照税务机关的纳税决定缴纳或者解缴税款及滞纳金或者提供相应的担保,然后可以依法申请行政复议;对行政复议决定不服的,可以依法向人民法院起诉。据此,纳税争议实行复议前置。故C项正确。

《税收征收管理法》第88条第2款规定:"当事人对税务机关的处罚决定、强制执行措施或者税收保全措施不服的,可以依法申请行政复议,也可以依法向人民法院起诉。"税务机关作出的行政处罚、行政强制执行、税收保全措施(属于行政强制措施),不属于纳税争议,不适用复议前置,故D项正确。

370. 征纳期限制度;纳税担保制度;离境清税制度[A]

[解析]《税收征收管理法》第31条第2款规定:"纳税人因有特殊困难,不能按期缴纳税款的,经省、自治区、直辖市国家税务局、地方税务局批准,可以延期缴纳税款,但是最长不得超过3个月。"《税收征收管理法》第44条规定:"欠缴税款的纳税人或者他的法定代表人需要出境的,应当在出境前向税务机关结清应纳税款、滞纳金或者提供担保。未结清税款、滞纳金,又不提供担保的,税务机关可以通知出境管理机关阻止其出境。"

李某属于欠缴税款的纳税人,即使在延期期间出境,也应当在出境前"结清应纳税款、滞纳金或提供担保"。故A项当选。

李某未按期缴纳而申请延期缴纳,依然属于欠缴税款。B项"无须采取任何措施"表述错误。故B项不当选。

只有在"未结清税款、滞纳金,又不提供担保"时,"税务机关可以通知出境管理机关阻止其出境。"C项"一律不得出境"和D项"直接通知"表述错误。故C、D项不当选。

专题二十四 审计法

考点69 审计法

371. 审计管辖机关;审计程序[BC]

[解析]《审计法》第31条第2款规定:"审计机关之间对审计管辖范围有争议的,由其共同的上级审计机关确定。"本题中,两个市审计局的共同上级审计机关为省审计厅,应由其确定管辖机关。故A项错误,B项正确。

《审计法》第32条规定:"被审计单位应当加强对内部审计工作的领导,按照国家有关规定建立健全内部审计制度。审计机关应当对被审计单位的内部审计工作进行业务指导和监督。"故C项正确。

《审计法》第45条第2款规定:"审计机关应当将审计机关的审计报告和审计决定送达被审计单位和有关主管机关、单位,并报上一级审计机关。审计决定自送达之日起生效。"据此,应报送上一级审计机关,而非本级政府。故D项错误。

372. 审计机关的职权[BCD]

[解析]冻结银行账户属于《行政强制法》中的行

政强制措施,根据《行政强制法》第29条规定,冻结存款、汇款应当由法律规定的行政机关实施。《审计法》中未授予审计机关冻结银行账户的权利,根据《审计法》38条第2款规定,需要冻结被审计单位银行存款的,审计机关应当向人民法院提出申请。故A项错误。

《审计法》第37条第2、3款规定:"审计机关经县级以上人民政府审计机关负责人批准,有权查询被审计单位在金融机构的账户。审计机关有证据证明被审计单位违反国家规定将公款转入其他单位、个人在金融机构账户的,经县级以上人民政府审计机关主要负责人批准,有权查询有关单位、个人在金融机构与审计事项相关的存款。"本题中电力公司将收取的居民电费存在员工陆某名下,因此审计机构有权对该公司及陆某的银行账户进行查询。故B、C项正确。

根据《审计法》第38条规定,审计机关进行审计时,被审计单位不得转移、隐匿、篡改、毁弃财务、会计资料以及与财政收支、财务收支有关的业务、管理等资料,不得转移、隐匿、故意毁损所持有的违反国家规定取得的资产。审计机关对审计单位违反前述规定的行为,有权予以制止;必要时,经县级以上人民政府审计机关负责人批准,有权封存有关资料和违反国家规定取得的资产。故D项正确。

法条变更	《中华人民共和国审计法》根据2021年10月23日第十三届全国人民代表大会常务委员会第三十一次会议《关于修改〈中华人民共和国审计法〉的决定》第二次修正

373. 审计监督机构及措施[C]

[解析]《审计法》第20条规定:"审计署对中央银行的财务收支,进行审计监督。"《审计法》第22条第1款规定:"审计机关对国有企业、国有金融机构和国有资本占控股地位或者主导地位的企业、金融机构的资产、负债、损益以及其他财务收支情况,进行审计监督。"因此,对"当地农业银行"的审计并非由审计署实施,而是由地方审计机关实施,且不需要被审计对象的行业主管部门银监机构同意。故A、B项错误。

《审计法》第37条第2款规定:"审计机关经县级以上人民政府审计机关负责人批准,有权查询被审计单位在金融机构的账户。"这里的负责人并未限定为正职,具有审批权限的副职领导批准也可。故C项正确。

《审计法》第23条规定:"审计机关对政府投资和以政府投资为主的建设项目的预算执行情况,对其他关系国家利益和公共利益的重大公共工程项目的资金管理使用和建设运营情况,进行审计监督。"

该企业申请了财政贴息贷款,属于审计对象之列。故D项错误。

374. 审计机关;宪法实施的含义[ACD]

[解析]《宪法》第91条第1款规定:"国务院设立审计机关,对国务院各部门和地方各级政府的财政收支,对国家的财政金融机构和企业事业组织的财务收支,进行审计监督。"宪法规定是宏观、原则性的规定,需要具体法律进行细化和实施。故A项正确。

《宪法》第109条规定:"县级以上的地方各级人民政府设立审计机关。地方各级审计机关依照法律规定独立行使审计监督权,对本级人民政府和上一级审计机关负责。"可见,并非对"本级人大常委会"负责。故B项错误。

《审计法》第2条第3款规定:"国务院各部门和地方各级人民政府及其各部门的财政收支,国有的金融机构和企业事业组织的财务收支,以及其他依照本法规定应当接受审计的财政收支、财务收支,依照本法规定接受审计监督。"故C、D项正确。

375. 审计机关的职责和权限[AD]

[解析]《审计法》第23条规定:"审计机关对政府投资和以政府投资为主的建设项目的预算执行情况和决算,对其他关系国家利益和公共利益的重大公共工程项目的资金管理使用和建设运营情况,进行审计监督。"本项目由政府投资,应当接受审计监督。故A项正确。

冻结银行账户属于《行政强制法》中的行政强制措施,只能由法律授权的行政机关实施。《审计法》中未授予审计机关冻结银行账户的权利,因此审计机关不能自行实施冻结行为,而是应申请法院实施。对此,《审计法》38条第2款规定,需要冻结被审计单位银行存款的,审计机关应当向人民法院提出申请。故B项错误。

《审计法》第44条规定:"审计组对审计事项实施审计后,应当向审计机关提出审计组的审计报告。审计组的审计报告报送审计机关前,应当征求被审计单位的意见。被审计单位应当自接到审计组的审计报告之日起十日内,将其书面意见送交审计组。审计组应当将被审计单位的书面意见一并报送审计机关。"本题中,审计组的审计报告在报送审计机关前,应征求被审计对象的意见,而不是在审计报告报送审计机关后再征求意见。故C项错误。

《审计法》第46条规定:"上级审计机关认为下级审计机关作出的审计决定违反国家有关规定的,可以责成下级审计机关予以变更或者撤销,必要时也可以直接作出变更或者撤销的决定。"故D项正确。

376. 审计机关的职责和权限[B]

[解析]《审计法》第23条规定:"审计机关对政

府投资和以政府投资为主的建设项目的预算执行情况和决算,对其他关系国家利益和公共利益的重大公共工程项目的资金管理使用和建设运营情况,进行审计监督。"本题符合"政府投资的建设项目"范围,审计机关可以对其进行审计监督。故 A 项错误。

《审计法》第 42 条第 1 款规定:"审计机关根据经批准的审计项目计划确定的审计事项组成审计组,并应当在实施审计三日前,向被审计单位送达审计通知书;遇有特殊情况,经县级以上人民政府审计机关负责人批准,可以直接持审计通知书实施审计。"故 B 项正确。

《审计法》第 37 条第 2 款规定:"审计机关经县级以上人民政府审计机关负责人批准,有权查询被审计单位在金融机构的账户。"因此审计局无需委托人民法院查询。故 C 项错误。

《审计法》第 36 条规定:"审计机关进行审计时,有权检查被审计单位的财务、会计资料以及与财政收支、财务收支有关的业务、管理等资料和资产,有权检查被审计单位信息系统的安全性、可靠性、经济性,被审计单位不得拒绝。"由此可见,审计局可以要求该公司直接提供财政收支有关的资料和资产,不需要委托税务局检查。故 D 项错误。

377. 审计监督的对象[ABD]

[解析]《审计法》第 21 条规定:"审计机关对国家的事业组织和使用财政资金的其他事业组织的财务收支,进行审计监督。"故 A 项正确。

《审计法》第 22 条第 1 款规定:"审计机关对国有企业、国有金融机构和国有资本占控股地位或者主导地位的企业、金融机构的资产、负债、损益以及其财务收支情况,进行审计监督。"故 B 项正确。

《审计法》第 23 条规定:"审计机关对政府投资和以政府投资为主的建设项目的预算执行情况和决算,对其他关系国家利益和公共利益的重大公共工程项目的资金管理使用和建设运营情况,进行审计监督。"据此可知,对于政府投资的建设项目,审计机关仅对其预算执行情况和决算进行审计监督,而非对整体的财务收支进行审计监督。"收支"包括收入与支出,而本条规定的"预算执行和决算"仅指支出情况,不包括收入情况。故 C 项错误。

《审计法》第 25 条规定:"审计机关对国际组织和外国政府援助、贷款项目的财务收支,进行审计监督。"故 D 项正确。

专题二十五 土地管理法

考点70 土地管理法

378. 永久基本农田的保护[D]

[解析]《土地管理法》第 33 条第 1 款规定:"国家实行永久基本农田保护制度。下列耕地应当根据土地利用总体规划划为永久基本农田,实行严格保护:……(三)蔬菜生产基地;……"据此,本案中的蔬菜基地属于永久基本农田。

《土地管理法》第 35 条第 1 款规定:"永久基本农田经依法划定后,任何单位和个人不得擅自占用或者改变其用途。国家能源、交通、水利、军事设施等重点建设项目选址确实难以避让永久基本农田,涉及农用地转用或者土地征收的,必须经国务院批准。"据此,省政府无权审批,A 项错误。

《土地管理法》第 37 条第 3 款规定:"禁止占用永久基本农田发展林果业和挖塘养鱼。"故 B、C 项错误。

《土地管理法》第 34 条规定:"永久基本农田划定以乡(镇)为单位进行,由县级人民政府自然资源主管部门会同同级农业农村主管部门组织实施。……乡(镇)人民政府应当将永久基本农田的位置、范围向社会公告,并设立保护标志。"故 D 项正确。

379. 土地纠纷及其解决途径[ABC]

[解析]《城市房地产管理法》第 26 条规定:"以出让方式取得土地使用权进行房地产开发的,必须按照土地使用权出让合同约定的土地用途、动工开发期限开发土地。超过出让合同约定的动工开发日期满 1 年未动工开发的,可以征收相当于土地使用权出让金 20%以下的土地闲置费;满 2 年未动工开发的,可以无偿收回土地使用权;但是,因不可抗力或者政府、政府有关部门的行为或者动工开发必需的前期工作造成动工开发迟延的除外。"本题市政府收回该公司取得的土地使用权,属于行政机关的具体行政行为,该公司要求"撤销收回土地使用权的决定",此纠纷性质为"行政争议"。故 A 项正确。

在本题的土地使用权出让关系中,是政府行使土地所有者身份与某公司签订土地出让合同,就该合同履行引发的赔偿争议属于民事争议。故 B 项正确。

《行政复议法》第 23 条规定:"有下列情形之一的,申请人应当先向行政复议机关申请行政复议,对行政复议决定不服的,可以再依法向人民法院提起行政诉讼:……(二)对行政机关作出的侵犯其已经依法取得的自然资源的所有权或者使用权的决定不服;……"据此,法律规定了行政复议是对此类行政案件提起行政诉讼的必经程序,即行政复议前置。故 C 项正确。

民事纠纷,可以直接向法院提出赔偿诉讼,无需行政复议前置。故 D 项错误。

法条变更	《中华人民共和国行政复议法》 2023 年 9 月 1 日第十四届全国人民代表大会常务委员会第五次会议修订

380. 农村住宅用地的转让；一户一宅原则；合同生效要件［ABCD］

［解析］《土地管理法》第62条规定："农村村民一户只能拥有一处宅基地，其宅基地的面积不得超过省、自治区、直辖市规定的标准。……农村村民住宅用地，由乡（镇）人民政府审核批准；其中，涉及占用农用地的，依照本法第四十四条的规定办理审批手续。农村村民出卖、出租、赠与住宅后，再申请宅基地的，不予批准……"由此可知，本题甲已将宅基地转让他人，政府不再批给甲宅基地。故A、B项错误，当选。

宅基地使用权限于农村集体经济组织内部成员，本题甲转让给"同村农户乙"，甲和乙均是农村集体经济组织内部成员，所以该房屋买卖合同有效。故C、D项错误，当选。

法条变更	《中华人民共和国土地管理法》
	全国人民代表大会常务委员会关于修改《中华人民共和国土地管理法》《中华人民共和国城市房地产管理法》的决定于2019年8月26日通过

381. 划拨取得建设用地的情形；土地用途变更；临时用地；土地出让金缴纳［ABCD］

［解析］《土地管理法》第54条规定："建设单位使用国有土地，应当以出让等有偿使用方式取得，但是，下列建设用地，经县级以上人民政府依法批准，可以划拨方式取得：（一）国家机关用地和军事用地；（二）城市基础设施用地和公益事业用地；（三）国家重点扶持的能源、交通、水利等基础设施用地；（四）法律、行政法规规定的其他用地。"据此可知，经营性墓地不属于划拨土地范围。故A项违反规定，当选。

《土地管理法》第55条第1款规定："以出让等有偿使用方式取得国有土地使用权的建设单位，按照国务院规定的标准和办法，缴纳土地使用权出让金等土地有偿使用费和其他费用后，方可使用土地。"据此可知，有偿取得建设用地的受让人，须在缴纳使用费和其他费用后，方可使用土地。故B项违反规定，当选。

《土地管理法》第56条规定："建设单位使用国有土地的，应当按照土地使用权出让等有偿使用合同的约定或者土地使用权划拨批准文件的规定使用土地；确需改变该幅土地建设用途的，应当经有关人民政府自然资源主管部门同意，报原批准用地的人民政府批准。其中，在城市规划区内改变土地用途的，在报批前，应当先经有关城市规划行政主管部门同意。"据此可知，改变土地用途，须经城市规划行政主管部门同意。故C项违反规定，当选。

《土地管理法》第57条第2、3款规定："临时使用土地的使用者应当按照临时使用土地合同约定的用途使用土地，并不得修建永久性建筑物。临时使用土地期限一般不超过2年。"D项中丁公司使用临时用地已达到6年，并修建永久性建筑。故D项违反规定，当选。

382. 国有土地使用权［ABCD］

［解析］《土地管理法》第13条第2款规定，国家所有依法用于农业的土地可以由单位或者个人承包经营，从事种植业、林业、畜牧业、渔业生产。可知，国有土地可以是建设用地，也可以是农用地。故A项正确。

《土地管理法》第10条规定："国有土地和农民集体所有的土地，可以依法确定给单位或者个人使用。使用土地的单位和个人，有保护、管理和合理利用土地的义务。"故B项正确。

《土地管理法》第2条第5款规定："国家依法实行国有土地有偿使用制度。但是，国家在法律规定的范围内划拨国有土地使用权的除外。"可知，国有土地可以有偿使用，也可以无偿使用。故C项正确。

《城市房地产管理法》第23条第2款规定："依照本法规定以划拨方式取得土地使用权的，除法律、行政法规另有规定外，没有使用期限的限制。"可见，国有土地使用权可以有期限，也可以无期限。故D项正确。

383. 集体土地的承包经营［C］

［解析］《土地管理法》第13条第1款规定："农民集体所有和国家所有依法由农民集体使用的耕地、林地、草地，以及其他依法用于农业的土地，采取农村集体经济组织内部的家庭承包方式承包，不宜采取家庭承包方式的荒山、荒沟、荒丘、荒滩等，可以采取招标、拍卖、公开协商等方式承包，从事种植业、林业、畜牧业、渔业生产。家庭承包的耕地的承包期为30年，草地的承包期为30年至50年，林地的承包期为30年至70年；耕地承包期届满后再延长30年，草地、林地承包期届满后依法相应延长。"故C项正确。

384. 土地纠纷的解决途径［B］

［解析］《土地管理法》第14条规定："土地所有权和使用权争议，由当事人协商解决；协商不成的，由人民政府处理。单位之间的争议，由县级以上人民政府处理；个人之间、个人与单位之间的争议，由乡级人民政府或者县级以上人民政府处理。当事人对有关人民政府的处理决定不服的，可以自接到处理决定通知之日起30日内，向人民法院起诉。在土地所有权和使用权争议解决前，任何一方不得改变土地利用现状。"故A项正确，不当选。B项属于个人之间土地使用权的争议，应由乡级或县级人民政府处理，而非县土地主管部门处理。故B项错误，当选。

《农村土地承包法》第55条规定:"因土地承包经营发生纠纷的,双方当事人可以通过协商解决,也可请求村民委员会、乡(镇)人民政府调解解决。当事人不愿协商、调解或协商、调解不成的,可以向农村土地承包仲裁机构申请仲裁,也可直接向人民法院起诉。"故C项正确,不当选。

《土地管理法》第83条规定:"依照本法规定,责令限期拆除在非法占用的土地上新建的建筑物和其他设施的,建设单位或者个人必须立即停止施工,自行拆除;对继续施工的,作出处罚决定的机关有权制止。建设单位或者个人对责令限期拆除的行政处罚决定不服的,可以在接到责令限期拆除决定之日起15日内,向人民法院起诉……"故D项正确,不当选。

【思路拓展】D项可直接根据行政法知识作答,对行政处罚不服的,可复议可诉讼。

专题二十六 城乡规划法

考点71 城乡规划法

385. 划拨用地规划许可[B]

[解析] 根据《城乡规划法》第36条规定:"按照国家规定需要有关部门批准或者核准的建设项目,以划拨方式提供国有土地使用权的,建设单位在报送有关部门批准或者核准前,应当向城乡规划主管部门申请核发选址意见书。前款规定以外的建设项目不需要申请选址意见书。"同法第37条规定:"在城市、镇规划区内以划拨方式提供国有土地使用权的建设项目,经有关部门批准、核准、备案后,建设单位应当向城市、县人民政府城乡规划主管部门提出建设用地规划许可申请,由城市、县人民政府城乡规划主管部门依据控制性详细规划核定建设用地的位置、面积、允许建设的范围,核发建设用地规划许可证。建设单位在取得建设用地规划许可证后,方可向县级以上地方人民政府土地主管部门申请用地,经县级以上人民政府审批后,由土地主管部门划拨土地。"据此,以划拨方式取得土地使用权进行开发建设的建设项目的规划许可步骤为:(1)申请规划部门核发选址意见书→(2)有关部门批准、备案、核准建设项目→(3)提出建设用地规划许可申请→(4)规划部门核发建设用地规划许可证→(5)向土地主管部门申请用地,经县级以上政府审批,土地主管部门划拨土地。故本题B项正确。

386. 临时建筑物的批准主体及执行主体[B]

[解析]《城乡规划法》第44条第1款规定:"在城市、镇规划区内进行临时建设的,应当经城市、县人民政府城乡规划主管部门批准。临时建设影响近期建设规划或者控制性详细规划的实施以及交通、市容、安全等的,不得批准。"在规划区内建设临时建筑物的,无需城管执法部门批准,故A项错误。B项表述是正确的。

《城乡规划法》第66条规定:"建设单位或者个人有下列行为之一的,由所在地城市、县人民政府城乡规划主管部门责令限期拆除,可以并处临时建设工程造价1倍以下的罚款:(一)未经批准进行临时建设的;(二)未按照批准内容进行临时建设的;(三)临时建筑物、构筑物超过批准期限不拆除的。"未经批准进行临时建设,除责令限期拆除外,还可以进行罚款。除此之外,有权责令的主体是市城乡规划行政主管部门。故C项错误。

《城乡规划法》第68条规定:"城乡规划主管部门作出责令停止建设或者限期拆除的决定后,当事人不停止建设或者逾期不拆除的,建设工程所在地县级以上地方人民政府可以责成有关部门采取查封施工现场、强制拆除等措施。"采取强制拆除措施的主体是县级以上人民政府,非市城乡规划部门。故D项错误。

387. 镇总体规划编制与实施规则[A]

[解析]《城乡规划法》第17条第2款规定:"规划区范围、规划区内建设用地规模、基础设施和公共服务设施用地、水源地和水系、基本农田和绿化用地、环境保护、自然与历史文化遗产保护以及防灾减灾等内容,应当作为城市总体规划、镇总体规划的强制性内容。"防灾减灾属于镇总体规划的强制性内容。故A项正确。

《城乡规划法》第30条第2款规定:"在城市总体规划、镇总体规划确定的建设用地范围以外,不得设立各类开发区和城市新区。"故B项错误。

根据《城乡规划法》第15、16条规定,县政府编制县政府所在地镇的总体规划,先经县人大常委会审议,再报上一级政府审批,而其他镇的总体规划由镇人民政府组织编制,先经镇人民代表大会审议,再报上一级政府审批。故C项错误。

《城乡规划法》第36条规定:"按照国家规定需要有关部门批准或者核准的建设项目,以划拨方式提供国有土地使用权的,建设单位在报送有关部门批准或者核准前,应当向城乡规划主管部门申请核发选址意见书。前款规定以外的建设项目不需要申请选址意见书。"故D项错误。

388. 违反土地管理法的法律责任;城乡规划的法律责任[D]

[解析]《土地管理法》第77条第2款规定:"超过批准的数量占用土地,多占的土地以非法占用土地论处。"也就是说,题中的房地产公司实际占用土地的面积超出其依法获得的出让土地使用权面积的行为属于非法占用土地的行为,土地行政主管部门可以对

其进行行政处罚。《城乡规划法》第64条规定:"未取得建设工程规划许可证或者未按照建设工程规划许可证的规定进行建设的,由县级以上地方人民政府城乡规划主管部门责令停止建设;尚可采取改正措施消除对规划实施的影响的,限期改正,处建设工程造价5%以上10%以下的罚款;无法采取改正措施消除影响的,限期拆除,不能拆除的,没收实物或者违法收入,可以并处建设工程造价10%以下的罚款。"可见,题中房地产公司实际建筑面积超过建设工程规划许可证规定的面积的行为属于"未按照建设工程规划许可证的规定进行建设的行为"。在实践中,多占土地与实际建筑面积超标并不是两种有必然联系的行为,房地产公司完全可以在不多占土地的情况下实现实际建筑面积超标的行为,这实际上是两种不同的违法行为,不适用"一事不再罚原则"。故D项正确。

389. 城乡规划主管部门的职责[C]

[解析]《城乡规划法》第66条规定:"建设单位或者个人有下列行为之一的,由所在地城市、县人民政府城乡规划主管部门责令限期拆除,可以并处临时建设工程造价1倍以下的罚款:(一)未经批准进行临时建设的;(二)未按照批准内容进行临时建设的;(三)临时建筑物、构筑物超过批准期限不拆除的。"本题中,该建设项目在市中心使用城市规划用地修建临时建筑物,超过批准期限后仍未拆除,按照法律的规定,应当由该市城乡规划行政主管部门责令限期拆除。故C项正确,A、B、D项错误。

390. 城乡规划的实施[BD]

[解析]《城乡规划法》第29条第2款规定:"镇的建设和发展,应当结合农村经济社会发展和产业结构调整,优先安排供水、排水、供电、供气、道路、通信、广播电视等基础设施和学校、卫生院、文化站、幼儿园、福利院等公共服务设施的建设,为周边农村提供服务。"故B、D项正确。A、C项显然不属于应予优先安排的基础设施和公共服务设施。故A、C项错误。

391. 城乡规划的实施[AB]

[解析]《城乡规划法》第41条第1款规定:"在乡、村庄规划区内进行乡镇企业、乡村公共设施和公益事业建设的,建设单位或者个人应当向乡、镇人民政府提出申请,由乡、镇人民政府报城市、县人民政府城乡规划主管部门核发乡村建设规划许可证。"故A项正确。

《城乡规划法》第41条第3款规定:"在乡、村庄规划区内进行乡镇企业、乡村公共设施和公益事业建设以及农村村民住宅建设,不得占用农用地;确需占用农用地的,应当依照《中华人民共和国土地管理法》有关规定办理农用地转用审批手续后,由城市、县人民政府城乡规划主管部门核发乡村建设规划许可

证。"故B项正确。

《城乡规划法》第41条第4款规定:"建设单位或者个人在取得乡村建设规划许可证后,方可办理用地审批手续。"可知,C项将二者顺序颠倒了。故C项错误。

《城乡规划法》第43条第1款规定,建设单位应当按照规划条件进行建设;确需变更的,必须向城市、县人民政府城乡规划主管部门提出申请。可知,D项"绝对不允许作任何变更"的说法过于绝对,不符合法律规定。故D项错误。

392. 城乡规划的范围[ABC]

[解析]《城乡规划法》第2条第2款规定:"本法所称城乡规划,包括城镇体系规划、城市规划、镇规划、乡规划和村庄规划。城市规划、镇规划分为总体规划和详细规划。详细规划分为控制性详细规划和修建性详细规划。"故A、B、C项均当选。另外,《城乡规划法》没有对修建性详细规划再作出进一步划分。故D项不当选。

393. 建设用地规划许可[D]

[解析]《城乡规划法》第38条第1款规定:"在城市、镇规划区内以出让方式提供国有土地使用权的,在国有土地使用权出让前,城市、县人民政府城乡规划主管部门应当依据控制性详细规划,提出出让地块的位置、使用性质、开发强度等规划条件,作为国有土地使用权出让合同的组成部分。未确定规划条件的地块,不得出让国有土地使用权。"故A、B、C项正确,不当选。

《城乡规划法》第38条第2款规定:"以出让方式取得国有土地使用权的建设项目,建设单位在取得建设项目的批准、核准、备案文件和签订国有土地使用权出让合同后,向城市、县人民政府城乡规划主管部门领取建设用地规划许可证。"可知,申领许可证,应在签订出让合同之后,即先有合同再领证。故D项错误,当选。

法条变更	《中华人民共和国城乡规划法》 2019年4月23日第十三届全国人民代表大会常务委员会第十次会议《关于修改〈中华人民共和国建筑法〉等八部法律的决定》第二次修正

专题二十七 城市房地产管理法

考点72 城市房地产管理法

394. 土地使用权的转让[ABC]

[解析]《城市房地产管理法》第42条规定:"房地产转让时,土地使用权出让合同载明的权利、义务

· 94 ·

随之转移。"据此,土地使用权转让后,如果没有用途变更,那么原出让合同中的权利义务由受让人概括承受,无需签订新的土地使用权出让合同,故 A 项错误。

《土地管理法》第 38 条第 1 款规定:"禁止任何单位和个人闲置、荒芜耕地。已经办理审批手续的非农业建设占用耕地,1 年内不用而又可以耕种并收获的,应当由原耕种该幅耕地的集体或者个人恢复耕种,也可以由用地单位组织耕种;1 年以上未动工建设的,应当按省、自治区、直辖市的规定缴纳闲置费;连续 2 年未使用的,经原批准机关批准,由县级以上人民政府无偿收回用地单位的土地使用权;该幅土地原为农民集体所有的,应当交由原农村集体经济组织恢复耕种。"据此,建设单位无故闲置土地 1 年以上的,才会被征收土地闲置费,本题中不存在此种情形,故 B 项错误。

《城市房地产管理法》第 44 条规定:"以出让方式取得土地使用权的,转让房地产后,受让人改变原土地使用权出让合同约定的土地用途的,必须取得原出让方和市、县人民政府城市规划行政主管部门的同意,签订土地使用权出让合同变更协议或者重新签订土地使用权出让合同,相应调整土地使用权出让金。"据此,乙房地产开发公司若想改变原土地使用权出让合同约定的土地用途,必须取得原出让方(甲房地产开发公司)和某市政府城市规划行政主管部门的同意,故 C 项错误。

《城市房地产管理法》第 39 条规定:"以出让方式取得土地使用权的,转让房地产时,应当符合下列条件:(一)按照出让合同约定已经支付全部土地使用权出让金,并取得土地使用权证书;(二)按照出让合同约定进行投资开发,属于房屋建设工程的,完成开发投资总额的 25% 以上,属于成片开发土地的,形成工业用地或者其他建设用地条件。转让房地产时房屋已经建成的,还应当持有房屋所有权证书。"本题中,甲房地产开发公司是以出让方式取得的土地使用权,根据上述第 1 项规定,应支付全部土地使用权出让金,并取得土地使用权证书后,才可以转让,故 D 项正确。

395. 土地用途管制制度;土地使用权的出让;商品房的预售条件[ABD]

[解析]《土地管理法》第 4 条第 1、2 款规定:"国家实行土地用途管制制度。国家编制土地利用总体规划,规定土地用途,将土地分为农用地、建设用地和未利用地。严格限制农用地转为建设用地,控制建设用地总量,对耕地实行特殊保护。"第 21 条第 1 款规定:"城市建设用地规模应当符合国家规定的标准,充分利用现有建设用地,不占或者尽量少占农用地。"故 A 项做法需要纠正。

《城市房地产管理法》第 10 条规定:"土地使用权出让,必须符合土地利用总体规划、城市规划和年度建设用地计划。"三者均须满足,而非择一。故 B 项做法需要纠正。

《城市房地产管理法》第 45 条第 1 款规定:"商品房预售,应当符合下列条件:(一)已交付全部土地使用权出让金,取得土地使用权证书;(二)持有建设工程规划许可证;(三)按提供预售的商品房计算,投入开发建设的资金达到工程建设总投资的 25% 以上,并已经确定施工进度和竣工交付日期;(四)向县级以上人民政府房产管理部门办理预售登记,取得商品房预售许可证明。"故 C 项做法合法。

《城市房地产管理法》第 29 条规定:"国家采取税收等方面的优惠措施鼓励和扶持房地产开发企业开发建设居民住宅。"鼓励和扶持房地产开发企业开发建设居民住宅,而非商业类办公住宅。故 D 项做法需要纠正。

法条变更	《中华人民共和国城市房地产管理法》全国人民代表大会常务委员会关于修改《中华人民共和国土地管理法》《中华人民共和国城市房地产管理法》的决定于 2019 年 8 月 26 日通过

396. 房地产转让[ABC]

[解析] 甲向乙转让,此时为划拨取得土地使用权后转让房地产。《城市房地产管理法》第 40 条第 1 款规定:"以划拨方式取得土地使用权的,转让房地产时,应当按照国务院规定,报有批准权的人民政府审批。有批准权的人民政府准予转让的,应当由受让方办理土地使用权出让手续,并依照国家有关规定缴纳土地使用权出让金。"故 A 项正确。

乙与甲签订了土地出让合同,5 年后,乙又向丙转让,此时为以出让方式取得土地使用权后转让房地产。《城市房地产管理法》第 39 条规定:"以出让方式取得土地使用权的,转让房地产时,应当符合下列条件:(一)按照出让合同约定已经支付全部土地使用权出让金,并取得土地使用权证书;(二)按照出让合同约定进行投资开发,属于房屋建设工程的,完成开发投资总额的 25% 以上,属于成片开发土地的,形成工业用地或者其他建设用地条件。转让房地产时房屋已经建成的,还应当持有房屋所有权证书。"故 B 项正确。

《城市房地产管理法》第 44 条规定:"以出让方式取得土地使用权的,转让房地产后,受让人改变原土地使用权出让合同约定的土地用途的,必须取得原出让方和市、县人民政府城市规划行政主管部门的同意,签订土地使用权出让合同变更协议或者重新签订土地使用权出让合同,相应调整土地使用权出让金。"故C项正确。

《城市房地产管理法》第43条规定:"以出让方式取得土地使用权的,转让房地产后,其土地使用权的使用年限为原土地使用权出让合同约定的使用年限减去原土地使用者已经使用年限后的剩余年限。"D项错在"重新计算",正确的应为"剩余年限"。故D项错误。

397. 土地使用权的转让;改变土地用途的程序;土地使用权续期[BD]

[解析]《城市房地产管理法》第32条规定:"房地产转让、抵押时,房屋的所有权和该房屋占用范围内的土地使用权同时转让、抵押。"据此可知,我国实行房地一体转让主义,地块的使用权和楼房所有权应当一同转让。故A项错误。

《城市房地产管理法》第42条规定:"房地产转让时,土地使用权出让合同载明的权利、义务随之转移。"据此,甲公司在土地使用权出让合同中载明的权利、义务转移到乙公司,应由乙公司整体承受。故B项正确。

《城市房地产管理法》第44条规定:"以出让方式取得土地使用权的,转让房地产后,受让人改变原土地使用权出让合同约定的土地用途的,必须取得原出让方和市、县人民政府城市规划行政主管部门的同意,签订土地使用权出让合同变更协议或者重新签订土地使用权出让合同,相应调整土地使用权出让金。"因此,乙公司若要改变原土地使用权出让合同约定的土地用途,仅取得原出让方的同意还不够,还必须取得市、县人民政府城市规划行政主管部门的同意,签订土地使用权出让合同变更协议或者重新签订土地使用权出让合同,相应调整土地使用权出让金。故C项错误。

《城市房地产管理法》第43条规定:"以出让方式取得土地使用权的,转让房地产后,其土地使用权的使用年限为原土地使用权出让合同约定的使用年限减去原土地使用者已经使用年限后的剩余年限。"据此,结合本题,该地块有50年土地使用权,土地使用权满3年时,甲公司将该地块的使用权转让给乙公司,故该地块的使用年限还有47年。《城市房地产管理法》第22条第1款规定:"土地使用权出让合同约定的使用年限届满,土地使用者需要继续使用土地的,应当至迟于届满前1年申请续期,除根据社会公共利益需要收回该幅土地的,应当予以批准。经批准予续期的,应当重新签订土地使用权出让合同,依照规定支付土地使用权出让金。"由此可见,本题中的地块使用年限还有47年,若申请续期,应当至迟于届满前1年进行,即乙公司受让后,可以在其土地使用权的使用年限满46年之前申请续期。故D项正确。

398.(1)以划拨方式取得土地使用权的转让;土地使用权的入股;合资的经营方式[C]

[解析]《城市房地产管理法》第40条规定:"以划拨方式取得土地使用权的,转让房地产时,应当按照国务院规定,报有批准权的人民政府审批。有批准权的人民政府准予转让的,应当由受让方办理土地使用权出让手续,并按照国家有关规定缴纳土地使用权出让金。以划拨方式取得土地使用权的,转让房地产报批时,有批准权的人民政府按照国务院规定决定可以不办理土地使用权出让手续的,转让方应当按照国务院规定将转让房地产所获收益中的土地收益上缴国家或者作其他处理。"由此可见,划拨土地使用权可以转为出让土地使用权后再行转让,只是需要报有批准权的人民政府审批之后,并由受让方办理土地使用权出让手续。而A项说"为法律所禁止",故A项错误。B项中乙公司不能直接将划拨土地使用权转让给玫园公司,而应当报有批准权的政府审批之后方可转让,故B项错误。C项的说法与上述规定相符,C项正确。

《城市房地产管理法》第28条规定:"依法取得的土地使用权,可以依照本法和有关法律、行政法规的规定,作价入股,合资、合作开发经营房地产。"故D项错误。

(2)合同的性质[A]

[解析]《最高人民法院关于审理涉及国有土地使用权合同纠纷案件适用法律问题的解释》第12条:"本解释所称的合作开发房地产合同,是指当事人订立的以提供出让土地使用权、资金等作为共同投资,共享利润、共担风险合作开发房地产为基本内容的合同。"甲乙公司之间签订的《合作协议》内容为:由甲公司以金钱出资,乙公司以土地使用权出资进行商品房开发,其性质属于房地产开发合同。故A项正确。

(3)合同无效的情形;超范围经营合同的效力[ABCD]

[解析]甲、乙之间的房地产开发合同是甲和乙两公司的行为,乙公司前任经理签订合同是代表乙公司的行为。再者,乙公司经理撤换属于公司内部行为,对其经理代表公司实施外部行为效力无任何影响。所以经理撤换不影响合同的效力。故A项当选。

《城市房地产管理法》第40条第1款规定:"以划拨方式取得土地使用权的,转让房地产时,应当按照国务院规定,报有批准权的人民政府审批。有批准权的人民政府准予转让的,应当由受让方办理土地使用权出让手续,并依照国家有关规定缴纳土地使用权出让金。"据此,转让划拨用地的,应当取得有批准权的人民政府批准,否则无效。但是,本题中甲、乙两公司签订的《合作协议》并不是划拨地转让合同,而是房地产开发合作协议。该协议约定,乙公司负责将该土地上原有的划拨土地使用权转变为出让土地使用权,因此在合同签订后,乙公司负有将该划拨地转变为出让地的义务。由上可知,签订合同时该土地是划拨土地使用权,并不影响本合作协议的效力,乙公司应依约定办理划拨土地使用权转变手续。故B项当选。

在签订合同时,土地使用权合理作价即可,至于之后地价上升下降均属于正常的商业风险,不能影响合同效力。故C项当选。

《最高人民法院关于审理涉及国有土地使用权合同纠纷案件适用法律问题的解释》第13条规定:"合作开发房地产合同的当事人一方具备房地产开发经营资质的,应当认定合同有效。当事人双方均不具备房地产开发经营资质的,应当认定合同无效。但起诉前当事人一方已经取得房地产开发经营资质或者已依法合作成立具有房地产开发经营资质的房地产开发企业的,应当认定合同有效。"本题中,即使乙公司无房地产开发资格,但甲公司具有房地产开发经营资质,所以合同有效。故D项当选。

399. 房地产中介服务机构[ABD]

[解析]《城市房地产管理法》第57条规定,房地产中介服务机构包括房地产咨询机构、房地产价格评估机构、房地产经纪机构等。故A、B、D项正确。房地产职业培训机构,于法无据,不是房地产中介机构。故C项错误。

400. (1) 商品房预售条件[ABC]

[解析]《城市房地产管理法》第45条第1款规定:"商品房预售,应当符合下列条件:……(四)向县级以上人民政府房产管理部门办理预售登记,取得商品房预售许可证明。"故A项正确。

《预售商品房认购书》是一个独立于商品房预售合同的合同,其不是商品房预售合同,不受商品房预售的相关条件的约束,所以是否取得商品房销售许可证不影响该合同的效力。故B项正确。

根据题干可知,双方签订商品房预售合同时,公司已经取得了商品房预售许可证,公司已具备商品房预售的法定条件,该合同合法有效。故C项正确。

《民法典》第509条第1款规定:"当事人应当按照约定全面履行自己的义务。"本题中因为双方已经签订的商品房预售合同合法有效,所以房地产公司应当按照合同履行义务,不能将房屋另售他人。故D项错误。

(2) 商品房预售合同登记备案[B]

[解析]《城市房地产管理法》第45条第2款规定:"商品房预售人应当按照国家有关规定将预售合同报县级以上人民政府房产管理部门和土地管理部门登记备案。"《民法典》第502条第1、2款规定:"依法成立的合同,自成立时生效,但是法律另有规定或者当事人另有约定的除外。依照法律、行政法规的规定,合同应当办理批准等手续的,依照其规定。未办理批准等手续影响合同生效的,不影响合同中履行报批等义务条款以及相关条款的效力。应当办理申请批准等手续的当事人未履行义务的,对方可以请求其承担违反该义务的责任。"据此,除法律有明确规定外,合同自成立时生效。《城市房地产管理法》和相关法律中,并未规定商品房预售合同在登记备案之后才生效,故此类合同自成立时即生效。也就是说,该登记属于备案式登记,对预售合同的效力不产生任何影响。故A、D项错误,B项正确。登记备案是商品房预售人的法定义务,不是当事人的权利。故C项错误。

(3) 定金;违约责任[CD]

[解析]依前两题的解析可知,《预售商品房认购书》与商品房预售合同是两个相互独立的有效合同,均具有约束力。故A、B项错误。

《民法典》第577条规定:"当事人一方不履行合同义务或者履行合同义务不符合约定的,应当承担继续履行、采取补救措施或者赔偿损失等违约责任。"《民法典》第587条规定:"债务人履行债务的,定金应当抵作价款或者收回。给付定金的一方不履行债务或者履行债务不符合约定,致使不能实现合同目的的,无权请求返还定金;收受定金的一方不履行债务或者履行债务不符合约定,致使不能实现合同目的的,应当双倍返还定金。"本题中,收受定金的开发商违约,经双方协商,高某同意解除商品房预售合同,开发商应当双倍返还定金,对于高某的损失,高某有权请求开发商赔偿损失。故C、D项正确。

401. 以划拨方式取得土地使用权的房地产的转让[ABC]

[解析]《城市房地产管理法》第40条规定:"以划拨方式取得土地使用权的,转让房地产时,应当按照国务院规定,报有批准权的人民政府审批。有批准权的人民政府准予转让的,应当由受让方办理土地使用权出让手续,并依照国家有关规定缴纳土地使用权出让金。以划拨方式取得土地使用权的,转让房地产报批时,有批准权的人民政府按照国务院规定决定可以不办理土地使用权出让手续的,转让方应当按照国务院规定将转让房地产所获收益中的土地收益上缴国家或者作其他处理。"故A、B、C项均正确。另外,不办理土地使用权出让手续的,转让方应当按照国务院规定将转让房地产所获收益中的土地收益上缴国家或者作其他处理,而不是由受让方缴纳土地使用权转让费。故D项错误。

专题二十八　不动产登记

考点73　不动产登记暂行条例

402. 不动产登记申请程序[ABCD]

[解析]《不动产登记暂行条例》第14条规定："因买卖、设定抵押权等申请不动产登记的,应当由当事人双方共同申请。属于下列情形之一的,可以由当事人单方申请:……(二)继承、接受遗赠取得不动产权利的;……"据此,我国不动产登记以双方共同申请为原则,在继承、接受遗赠等特殊情况下,可由当事人单方申请。故A、B项正确。

《不动产登记暂行条例》第22条规定："登记申请有下列情形之一的,不动产登记机构应当不予登记,并书面告知申请人:(一)违反法律、行政法规规定的;(二)存在尚未解决的权属争议的;(三)申请登记的不动产权利超过规定期限的;(四)法律、行政法规规定不予登记的其他情形。"根据上述第2项,C项正确。

《不动产登记暂行条例》第19条第1款规定："属于下列情形之一的,不动产登记机构可以对申请登记的不动产进行实地查看:(一)房屋等建筑物、构筑物所有权首次登记;(二)在建建筑物抵押权登记;(三)因不动产灭失导致的注销登记;(四)不动产登记机构认为需要实地查看的其他情形。"根据上述第2项,D项正确。

403. 不动产登记程序[C]

[解析]《不动产登记暂行条例》第14条规定："因买卖、设定抵押权等申请不动产登记的,应当由当事人双方共同申请。属于下列情形之一的,可以由当事人单方申请:(一)尚未登记的不动产首次申请登记的;(二)继承、接受遗赠取得不动产权利的;(三)人民法院、仲裁委员会生效的法律文书或者人民政府生效的决定等设立、变更、转让、消灭不动产权利的;(四)权利人姓名、名称或者自然状况发生变化,申请变更登记的;(五)不动产灭失或者权利人放弃不动产权利,申请注销登记的;(六)申请更正登记或者异议登记的;(七)法律、行政法规规定可以由当事人单方申请的其他情形。"根据上述第5、2、6项可知A、B、D项可单方申请,不当选。C项应由双方共同申请,当选。

法条变更	《不动产登记暂行条例》根据2024年3月10日《国务院关于修改和废止部分行政法规的决定》第二次修正

环境资源法 [答案详解]

专题二十九 环境保护法

考点74 环境影响评价法

404. 环境影响评价制度[C]

[解析]《环境影响评价法》第24条第2款规定："建设项目的环境影响评价文件自批准之日起超过五年，方决定该项目开工建设的，其环境影响评价文件应当报原审批部门重新审核；……"故C项正确。

405. 环境影响评价[CD]

[解析] 根据《环境影响评价法》第23条第1款规定："国务院生态环境主管部门负责审批下列建设项目的环境影响评价文件：（一）核设施、绝密工程等特殊性质的建设项目；（二）跨省、自治区、直辖市行政区域的建设项目；（三）由国务院审批的或者由国务院授权有关部门审批的建设项目。"本题中，该高速公路项目跨越甲、乙、丙三省，属于上述第2项中的跨省建设项目，其环评文件应该报送国务院生态环境主管部门审批，而非省级生态环境主管部门审批，故A项错误。【关联记忆】《环境影响评价法》第23条第3款也应重点掌握："建设项目可能造成跨行政区域的不良环境影响，有关生态环境主管部门对该项目的环境影响评价结论有争议的，其环境影响评价文件由共同的上一级生态环境主管部门审批。"

《环境影响评价法》第24条第1款规定："建设项目的环境影响评价文件经批准后，建设项目的性质、规模、地点、采用的生产工艺或者防治污染、防止生态破坏的措施发生重大变动，建设单位应当重新报批建设项目的环境影响评价文件。"本题中公路项目的环评文件被审批后，在准备开工时发现该公路需要延长到两省，这属于建设规模、地点发生重大变化，依法需要重新进行环评，而不能只是在原环境影响评价文件上作相应补充，故B项错误，D项正确。同时，《环境影响评价法》第25条规定："建设项目的环境影响评价文件未依法经审批部门审查或者审查后未予批准的，建设单位不得开工建设。"故C项正确。

406. 环评文件的重新审批；环境民事责任[A]

[解析]《环境影响评价法》第24条第1款规定："建设项目的环境影响评价文件经批准后，建设项目的性质、规模、地点、采用的生产工艺或者防治污染、防止生态破坏的措施发生重大变动，建设单位应当重新报批环境影响报告书。故A项正确。

《环境影响评价法》第27条规定，在项目建设、运行过程中产生不符合环评文件情形的，建设单位应组织环境影响的后评价，采取改进措施，并报原环境影响评价文件审批部门和建设项目审批部门备案。即使组织环评后评价，也不存在报批，只有"备案"。故B项错误。

《环境影响评价法》第18条第1款规定："建设项目的环境影响评价，应当避免与规划的环境影响评价相重复。"故C项错误。

环境损害赔偿适用的诉讼时效期间为3年。但对被侵权人提起诉讼，请求污染者停止侵害、排除妨碍、消除危险的，不受诉讼时效3年限制。故D项错误。

407. 环境影响评价文件的审批部门[D]

[解析]《环境影响评价法》第23条第3款规定："建设项目可能造成跨行政区域的不良环境影响，有关生态环境主管部门对该项目的环境影响评价结论有争议的，其环境影响评价文件由共同的上一级生态环境主管部门审批。"在本题中，A市和B市处于同一河流的上下游，使得农药厂可能存在跨区域的环境影响问题，而B市生态环境主管部门对A市建农药厂的环境影响评价结论有异议，则该项目环境影响评价文件应当由A市、B市共同的上一级生态环境主管部门审批，即由省生态环境主管部门审批。故本题的正确答案为D项。

408. 环境影响评价制度[AB（原答案为ABD）]

[解析]《环境影响评价法》第16条规定："国家根据建设项目对环境的影响程度，对建设项目的环境影响评价实行分类管理。建设单位应当按照下列规定组织编制环境影响报告书、环境影响报告表或者填报环境影响登记表（以下统称环境影响评价文件）：（一）可能造成重大影响的，应当编制环境影响报告书，对产生的环境影响进行全面评价；（二）可能造成轻度环境影响的，应当编制环境影响报告表，对产生的环境影响进行分析或者专项评价；（三）对环境影响很小、不需要进行环境影响评价的，应当填报环境影响登记表。建设项目的环境影响评价分类管理名录，由国务院生态环境主管部门制定并公布。"故A、B项均正确。C项"无需填报环境影响评价文件"错误，应当"填报环境影响登记表"。故C项错误。

《环境影响评价法》第20条第1款规定:"建设单位应当对建设项目环境影响报告书、环境影响报告表的内容和结论负责,接受委托编制建设项目环境影响报告书、环境影响报告表的技术单位对其编制的建设项目环境影响报告书、环境影响报告表承担相应责任。"修改后的《环境影响评价法》已无关于资质的规定。故D项错误。

考点 75 环境保护法
（一）环境保护的基本制度

409. 环境影响评价制度;"三同时"制度;连续处罚制度;逃避监管的法律责任[A]

[解析]《环境影响评价法》第31条第1、2款规定:"建设单位未依法报批建设项目环境影响报告书、报告表,或者未依照本法第二十四条的规定重新报批或者报重新审核环境影响报告书、报告表,擅自开工建设的,由县级以上生态环境主管部门责令停止建设,根据违法情节和危害后果,处建设项目总投资额1%以上5%以下的罚款,并可以责令恢复原状;对建设单位直接负责的主管人员和其他直接责任人员,依法给予行政处分。建设项目环境影响报告书、报告表未经批准或者未经原审批部门重新审核同意,建设单位擅自开工建设的,依照前款的规定处罚、处分。"建设单位在被罚款之后是要求责令恢复原状。故A项正确。

《环境保护法》第41条规定:"建设项目中防治污染的设施,应当与主体工程同时设计、同时施工、同时投产使用。防治污染的设施应当符合经批准的环境影响评价文件的要求,不得擅自拆除或者闲置。"试运行期间停运治污设施的做法没有法律依据。故B项错误。

《环境保护法》第59条第1款规定:"企业事业单位和其他生产经营者违法排放污染物,受到罚款处罚,被责令改正,拒不改正的,依法作出处罚决定的行政机关可以自责令改正之日的次日起,按照原处罚数额按日连续处罚。"应该是从责令改正的次日起,而不是处罚之日的次日起。故C项错误。

《环境保护法》第63条规定:"企业事业单位和其他生产经营者有下列行为之一,尚不构成犯罪的,除依照有关法律法规规定予以处罚外,由县级以上人民政府环境保护主管部门或者其他有关部门将案件移送公安机关,对其直接负责的主管人员和其他直接责任人员,处10日以上15日以下拘留;情节较轻的,处5日以上10日以下拘留;……(三)通过暗管、渗井、渗坑、灌注或者篡改、伪造监测数据,或者不正常运行防治污染设施等逃避监管的方式违法排放污染物的;……"执行拘留的主体是公安机关,市环保部门无权先行拘留人员。故D项错误。

410. 环境生态保护制度[C]

[解析]《环境保护法》第29条第1款规定:"国家在重点生态功能区、生态环境敏感区和脆弱区等区域划定生态保护红线,实行严格保护。"故A项错误。

《环境保护法》第30条规定:"开发利用自然资源,应当合理开发,保护生物多样性,保障生态安全,依法制定有关生态保护和恢复治理方案并予以实施。引进外来物种以及研究、开发和利用生物技术,应当采取措施,防止对生物多样性的破坏。"故B项错误。

《环境保护法》第31条规定:"国家建立、健全生态保护补偿制度。国家加大对生态保护地区的财政转移支付力度。有关地方人民政府应当落实生态保护补偿资金,确保其用于生态保护补偿。国家指导受益地区和生态保护地区人民政府通过协商或者按照市场规则进行生态保护补偿。"故C项正确,D项错误。

411. 重点污染物排放总量控制制度[AB]

[解析]《环境保护法》第44条规定:"国家实行重点污染物排放总量控制制度。……对超过国家重点污染物排放总量控制指标或者未完成国家确定的环境质量目标的地区,省级以上人民政府环境保护主管部门应当暂停审批其新增重点污染物排放总量的建设项目环境影响评价文件。"故A、B项正确,C、D项错误。

412. 环境质量标准;污染物排放标准[ABC]

[解析]《环境保护法》第15条规定:"国务院环境保护主管部门制定国家环境质量标准。省、自治区、直辖市人民政府对国家环境质量标准中未作规定的项目,可以制定地方环境质量标准;对国家环境质量标准中已作规定的项目,可以制定严于国家环境质量标准的地方环境质量标准。地方环境质量标准应当报国务院环境保护主管部门备案。国家鼓励开展环境基准研究。"《环境保护法》第16条规定:"国务院环境保护主管部门根据国家环境质量标准和国家经济、技术条件,制定国家污染物排放标准。省、自治区、直辖市人民政府对国家污染物排放标准中未作规定的项目,可以制定地方污染物排放标准;对国家污染物排放标准中已作规定的项目,可以制定严于国家污染物排放标准的地方污染物排放标准。地方污染物排放标准应当报国务院环境保护主管部门备案。"故A、B、C项正确。

D项第一个错误是"地方污染物排放标准由省级环境保护行政主管部门制定",应当是"省级政府制定";第二个错误是"报省级政府备案",应当是"报自然资源部备案"。故D项错误。

413. 污染物排放标准[BD(原答案为B)]

[解析]《环境保护法》第16条规定:"国务院环

境保护主管部门根据国家环境质量标准和国家经济、技术条件,制定国家污染物排放标准。省、自治区、直辖市人民政府对国家污染物排放标准中未作规定的项目,可以制定地方污染物排放标准;对国家污染物排放标准中已作规定的项目,可以制定严于国家污染物排放标准的地方污染物排放标准。地方污染物排放标准应当报国务院环境保护主管部门备案。"故A、C项正确,不当选;B项错误,当选。D项相关规定在2014年《环境保护法》修订中已被删除。故D项无法律依据,当选。

414. 农业环境保护 [ABCD]

[解析]《环境保护法》第33条规定:"各级人民政府应当加强对农业环境的保护,促进农业环境保护新技术的使用,加强对农业污染源的监测预警,统筹有关部门采取措施,防治土壤污染和土地沙化、盐渍化、贫瘠化、石漠化、地面沉降以及防治植被破坏、水土流失、水体富营养化、水源枯竭、种源灭绝等生态失调现象,推广植物病虫害的综合防治。县级、乡级人民政府应当提高农村环境保护公共服务水平,推动农村环境综合整治。"第49条第1款规定:"各级人民政府及其农业等有关部门和机构应当指导农业生产经营者科学种植和养殖,科学合理施用农药、化肥等农业投入品,科学处置农用薄膜、农作物秸秆等农业废弃物,防止农业面源污染。"故A、B、C、D项正确。

(二)环境法律责任

415. 环境侵权 [AB]

[解析]《环境保护法》第66条规定:"提起环境损害赔偿诉讼的时效期间为三年,从当事人知道或者应当知道其受到损害时起计算。"故A项正确。

根据《民法典》第1129条规定,环境侵权实行无过错责任,即使排放的污水符合标准,也应当承担侵权责任。故B项正确。

根据《环境保护法》第43条第1款规定,排污费应当全部专项用于环境污染防治,任何单位和个人不得截留、挤占或者挪作他用。故C项错误。

根据《环境保护法》第60条规定:"企业事业单位和其他生产经营者超过污染物排放标准或者超过重点污染物排放总量控制指标排放污染物的,县级以上人民政府环境保护主管部门可以责令其采取限制生产、停产整治等措施……"可知,行政责任的追究以存在违法行为作为要件,绿叶公司已依法取得排污许可证,且排放的污水符合标准,不存在违法排污问题,因此不应承担行政责任。故D项错误。

416. 环境保护公益诉讼 [AC]

[解析]《环境保护法》第58条第1款规定:"对污染环境、破坏生态,损害社会公共利益的行为,符合下列条件的社会组织可以向人民法院提起诉讼:(一)依法在设区的市级以上人民政府民政部门登记;(二)专门从事环境保护公益活动连续五年以上且无违法记录。"故A项正确。

《最高人民法院关于审理环境民事公益诉讼案件适用法律若干问题的解释》第6条第3款:"同一原告或者不同原告对同一污染环境、破坏生态行为分别向两个以上有管辖权的人民法院提起环境民事公益诉讼的,由最先立案的人民法院管辖,必要时由共同上级人民法院指定管辖。"据此,甲市和乙市两个环保公益组织分别就同一污染环境行为提起公益诉讼,应由最先立案的人民法院即甲市法院管辖。故B项错误,C项正确。

《最高人民法院关于审理环境民事公益诉讼案件适用法律若干问题的解释》第29条规定,法律规定的机关和社会组织提起环境民事公益诉讼的,不影响因同一污染环境、破坏生态行为受到人身、财产损害的公民、法人和其他组织依据民事诉讼法第119条(现为第122条)的规定提起诉讼。据此,环保公益诉讼与个人环境侵权诉讼彼此不影响,相关机关和组织提起环境民事公益诉讼后,受害个人仍然可以针对污染行为提起侵权诉讼,故D项错误。

417. 环境法律责任 [C]

[解析]我国尚不承认自然人可以提起公益诉讼,A项赵某作为受损养殖户,可以提起私益诉讼,但不能提起公益诉讼。故A项错误。

《环境保护法》第58条第1款规定,提起公益诉讼的社会组织应具备下列条件:(1)依法在设区的市级以上人民政府民政部门登记;(2)专门从事环境保护公益活动连续5年以上且无违法记录。据此可知,B项"滨海区民政局"是国家机关,不是社会组织,无权提起环境公益诉讼;C项"在省民政厅登记"完全正确;D项"未在我国民政部门登记"不符合环境公益诉讼主体要求。故B、D项错误,C项正确。

418. 环境法律责任 [ABC]

[解析]《环境保护法》第65条规定:"环境影响评价机构、环境监测机构以及从事环境监测设备和防治污染设施维护、运营的机构,在有关环境服务活动中弄虚作假,对造成的环境污染和生态破坏负有责任的,除依照有关法律法规规定予以处罚外,还应当与造成环境污染和生态破坏的其他责任者承担连带责任。"故A、B、C项正确。

《环境保护法》第68条规定:"地方各级人民政府、县级以上人民政府环境保护主管部门和其他负有环境保护监督管理职责的部门有下列行为之一的,对直接负责的主管人员和其他直接责任人员给予记过、记大过或者降级处分;造成严重后果的,给予撤职或者开除处分,其主要负责人应当引咎辞职:……(二)

对环境违法行为进行包庇的；……（四）对超标排放污染物、采用逃避监管的方式排放污染物、造成环境事故以及不落实生态保护措施造成生态破坏等行为，发现或者接到举报未及时查处的；……"本题中，环保部门虽未采取措施，但其属于行政主管部门，并非造成该次污染事故的主体，虽需要承担相应的行政责任，但无需承担民事赔偿连带责任。故 D 项错误。

419. 环境污染责任的免责事由［ABD］

［解析］《民法典》第 1229 条规定："因污染环境、破坏生态造成他人损害的，侵权人应当承担侵权责任。"即环境污染致害的赔偿为严格责任，也就是无过错责任，所以并不要求污染企业具有"行为的违法性"要件。据此本题中并不因为某厂有无过错影响其承担责任，行为人不得以达标排放作为免除其民事责任的抗辩理由。故 A 项错误，当选。

天降大雨本身并不能成为环境侵权的免责事由。环境侵权不可抗力免责事由是：完全由于不可抗拒的自然灾害，并经及时采取合理措施，仍然不能避免造成环境污染损害的，行为人免予承担责任。故 B 项错误，当选。

经有关机构鉴定，死鱼是全市最近大规模爆发的水生动物疫病所致，与某厂污水流入没有因果关系，则其抗辩理由成立。故 C 项正确，不当选。

《水污染防治法》第 96 条第 3 款规定："水污染损害是由受害人故意造成的，排污方不承担赔偿责任。水污染损害是由受害人重大过失造成的，可以减轻排污方的赔偿责任。"若污染损失由受害人故意引起的，排污单位不承担责任。"张某鱼塘地势低洼"，并非张某故意所为，所以排污单位不能免责。故 D 项错误，当选。

420. 环境侵权的民事责任和行政责任［ABC］

［解析］《民法典》第 1229 条规定："因污染环境、破坏生态造成他人损害的，侵权人应当承担侵权责任。"据此，污染环境致害责任适用无过错责任原则，即使排污者未超标排污，只要污染环境造成受害人损害的，受害人均有权要求污染者赔偿。本题中，甲厂的排污行为是造成该村农作物减产的原因，乙厂的排污行为对农作物减产有影响，均应承担赔偿责任。故 A、B 项正确。

《环境保护法》第 60 条规定："企业事业单位和其他生产经营者超过污染物排放标准或者超过重点污染物排放总量控制指标排放污染物的，县级以上人民政府环境保护主管部门可以责令其采取限制生产、停产整治等措施；情节严重的，报经有批准权的人民政府批准，责令停业、关闭。"污染者承担行政责任以违法为前提，本题中甲厂超标排污的行为系违法行为，环境主管部门有权追究其行政责任；乙厂排污未超

标，不存在违法行为，不应承担行政责任。故 C 项正确，D 项错误。

421. 环境民事责任的诉讼时效；归责原则；举证责任；因果关系推定［C］

［解析］本题中，土地受害，河塘被污染，作为土地所有人的村集体权益受到损害，村委会当然有权起诉，受害村民同样有权起诉。故 A 项正确，不当选。

《环境保护法》第 66 条规定："提起环境损害赔偿诉讼的时效期间为 3 年，从当事人知道或者应当知道其受到损害时起计算。"故 B 项正确，不当选。

环境民事责任实行无过错责任，而不是公平责任。故 C 项错误，当选。

《民法典》第 1230 条规定："因污染环境、破坏生态发生纠纷，行为人应当就法律规定的不承担责任或者减轻责任的情形及其行为与损害之间不存在因果关系承担举证责任。"故 D 项正确，不当选。

专题三十 森林法

考点76 森林法

422. 林木采伐管理［B］

［解析］《森林法》第 56 条第 1 款和第 2 款规定："采伐林地上的林木应当申请采伐许可证，并按照采伐许可证的规定进行采伐；采伐自然保护区以外的竹林，不需要申请采伐许可证，但应当符合林木采伐技术规程。农村居民采伐自留地和房前屋后个人所有的零星林木，不需要申请采伐许可证。"本题中，该村民采伐的是自己承包的集体林地上的树木，应当申请采伐许可证，故 A 项错误。

《森林法》第 57 条规定："采伐许可证由县级以上人民政府林业主管部门核发……农村居民采伐自留山和个人承包集体林地上的林木，由县级人民政府林业主管部门或者其委托的乡镇人民政府核发采伐许可证。"据此，村民采伐个人承包集体林地上的林木，县林业局可委托乡镇人民政府核发采伐许可证。故 B 项正确。

《森林法》第 59 条规定："符合林木采伐技术规程的，审核发放采伐许可证的部门应当及时核发采伐许可证。但是，审核发放采伐许可证的部门不得超过年采伐限额发放采伐许可证。"采伐限额已满则不得再发放许可证，只能第二年再申请，不能自动取得，故 C 项错误。

《森林法》第 56 条第 5 款规定："禁止伪造、变造、买卖、租借采伐许可证。"故 D 项错误。

423. 森林权属争议；林地用途的改变［B］

［解析］《森林法》第 22 条规定："单位之间发生的林木、林地所有权和使用权争议，由县级以上人民

政府依法处理。个人之间、个人与单位之间发生的林木所有权和林地使用权争议,由乡镇人民政府或者县级以上人民政府依法处理。当事人对有关人民政府的处理决定不服的,可以自接到处理决定通知之日起30日内,向人民法院起诉。在林木、林地权属争议解决前,除因森林防火、林业有害生物防治、国家重大基础设施建设等需要外,当事人任何一方不得砍伐有争议的林木或者改变林地现状。"本案中,甲公司和乙公司两个单位发生林地使用权争议,应先由县级以上人民政府处理,对于政府处理决定不服的,才能向法院起诉。故B项正确,C项错误。在林地权属争议解决之前,任何一方不得砍伐有争议的林木或改变林地现状,故A项错误。

《森林法》第15条第3款规定:"森林、林木、林地的所有者和使用者应当依法保护和合理利用森林、林木、林地,不得非法改变林地用途和毁坏森林、林木、林地。"第73条第1款规定:"违反本法规定,未经县级以上人民政府林业主管部门审核同意,擅自改变林地用途的,由县级以上人民政府林业主管部门责令限期恢复植被和林业生产条件,可以处恢复植被和林业生产条件所需费用三倍以下的罚款。"可见,非经法定程序不能擅自改变林地的用途,故D项错误。

424. 滥伐林木的法律责任[D]

[解析] 盗伐,是指行为人违反森林法和其他保护森林的法规,未取得林木采伐许可证,擅自砍伐国家、集体或他人所有的森林和林木或本人承包经营的国家或集体的森林和林木的行为。滥伐,是指行为人违反森林法和其他保护森林的法规,未经县级以上人民政府林业主管部门及其法律规定的部门的批准并核发林木采伐许可证,或虽持有林木采伐许可证但违反许可证规定的范围采伐本单位所有或管理的及本人自留山的森林和林木的行为。本题中,某学校已经取得了采伐许可证,只是超出了许可证的范围多砍伐了10棵树,因此属于滥伐行为。

《森林法》第76条第2款规定:"滥伐林木的,由县级以上人民政府林业主管部门责令限期在原地或者异地补种滥伐株数1倍以上3倍以下的树木,可以处滥伐林木价值3倍以上5倍以下的罚款。"据此,滥伐林木的处罚措施是责令补种树木,并可处罚款。本题中,该学校多采伐了10棵树木,林业主管部门可责令其补种1~3倍的树木,即10~30棵树木,同时可以处以该10棵林木价值3~5倍的罚款。故B、C项错误。另《森林法》第81条第1款规定:"违反本法规定,有下列情形之一的,由县级以上人民政府林业主管部门依法组织代为履行,代为履行所需费用由违法者承担:……(二)拒不补种树木,或者补种不符合国家规定的。"据此,当学校拒不补种树木或补种不符

合国家规定时,林业主管部门才会组织代为补种,并由违法者承担补种费用,故A项错误。

《森林法》第58条规定:"申请采伐许可证,应当提交有关采伐的地点、林种、树种、面积、蓄积、方式、更新措施和林木权属等内容的材料。超过省级以上人民政府林业主管部门规定面积或者蓄积量的,还应当提交伐区调查设计材料。"故D项正确。

425. 商品林与公益林;规划的环境影响评价[C]

[解析] 我国《环境影响评价法》规定了两类环评:规划的环境影响评价、建设项目的环境影响评价。规划又分为总体规划(土地、区域、流域、海域)与专项规划(工业、农业、畜牧业、林业、能源、水利、交通、城市建设、旅游、自然资源开发等),均需要进行环境影响评价。本题中的"林业发展规划"属于专项规划,也应进行环境影响评价,故A项错误。**【知识拓展】**一般来说,建设项目的环境影响评价,应当避免与规划的环境影响评价相重复。注意一种特殊情形:作为一项整体建设项目的规划,按照建设项目进行环境影响评价,不进行规划的环境影响评价。(《环境影响评价法》第18条)

《环境影响评价法》第7条对总体规划作出了规定,该条第1款规定:"国务院有关部门、设区的市级以上地方人民政府及其有关部门,对其组织编制的土地利用的有关规划,区域、流域、海域的建设、开发利用规划,应当在规划编制过程中组织进行环境影响评价,编写该规划有关环境影响的篇章或者说明。"据此,总体规划在编制过程中进行环境影响评价,应编写有关的篇章或说明。《环境影响评价法》第8条规定了专项规划,该条第1款规定:"国务院有关部门、设区的市级以上地方人民政府及其有关部门,对其组织编制的工业、农业、畜牧业、林业、能源、水利、交通、城市建设、旅游、自然资源开发的有关专项规划(以下简称专项规划),应当在该专项规划草案上报审批前,组织进行环境影响评价,并向审批该专项规划的机关提出环境影响报告书。"据此,专项规划应在规划草案上报审批前,组织环评,并向审批机关提出环境影响报告书。本题中的林业发展规划属于专项规划,应按此程序组织环评并报送审批,故C项正确。而B项所述是总体规划的流程,并非专项规划的流程,故B项错误。

《森林法》第47条规定:"国家根据生态保护的需要,将森林生态区位重要或者生态状况脆弱,以发挥生态效益为主要目的的林地和林地上的森林划定为公益林。未划定为公益林的林地和林地上的森林属于商品林。"D项中的"环境保护林"应属于公益林,不属于商品林。根据《森林法》第55条规定,公益林只能进行抚育、更新和低质低效林改造性质的采伐。可

见,不同于商品林,公益林主要是为了保护生态所需,不用于经营性的采伐流通,明确"对外转让价"无从谈起,故 D 项错误。

专题三十一　矿产资源法

考点77 矿产资源法

426. 矿产资源开采的审批[A]

[解析]《矿产资源法》第16条规定:"开采下列矿产资源的,由国务院地质矿产主管部门审批,并颁发采矿许可证:(一)国家规划矿区和对国民经济具有重要价值的矿区内的矿产资源;(二)前项规定区域以外可供开采的矿产储量规模在大型以上的矿产资源;(三)国家规定实行保护性开采的特定矿种;(四)领海及中国管辖的其他海域的矿产资源;(五)国务院规定的其他矿产资源。开采石油、天然气、放射性矿产等特定矿种的,可以由国务院授权的有关主管部门审批,并颁发采矿许可证。开采第一款、第二款规定以外的矿产资源,其可供开采的矿产的储量规模为中型的,由省、自治区、直辖市人民政府地质矿产主管部门审批和颁发采矿许可证。……"故 A 项正确。

427. 个体采矿;禁止开发的矿区[ABD]

[解析]《矿产资源法》第35条第2款规定:"矿产储量规模适宜由矿山企业开采的矿产资源、国家规定实行保护性开采的特定矿种和国家规定禁止个人开采的其他矿产资源,个人不得开采。"钨矿为国家保护性开采的矿种,无论位于矿区内外,个人均不得开采。故 A、B 项行为是违法,当选。

《矿产资源法》第35条第1款规定:"国家对集体矿山企业和个体采矿实行积极扶持、合理规划、正确引导、加强管理的方针,鼓励集体矿山企业开采国家指定范围内的矿产资源,允许个人采挖零星分散资源和只能用作普通建筑材料的砂、石、粘土以及为生活自用采挖少量矿产。"故 C 项行为合法,不当选。

《矿产资源法》第20条规定:"非经国务院授权的有关主管部门同意,不得在下列地区开采矿产资源:……(三)铁路、重要公路两侧一定距离以内;……"故 D 项行为违法,当选。

428. 矿产资源权属与开采[CD]

[解析]《矿产资源法》第3条第1款规定:"矿产资源属于国家所有,由国务院行使国家对矿产资源的所有权。地表或者地下的矿产资源的国家所有权,不因其所依附的土地的所有权或者使用权的不同而改变。"据此,矿产资源唯一的权属主体是国家,无论矿产资源的品类、分布、储量如何,其所有权均归国家。所以在甲村发现的油田应归国家所有,A 项错误。

《矿产资源法》第16条规定:"开采下列矿产资源的,由国务院地质矿产主管部门审批,并颁发采矿许可证:……开采石油、天然气、放射性矿产等特定矿种的,可以由国务院授权的有关主管部门审批,并颁发采矿许可证。开采第一款、第二款规定以外的矿产资源,其可供开采的矿产的储量规模为中型的,由省、自治区、直辖市人民政府地质矿产主管部门审批和颁发采矿许可证。……"据此,开采矿产资源由中央+省两级审批,根据矿产资源的具体情况匹配审批机关;开采石油、天然气、放射性矿产等特定矿种的,可以由国务院授权的有关主管部门审批,并颁发采矿许可证。所以开采甲村的油田无需甲村村民同意,B 项错误。

《矿产资源法》第6条第1款规定:"除按下列规定可以转让外,探矿权、采矿权不得转让:(一)探矿权人有权在划定的勘查作业区内进行规定的勘查作业,有权优先取得勘查作业区内矿产资源的采矿权。探矿权人在完成规定的最低勘查投入后,经依法批准,可以将探矿权转让他人。……"乙公司作为探矿权人,有权优先取得其探明的矿产资源的采矿权,C 项正确。随着乙公司被丙公司收购,乙公司的所有资产包括采矿权一并归丙公司所有,经过批准,原属于乙公司的采矿权可以归属于丙公司,D 项正确。

429. 矿产资源的权属与勘查[CD]

[解析]《矿产资源法》第11条规定:"国务院地质矿产主管部门主管全国矿产资源勘查、开采的监督管理工作。国务院有关主管部门协助国务院地质矿产主管部门进行矿产资源勘查、开采的监督管理工作。省、自治区、直辖市人民政府地质矿产主管部门主管本行政区域内矿产资源勘查、开采的监督管理工作。省、自治区、直辖市人民政府有关主管部门协助同级地质矿产主管部门进行矿产资源勘查、开采的监督管理工作。"据此,矿产资源勘查、开采的监督管理工作由国务院和省级地质矿产主管部门负责,县政府无权审批,故 A 项错误。

《矿产资源法》第3条第1款规定:"矿产资源属于国家所有,由国务院行使国家对矿产资源的所有权。地表或者地下的矿产资源的国家所有权,不因其所依附的土地的所有权或者使用权的不同而改变。"据此,矿产资源统一归国家所有,与所依附的土地的所有权或者使用权无关,故 B 项错误。

《矿产资源法》第6条第1款规定:"除按下列规定可以转让外,探矿权、采矿权不得转让:(一)探矿权人有权在划定的勘查作业区内进行规定的勘查作业,有权优先取得勘查作业区内矿产资源的采矿权。探矿权人在完成规定的最低勘查投入后,经依法批准,可以将探矿权转让他人。……"据此,C、D 项正确。

劳动与社会保障法 [答案详解]

专题三十二 劳动合同法

考点78 劳动合同

430. 劳动关系的认定 [C]

[解析] 贾某与某互联网平台公司双方均具备建立劳动关系的主体资格。但认定二者之间是否符合确立劳动关系的情形，需要查明平台公司是否对贾某进行了较强程度的劳动管理。从用工事实看，贾某须遵守平台公司制定的餐饮外卖平台配送服务规则，其订单完成时间、客户评价等均作为平台结算服务费的依据，但平台对其上线接单时间、接单量均无要求，贾某能够完全自主决定工作时间及工作量。因此，双方之间人格从属性较标准劳动关系有所弱化。平台公司掌握贾某从事网约配送业务所必需的数据信息，制定餐饮外卖平台配送服务费结算标准和办法，贾某通过平台获得收入，双方之间具有一定的经济从属性。虽然贾某依托平台从事餐饮外卖配送业务，但平台公司并未将其纳入平台配送业务组织体系进行管理，也未按照传统劳动管理方式要求其承担组织成员义务。因此，双方之间的组织从属性较弱。综上，虽然平台公司通过平台对贾某进行一定的劳动管理，但其程度不足以认定为劳动关系，应属于劳务合同，故C项正确。

431. 劳动合同的终止 [C]

[解析] 本题中，双方于2020年1月8日签订为期1年的劳动合同，合同期满日应为2021年1月8日。但《劳动合同法》第45条规定："劳动合同期满，有本法第四十二条规定情形之一的，劳动合同应当续延至相应的情形消失时终止。但是，本法第四十二条第二项规定丧失或者部分丧失劳动能力劳动者的劳动合同的终止，按照国家有关工伤保险的规定执行。"其中，"患病或者非因工负伤，在规定的医疗期内"即为《劳动合同法》第42条规定的情形之一。2020年12月8日张某外出旅游受伤，属于非因工负伤，因此劳动合同应当续延至医疗期结束之日，即3个月之后的2021年3月8日，故C项当选。A项尚在合同期内，B项为正常的合同截止日期，均不当选。

2021年6月8日张某向雄飞公司交付书稿，属于交付劳动成果的履约行为，并不导致劳动合同的顺延，故D项不当选。【特别提醒】D项很容易排除。想象一下，如果拖延完成单位交给的任务就可以延长劳

动合同，逻辑上是说不通的。

432. 集体合同 [CD]

[解析] 《劳动法》第41条规定："用人单位由于生产经营需要，经与工会和劳动者协商后可以延长工作时间，一般每日不得超过一小时；因特殊原因需要延长工作时间的，在保障劳动者身体健康的条件下延长工作时间每日不得超过三小时，但是每月不得超过三十六小时。"让劳动者每个月加班2天超过了36小时，约定违法，故A项错误。

《劳动合同法》第51条第2款规定："集体合同由工会代表企业职工一方与用人单位订立；尚未建立工会的用人单位，由上级工会指导劳动者推举的代表与用人单位订立。"第54条第1款规定："集体合同订立后，应当报送劳动行政部门；劳动行政部门自收到集体合同文本之日起十五日内未提出异议的，集体合同即行生效。"故B项错误，D项正确。

根据《劳动合同法》第56条规定，因履行集体合同发生争议，经协商解决不成的，工会可以依法申请仲裁、提起诉讼。故C项正确。

433. 劳动合同；劳动争议；社会保险 [ABD]

[解析] 《劳动合同法》第7条规定："用人单位自用工之日起即与劳动者建立劳动关系。用人单位应当建立职工名册备查。"故A项正确。

《劳动合同法》第82条第1款规定："用人单位自用工之日起超过1个月不满1年未与劳动者订立书面劳动合同的，应当向劳动者每月支付2倍的工资。"《劳动合同法实施条例》第6条："用人单位自用工之日起超过1个月不满1年未与劳动者订立书面劳动合同的，应当依照劳动合同法第八十二条的规定向劳动者每月支付2倍的工资，并与劳动者补订书面劳动合同；劳动者不与用人单位订立书面劳动合同的，用人单位应当书面通知劳动者终止劳动关系，并依照劳动合同法第四十七条的规定支付经济补偿。前款规定的用人单位向劳动者每月支付2倍工资的起算时间为用工之日起满1个月的次日，截止时间为补订书面劳动合同的前一日。"姚某于2016年3月8日进入红海公司工作，公司应自2016年4月8日起向姚某每月支付2倍的工资。故B项正确。

《社会保险法》第10条第1款规定："职工应当参加基本养老保险，由用人单位和职工共同缴纳基本养老保险费。"为劳动者缴纳社会保险是用人单位的基本义务。故C项错误。

《社会保险法》第 83 条第 3 款规定:"个人与所在用人单位发生社会保险争议的,可以依法申请调解、仲裁,提起诉讼。用人单位侵害个人社会保险权益的,个人也可以要求社会保险行政部门或者社会保险费征收机构依法处理。"故 D 项正确。

434. 集体劳动合同[CD]

[解析]《劳动合同法》第 51 条第 2 款规定:"集体合同由工会代表企业职工一方与用人单位订立;尚未建立工会的用人单位,由上级工会指导劳动者推举的代表与用人单位订立。"应为上级工会指导劳动者推举,而非 2/3 职工推举。故 A 项错误。

《劳动合同法》第 54 条第 1 款规定:"集体合同订立后,应当报送劳动行政部门;劳动行政部门自收到集体合同文本之日起 15 日内未提出异议的,集体合同即行生效。"集体合同订立后,有 15 日的异议期,并非备案后即行生效。故 B 项错误。

《劳动合同法》第 54 条第 2 款规定:"依法订立的集体合同对用人单位和劳动者具有约束力。行业性、区域性集体合同对当地本行业、本区域的用人单位和劳动者具有约束力。"故 C 项正确。

《劳动合同法》第 56 条规定:"用人单位违反集体合同,侵犯职工劳动权益的,工会可以依法要求用人单位承担责任;因履行集体合同发生争议,经协商解决不成的,工会可以依法申请仲裁、提起诉讼。"故 D 项正确。

435. 经济性裁员;经济补偿金[BD]

[解析]《劳动合同法》第 41 条第 1 款规定:"有下列情形之一,需要裁减人员 20 人以上或者裁减不足 20 人但占企业职工总数 10%以上的,用人单位提前 30 日向工会或者全体职工说明情况,听取工会或者职工的意见后,裁减人员方案经向劳动行政部门报告,可以裁减人员;……(二)生产经营发生严重困难的;……"第 46 条第 4 项规定,用人单位依照本法第 41 条第 1 款规定解除劳动合同的,用人单位应当向劳动者支付经济补偿。故 A 项错误。

《劳动合同法》第 41 条第 2 款规定:"裁减人员时,应当优先留用下列人员:(一)与本单位订立较长期限的固定期限劳动合同的;(二)与本单位订立无固定期限劳动合同的;(三)家庭无其他就业人员,有需要扶养的老人或者未成年人的。"B 项符合第 2 项规定的情形,应优先留用。故 B 项正确。

《劳动合同法》第 42 条规定:"劳动者有下列情形之一的,用人单位不得依照本法第四十条、第四十一条的规定解除劳动合同:……(三)患病或者非因工负伤,在规定的医疗期内的;(四)女职工在孕期、产期、哺乳期的;(五)在本单位连续工作满 15 年,且距法定退休年龄不足 5 年……"C 项缺少"不足 5 年"的条件,其中女职工缺少"孕期、产期、哺乳期"的条件,不属于"不得裁减"的范围,故 C 项错误;D 项正确。

436. (1)女职工特殊保护[B]

[解析]《劳动法》第 65 条规定:"用人单位应当对未成年工定期进行健康检查。"故 A 项错误。

《劳动法》第 60 条规定:"不得安排女职工在经期从事高处、低温、冷水作业和国家规定的第三级体力劳动强度的劳动。"故 B 项正确。

《劳动法》第 61 条规定:"不得安排女职工在怀孕期间从事国家规定的第三级体力劳动强度的劳动和孕期禁忌从事的劳动。对怀孕 7 个月以上的女职工,不得安排其延长工作时间和夜班劳动。"题中,王某怀孕 6 个月以上,公司可以安排夜班劳动。故 C 项错误。

《劳动法》第 63 条规定:"不得安排女职工在哺乳未满 1 周岁的婴儿期间从事国家规定的第三级体力劳动强度的劳动和哺乳期禁忌从事的其他劳动,不得安排其延长工作时间和夜班劳动。"可见,只有王某在满足"哺乳未满 1 周岁的婴儿"的限制条件时,公司才不得安排其上夜班。故 D 项错误。

(2)劳动合同的订立、劳动合同的解除和终止[D]

[解析]《劳动合同法》第 14 条第 3 款规定:"用人单位自用工之日起满 1 年不与劳动者订立书面劳动合同的,视为用人单位与劳动者已订立无固定期限劳动合同。"王某工作时间不满 1 年。故 A 项错误。

《劳动合同法》第 19 条第 4 款规定,试用期包含在劳动合同期限内。该劳动合同应自王某入职时即 2012 年 2 月 1 日起算。故 B 项错误。

王某主动提出离职,经公司同意解除合同,且用人单位不存在过错,不符合经济补偿金的支付条件。故 C 项错误。

《劳动合同法》第 40 条第 2 项规定,如劳动者不能胜任工作,经培训或调整工作岗位,仍不能胜任工作,用人单位提前 30 日以书面形式通知劳动者本人或额外支付劳动者 1 个月工资后,可解除劳动合同。故 D 项正确。

(3)劳动仲裁[ABD]

[解析]《劳动争议调解仲裁法》第 5 条规定,发生劳动争议,当事人可以向调解组织申请调解,也可以向劳动争议仲裁委员会申请仲裁;对仲裁裁决不服的,除本法另有规定的外,可以向人民法院提起诉讼。故 A 项正确。

《劳动争议调解仲裁法》第 47 条第 1 项规定,追索劳动报酬、工伤医疗费、经济补偿或者赔偿金,不超过当地月最低工资标准 12 个月金额的争议,除本法另有规定的外,仲裁裁决为终局裁决,裁决书自作出之日起发生法律效力。第48条规定:"劳动者对本法第47条规定的仲裁裁决不服,可以自收到仲裁裁决书之日起15日内向人民法院提起诉讼。"王某与公司的劳动纠纷金额为12000元,未超过当地月最低工资标准12个月的金额,属于小额案件,对此属于"一裁终局案件",劳动者仍可起诉,用人单位不能再起诉,但是可申请撤销裁决。故B项正确,C项错误。

《劳动争议调解仲裁法》第49条第1款第3项规定,用人单位有证据证明本法第47条规定的仲裁裁决有违反法定程序的,可以自收到仲裁裁决书之日起30日内向劳动争议仲裁委员会所在地的中级人民法院申请撤销裁决。故D项正确。

437. 劳动合同的解除[ABC]

[解析]《劳动合同法》第43条规定,用人单位单方解除劳动合同,应当事先将理由通知工会。故A项正确。

《劳动合同法》第39条规定:"劳动者有下列情形之一的,用人单位可以解除劳动合同:……(二)严重违反用人单位的规章制度的……"田某未请假就连续旷工属于严重违反规章制度,无论是否在规定的医疗期内某厂均有权解除劳动合同。故B项正确。

用人单位依照《劳动合同法》第39条规定解除劳动合同的,无需支付经济补偿金。即劳动者有过错时,如田某连续旷工严重违规,用人单位可以随时单方解除劳动合同,并且无需支付经济补偿金。故C项正确。

《劳动合同法》第48条规定:"用人单位违反本法规定解除或者终止劳动合同,劳动者要求继续履行劳动合同的,用人单位应当继续履行;劳动者不要求继续履行劳动合同或者劳动合同已经不能继续履行的,用人单位应当依照本法第八十七条规定支付赔偿金。"可见,继续履行与支付赔偿金不能并行。故D项错误。

438.(1)用人单位合并、分立对劳动合同的影响;劳动合同的协商解除[ABCD]

[解析]《劳动合同法》第34条规定,用人单位发生合并或者分立等情况,原劳动合同继续有效,劳动合同由承继其权利和义务的用人单位继续履行,故A项说法正确。

《劳动合同法实施条例》第10条规定:"劳动者非因本人原因从原用人单位被安排到新用人单位工作的,劳动者在原用人单位的工作年限合并计算为新用人单位的工作年限。原用人单位已经向劳动者支付经济补偿的,新用人单位在依法解除、终止劳动合同计算支付经济补偿的工作年限时,不再计算劳动者在原用人单位的工作年限。"故B、D项说法正确。

《劳动合同法》第36条规定,用人单位与劳动者协商一致,可以解除劳动合同,故C项说法正确。

(2)非全日制用工的终止用工;用人单位单方解除劳动合同的情形[BD]

[解析]本题中,公司对李某采取全日制的不定时工作制,公司无权对其随时终止用工,故A项说法错误,B项说法正确。

公司绩效考核制度中"末位淘汰"的规定并不属于《劳动合同法》中有关单位可以单方面解除劳动合同的情形,于法无据,所以公司终止劳动合同是违法的。如果李某经绩效考核被认定为不能胜任工作,则只有在公司对其经过培训或者调整工作岗位,仍不能胜任工作的,才能主张解除劳动合同。故C项说法错误,D项说法正确。

(3)解除劳动合同的经济补偿[ABD]

[解析]《劳动合同法》第48条规定,用人单位违反本法规定解除或者终止劳动合同,劳动者不要求继续履行劳动合同或者劳动合同已经不能继续履行的,用人单位应当支付赔偿金。故A项正确,李某放弃请求恢复工作,不要求继续履行劳动合同,可以要求支付赔偿金。

《劳动合同法》第46条第1项规定,劳动者依照本法第38条规定解除劳动合同的,用人单位应当向劳动者支付经济补偿。故B项正确,该公司的规章制度违法损害劳动者权益,属于第38条第1款第4项情形,因此,李某可以要求即时辞职并支付经济补偿金。

《劳动合同法实施条例》第25条规定,用人单位违反劳动合同法的规定解除或者终止劳动合同,依照《劳动合同法》第87条规定支付了赔偿金的,不再支付经济补偿。故C项错误,李某不可同时获得违法终止劳动合同的赔偿金和即时辞职的经济补偿金。

《劳动合同法》第87条规定:"用人单位违反本法规定解除或者终止劳动合同的,应当依照本法第47条规定的经济补偿标准的2倍向劳动者支付赔偿金。"故D项正确,赔偿金的数额为经济补偿金的2倍,多于经济补偿金。

439.(1)试用期的特殊规定;不订立书面劳动合同的后果[ABC]

[解析]《劳动合同法》第19条第1款的规定,劳动合同期限1年以上不满3年的,试用期不得超过2个月。本题中,王某与公司约定的合同期限为2年,根据上述规定,试用期应不得超过2个月,但是合同约定的期限为3个月,超过了法定期限。故A项正确。

《劳动合同法》第20条的规定:"劳动者在试用期的工资不得低于本单位相同岗位最低档工资或者劳动合同约定工资的80%,并不得低于用人单位所在地的最低工资标准。"本题中,合同约定的工资为每月

商经法 [答案详解] 107

1500元，根据上述规定，试用期工资不得低于劳动合同约定工资的80%，即1500×80%＝1200元，同时又高于当地月最低工资标准（1000元），因此，该试用期工资符合法律规定。故B项正确。

《劳动合同法》第82条第1款规定："用人单位自用工之日起超过1个月不满1年未与劳动者订立书面劳动合同的，应当向劳动者每月支付2倍的工资。"本题中，王某从7月1日起开始工作，若该公司超过1个月即从8月1日起还未与王某订立书面劳动合同，则应每月支付王某2倍的工资。故C项正确。

《劳动合同法实施条例》第6条第1款规定，用人单位自用工之日起超过1个月不满1年未与劳动者订立书面劳动合同的，应当依照《劳动合同法》第82条的规定向劳动者每月支付两倍的工资，并与劳动者补订书面劳动合同；劳动者不与用人单位订立书面劳动合同的，用人单位应当书面通知劳动者终止劳动关系，并依照《劳动合同法》第47条的规定支付经济补偿。本题中，8月1日起，若王某拒不与公司订立书面劳动合同，则公司可以书面通知王某终止劳动关系，但是必须依照《劳动合同法》第47条的规定支付经济补偿。故D项错误。

(2)**用人单位规章制度的制定；劳动合同的解除**[ABCD]

[解析]《劳动合同法》第4条规定："用人单位应当依法建立和完善劳动规章制度，保障劳动者享有劳动权利、履行劳动义务。用人单位在制定、修改或者决定有关劳动报酬、工作时间、休息休假、劳动安全卫生、保险福利、职工培训、劳动纪律以及劳动定额管理等直接涉及劳动者切身利益的规章制度或者重大事项时，应当经职工代表大会或者全体职工讨论，提出方案和意见，与工会或者职工代表平等协商确定。在规章制度和重大事项决定实施过程中，工会或者职工认为不适当的，有权向用人单位提出，通过协商予以修改完善。用人单位应当将直接涉及劳动者切身利益的规章制度和重大事项决定公示，或者告知劳动者。"本题中，该公司不允许谈恋爱或者有婚姻关系，无疑直接涉及劳动者切身利益，要经过职工、工会这一程序，而不是经理办公会、工会主席能决定的，因此制定程序违法。故A项正确。

《民法典》第1041条第2款规定，实行婚姻自由、一夫一妻、男女平等的婚姻制度。根据该法第1042条的规定，禁止包办、买卖婚姻和其他干涉婚姻自由的行为。本题中，该《工作纪律规定》要求同事不得恋爱或有婚姻关系，否则一方必须离开公司，属于侵犯公民的婚姻自由权，违反了《民法典》的规定。故B项正确。

《劳动合同法》第39条规定："劳动者有下列情形之一的，用人单位可以解除劳动合同：(一)在试用期间被证明不符合录用条件的；(二)严重违反用人单位的规章制度的……"本题中，由于该《工作纪律规定》违反了法律的禁止性规定，以违反该规章制度为由解除劳动合同不属于法定解除劳动合同的情形，因此，依据《工作纪律规定》解除劳动合同是违法的。故C项正确。

《劳动合同法》第80条规定："用人单位直接涉及劳动者切身利益的规章制度违反法律、法规规定的，由劳动行政部门责令改正，给予警告；给劳动者造成损害的，应当承担赔偿责任。"本题中，该公司的《工作纪律规定》违反法律规定，据此解除王某的劳动合同，给王某带来了损害的，公司应当承担赔偿责任。故D项正确。

440.经济性裁员[ABD]

[解析]《劳动合同法》第41条第1款规定："有下列情形之一，需要裁减人员20人以上或者裁减不足20人但占企业职工总数10%以上的，用人单位提前30日向工会或者全体职工说明情况，听取工会或者职工的意见后，裁减人员方案经向劳动行政部门报告，可以裁减人员：(一)依照企业破产法规定进行重整的；(二)生产经营发生严重困难的；(三)企业转产、重大技术革新或者经营方式调整，经变更劳动合同后，仍需裁减人员的；(四)其他因劳动合同订立时所依据的客观经济情况发生重大变化，致使劳动合同无法履行的。"据此可知，《劳动合同法》只是要求向工会或全体职工说明情况，听取工会或职工意见，没有规定必须经过职工代表大会批准。A项说法缺乏法律依据，当选。该规定也并未要求用人单位只有进入破产程序才能进行经济性裁员，B项说法也缺乏法律依据，当选。

《劳动合同法》第41条第2款规定："裁减人员时，应当优先留用下列人员：(一)与本单位订立较长期限的固定期限劳动合同的；(二)与本单位订立无固定期限劳动合同的；(三)家庭无其他就业人员，有需要扶养的老人或者未成年人的。"C项有法律依据，不当选。D项说法缺乏法律依据，当选。

441.(1)侵犯商业秘密行为；竞业禁止义务[ABD]

[解析]《反不正当竞争法》第9条规定："经营者不得实施下列侵犯商业秘密的行为：……(三)违反保密义务或者违反权利人有关保守商业秘密的要求，披露、使用或者允许他人使用其所掌握的商业秘密；……第三人明知或者应知商业秘密权利人的员工、前员工或者其他单位、个人实施本条第1款所列违法行为，仍获取、披露、使用或者允许他人使用该商业秘密的，视为侵犯商业秘密。……"本题中，邓某属于"违反约定披露"，构成侵犯K公司商业秘密；Y公司属于

"第三人明知而获取、使用、披露",也视为侵犯K公司的商业秘密。故A、B项正确。

《劳动合同法》第24条规定,竞业限制的人员限于用人单位的高级管理人员、高级技术人员和其他负有保密义务的人员。竞业禁止义务存在于用人单位与其高级管理人员、高级技术人员及其他负有保密义务的人员之间。本题Y公司和K公司均为市场中的经营者,二者之间会存在市场竞争关系,但不会存在"竞业禁止义务",故C项错误。邓某作为K公司前技术主管,与K公司有约定,负有竞业禁止义务,故D项正确。

(2)劳动争议的范围;侵犯商业秘密的法律竞合[AB]

[解析] 根据《劳动合同法》第23条、《反不正当竞争法》第9条以及《民法典》相关规定,侵犯商业秘密,属于侵犯权利人经济性权利的行为,在本质上属于侵权。违反竞业禁止义务,要求责任人与被侵害人之间存在竞业禁止约定,在本质上属于违约行为。邓某的行为既是侵权,又是违约,属于责任竞合,究竟是追究邓某的侵权责任还是违约责任,K公司当然有选择权。故A、B项正确。

理论上,无劳动关系优先于商事关系之说。故C项错误。

因为题干告知"K公司以Y公司和邓某为被告提起侵犯商业秘密的诉讼",即提起的是侵权诉讼,和邓某与K公司之间的劳动合同纠纷是两个法律关系,所以邓某的主张不能得到支持。故D项错误。

442. 非全日制用工[C]

[解析]《劳动合同法》第69条第2款规定:"从事非全日制用工的劳动者可以与一个或者一个以上用人单位订立劳动合同;但是,后订立的劳动合同不得影响先订立的劳动合同的履行。"故A项正确。

《劳动合同法》第70条规定:"非全日制用工双方当事人不得约定试用期。"故B项正确。

《劳动合同法》第71条规定:"非全日制用工双方当事人任何一方都可以随时通知对方终止用工。终止用工,用人单位不向劳动者支付经济补偿。"可见,C项中认为"应当向劳动者支付经济补偿"于法无据。故C项错误。

《劳动合同法》第72条第2款规定,非全日制用工劳动报酬结算支付周期最长不得超过15日。故D项正确。

443. 无固定期限劳动合同的订立[BD(原答案为BCD)]

[解析]《劳动合同法》第14条第2款规定:"用人单位与劳动者协商一致,可以订立无固定期限劳动合同。有下列情形之一,劳动者提出或者同意续订、订立劳动合同的,除劳动者提出订立固定期限劳动合同外,应当订立无固定期限劳动合同:(一)劳动者在该用人单位连续工作满10年的;(二)用人单位初次实行劳动合同制度或者国有企业改制重新订立劳动合同时,劳动者在该用人单位连续工作满10年且距法定退休年龄不足10年的;(三)连续订立2次固定期限劳动合同,且劳动者没有本法第39条和第40条第1项、第2项规定的情形,续订劳动合同的。"

A项,赵女士曾经离职,连续工作时间应当从2002年1月开始计算,到2009年2月不足10年,不符合第14条第2款第1项"连续"工作满10年的条件。故A项错误。

B项,钱先生到改制时已经在该企业连续工作超过10年,且年满50周岁,离退休不足10年,符合第14条第2款第2项之情形。故B项正确。

D项,属于用人单位与劳动者协商一致,订立无固定期限劳动合同情形。故D项正确。

C项有争议,表面上似乎属于第14条第2款第3项之情形,但根据《劳动合同法》第97条规定:"本法施行前已依法订立且在本法施行之日存续的劳动合同,继续履行;本法第14条第2款第3项规定连续订立固定期限劳动合同的次数,自本法施行后续订固定期限劳动合同时开始计算。……"《劳动合同法》自2008年1月1日起实施,所以C项由于未考虑法的溯及力问题,建议不应选。

444. 无固定期限劳动合同[ABD]

[解析]《劳动合同法》第14条规定:"无固定期限劳动合同,是指用人单位与劳动者约定无确定终止时间的劳动合同。用人单位与劳动者协商一致,可以订立无固定期限劳动合同。有下列情形之一,劳动者提出或者同意续订、订立劳动合同的,除劳动者提出订立固定期限劳动合同外,应当订立无固定期限劳动合同:(一)劳动者在该用人单位连续工作满10年的;(二)用人单位初次实行劳动合同制度或者国有企业改制重新订立劳动合同时,劳动者在该用人单位连续工作满10年且距法定退休年龄不足10年的;(三)连续订立二次固定期限劳动合同,且劳动者没有本法第39条和第40条第一项、第二项规定的情形,续订劳动合同的。用人单位自用工之日起满1年不与劳动者订立书面劳动合同的,视为用人单位与劳动者已订立无固定期限劳动合同。"

本题,A项中劳动者赵某与用人单位某公司协商一致,可以订立无固定期限劳动合同,故A项正确。B、D项分别属于第14条第2款第1、3项的情形,故B、D项正确。C项中李某因距法定退休年龄还有12年,不符合第14条第2款第2项"距法定退休年龄不足10年"之规定,故C项错误。

商经法 [答案详解]

考点79 劳务派遣

445. 劳务派遣;劳动合同的解除[ABD]

[解析]《劳动合同法》第40条规定:"有下列情形之一的,用人单位提前30日以书面形式通知劳动者本人或者额外支付劳动者1个月工资后,可以解除劳动合同:……(三)劳动合同订立时所依据的客观情况发生重大变化,致使劳动合同无法履行,经用人单位与劳动者协商,未能就变更劳动合同内容达成协议的。"本案中劳务派遣协议到期,并非劳动合同订立时所依据的客观情况发生重大变化,且甲公司仍可以将严某派遣到其他公司工作;而甲公司提出由丙劳务公司与严某签订劳动合同,其实质仍是要解除劳动合同,且无合理由。由于双方协商解除合同的请求也被严某拒绝,故甲公司属于违法解除劳动合同。A选项错误,当选。

《劳动合同法》第48条规定:"用人单位违反本法规定解除或者终止劳动合同,劳动者要求继续履行劳动合同的,用人单位应当继续履行;劳动者不要求继续履行劳动合同或者劳动合同已经不能继续履行的,用人单位应当依照本法第八十七条规定支付赔偿金。"因此,继续履行的前提之一是劳动者有此要求,而非用人单位有权在继续履行和赔偿金之间进行选择。故B选项错误,当选。严某属于甲公司职工,与甲公司签订有劳动合同,应由甲公司支付赔偿金。故C项正确。

根据《劳动合同法》第92条第2款规定,用工单位给被派遣劳动者造成损害的,劳务派遣单位与用工单位承担连带赔偿责任。本题中,乙公司并未给严某造成损害,无需承担连带赔偿责任。故D项错误,当选。

446. 劳动争议处理程序[AC]

[解析]《劳动争议调解仲裁法》第6条规定:"发生劳动争议,当事人对自己提出的主张,有责任提供证据。与争议事项有关的证据属于用人单位掌握管理的,用人单位应当提供;用人单位不提供的,应当承担不利后果。"故A项正确。

《劳动争议调解仲裁法》第47条规定:"下列劳动争议,除本法另有规定的外,仲裁裁决为终局裁决,裁决书自作出之日起发生法律效力:(一)追索劳动报酬、工伤医疗费、经济补偿或者赔偿金,不超过当地月最低工资标准12个月金额的争议;(二)因执行国家的劳动标准在工作时间、休息休假、社会保险等方面发生的争议。"第48条规定:"劳动者对本法第47条规定的仲裁裁决不服的,可以自收到仲裁裁决书之日起15日内向人民法院提起诉讼。"本案是追索劳动报酬的情形,故仲裁裁决为终局裁决,只有劳动者对该裁决不服的才能提起诉讼。故B项错误。

《劳动争议调解仲裁法》第21条第2款规定,劳动争议由劳动合同履行地或者用人单位所在地的劳动争议仲裁委员会管辖。另根据《劳动合同法》第58条,劳务派遣单位是本法所称用人单位,应当履行用人单位对劳动者的义务。本题中的劳动合同履行地为乙区,而用人单位所在地为甲区。故C项正确。

《劳动合同法》第92条第2款规定,用工单位给被派遣劳动者造成损害的,劳务派遣单位与用工单位承担连带赔偿责任。由于题述案例给被派遣劳动者造成损害的是劳务派遣单位,不是用工单位,所以不存在连带责任的情形。故D项错误。

447. 劳务派遣;劳动仲裁[CD]

[解析]《劳动合同法》第66条规定,劳动合同用工是我国企业的基本用工形式。劳务派遣用工是补充形式,只能在临时性、辅助性或者替代性的工作岗位上实施。辅助性工作岗位是指为主营业务岗位提供服务的非主营业务岗位。本题中,甲公司派梁某到乙公司做车间主任,这已经是主营业务岗位,乙公司并不是在辅助性工作岗位上使用梁某。故A项错误。

同时,《劳动合同法》第66条还规定,临时性工作岗位是指存续时间不超过6个月的岗位。这是指"岗位的存续时间"不超过6个月,而不是每6个月一签劳动合同;另外,无论双方中间续签几次,只要岗位存续的时间超过6个月,就不是临时性工作岗位。本题中双方续签协议6次,梁某车间主任的工作岗位从2012年1月持续到2013年7月,超过了6个月,不属于临时性工作岗位。故B项错误。

《劳动争议调解仲裁法》第27条规定:"劳动争议申请仲裁的时效期间为1年。仲裁时效期间从当事人知道或者应当知道其权利被侵害之日起计算。……劳动关系存续期间因拖欠劳动报酬发生争议的,劳动者申请仲裁不受本条第1款规定的仲裁时效期间的限制;但是,劳动关系终止的,应当自劳动关系终止之日起1年内提出。"该题中,梁某因追索上一年加班费与乙公司发生争议的时间是2013年6月,这说明梁某是在劳动关系存续期间与乙公司发生的劳动纠纷,并且争议性质是追索加班费,所以仲裁时效期间不受1年的限制。故C项正确,当选。

《劳动争议调解仲裁法》第22条规定:"发生劳动争议的劳动者和用人单位为劳动争议仲裁案件的双方当事人。劳务派遣单位或者用工单位与劳动者发生劳动争议的,劳务派遣单位和用工单位为共同当事人。"本题中,劳务派遣单位是甲公司,用工单位是乙公司,因此梁某申请仲裁时应将甲公司和乙公司作为共同当事人。故D项正确。

448.(1)劳务派遣的用人单位[C]

[解析]可根据《劳动合同法》第58、59条的规

定,理解劳务派遣的三方关系:(1)劳务派遣单位与被派遣劳动者是劳动关系,应当订立劳动合同(第58条)。其中,劳务派遣单位是用人单位,应当履行用人单位对劳动者的义务。(2)劳务派遣单位与接受以劳务派遣形式用工的单位(称为用工单位)订立劳务派遣协议(第59条)。二者之间是劳务关系,受《劳动合同法》调整。(3)用工单位和劳动者之间虽然没有劳动合同关系,但是劳动者要服从用工单位的管理。因此,本题明确交代"玫园公司与丙劳务派遣公司签订协议,由其派遣王某到玫园公司担任保洁员",所以王某的用人单位是其劳务派遣单位丙公司,用工单位是玫园公司。故C项正确。

(2)劳务派遣合同的解除[ACD(原答案为CD)]

[解析]《劳动派遣暂行规定》于2013年12月20日通过,自2014年3月1日实施。对因用工单位的原因导致的退回进行了规定。《劳务派遣暂行规定》第12条规定:"有下列情形之一的,用工单位可以将被派遣劳动者退回劳务派遣单位:(一)用工单位有劳动合同法第40条第3项、第41条规定情形的;……"《劳动合同法》第40条第3项即为情势变更情形,因此玫园公司作为用工单位,可以在情势变更的情况下,将劳动者退回用人单位丙公司。故A项正确。

《劳务派遣暂行规定》第15条规定:"被派遣劳动者因本规定第12条规定被用工单位退回,劳务派遣单位重新派遣时维持或者提高劳动合同约定条件,被派遣劳动者不同意的,劳务派遣单位可以解除劳动合同。被派遣劳动者因本规定第12条规定被用工单位退回,劳务派遣单位重新派遣时降低劳动合同约定条件,被派遣劳动者不同意的,劳务派遣单位不得解除劳动合同。但被派遣劳动者提出解除劳动合同的除外。"因用工单位原因导致被派遣的劳动者被退回劳务派遣单位,作为用人单位的丙公司不是必然可以与劳动者解除劳动合同。故B项错误。

《劳动合同法》第48条规定:"用人单位违反本法规定解除或者终止劳动合同,劳动者要求继续履行劳动合同的,用人单位应当继续履行;劳动者不要求继续履行劳动合同或者劳动合同已经不能继续履行的,用人单位应当依照本法第87条规定支付赔偿金。"本案中玫园公司以签订派遣协议时所依据的客观情况发生重大变化为由,将王某退回丙公司,丙公司遂以此为由解除王某的劳动合同,其性质是用人单位违法解除劳动合同。因此王某有权要求丙公司继续履行劳动合同,如果王某不愿意回到丙公司,那么其有权要求丙公司支付赔偿金。故C、D项正确。

449. (1)劳务派遣协议;劳务派遣单位的告知义务与禁止行为[ABD]

[解析]《劳动合同法》第59条第1款规定:"劳务派遣单位派遣劳动者应当与接受以劳务派遣形式用工的单位(以下称用工单位)订立劳务派遣协议。劳务派遣协议应当约定派遣岗位和人员数量、派遣期限、劳动报酬和社会保险费的数额与支付方式以及违反协议的责任。"可知,派遣岗位、劳务报酬都应在派遣协议中约定。故A项错误,当选;C项正确,不当选。

《劳动合同法》第59条第2款规定:"用工单位应当根据工作岗位的实际需要与劳务派遣单位确定派遣期限,不得将连续用工期限分割订立数个短期劳务派遣协议。"B项中将连续用工期限分割为四个短期劳务派遣协议,为本条所禁止。故B项错误,当选。

《劳动合同法》第60条第1款规定:"劳务派遣单位应当将劳务派遣协议的内容告知被派遣劳动者。"故D项错误,当选。

(2)劳务派遣单位的义务与禁止行为;被派遣劳动者的权利[ABCD]

[解析]《劳动合同法》第58条第2款规定:"劳务派遣单位应当与被派遣劳动者订立2年以上的固定期限劳动合同,按月支付劳动报酬;被派遣劳动者在无工作期间,劳务派遣单位应当按照所在地人民政府规定的最低工资标准,向其按月支付报酬。""1年"不合法,应至少"2年"。故A项当选。

《劳动合同法》第60条第2款规定:"劳务派遣单位不得克扣用工单位按照劳务派遣协议支付给被派遣劳动者的劳动报酬。"变相克扣的行为不合法。故B项当选。

《劳动合同法》第60条第3款规定:"劳务派遣单位和用工单位不得向被派遣劳动者收取费用。"收取保证金不合法。故C项当选。

《劳动合同法》第64条规定:"被派遣劳动者有权在劳务派遣单位或者用工单位依法参加或者组织工会,维护自身的合法权益。"剥夺劳动者权利不合法。故D项当选。

(3)用工单位的义务;劳务派遣单位的法律责任[AC(原答案为A)]

[解析]《劳动合同法》第62条第2款规定:"用工单位不得将被派遣劳动者再派遣到其他用人单位。"故A项错误,当选。

《劳动合同法》第58条第2款规定:"劳务派遣单位应当与被派遣劳动者订立2年以上的固定期限劳动合同,按月支付劳动报酬;被派遣劳动者在无工作期间,劳务派遣单位应当按照所在地人民政府规定的最低工资标准,向其按月支付报酬。"故B项正确,不当选。

《劳动争议调解仲裁法》第22条第2款规定:"劳务派遣单位或者用工单位与劳动者发生劳动争议的,

劳务派遣单位和用工单位为共同当事人。"李某应当以天利公司和松园公司作为共同被申请人。故C项错误，当选。

《劳动合同法》第92条第2款规定："劳务派遣单位、用工单位违反本法有关劳务派遣规定的，由劳动行政部门责令限期改正；逾期不改正的，以每人5000元以上1万元以下的标准处以罚款，对劳务派遣单位，吊销其劳务派遣业务经营许可证。用工单位给被派遣劳动者造成损害的，劳务派遣单位与用工单位承担连带赔偿责任。"本题中，天利公司违法对李某再派遣，并以此为由将李某退回桃园公司，桃园公司又因李某无工作而违法解除劳动合同，二者的行为均侵害了李某的权益，应承担连带赔偿责任。故D项正确，不当选。

专题三十三　劳动法

考点80　劳动法

450. 劳动合同的解除理由；特殊劳动者的保护 [BC]

[解析]《劳动法》第61条规定："不得安排女职工在怀孕期间从事国家规定的第三级体力劳动强度的劳动和孕期禁忌从事的劳动。对怀孕七个月以上的女职工，不得安排其延长工作时间和夜班劳动。"对怀孕7个月以上的女职工，不得安排其延长工作时间和夜班劳动。本题中张某未怀孕7个月，故A项错误。

《劳动合同法》第39条规定："劳动者有下列情形之一的，用人单位可以解除劳动合同：……（二）严重违反用人单位的规章制度的；……"张某虽然是怀孕职工，属于被保护的劳动者，但若劳动者严重违法违纪，用人单位仍然有权单方解除劳动合同，不受《劳动合同法》第42条的限制。故B项正确。

《劳动法》第19条规定："劳动合同应当以书面形式订立，并具备以下条款：……（五）劳动纪律；……"《员工纪律》属于劳动纪律，构成劳动合同的内容，故C项正确。

《劳动合同法》第42条规定："劳动者有下列情形之一的，用人单位不得依照本法第四十条、第四十一条的规定解除劳动合同：……（四）女职工在孕期、产期、哺乳期的；……"如果张某仅仅因为不能胜任公司岗位，即劳动者无过错，没有违反《劳动合同法》第39条规定，因其是怀孕女职工，用人单位不得单方解除劳动合同。故D项错误。

451. 招用童工；工作时间；试用期；违约金 [ABCD（原答案为ACD）]

[解析]《劳动法》第15条规定："禁止用人单位招用未满16周岁的未成年人。文艺、体育和特种工艺单位招用未满16周岁的未成年人，必须遵守国家有关规定，并保障其接受义务教育的权利。"可见，用人单位原则上不得招用未满16周岁的未成年人，但有三个例外。A项说法过于绝对，违反劳动法的规定。故A项错误，当选。

《劳动法》第38条规定："用人单位应当保证劳动者每周至少休息1日。"可知，用人单位与劳动者可以约定周六加班，只要保证每周至少休息1日即可。故B项错误，当选。

《劳动合同法》第19条第1款规定："劳动合同期限3个月以上不满1年的，试用期不得超过1个月；劳动合同期限1年以上不满3年的，试用期不得超过2个月；3年以上固定期限和无固定期限的劳动合同，试用期不得超过6个月。"可见，劳动合同期限约定为2年的，试用期不得超过2个月。故C项错误，当选。

《劳动合同法》第25条规定："除本法第22条和第23条规定的情形外，用人单位不得与劳动者约定由劳动者承担违约金。"其中，《劳动合同法》第22条规定了服务期条款，第23条规定了保密义务和竞业限制条款。可知，该法对违约金条款进行限制，除了劳动者违反服务期约定和竞业限制约定，均不得约定由劳动者承担违约金。故D项错误，当选。

452. 最低工资保障、最低工资构成；婚丧假期工资保障 [ACD]

[解析]《劳动法》第48条规定："国家实行最低工资保障制度。最低工资的具体标准由省、自治区、直辖市人民政府规定，报国务院备案。用人单位支付劳动者的工资不得低于当地最低工资标准。"故A项正确。

最低工资保障制度是对所有劳动者的保护，乡镇企业也不能例外。故B项错误。

《最低工资规定》第12条第1款规定："在劳动者提供正常劳动的情况下，用人单位应支付给劳动者的工资在剔除下列各项以后，不得低于当地最低工资标准：（一）延长工作时间工资；（二）中班、夜班、高温、低温、井下、有毒有害等特殊工作环境条件下的津贴；（三）法律、法规和国家规定的劳动者福利待遇等。"根据该条第1项，最低工资应剔除加班工资。故C项正确。

《劳动法》第51条规定："劳动者在法定休假日和婚丧假期间以及依法参加社会活动期间，用人单位应当依法支付工资。"故D项正确。

453. 劳动关系 [ACD]

[解析] 劳动关系是指根据法律的相关规定，劳动者与用人单位之间为实现劳动过程而发生的一方向另一方有偿提供劳动力的社会关系。劳动关系的当

· 112 ·

事人是特定的,一方是劳动者,另一方是用人单位。故 A 项正确。

劳动法的主要调整对象是劳动关系,狭义上是指劳动者与用人单位之间在实现劳动过程中发生的社会关系,广义上的主体还应包括劳动者的团体组织。因此,本题中劳动行政部门与劳动者、用人单位之间的关系属于与劳动关系密切联系的其他社会关系(行政管理关系),并不是劳动关系。故 B 项错误。

劳动关系具有人身属性,用人单位有权依法管理和使用劳动者。劳动关系具有财产关系的属性,劳动者有偿提供劳动力,用人单位向劳动者支付报酬。故 C 项正确。

双方当事人在建立、变更劳动关系时,应依照平等自愿、合法原则进行,因而劳动关系具有平等性。同时,劳动关系具有从属性,劳动关系一经确立,劳动者成为用人单位的职工,与用人单位存在身份、组织和经济上的从属关系,用人单位按照其劳动规章制度管理和使用劳动者,双方形成管理与被管理、支配与被支配的关系。故 D 项正确。

454. 劳动安全卫生和特殊保护[BC]

[解析]《劳动法》第 59 条规定:"禁止安排女职工从事矿山井下、国家规定的第四级体力劳动强度的劳动和其他禁忌从事的劳动。"女技术员到地下的设备室工作,不是井下,并不违反《劳动法》规定。故 A 项不当选。

《劳动法》第 53 条规定:"劳动安全卫生设施必须符合国家规定的标准。新建、改建、扩建工程的劳动安全卫生设施必须与主体工程同时设计、同时施工、同时投入生产和使用。"可知,在安全卫生设施未装置调试完成前,不得开始生产。故 B 项违反规定,当选。

《劳动法》第 55 条规定:"从事特种作业的劳动者必须经过专门培训并取得特种作业资格。"可知,从事特种作业的人员必须取得相应的资格证书。故 C 项违反规定,当选。

《劳动法》第 54 条规定:"用人单位必须为劳动者提供符合国家规定的劳动安全卫生条件和必要的劳动防护用品,对从事有职业危害作业的劳动者应当定期进行健康检查。"可知,法律只规定了"应当定期进行健康检查",但未规定健康检查的时间。故 D 项不当选。

专题三十四 劳动争议调解仲裁法

考点81 劳动争议调解仲裁法

455. 劳动合同的解除;劳动仲裁[CD]

[解析]《劳动合同法》第 37 条规定:"劳动者提前 30 日以书面形式通知用人单位,可以解除劳动合同。劳动者在试用期内提前 3 日通知用人单位,可以解除劳动合同。"据此,劳动者提前 30 日以书面形式通知用人单位即可辞职,不需要理由,故 A 项错误。

《劳动争议调解仲裁法》第 20 条规定:"劳动争议仲裁委员会应当设仲裁员名册。仲裁员应当公道正派并符合下列条件之一:(一)曾任审判员的;(二)从事法律研究、教学工作并具有中级以上职称的;(三)具有法律知识、从事人力资源管理或者工会等专业工作满五年的;(四)律师执业满 3 年的。"马律师执业刚满 1 年,不满足上述要求,故 B 项错误。

《劳动争议调解仲裁法》第 24 条规定:"当事人可以委托代理人参加仲裁活动。委托他人参加仲裁活动,应当向劳动争议仲裁委员会提交有委托人签名或者盖章的委托书,委托书应当载明委托事项和权限。"当事人有权委托代理人参加仲裁活动,故 C 项正确。

《劳动争议调解仲裁法》第 49 条第 1 款规定:"用人单位有证据证明本法第 47 条规定的仲裁裁决有下列情形之一,可以自收到仲裁裁决书之日起 30 日内向劳动争议仲裁委员会所在地的中级人民法院申请撤销裁决:(一)适用法律、法规确有错误的;(二)劳动争议仲裁委员会无管辖权的;(三)违反法定程序的;(四)裁决所根据的证据是伪造的;(五)对方当事人隐瞒了足以影响公正裁决的证据的;(六)仲裁员在仲裁该案时有索贿受贿、徇私舞弊、枉法裁决行为的。"故 D 项正确。

456.(1)劳动争议的处理程序[BCD]

[解析]《劳动争议调解仲裁法》第 21 条规定:"劳动争议仲裁委员会负责管辖本区域内发生的劳动争议。劳动争议由劳动合同履行地或者用人单位所在地的劳动争议仲裁委员会管辖……"故 A 项中李某只能向劳动合同履行地的劳动争议仲裁委员会申请仲裁的说法错误。

《劳动争议调解仲裁法》第 28 条第 3 款规定,申请人申请仲裁应当提交书面仲裁申请,书写仲裁申请确有困难的,可以口头申请,由劳动争议仲裁委员会记入笔录,并告知对方当事人。故 B 项说法正确。

《劳动争议调解仲裁法》第 6 条规定:"发生劳动争议,当事人对自己提出的主张,有责任提供证据。与争议事项有关的证据属于用人单位掌握管理的,用人单位应当提供;用人单位不提供的,应当承担不利后果。"本题中的乙公司是根据公司绩效考核制度中"末位淘汰"的规定与李某解除劳动合同的,因为乙公司掌握了公司绩效考核制度及其考核情况,对终止合同的主张应负举证责任。故 C 项说法正确。

《劳动争议调解仲裁法》第 29 条规定:"劳动争议仲裁委员会收到仲裁申请之日起 5 日内,认为符合受理条件的,应当受理,并通知申请人;认为不符合受理条件的,应当书面通知申请人不予受理,并说明理由。对劳动争议仲裁委员会不予受理或者逾期未作出决定的,申请人可以就该劳动争议事项向人民法院提起诉讼。"故 D 项说法正确。

(2)不订立书面劳动合同的法律责任;劳动争议仲裁时效[BD]

[解析]《劳动合同法》第 10 条第 1 款规定:"建立劳动关系,应当订立书面劳动合同。"也即我国不承认事实劳动关系。虽然李某仍继续在公司工作,但原合同到期,用人单位有义务和李某签订书面劳动合同。《劳动合同法》第 82 条第 1 款规定:"用人单位自用工之日起超过 1 个月不满 1 年未与劳动者订立书面劳动合同的,应当向劳动者每月支付 2 倍的工资。"故 A 项错误,B 项正确。

《劳动争议调解仲裁法》第 27 条第 1 款规定:"劳动争议申请仲裁的时效期间为 1 年。仲裁时效期间从当事人知道或者应当知道其权利被侵害之日起计算。"李某针对乙公司终止合同违法提出仲裁请求,应从其被终止劳动关系时算起,即 2012 年 12 月。由于李某于 2013 年 11 月提出劳动争议仲裁申请,所以未超过仲裁时效。故 C 项错误,D 项正确。

457. 劳动争议的解决方式;劳动争议仲裁的管辖地;终局裁决[ACD]

[解析]《劳动争议调解仲裁法》第 5 条规定:"发生劳动争议,当事人不愿协商、协商不成或者达成和解协议后不履行的,可以向调解组织申请调解;不愿调解、调解不成或者达成调解协议后不履行的,可以向劳动争议仲裁委员会申请仲裁;对仲裁裁决不服的,除本法另有规定的外,可以向人民法院提起诉讼。"据此可知,劳动者与用人单位的纠纷,既可以协商,又可以调解,还可以仲裁。故 A 项正确。

《劳动争议调解仲裁法》第 21 条第 2 款规定:"劳动争议由劳动合同履行地或者用人单位所在地的劳动争议仲裁委员会管辖……"所以劳动者不应向工资关系所在地的劳动争议仲裁委员会提出请求。故 B 项错误。

《劳动争议调解仲裁法》第 47 条规定:"下列劳动争议,除本法另有规定的外,仲裁裁决为终局裁决,裁决书自作出之日起发生法律效力:(一)追索劳动报酬、工伤医疗费、经济补偿或者赔偿金,不超过当地月最低工资标准 12 个月金额的争议;(二)因执行国家的劳动标准在工作时间、休息休假、社会保险等方面发生的争议。"故 C 项正确。

《劳动争议调解仲裁法》第 48 条规定:"劳动者对本法第 47 条规定的仲裁裁决不服的,可以自收到仲裁裁决书之日起 15 日内向人民法院提起诉讼。"故 D 项正确。

458. 劳动争议的范围[BCD]

[解析]《劳动争议调解仲裁法》第 2 条规定:"中华人民共和国境内的用人单位与劳动者发生的下列劳动争议,适用本法:(一)因确认劳动关系发生的争议;(二)因订立、履行、变更、解除和终止劳动合同发生的争议;(三)因除名、辞退和辞职、离职发生的争议;(四)因工作时间、休息休假、社会保险、福利、培训以及劳动保护发生的争议;(五)因劳动报酬、工伤医疗费、经济补偿或者赔偿金等发生的争议;(六)法律、法规规定的其他劳动争议。"

张某离职后要求复职与用人单位发生的劳动争议属于劳动争议的范围。故 A 项不当选。

由职工股引发的纠纷是股东与公司之间的纠纷,不属于劳动争议的范围。故 B 项当选。

C 项争议的双方为秦某与社会保险经办机构,不属于劳动争议的范围。故 C 项当选。

D 项争议双方为刘某与劳动能力鉴定委员会,不是劳动者与用人单位之间的纠纷,不属于劳动争议的范围。故 D 项当选。

专题三十五　社会保险法

考点82 社会保险法

459. 工伤保险待遇[A]

[解析]《社会保险法》第 41 条第 1 款规定:"职工所在用人单位未依法缴纳工伤保险费,发生工伤事故的,由用人单位支付工伤保险待遇。用人单位不支付的,从工伤保险基金中先行支付。"未依法缴纳工伤保险费的情形包括自始未参加工伤保险,也包括曾参加又断保的情况,本题属于后者,应由甲公司支付工伤保险待遇。故 A 项正确,B、C、D 项错误。

460. 工伤保险[ACD]

[解析]《社会保险法》第 33 条规定:"职工应当参加工伤保险,由用人单位缴纳工伤保险费,职工不缴纳工伤保险费。"本案中的法律关系应属于劳务派遣关系。乙公司作为派遣公司与陈某建立劳动合同关系,之后将其派遣至甲公司工作。因此,乙公司作为陈某的用人单位,应参加工伤保险,由乙公司支付工伤保险费,陈某个人无需缴纳。故 A 项错误,B 项正确。

参加工伤保险等社会保险是用人单位和职工的法定义务,与商业保险并不冲突,即使乙公司已经为陈某购买了人身意外保险,仍需参加工伤保险,缴纳工伤保险费。故 C 项错误。

《社会保险法》第 41 条规定:"职工所在用人单位未依法缴纳工伤保险费,发生工伤事故的,由用人单位支付工伤保险待遇。用人单位不支付的,从工伤保险基金中先行支付。从工伤保险基金中先行支付的工伤保险待遇应当由用人单位偿还。用人单位不偿还的,社会保险经办机构可以依照本法第六十三条的规定追偿。"首先,工伤保险由用人单位缴纳保险费,员工个人无需缴费;其次,即使用人单位未参加工伤保险,没有缴纳工伤保险费,员工发生工伤后也可以享受工伤保险待遇,由工伤保险基金先行支付。故 D 项错误。

461. 工伤保险待遇[BC]

[解析]《社会保险法》第 41 条第 1 款规定:"职工所在用人单位未依法缴纳工伤保险费,发生工伤事故的,由用人单位支付工伤保险待遇。用人单位不支付的,从工伤保险基金中先行支付。"因此薛某可以主张工伤保险基金先行垫付。但《社会保险法》并未明确规定职工可以要求支付工伤保险待遇和承担民事人身损害赔偿责任进行选择的权利。故 A 项错误,B 项正确。

《社会保险法》第 39 条规定:"因工伤发生的下列费用,按照国家规定由用人单位支付:(一)治疗工伤期间的工资福利;(二)五级、六级伤残职工按月领取的伤残津贴;(三)终止或者解除劳动合同时,应当享受的一次性伤残就业补助金。"职工薛某已被认定为工伤且被鉴定为六级伤残,伤残津贴应由商场支付。故 C 项正确。

《社会保险法》第 42 条规定:"由于第三人的原因造成工伤,第三人不支付工伤医疗费用或者无法确定第三人的,由工伤保险基金先行支付。工伤保险基金先行支付后,有权向第三人追偿。"《最高人民法院关于审理工伤保险行政案件若干问题的规定》第 8 条第 3 款规定:"职工因第三人的原因导致工伤,社会保险经办机构以职工或者其近亲属已经对第三人提起民事诉讼为由,拒绝支付工伤保险待遇的,人民法院不予支持,但第三人已经支付的医疗费用除外。"故,如果电梯厂已支付工伤医疗费,则薛某不能主张工伤保险基金支付的工伤医疗费。故 D 项错误。

462. 失业保险金[ABC]

[解析]《社会保险法》第 45 条规定:"失业人员符合下列条件的,从失业保险基金中领取失业保险金:(一)失业前用人单位和本人已经缴纳失业保险费满 1 年的;(二)非因本人意愿中断就业的……"本案中,若王某累计缴纳失业保险未满 1 年,则无权领取失业保险金。故 A 项正确。

只要是非本人意愿中止就业的,就符合领取失业保险金的条件之一,与劳动者被用人单位解除劳动合同的具体原因没有关系。故 B 项正确。

《社会保险法》第 48 条第 2 款规定:"失业人员应当缴纳的基本医疗保险费从失业保险基金中支付,个人不缴纳基本医疗保险费。"本题中,王某应缴纳的基本医疗保险费从失业保险基金中支付。故 C 项正确。

《社会保险法》第 52 条规定:"职工跨统筹地区就业的,其失业保险关系随本人转移,缴费年限累计计算。"若王某选择跨统筹地区就业,其失业保险关系随本人转移,缴费年限累计计算,而不得申请退还。据此可知,王某不能申请退还缴纳的失业保险费。故 D 项错误。

463. 基本养老保险的个人账户[ACD]

[解析]《社会保险法》第 12 条规定:"用人单位应当按照国家规定的本单位职工工资总额的比例缴纳基本养老保险费,记入基本养老保险统筹基金。职工应当按照国家规定的本人工资的比例缴纳基本养老保险费,记入个人账户……"故 A 项正确。用人单位缴纳的养老保险费应记入基本养老保险统筹基金,而不是"记入个人账户"。故 B 项错误。

《社会保险法》第 14 条规定:"个人账户不得提前支取,记账利率不得低于银行定期存款利率,免征利息税。个人死亡的,个人账户余额可以继承。"故 C、D 项正确。

464. 社会保险制度[ABC]

[解析]《社会保险法》第 2 条规定:"国家建立基本养老保险、基本医疗保险、工伤保险、失业保险、生育保险等社会保险制度,保障公民在年老、疾病、工伤、失业、生育等情况下依法从国家和社会获得物质帮助的权利。"故 A 项正确。

《劳动法》第 72 条规定,社会保险基金按照保险类型确定资金来源,逐步实行社会统筹。故 B 项正确。

《社会保险法》第 12 条第 1、2 款规定,用人单位应当按照国家规定的本单位职工工资总额的比例缴纳基本养老保险费,记入基本养老保险统筹基金。职工应当按照国家规定的本人工资的比例缴纳基本养老保险费,记入个人账户。故 C 项正确。

《劳动法》第 73 条第 2 款规定:"劳动者死亡后,其遗属依法享受遗属津贴。"社会保险待遇(即养老金、失业救济金等)的性质,理论上应属带有身份性的权利,不得继承。作为享有社会保险待遇的个人死亡,其遗属享有的权利可以分为两类:(1)可以继承基本养老保险个人账户的余额;(2)依法享受遗属津贴,包括丧葬补助金、抚恤金及死亡补助金等。但这些并非"社会保险待遇"。故 D 项错误。

专题三十六 军人保险法

考点83 军人保险法

465. 工伤保险;军人保险[D]

[解析]《军人保险法》第 11 条规定:"已经评定

残疾等级的因战、因公致残的军人退出现役参加工作后旧伤复发的,依法享受相应的工伤待遇。"本题中,张某已经退出现役参加工作,即使是因公致残旧伤复发,也无法再享受军人伤亡保险待遇,只能享受工伤保险待遇。故 A、B 项错误。

军人退伍费是根据退役当时的军人的基本情况和当时的退役费支付标准来完成支付,是一次性发放的,不会因为旧伤复发而再额外给予补偿。故 C 项错误。

《社会保险法》第 39 条规定:"因工伤发生的下列费用,按照国家规定由用人单位支付:(一)治疗工伤期间的工资福利;(二)五级、六级伤残职工按月领取的伤残津贴;(三)终止或者解除劳动合同时,应当享受的一次性伤残就业补助金。"张某因工伤被认定为五级伤残,应由用人单位按月支付伤残津贴,故 D 项正确。

知识产权法 [答案详解]

专题三十七 著作权

考点 84 著作权法

466. 著作权侵权；著作权的保护期限[C]

[解析] 本题中，一共存在两个作品：魏某拍摄的图片以及左某撰写的评论文章，尽管二者刊登于杂志的同一页，但并非合作作品，而是两个单独作品，其著作权的存续与归属需各自单独判断。根据《著作权法》第 22 条和第 23 条规定，署名权、修改权、保护作品完整权的保护期不受限制。发表权和著作财产权的保护期为作者终生及其死亡后 50 年，截止于作者死亡后第 50 年的 12 月 31 日。由于魏某仍然健在，因此 2022 年时，魏某对其拍摄的照片仍享有著作权。由于左某已经于 1971 年死亡，至 2022 年，左某的著作权中，发表权已经通过行使而用尽，署名权、修改权、保护作品完整权仍受保护，但著作财产权的保护期已经于 2021 年 12 月 31 日届满，不再受保护。

丙网站于 2022 年实施的行为属于典型的信息网络传播行为，属于侵犯著作财产权的行为。因此，丙网站的行为侵犯了魏某的著作权，而左某的著作财产权保护期已经届满，所以并未侵犯左某的著作权。此外，著作权只能转让，不能继承，不存在侵犯左某继承人的著作权的问题。综上，A、B、D 项错误，C 项正确。

467. 表演者权；委托作品的著作权[AC]

[解析]《著作权法》第 40 条规定："演员为完成本演出单位的演出任务进行的表演为职务表演，演员享有表明身份和保护表演形象不受歪曲的权利，其他权利归属由当事人约定。当事人没有约定或者约定不明确的，职务表演的权利由演出单位享有。职务表演的权利由演员享有的，演出单位可以在其业务范围内免费使用该表演。"本题中，郭某属于舞蹈团的成员，其表演的舞蹈属于职务表演。由于当事人没有约定表演者权的归属，对该舞蹈表演，郭某享有表明身份和保护表演形象不受歪曲的权利，其他表演者权由舞蹈团享有。《著作权法》第 39 条第 1 款规定："表演者对其表演享有下列权利：（一）表明表演者身份；（二）保护表演形象不受歪曲；（三）许可他人从现场直播和公开传送其现场表演，并获得报酬；（四）许可他人录音录像，并获得报酬；（五）许可他人复制、发行、出租录有其表演的录音录像制品，并获得报酬；（六）许可他人通过信息网络向公众传播其表演，并获得报酬。"据此可知，舞蹈团所享有的表演者权内容包括：现场直播权、首次录制权、复制权、发行权、出租权、信息网络传播权等。本题中，钱某在晚会现场录制了郭某的舞蹈表演并上传到短视频平台供用户观看，侵犯了舞蹈团的首次录制权与信息网络传播权，但并未侵犯郭某的权利。故 A 项当选，B、D 项不当选。

《著作权法》第 19 条规定："受委托创作的作品，著作权的归属由委托人和受托人通过合同约定。合同未作明确约定或者没有订立合同的，著作权属于受托人。"本题中，舞蹈团委托常某设计了一支舞蹈，由于双方并未约定著作权的归属，该舞蹈作品的著作权归属于受托人常某。依据《著作权法》第 10 条，信息网络传播权是指以有线或者无线方式向公众提供，使公众可以在其选定的时间和地点获得作品的权利。本题中，钱某在晚会现场录制了郭某的舞蹈表演并上传到短视频平台供用户观看，侵犯了常某的信息网络传播权。故 C 项当选。

468. 著作权侵权[BC]

[解析]《著作权法》第 20 条规定："作品原件所有权的转移，不改变作品著作权的归属，但美术、摄影作品原件的展览权由原件所有人享有。作者将未发表的美术、摄影作品的原件所有权转让给他人，受让人展览该原件不构成对作者发表权的侵犯。"据此，该画原件所有权移转后，除了展览权由郑某享有，其余著作权仍由李某享有，郑某有权以展览原件的方式发表该作品。

A 项，油画原件移转后，展览权由郑某享有，并且郑某及其员工并未实施展览行为，因此并不构成对李某展览权的侵犯。故 A 项不当选。

B 项，李某将油画赠与郑某前并未发表该画，郑某作为该画原件的所有权人，仅有权以展览原件的方式发表该画，而无权以其他方式发表该画。郑某与其员工将该画拍摄成照片用于产品的背景图构成发表行为，侵犯了李某的发表权。故 B 项当选。

C 项，复制权是指以印刷、复印、拓印、录音、录像、翻录、翻拍、数字化等方式将作品制作一份或者多份的权利。本题中，郑某让其员工将画拍摄成照片用于产品的背景图，增加了该油画作品的复制件，并将其固定在产品之上，属于典型的复制行为。因此，郑某及其员工的行为侵犯了李某的复制权。故 C 项当选。

D项,信息网络传播权是指以有线或者无线方式向公众提供,使公众可以在其选定的时间和地点获得作品的权利。本题中,郑某及其员工并未实施信息网络传播行为。故D项不当选。

469. 著作权的归属[ACD]

[解析] 本题首先要明确《我的一生》的作品属性为"自传体作品"。《最高人民法院关于审理著作权民事纠纷案件适用法律若干问题的解释》第14条规定:"当事人合意以特定人物经历为题材完成的自传体作品,当事人对著作权权属有约定的,依其约定;没有约定的,著作权归该特定人物享有,执笔人或整理人对作品完成付出劳动的,著作权人可以向其支付适当的报酬。"据此,由于甲、乙二人对著作权归属并无约定,因此该小说的著作权人为"特定人物"甲;在甲死亡后,该小说上的著作财产权作为甲的合法遗产由其继承人丁继承。故B项错误,D项正确。乙作为执笔人有权请求支付适当的报酬,该请求权由其儿子丙继承,因此甲、乙二人死亡后,丙有权请求丁支付适当的报酬,故A项正确。

原著手稿是动产,由乙创作并收藏,所有权归乙,在乙死亡后,由丙合法继承。故C项正确。

470. 汇编作品;演绎作品;专有出版权;著作权侵权[ABC]

[解析] 由题干可知:朱某为口述作品(录音资料)的著作权人;陈某为汇编作品著作权人;许某注释形成完整体系构成独立的演绎作品,他是演绎作品著作权人。

《著作权法》第16条规定:"使用改编、翻译、注释、整理、汇编已有作品而产生的作品进行出版、演出和制作录音录像制品,应当取得该作品的著作权人和原作品的著作权人许可,并支付报酬。"据此,若乙网络平台要发布该书的电子版,需要取得原作品的著作权人(朱某)的许可,未经许可发布该书的电子版,侵犯了朱某的信息网络传播权,故A项当选。陈某经许可将录音资料汇编为文字,该作品构成汇编作品,乙网络平台发布该书的电子版也需要取得汇编人(陈某)的许可,否则构成侵权,故B项当选。许某的图书注释形成完整体系,该作品构成演绎作品,注释人(许某)享有独立著作权,乙网络平台也应取得许某的许可,否则构成侵权,故C项当选。

专有出版权,是指图书出版者(甲出版社)对著作权人交付出版的作品,按照合同约定享有的专有出版权受法律保护,他人不得出版该作品。而《著作权法》所称的出版,是指作品的复制、发行(《著作权法》第63条)。本题中乙平台未经许可发布图书电子版,并非"复制+发行",虽然该行为构成侵权,但侵犯的是作者的信息网络传播权,没有侵犯甲出版社的专有出版

权。故D项不当选。

法条变更	《中华人民共和国著作权法》根据2020年11月11日第十三届全国人民代表大会常务委员会第二十三次会议《关于修改〈中华人民共和国著作权法〉的决定》第三次修正

471. 汇编作品;法定许可[A]

[解析]《著作权法》第15条规定:"汇编若干作品、作品的片段或者不构成作品的数据或者其他材料,对其内容的选择或者编排体现独创性的作品,为汇编作品,其著作权由汇编人享有,但行使著作权时,不得侵犯原作品的著作权。"杂志社经过筛选、编排将相关文章结集成册形成汇编作品,为汇编人,对于汇编作品享有著作权。

《著作权法》第16条规定:"使用改编、翻译、注释、整理、汇编已有作品而产生的作品进行出版、演出和制作录音录像制品,应当取得该作品的著作权人和原作品的著作权人许可,并支付报酬。"第三方使用汇编作品应该经过原作者和汇编人双重授权。所以网站未经许可转载期刊中所有文章,既侵犯了杂志社的著作权,又侵犯了原作者的著作权。故A项正确,B项错误。

《著作权法》第35条第2款规定:"作品刊登后,除著作权人声明不得转载、摘编的外,其他报刊可以转载或者作为文摘、资料刊登,但应当按照规定向著作权人支付报酬。"只有报纸、期刊之间转载、摘编才能适用法定许可制度,只需向著作权人付费,无需著作权人许可,但本案中甲网站并非报纸、期刊,不能适用法定许可,其未经许可将汇编作品《天下事》上传至网络并供网民下载,侵犯了原作者和汇编人杂志社的著作权。故C项错误。

杂志社汇编文章时,需要取得原作者的许可并付费,否则对原作者构成侵权,但此侵权认定并不影响汇编人对汇编作品享有著作权,甲网站的行为依然构成对杂志社的侵权。故D项错误。

472. 表演权、表演者权、播放者的义务[A]

[解析] 根据《著作权法》第38条规定:"使用他人作品演出,表演者应当取得著作权人许可,并支付报酬。演出组织者组织演出,由该组织者取得著作权人许可,并支付报酬。"乙的演唱活动,受到作者的约束,需要作者的许可并付费。故A项正确。

《著作权法》第42条第1款规定:"录音录像制作者使用他人作品制作录音录像制品,应当取得著作权人的许可,并支付报酬。"第43条规定:"录音录像制作者制作录音录像制品,应当同表演者订立合同,并支付报酬。"利用他人的表演制成唱片,需要经过词曲作

· 118 ·

者和表演者的同意并向其付费,所以丙需要经过甲和乙的许可并付费。故B项错误。

表演权,即公开表演作品(指现场表演,比如参加各种选秀、联欢会等),以及用各种手段公开播送作品的表演(指机械表演,比如酒店、咖啡馆等经营性单位播放背景音乐)的权利。此权利只有作者享有,表演者及录制者均不享有此权利,所以丁酒店的机械表演行为需要甲的许可并付费。故C项错误。

《著作权法》第46条第2款规定:"广播电台、电视台播放他人已发表的作品,可以不经著作权人许可,但应当按照规定支付报酬。"电台播放唱片,适用"法定许可",只需要向词曲作者付费,不需要许可。故D项错误。

473. 演绎作品;委托作品;影视作品著作权[B]

[解析] 本题中涉及两个作品:"剧本"和"电影"。《著作权法》第19条规定:"受委托创作的作品,著作权的归属由委托人和受托人通过合同约定。合同未作明确约定或者没有订立合同的,著作权属于受托人。"本题中,某电影公司委托王某创作电影剧本,但未约定该剧本著作权的归属,因此剧本的著作权归受托人王某。《著作权法》第17条第1款规定:"视听作品中的电影作品、电视剧作品的著作权由制作者享有,但编剧、导演、摄影、作词、作曲等享有署名权,并有权按照与制作者签订的合同获得报酬。"电影作品的著作权属于制片人电影公司。某音像出版社未经许可制作并出版该电影的DVD,侵犯了电影作品著作权人即电影公司的复制权和发行权,并未侵犯电影剧本著作权人王某的权利。故A项不当选。

关于演绎作品,《著作权法》第13条规定:"改编、翻译、注释、整理已有作品而产生的作品,其著作权由改编、翻译、注释、整理人享有,但行使著作权时不得侵犯原作品的著作权。"据此,演绎已有作品,需要征得原作品著作权人的许可。本题中,动漫公司未经许可根据电影情节绘制漫画,而电影情节是由剧本设定的,所以绘制漫画是对剧本的改编,侵犯了王某的著作权。而动漫公司根据该电影画面绘制漫画,是对该电影作品的改编,未经许可则侵犯了电影公司的著作权。故B项当选。

学生将电影对话用方言配音并上传网络,是对电影的演绎,该行为侵犯了电影公司对电影本身的著作权。但是,该学生并未改编电影对话,没有针对剧本进行演绎,所以未侵犯王某的著作权。故C项不当选。

著作权人享有广播权。《著作权法》第48条规定:"电视台播放他人的视听作品、录像制品,应当取得视听作品著作权人或者录像制作者许可,并支付报酬;播放他人的录像制品,还应当取得著作权人许可,

并支付报酬。"据此,某电视台在"电影经典对话"专题片中播放30分钟该部电影中带有经典对话的画面,需要经过视听作品著作权人(电影公司)的许可,否则侵犯了电影公司的广播权。但是,电视台播放的是作为整体的"电影作品"片段,并未侵犯文字作品"电影剧本"的权利,所以未侵犯王某的权利。故D项不当选。【特别提醒】影视作品的著作权构成比较复杂。首先,其作为一个整体作品,由制片人享有著作权。其次,电影的剧本、插曲、背景音乐等也是单独的作品,由剧本作者、词曲作者等享有著作权。侵犯何者的著作权,关键看其行为针对的对象是什么。

474. 著作权的客体[BD]

[解析] 根据《著作权法实施条例》第4条第8项规定,美术作品,是指绘画、书法、雕塑等以线条、色彩或者其他方式构成的有审美意义的平面或者立体的造型艺术作品。"独特写法""自成体系""审美价值很高",题干中这些词语表明牛氏"润金体"符合美术作品的界定。此外,不能以使用数量的多寡作为认定是否侵权的依据。羊阳洋公司未经作者同意,擅自使用"润金体",即构成侵犯著作权,和选取字体的个数没有关系。故A、C项错误,B、D项正确。

475. 网络服务提供者的义务[ACD]

[解析]《信息网络传播权保护条例》第14条规定:"对提供信息存储空间或者提供搜索、链接服务的网络服务提供者,权利人认为其服务所涉及的作品、表演、录音录像制品,侵犯自己的信息网络传播权或者被删除、改变了自己的权利管理电子信息的,可以向该网络服务提供者提交书面通知,要求网络服务提供者删除该作品、表演、录音录像制品,或者断开与该作品、表演、录音录像制品的链接。通知书应当包含下列内容:(一)权利人的姓名(名称)、联系方式和地址;(二)要求删除或者断开链接的侵权作品、表演、录音录像制品的名称和网络地址;(三)构成侵权的初步证明材料。权利人应当对通知书的真实性负责。"故A项正确。

《信息网络传播权保护条例》第15条规定:"网络服务提供者接到权利人的通知书后,应当立即删除涉嫌侵权的作品、表演、录音录像制品,或者断开与涉嫌侵权的作品、表演、录音录像制品的链接,并同时将通知书转送提供作品、表演、录音录像制品的服务对象;服务对象网络地址不明、无法转送的,应当将通知书的内容同时在信息网络上公告。"由此可知,乙在接到书面通知后,应当"立即"删除涉嫌侵权的作品,而非"在合理时间内"删除。故B项错误。

《信息网络传播权保护条例》第16条规定:"服务对象接到网络服务提供者转送的通知书后,认为其提供的作品、表演、录音录像制品未侵犯他人权利的,可

商经法 [答案详解]　　　　·119·

以向网络服务提供者提交书面说明,要求恢复被删除的作品、表演、录音录像制品,或者恢复与被断开的作品、表演、录音录像制品的链接。……"故C项正确。

《信息网络传播权保护条例》第17条规定:"网络服务提供者接到服务对象的书面说明后,应当立即恢复被删除的作品、表演、录音录像制品,或者可以恢复与被断开的作品、表演、录音录像制品的链接,同时将服务对象的书面说明转送权利人。权利人不得再通知网络服务提供者删除该作品、表演、录音录像制品,或者断开与该作品、表演、录音录像制品的链接。"故D项正确。

476. 合作作品著作权的归属及行使[AC]

[解析]《著作权法》第14条第1款规定:"两人以上合作创作的作品,著作权由合作作者共同享有。没有参加创作的人,不能成为合作作者。"本题中,《春风来》由甲作曲、乙填词,属于两人合作创作的作品,由两人共同享有著作权。故A项正确。

《著作权法》第14条第3款规定:"合作作品可以分割使用的,作者对各自创作的部分可以单独享有著作权,但行使著作权时不得侵犯合作作品整体的著作权。"本题中的歌词与曲子部分,属于可分割作品,因此应当按照可分割的合作作品权利归属规则进行处理。据此,甲对《春风来》的曲子独立享有著作权,甲以此曲再填词,可构成另一单独作品《秋风起》。新歌《秋风起》的歌词并没有抄袭《春风来》的歌词,所以没有侵犯原合作作品《春风来》整体的著作权,故B项错误。既然甲对《秋风起》享有独立的著作权,其有权授权丙演唱该歌曲,甲、丙的合同有效,故C项正确。《秋风起》与乙无关,甲所获10万元报酬无需分配给乙,故D项错误。

477. 合作作品著作权的行使;信息网络传播权[C]

[解析] 对于不可分割的合作作品著作权的行使,《著作权法》第14条第2款规定:"合作作品的著作权由合作作者通过协商一致行使;不能协商一致,又无正当理由的,任何一方不得阻止他方行使除转让、许可他人专有使用、出质以外的其他权利,但是所得收益应当合理分配给所有合作作者。"本题中,该作品(小说)为不可分割使用的合作作品。甲希望出版小说,但乙拒绝却无正当理由,所以甲可以独自对该小说行使权利,包括发表(上传至微博)、许可戊出版社出版,故A项错误。戊出版社得到了著作权人甲的合法许可授权,所以戊出版社没有侵害乙的复制权和发行权,故D项错误。

《最高人民法院关于审理侵害信息网络传播权民事纠纷案件适用法律若干问题的规定》第4条规定:"有证据证明网络服务提供者与他人以分工合作等方式共同提供作品、表演、录音录像制品,构成共同侵权行为的,人民法院应当判令其承担连带责任。网络服务提供者能够证明其仅提供自动接入、自动传输、信息存储空间、搜索、链接、文件分享技术等网络服务,主张其不构成共同侵权行为的,人民法院应予支持。"题目中,丙仅在自己的博客中设置了链接,使其他网络用户能够通过链接进入甲的博客阅读,并没有"上传"作品的具体内容,不属于侵犯信息网络传播权的行为,所以丙的行为不构成侵权。故B项错误。

丁未经允许,擅自将该小说在自己博客中转载,侵犯甲、乙著作权中的信息网络传播权,虽向甲、乙寄送了高额报酬,也不能改变侵权的性质。故C项正确。【特别提醒】依据我国《著作权法》的规定,网站在转载时不享有"法定许可"的权利。我国只赋予"报刊转载"的法定许可,即报刊转载时可以不经原作者许可,但是要付费,《著作权法》第35条第2款的规定:"作品刊登后,除著作权人声明不得转载、摘编的外,其他报刊可以转载或者作为文摘、资料刊登,但应当按照规定向著作权人支付报酬。"

478. 出租权;录音制品制作者的权利;表演者的权利[B]

[解析] 一般认为,"临摹"是按照原作仿制书法和绘画作品的行为。《著作权法》第10条第1款第5项规定,著作权人享有复制权。尽管临摹他人美术作品所得的画作可能构成新的作品,但它是建立在被临摹美术作品之上,必须经过原作著作权人同意。甲擅自临摹他人画作并出售的行为侵犯了他人的著作权。故A项错误。【陷阱点拨】本题的考查点在于临摹的合理使用行为。根据《著作权法》第24条第1款第10项规定,对设置或者陈列在公共场所的艺术作品进行临摹、绘画、摄影、录像,可以不经著作权人许可,不向其支付报酬,但应当指明作者姓名或者名称、作品名称,并且不得影响该作品的正常使用,也不得不合理地损害著作权人的合法权益。据此,"临摹"对象为"室外公共场所的艺术作品"时,才可适用"合理使用"制度,可不经著作权人许可且无需付费。本题中,未告知"知名绘画作品"是"陈列在室外公共场所",甲也未对原作者、原作品名称完整标注,故并不构成合理使用。

《著作权法》第10条第1款第7项规定,出租权,即有偿许可他人临时使用视听作品、计算机软件的原件或者复制件的权利,计算机软件不是出租的主要标的除外。据此,出租权的客体并不包括图书,也即图书作者不享有出租权,乙的做法不构成侵权,故B项正确。

《著作权法》第39条第1款规定:"表演者对其表演享有下列权利:……(五)许可他人复制、发行、出租录有其表演的录音录像制品,并获得报酬;……"据此,表演者享有对录有其表演的录音录像制品的出租权。《著作权法》第 44 条第 1 款规定:"录音录像制作者对其制作的录音录像制品,享有许可他人复制、发行、出租、通过信息网络向公众传播并获得报酬的权利;……"据此,录音录像制作者也享有对其制作的录音录像制品的出租权。因此,丙的做法同时侵害了表演者和录音录像制作者的出租权,构成侵权,故 C 项错误。

《著作权法》第 10 条第 1 款第 9 项规定,著作权人对其作品享有表演权,即公开表演作品,以及用各种手段公开播送作品的表演的权利。依据表演主体,作者的表演权可以分为艺人表演(公开表演)和机械表演。如酒店、餐厅等经营性单位未经著作权人许可播放背景音乐,即侵犯音乐作品的机械表演权。丁的做法侵犯了音乐作品作者的机械表演权,故 D 项错误。【陷阱点拨】对于 D 项,有考生一看是"正版"且在自家餐馆播放,会认为是合法行为,但购买"正版"仅是没有侵犯著作权人的"复制发行权",而本项未经许可的经营性播放行为,侵犯了著作权人的另一项权利"表演权"。表演权,是指公开表演作品,以及用各种手段公开播送作品的表演权利。

479. 著作人身权中的修改权、署名权、保护作品完整权[ABC]

[解析] 修改权是指著作权人修改或者授权他人修改作品的权利。《著作权法》第 36 条规定:"图书出版者经作者许可,可以对作品修改、删节。报社、期刊社可以对作品作文字性修改、删节。对内容的修改,应当经作者许可。"据此,出版社对内容的修改必须征得作者的同意,而本题中出版社未经作者崔雪许可擅自将狗熊改写成四只腿的动物,侵犯了作者的修改权。故 A 项正确。

保护作品完整权是指著作权人保护作品不受歪曲、篡改的权利。歪曲含有贬义,一般是指故意改变事物的本来面目或对事物作不正确的反映;篡改是指用作伪的手段对经典、理论、政策等进行改动或曲解。在司法认定中,侵害保护作品完整权一般要求行为人基于主观故意而曲解作品,使作品所表达之意与作者所想表达之意大相径庭,凡未引起作者社会评价降低的改动作品的行为,通常不认定为侵害保护作品完整权。本题中,出版社对小说《森林之歌》的修改"将狗熊从三只腿改写成四只腿",这一过于现实化的修改降低了小说离奇色彩,违背了作者的写作初衷,属于对作品的篡改,侵犯了作者的保护作品完整权。故 B 项正确。

署名权是指著作权人表明作者身份,在作品上署名的权利。署名权包括"作者可决定署名的方式",本题中直接将"吹雪"改为"崔雪",擅自改变作者署名的方式,侵犯了作者的署名权。故 C 项正确。

发行权,是指以出售或者赠与方式向公众提供作品的原件或者复制件的权利。根据《著作权法》第 63 条规定:"本法第 2 条所称的出版,指作品的复制、发行。"据此,"发行权"是作者和出版者之间的关系。本题中,作者崔雪已经合法授权出版社出版,其发行权已经耗尽(发行权一次用尽),因此书店销售正版小说的行为未侵犯作者的发行权。故 D 项错误。【特别提醒】发行权是"一次用尽"的权利,经合法售出的作品不会再侵犯发行权。

480. 侵犯著作权;著作权的合理使用[D]

[解析]《著作权法》第 19 条规定:"受委托创作的作品,著作权的归属由委托人和受托人通过合同约定。合同未作明确约定或者没有订立合同的,著作权属于受托人。"本题中的雕塑为委托作品,委托人甲展览馆与受托人叶某未约定著作权归属,故该雕塑的著作权归属于叶某。

《最高人民法院关于审理著作权民事纠纷案件适用法律若干问题的解释》第 12 条规定,按照著作权法第 17 条(现第 19 条)规定委托作品著作权属于受托人的情形,委托人在约定的使用范围内享有使用作品的权利;双方没有约定使用作品范围的,委托人可以在委托创作的特定目的范围内免费使用该作品。据此,在对使用范围没有约定时,委托人可以在委托创作的特定目的范围内免费使用委托作品。因此,判断 A、B 项中展览馆的行为是否侵权,关键是判断展览馆的行为是否在"委托创作的特定目的范围"内。显然,"异地重建完全相同的雕塑"和"仿照雕塑制作小型纪念品向游客出售"并非委托创作该雕塑的特定目的,因此展览馆的使用行为构成侵权。具体来说,A 项行为侵犯了叶某的复制权,B 项行为侵犯了叶某的复制及发行权,故 A、B 项不当选。

《著作权法》第 24 条规定:"在下列情况下使用作品,可以不经著作权人许可,不向其支付报酬,但应当指明作者姓名或者名称、作品名称,并且不得影响该作品的正常使用,也不得不合理地损害著作权人的合法权益:……(十)对设置或者陈列在公共场所的艺术作品进行临摹、绘画、摄影、录像;……"本条规定了著作权合理使用制度。C 项"个体户冯某仿照雕塑制作小型纪念品向游客出售"并不属于"临摹、绘画、摄影、录像",故冯某的行为不属于合理使用,构成侵犯叶某的著作权,故 C 项不当选。陈某对陈列于公共场所的雕像进行摄像,属于合理使用的范围,不构成侵权,故 D 项当选。

481. 著作权的客体;表演者权;广播组织权[C]

[解析] 作品,是指文学、艺术和科学领域内具有

独创性并能以一定形式表现的智力成果。其构成要件为：其一，属于文学、艺术和自然科学、社会科学、工程技术等科学领域中的智力成果；其二，具有独创性；其三，具有可复制性，即可以通过某种有形形式复制，从而被他人所感知。体育赛事并不具备独创性，而且一场体育赛事是难以复制的，所以不能认定为作品。因此，篮球比赛不属于作品，赛事的主办方不享有篮球比赛的著作权，故A项错误。【特别提醒】虽然体育赛事不属于作品，但体育赛事由广播电台、电视台直播或转播，广播电台、电视台形成的"播放者权"受《著作权法》保护。

《著作权法》第38条规定："使用他人作品演出，表演者应当取得著作权人许可，并支付报酬。演出组织者组织演出，由该组织者取得著作权人许可，并支付报酬。"由此可见，表演应该是表演者以自己的表演活动将他人的作品再现的过程。篮球比赛并没有事先编好的剧本，也不是将事先编好的作品进行再现，因此篮球比赛的运动员不是著作权法中规定的"表演者"，不享有"表演者权"，故B项错误。【特别提醒】表演者，包括演员、演出单位或者其他表演文学、艺术作品的人。篮球运动员并不是按照既定剧本进行比赛，因此不属于表演者，而C项中的舞蹈演员属于"表演者"。

《著作权法》第39条规定："表演者对其表演享有下列权利：……（三）许可他人从现场直播和公开传送其现场表演，并获得报酬；……"据此，表演者有许可他人从现场直播和公开传送其现场表演，并获得报酬的权利。舞蹈演员属于表演者，因此"乙电视台未经许可截取电视信号进行同步转播"的行为侵犯了舞蹈演员的表演者权，故C项正确。

广播电台、电视台享有播放者权。《著作权法》第47条第1款规定："广播电台、电视台有权禁止未经其许可的下列行为：（一）将其播放的广播、电视以有线或者无线方式转播；……"据此，"乙电视台未经许可截取电视信号进行同步转播"的行为侵犯了甲电视台的播放者权，而非体育赛事主办方的权利，体育赛事主办方不享有播放者权。故D项错误。

482. 著作权侵权；邻接权侵权[AD]

[解析] 根据《著作权法》第10条第1款，复制权，是指以印刷、复印、拓印、录音、录像、翻录、翻拍、数字化等方式将作品制作一份或者多份的权利。据此，"翻录"是复制的方式之一。发行权，是指以出售或者赠与方式向公众提供作品的原件或者复制件的权利。据此，"销售"为发行的方式之一。所以，A项"某公司未经许可翻录该CD后销售"的行为，侵犯了作者甲的复制和发行权，同时侵犯了歌星丙作为表演者的复制和发行权（《著作权法》第39条），以及乙公司作为录音制作者的复制及发行权（《著作权法》第44条）。故A项当选。

《著作权法》第42条第2款规定："录音制作者使用他人已经合法录制为录音制品的音乐作品制作录音制品，可以不经著作权人许可，但应当按照规定支付报酬；著作权人声明不许使用的不得使用。"本条规定了录音制作者的法定许可。据此，甲享有著作权的音乐作品《红苹果》已经乙唱片公司合法录制为录音制品，此时其他录音制作者享有法定许可权，可以不经《红苹果》词曲作者甲的许可，再次使用《红苹果》词曲（即音乐作品）制作录音制品，但应向作者支付报酬。本题中，某公司未经许可自聘歌手在录音棚中演唱《红苹果》的行为属于"翻唱"，另行录制录音制品属于法定许可，且向甲支付了报酬，因此不构成侵权。故B项不当选。

根据《著作权法》第10条第1款，表演权是指公开表演作品，以及用各种手段公开播送作品的表演的权利。具体来说，表演权具体分为艺人表演（公开表演）和机械表演。C项中，某商场购买CD后在营业时间作为背景音乐播放，属于机械表演，需经著作权人许可并支付报酬。该商场经过甲许可并向其支付了报酬，因此不构成侵权，故C项不当选。D项中，某电影公司将CD中的声音作为电影的插曲使用，也属于机械表演，电影公司只经过了甲许可，但没有支付报酬，因此构成侵权，故D项当选。【特别提醒】表演权属于著作权人的权利，而非表演者的权利。表演者权中不包含表演权。

483.《著作权法》的溯及力；著作权的保护期限及诉讼时效[D]

[解析]《著作权法》第66条第1款规定："本法规定的著作权人和出版者、表演者、录音录像制作者、广播电台、电视台的权利，在本法施行之日尚未超过本法规定的保护期的，依照本法予以保护。"可知，《著作权法》具有溯及力，只要在《著作权法》生效日期即1991年6月1日尚未超过著作权法保护期限的，即受《著作权法》保护。故A项错误。

《最高人民法院关于审理著作权民事纠纷案件适用法律若干问题的解释》第27条规定："侵害著作权的诉讼时效为3年，自著作权人知道或者应当知道权利受到损害以及义务人之日起计算。权利人超过3年起诉的，如果侵权行为在起诉时仍在持续，在该著作权保护期内，人民法院应当判决被告停止侵权行为；侵权损害赔偿数额应当自权利人向人民法院起诉之日起向前推算3年计算。"据此，乙于2009年10月发现侵权，2012年9月1日起诉，并未超过诉讼时效。此外，即使乙起诉时已经超过3年，但若侵权行为在继续，在著作权的保护期限内，仍可起诉要求停止侵权行为。故 B 项错误。

《著作权法》第 22 条规定："作者的署名权、修改权、保护作品完整权的保护期不受限制。"据此，甲对画《梦》享有的署名权的保护期限不受限制，乙有权要求丙网站停止实施侵害甲署名权的行为。故 C 项错误。

根据《著作权法》第 23 条第 1 款规定，自然人的作品，其信息网络传播权的保护期为作者终生及其死亡后 50 年，截止于作者死亡后第 50 年的 12 月 31 日。本题中，甲于 1961 年 3 月 4 日去世，而甲对《梦》享有的信息网络传播权的保护期截止于其死亡后第 50 年的 12 月 31 日，即 2011 年 12 月 31 日。乙于 2012 年 9 月起诉时，已过保护期限，故乙无权要求丙网站停止对该作品的信息网络传播。故 D 项正确。

484. 发表权；信息网络传播权；署名权；保护作品完整权[ABC]

[解析] 发表权，即决定作品是否公之于众的权利。侵犯发表权的行为，特指未经著作权人允许，将其作品公之于众。发表权是一次性的权利，若著作权人自行或授权他人将作品公之于众，则其发表权因行使而消灭（权利一次用尽）。本题中，《法内情》的文章已经在其博客发表，发表权已经消灭，网站删除《法内情》的行为不会侵犯王琪琪的发表权。故 A 项正确。

信息网络传播权，即以有线或者无线方式向公众提供，使公众可以在其选定的时间和地点获得作品的权利。也就是说，网站传播作品时要经过作者许可，未经许可的传播构成侵权。但网站是否愿意接受作者的作品是网站的权利，"删帖"即表明该网站不愿意传播该作品，因此不构成侵犯著作权。故 B 项正确。

署名权，即表明作者身份，在作品上署名的权利。具体包括：决定是否在作品上署名；决定署名的方式，如署真名、笔名；决定署名的顺序；禁止未参加创作的人在作品上署名；禁止他人假冒署名。本案中，作者有权决定以笔名"小玉儿"署名而不署真名，而网站擅自添加作者真名，侵犯了作者的署名权。故 C 项正确。

保护作品完整权，即保护作品不受歪曲、篡改的权利。网站仅仅添加了作者真名，并不会导致对作品内容的歪曲、篡改，所以没有侵犯保护作品完整权。故 D 项错误。

485. 委托作品著作权的归属；著作权侵权的诉讼时效；盗版软件善意使用人责任[CD]

[解析]《著作权法》第 19 条规定："受委托创作的作品，著作权的归属由委托人和受托人通过合同约定。合同未作明确约定或者没有订立合同的，著作权属于受托人。"本题中，甲公司为委托人，乙公司为受托人，在没有明确约定委托作品著作权归属的情况下，著作权属于受托人乙公司。故 A 项错误。

《最高人民法院关于审理著作权民事纠纷案件适用法律若干问题的解释》第 27 条规定："侵害著作权的诉讼时效为 3 年，自著作权人知道或者应当知道权利受到损害以及义务人之日起计算。权利人超过 3 年起诉的，如果侵权行为在起诉时仍在持续，在该著作权保护期内，人民法院应当判决被告停止侵权行为；侵权损害赔偿数额应当自权利人向人民法院起诉之日起向前推算 3 年计算。"本题中，乙公司虽然是在 5 年之后起诉，但侵权行为在起诉时仍在持续，并在著作权保护期内，所以法院应当判决被告停止侵权行为。故 B 项错误。

《计算机软件保护条例》第 30 条规定："软件的复制品持有人不知道也没有合理理由应当知道该软件是侵权复制品的，不承担赔偿责任；但是，应当停止使用、销毁该侵权复制品。如果停止使用并销毁该侵权复制品将给复制品使用人造成重大损失，复制品使用人可以在向软件著作权人支付合理费用后继续使用。"可知，本题中，丙公司购买该软件时是善意的，不知道该软件的著作权属于乙公司，因此不应承担赔偿责任，但应当停止使用、销毁该侵权复制品。故 C、D 项正确。

486. 汇编权；汇编作品著作权的归属[D]

[解析] 根据《著作权法》第 10 条规定，汇编权是指将作品或者作品的片段通过选择或者编排，汇集成新作品的权利。《著作权法》第 15 条规定："汇编若干作品、作品的片段或者不构成作品的数据或者其他材料，对其内容的选择或者编排体现独创性的作品，为汇编作品，其著作权由汇编人享有，但行使著作权时，不得侵犯原作品的著作权。"据此，汇编作品上有"双重著作权"：一是汇编作品的著作权人对汇编作品享有的著作权；二是原作品的著作权人对原作品享有的著作权。由此，产生两种权利约束：

其一，因为原作品的著作权人对原作品享有著作权，故汇编人若行使汇编权，必须征得原作品著作权人的同意，并支付报酬（获得报酬是作者基于著作财产权而享有的权利）。本题中，某出版社出版一本学术论文集，专门收集国内学者公开发表的论文，即属于汇编行为，应征得各论文作者的同意，并支付报酬。故 A、B 项错误。【特别提醒】（1）此处分析务必考虑汇编的"法定许可"这一特殊情形。《著作权法》第 25 条第 1 款规定："为实施义务教育和国家教育规划而编写出版教科书，可以不经著作权人许可，在教科书中汇编已经发表的作品片段或者短小的文字作品、音乐作品或者单幅的美术作品、摄影作品、图形作品，但应当按照规定向著作权人支付报酬，指明作者姓名或

商经法 [答案详解]

者名称、作品名称,并且不得侵犯著作权人依照本法享有的其他权利。"据此,为实施义务教育和国家教育规划而编写出版教科书,可以不经原作品著作权人许可,但仍需支付报酬。除此之外,其他汇编作品均要取得原作品著作权人许可并支付报酬。本题中的"学术论文集"不属于"教科书",因此不适用"法定许可",出版社要汇编出版相关作品,需要征得论文作者的同意。(2)关于向作者支付报酬的问题。获得报酬是作者基于著作财产权享有的法定权利,只有在"合理使用"这一特殊情形下才无需支付报酬,具体规定在《著作权法》第24条,包括12种情形,最常见的如:个人研究欣赏、适当引用、报道时事新闻、公共传播的需要、课堂科研的需要,汉译少、非营利免费表演、为阅读障碍者提供作品等。本题中,出版社出版汇编作品并不符合上述"合理使用"的情形,故应向论文作者支付报酬。

其二,由于汇编作品上有"双重著作权",第三人行使权利必须征得汇编人和原作品著作权人的"双重许可",并"双付费"。本题中,他人复制该论文集既需要征得汇编人出版社的同意并支付报酬,也需要论文作者的同意并支付报酬。故C项错误。

出版社在汇编该论文集时若未经论文的著作权人同意,其行为构成侵权,应承担相应的侵权责任。但只要其对论文的选择或者编排体现独创性,构成汇编作品,出版社对该论文集仍享有著作权。故D项正确。

487. 表演权;出租权;合理使用;信息网络传播权;著作权侵权行为[ABD]

[解析] 根据《著作权法》第10条规定,著作权人享有表演权,即公开表演作品,以及用各种手段公开播送作品的表演的权利,包括"演艺人表演"和"机械表演"。A项中,甲航空公司在飞机上播放录音制品(即"背景音乐"),属于公开播送作品的表演(即"机械表演"),侵犯了王某的表演权。故A项当选。

《著作权法》中的出租权包括三类:一是作者的出租权,即有偿许可他人临时使用视听作品、计算机软件的原件或者复制件的权利,计算机软件不是出租的主要标的除外(《著作权法》第10条)。据此,只有视听作品、计算机软件的著作权人享有出租权。B项中,乙公司出租的是录音制品,非视听作品,所以不构成侵犯作者的出租权。二是录音录像制作者的出租权。《著作权法》第44条第1款规定:"录音录像制作者对其制作的录音录像制品,享有许可他人……出租……并获得报酬的权利;权利的保护期为50年,截止于该制品首次制作完成后第50年的12月31日。"据此,B项中,乙公司的行为侵犯了录音制作者花园公司的出租权。三是表演者的出租权。《著作权法》第39条第1款规定:"表演者对其表演享有下列权利:……(五)许可他人复制、发行、出租录有其表演的录音录像制品,并获得报酬;……"据此,B项中,乙公司的行为也侵犯了表演者张某的出租权。故B项当选。

《著作权法》第24条规定了著作权的"合理使用":"在下列情况下使用作品,可以不经著作权人许可,不向其支付报酬,但应当指明作者姓名或者名称、作品名称,并且不得影响该作品的正常使用,也不得不合理地损害著作权人的合法权益:(一)为个人学习、研究或者欣赏,使用他人已经发表的作品;……"据此,C项中,丙学生购买正版的录音制品后用于个人欣赏,属于著作权的合理使用,不构成侵权。故C项不当选。

信息网络传播权,即以有线或者无线方式向公众提供,使公众可以在其选定的时间和地点获得作品的权利。根据《著作权法》,著作权人(《著作权法》第10条)、表演者(《著作权法》第39条)、录音录像制作者(《著作权法》第44条)、广播电台和电视台(《著作权法》第47条)均享有信息网络传播权。D项中,丁学生的行为同时侵犯了歌曲创作者王某、表演者张某、录音制作者花园公司的信息网络传播权。故D项当选。

488. 自动保护原则;演绎作品[ACD]

[解析] 《著作权法》第2条第1款规定:"中国公民、法人或者非法人组织的作品,不论是否发表,依照本法享有著作权。"据此,中国人创作的作品,自创作完成之日起自动获得保护,无论是否发表或在何处发表,均受我国著作权法保护,此为"自动保护原则"。甲虽然居住在A国,但仍然是"我国公民",其著作权自作品创作完成时自动保护,无需发表,故A项错误,当选。

演绎作品,又称派生作品,是指在已有作品的基础上,经过改编、翻译、注释、整理等创造性劳动而产生的作品。对此,《著作权法》第13条规定:"改编、翻译、注释、整理已有作品而产生的作品,其著作权由改编、翻译、注释、整理人享有,但行使著作权时不得侵犯原作品的著作权。"据此:(1)改编、翻译、注释、整理均属于对原作品的演绎,乙翻译的小说和丙改编的电影文学剧本均属于演绎作品。故B项正确,不当选。(2)在一部演绎作品中存在"双重著作权",即演绎作品的著作权和原作品的著作权。因此,对演绎作品的使用,需要双许可、双付费。所以丙欲将该中文小说改编为电影文学剧本,应当经过演绎作品的著作权人乙的同意,还须经过原作品的著作权人甲的同意,并向甲和乙支付报酬。故C项错误,当选。同理,丙改编的电影文学剧本也是演绎作品,丁杂志社如要使用该作品,应取得甲、乙、丙的同意,并应向甲、乙、丙支付报酬。对此,《著作权法》第16条也明确规定:"使用改编、翻译、注释、整理、汇编已有作品而产生的作品进行出版、演出和制作录音录像制品,应当取得该作品的著作权人和原作品的著作权人许可,并支付报酬。"故 D 项错误,当选。

489. 署名权;发表权;法定许可[C]

[解析] 根据《著作权法》第 10 条规定,署名权,即表明作者身份,在作品上署名的权利。署名权的内涵非常广泛,作者有权决定是否在作品上署名,署名的方式(本名、艺名、笔名等),署名的顺序,禁止非作者署名,禁止他人冒名等。因此,某诗人在其创作的作品"天堂向左"上署名"漫动的音符"符合法律规定。故 A 项错误。

根据《著作权法》第 10 条规定,著作权人享有发表权,即决定作品是否公之于众的权利。只要作品被公之于众,即为发表,并不区分采用何种方式公之于众。但是发表权只能行使一次,即发表行为一旦完成,作品处于公之于众的状态,不可能再次发表(即发表权是一次用尽的权利)。据此,自作者将"天堂向左"在甲网站发表,该作品即已公之于众,完成了发表行为,而《现代诗集》收录该作品只是属于转载,不是发表。故 B 项错误。

所谓法定许可,指对于已经发表的作品,在符合法定条件时,可以不经著作权人允许而依法定方式使用该作品,但应向著作权人支付报酬的制度。《著作权法》第 25 条第 1 款规定:"为实施义务教育和国家教育规划而编写出版教科书,可以不经著作权人许可,在教科书中汇编已经发表的作品片段或者短小的文字作品、音乐作品或者单幅的美术作品、摄影作品、图形作品,但应当按照规定向著作权人支付报酬,指明作者姓名或者名称、作品名称,并且不得侵犯著作权人依照本法享有的其他权利。"可知,丙教材编写单位将该诗作为范文编入《语文》教材,属于"为实施义务教育和国家教育规划而编写出版教科书",符合法定许可的构成要件,丙可以不经该诗人同意使用"天堂向左"的诗作,但应当按照规定支付报酬。故 C 项正确。

丁网站转载"天堂向左"是对作品信息网络传播权的行使,应经著作权人(该诗人)的同意;但是,其无需经甲网站同意,因为甲网站并非著作权人。故 D 项错误。【总结提示】根据《著作权法》,享有信息网络传播权的主体有:著作权人(《著作权法》第 10 条)、表演者(《著作权法》第 39 条)、录音录像制作者(《著作权法》第 44 条)、广播电台和电视台(《著作权法》第 47 条)。甲网站只是作品的转载方,没有对作品进行再创作和加工,不享有信息网络传播权。

490. 著作权的客体[ABD]

[解析]《著作权法》第 5 条规定:"本法不适用于:(一)法律、法规,国家机关的决议、决定、命令和其他具有立法、行政、司法性质的文件,及其官方正式译文;(二)单纯事实消息;(三)历法、通用数表、通用表格和公式。"法院判决书、《与贸易有关的知识产权协定》属于上述第 1 项的内容,不能成为著作权的客体。故 A、B 项当选。

《著作权法》第 2 条第 2 款规定:"外国人、无国籍人的作品根据其作者所属国或者经常居住地国同中国签订的协议或者共同参加的国际条约享有的著作权,受本法保护。"即国民待遇原则。据此,与中国共同参加了《伯尔尼公约》的成员国国民的作品,无论发表与否,均受我国《著作权法》的保护。故 C 项不当选。

《著作权法》最基本的原理是思想与表达的二分。著作权的客体是作品,作品是对思想观念的独创性表达。《著作权法》只保护对于思想观念的独创性表达(作品),而不保护思想观念本身。具体来说,"作品"是指文学、艺术、科学领域内具有独创性并能以某种有形形式复制的智力成果;思想观念不是作品,不可复制,不享有著作权。奥运会开幕式点火仪式的"创意",属于思想观念,不受著作权法的保护。故 D 项当选。

491. 广播者权;复制权;著作权侵权[BC]

[解析]《著作权法》第 47 条第 1 款规定:"广播电台、电视台有权禁止未经其许可的下列行为:(一)将其播放的广播、电视以有线或者无线方式转播;(二)将其播放的广播、电视录制以及复制;(三)将其播放的广播、电视通过信息网络向公众传播。"这是关于播放者权的规定。作为一种邻接权,播放者权的客体是广播电台、电视台播出的广播信号的集成品。广播信号不同于广播的内容(节目),广播的内容有的享有著作权(如电影),但是广播者播出的节目内容在形成广播信号后,就成为播放者权的客体。本题不涉及播放者权,因为甲电视台虽然制作了娱乐节目,但尚未播放,没有形成广播信号,因此甲电视台尚不享有播放者权。故 A 项错误。

甲电视台作为录制娱乐节目的制作主体,对该节目享有著作权。乙闭路电视台擅自复制并广播该节目,又无违法阻却事由,侵犯了甲电视台的复制权、广播权、获得报酬权。故 B 项正确。

《民法典》第 1169 条第 1 款规定:"教唆、帮助他人实施侵权行为的,应当与行为人承担连带责任。"本题中,贺某的行为构成帮助侵权,应与乙电视台承担连带责任。故 C 项正确,D 项错误。

492. 著作权的客体;著作权的国际保护[D]

[解析]《著作权法》第 4 条规定:"著作权人和与著作权有关的权利人行使权利,不得违反宪法和法

律,不得损害公共利益。国家对作品的出版、传播依法进行监督管理。"据此,违禁品也能认定为作品,即使《黑客》属于我国禁止出版或传播的作品,一定程度上也可以受到著作权法的保护,只是国家有权限制其出版、传播。故 A 项错误。

《伯尔尼公约》和我国《著作权法》均采用自动保护原则,即外国人(无国籍人)的作品以中国或者成员国为起源国的,自创作完成之日起,不需要履行任何手续,就可以在我国获得保护。本题中,甲的作品《黑客》在中国获得保护,无须以甲对丁的行为予以追认作为前提条件。故 B 项错误。

《著作权法》第 2 条规定:"中国公民、法人或者非法人组织的作品,不论是否发表,依照本法享有著作权。外国人、无国籍人的作品根据其作者所属国或者经常居住地国同中国签订的协议或者共同参加的国际条约享有的著作权,受本法保护。外国人、无国籍人的作品首先在中国境内出版的,依照本法享有著作权。未与中国签订协议或者共同参加国际条约的国家的作者以及无国籍人的作品首次在中国参加的国际条约的成员国出版的,或者在成员国和非成员国同时出版的,受本法保护。"据此,外国人和无国籍人创作的作品,具备以下两种情形之一的,均受到中国著作权法的保护:(1)属于成员国的国民或者在成员国具有经常居住地;(2)在中国境内或者在成员国首次出版。本题中,甲属于无国籍人,其经常居住地为乙国,《黑客》首次在丙国出版,因此,只要乙国和丙国中的一个国家属于《伯尔尼公约》的成员国,《黑客》就可以受到我国著作权法的保护。故 C 项错误,D 项正确。

493. 合作作品的著作权[C]

[解析]《著作权法》第 14 条第 1 款规定:"两人以上合作创作的作品,著作权由合作作者共同享有。没有参加创作的人,不能成为合作作者。"甲、乙合作完成一部剧本,说明剧本为合作作品,其著作权应由甲、乙共同享有。故 A 项正确。

《著作权法》第 10 条第 3 款规定:"著作权人可以全部或者部分转让本条第 1 款第 5 项至第 17 项规定的权利,并依照约定或者本法有关规定获得报酬。"该法第 10 条第 1 款第 5 项至第 17 项规定的是著作财产权,而第 1 项至第 4 项规定的是著作人身权。可见,只有著作财产权能转让,著作人身权不可转让。故 B 项正确。

《著作权法》第 14 条第 2 款规定:"合作作品的著作权由合作作者通过协商一致行使;不能协商一致,又无正当理由的,任何一方不得阻止他方行使除转让、许可他人专有使用、出质以外的其他权利,但是所得收益应当合理分配给所有合作作者。"本题中,乙与丙公司签订合同,是要将该剧本拍摄成电视剧,并非行使转让、许可他人专有使用、出质的权利,甲以丙公司没有名气为由拒绝,不属于正当理由,因此乙有权独自与丙公司签订合同,该许可合同有效,同时乙获得的 10 万元报酬应当合理分配给甲。故 C 项错误,D 项正确。

494. 避开或者破坏技术措施侵权;合理使用[BD]

[解析]《著作权法》第 49 条规定:"为保护著作权和与著作权有关的权利,权利人可以采取技术措施。未经权利人许可,任何组织或者个人不得故意避开或者破坏技术措施,不得以避开或者破坏技术措施为目的制造、进口或者向公众提供有关装置或者部件,不得故意为他人避开或者破坏技术措施提供技术服务。但是,法律、行政法规规定可以避开的情形除外。本法所称的技术措施,是指用于防止、限制未经权利人许可浏览、欣赏作品、表演、录音录像制品或者通过信息网络向公众提供作品、表演、录音录像制品的有效技术、装置或者部件。"可以看出,著作权人为保护其著作权采取的技术措施是受法律保护的,属于与著作权有关的权利。丙网站开发出专门规避乙网站的技术防范软件,属于"以避开或者破坏技术措施为目的制造、进口或者向公众提供有关装置或者部件",属于侵权行为;但是,单纯地破坏他人的技术措施而未实施复制、发行、表演、信息网络传播等受著作权控制的行为,并没有直接侵犯著作权。所以,丙网站的行为虽属于侵权行为,但是并未侵犯著作权。故 A 项错误。

根据《著作权法》第 24 条规定,为了个人学习、研究或者欣赏,使用他人已经发表的作品,属于合理使用,不构成侵犯著作权。《著作权法》第 50 条第 1 款规定:"下列情形可以避开技术措施,但不得向他人提供避开技术措施的技术、装置或者部件,不得侵犯权利人依法享有的其他权利:(一)为学校课堂教学或者科学研究,提供少量已经发表的作品,供教学或者科研人员使用,而该作品无法通过正常途径获取;(二)不以营利为目的,以阅读障碍者能够感知的无障碍方式向其提供已经发表的作品,而该作品无法通过正常途径获取;(三)国家机关依照行政、监察、司法程序执行公务;(四)对计算机及其系统或者网络的安全性能进行测试;(五)进行加密研究或者计算机软件反向工程研究。"据此,为了个人欣赏,避开技术措施对电影作品进行复制的行为,不构成合理使用。本题中,丁下载《愿者上钩》虽然是为了个人欣赏,但他是以避开技术措施的软件实施的下载,不属于《著作权法》第 50 条规定的可以避开技术措施的情形,不构成合理使用,属于侵犯著作权之复制权的行为。故 B 项正确。

著作权包括著作人身权和著作财产权。甲公司是电影作品的著作权人，其仅将信息网络传播权转让给乙网站，甲公司并未丧失著作权人主体资格。故C项错误。

甲公司已经将信息网络传播权转让给乙网站，若有人侵犯《愿者上钩》的信息网络传播权，乙网站无须经过甲公司同意，即可以原告身份起诉。故D项正确。

495. 自然人的民事行为能力;著作权主体[C]

[解析]《著作权法》第11条规定，著作权属于作者，创作作品的自然人是作者。本题中的作品《隐形翅膀》由小刘创作，著作权人应为小刘。小刘虽是限制民事行为能力人，但创作作品属于事实行为，不是法律行为，无须作者具有民事行为能力，只要创作的作品具有独创性，自创作完成时起，作者就取得著作权，不以发表为前提条件。故A、B项错误。

《民法典》第19条规定："8周岁以上的未成年人为限制民事行为能力人，实施民事法律行为由其法定代理人代理或者经其法定代理人同意、追认，但是可以独立实施纯获利益的民事法律行为或者与其年龄、智力相适应的民事法律行为。"小刘9岁，作为限制民事行为能力人，其转让网络传播权的行为与其意思能力不相适应，属于效力待定的民事法律行为，因小刘的父母反对该转让行为，则该转让行为自始无效。C项正确，D项错误。

496. 法定许可;合理使用[D]

[解析] 关于报刊的法定许可，《著作权法》第35条第2款规定："作品刊登后，除著作权人声明不得转载、摘编的外，其他报刊可以转载或者作为文摘、资料刊登，但应当按照规定向著作权人支付报酬。"据此，法定许可的主体只限于报刊，且需要向著作权人支付报酬，否则侵犯著作权人的获得报酬权。本题中，报刊享有法定许可权，但其无偿转载构成侵权;网站不享有法定许可权，网站擅自无偿转载该杂文侵犯了甲的信息网络传播权和获得报酬权。故A项错误。

关于著作权的合理使用，《著作权法》第24条第1款规定："在下列情况下使用作品，可以不经著作权人许可，不向其支付报酬，但应当指明作者姓名或者名称、作品名称，并且不得影响该作品的正常使用，也不得不合理地损害著作权人的合法权益：……（十一）将中国公民、法人或者非法人组织已经发表的以国家通用语言文字创作的作品翻译成少数民族语言文字作品在国内出版发行；……"据此，"汉译少"属于合理使用，而"汉译外"不属于合理使用范围。本题中，乙将该杂文译成法文（外国语言文字），不符合合理使用的条件，构成侵权;丙将之译成维文（少数民族语言文字），属于合理使用，不构成侵权。故B、C项错误，D项正确。

497. 署名权;姓名权;注册商标权[A]

[解析] 甲创作的童话《大灰狼》已过保护期，甲对该作品著作财产权消灭。丙出版社未经甲的同意出版甲的《大灰狼》童话，不侵犯甲的复制权和发表权。故A项错误。

《著作权法》第22条规定："作者的署名权、修改权、保护作品完整权的保护期不受限制。"据此，署名权没有保护期的限制。《著作权法》第10条规定，署名权即表明作者身份，在作品上署名的权利。丙出版社出版甲创作的《大灰狼》时，未署甲的姓名，署名为另一著名歌星丁，侵害甲的署名权。故B项正确。

《民法典》第1012条规定："自然人享有姓名权，有权依法决定、使用、变更或者许可他人使用自己的姓名，但是不得违背公序良俗。"第1014条规定："任何组织或者个人不得以干涉、盗用、假冒等方式侵害他人的姓名权或者名称权。"丙出版社出版甲的《大灰狼》童话时，未经丁的同意，擅自为作者署名为丁，侵犯了丁的姓名权。故C项正确。

《商标法》第57条第1项规定，未经商标注册人的许可，在同一种商品上使用与其注册商标相同的商标的，属于侵犯注册商标专用权的行为。故D项正确。

498. 合理使用;法定许可;邻接权[AB]

[解析] 关于著作权的合理使用，《著作权法》第24条第1款规定："在下列情况下使用作品，可以不经著作权人许可，不向其支付报酬，但应当指明作者姓名或者名称、作品名称，并且不得影响该作品的正常使用，也不得不合理地损害著作权人的合法权益：……（九）免费表演已经发表的作品，该表演未向公众收取费用，也未向表演者支付报酬且不以营利为目的;……"本题中，郝某举办的是赈灾义演，赈灾义演不向表演者支付报酬，但是要向观众收取费用，将收取的费用用于赈灾。故该"义演"并非上述规定的"免费表演"，不构成合理使用。因此，郝某表演《星光灿烂》应经过著作权人叶某的同意并支付报酬，A项正确。

《著作权法》第39条第1款规定："表演者对其表演享有下列权利：……（四）许可他人录音录像，并获得报酬;（五）许可他人复制、发行、出租有其表演的录音录像制品，并获得报酬;……"据此，表演者享有表演者权，对其表演活动享有许可他人录音录像、复制、发行等权利，南极熊唱片公司录制并发行郝某的演唱会唱片，应当经过表演者郝某同意并支付报酬。故B项正确。

《著作权法》第46条第2款规定："广播电台、电视台播放他人已发表的作品，可以不经著作权人许

商经法 [答案详解]

可,但应当按照规定支付报酬。"广播电台、电视台(广播者)享有的此项权利称为法定许可,即可以不经著作权人许可使用已经发表的作品,但须支付报酬。本题中,叶某是《星光灿烂》的著作权人,该歌曲已发表,故星星电台播放该歌曲可以不经叶某同意,但须向叶某支付报酬。郝某作为表演者、南极熊唱片公司作为录音制作者,均不是本歌曲的著作权人,因此星星电台购买该唱片并播放歌曲不需要经过郝某和南极熊唱片公司的同意。故 C、D 项错误。【特别提醒】(1)广播电台、电视台播放他人已发表的作品,涉及广播权,广播权属于著作权人享有的权利。根据《著作权法》第 10 条规定,广播权是指以有线或者无线方式公开传播或者转播作品,以及通过扩音器或者其他传送符号、声音、图像的类似工具向公众传播广播的作品的权利,但不包括信息网络传播权。郝某作为表演者,根据《著作权法》第 39 条第 1 款,其所享有的表演者权包括"许可他人从现场直播和公开传送其现场表演,并获得报酬"的权利。因此,郝某只能控制对其"现场表演"的广播行为。南极熊唱片公司作为录音制作者,根据《著作权法》第 44 条规定,录音录像制作者对其制作的录音录像制品,享有许可他人复制、发行、出租、通过信息网络向公众传播并获得报酬的权利。可见,录音录像制作者权中不包含广播权,星星电台购买并播放《星光灿烂》唱片的行为也无须经南极熊唱片公司同意。(2)对于广播者的法定许可,还需要注意,电视台的法定许可受限制。《著作权法》第 48 条规定:"电视台播放他人的视听作品、录像制品,应当取得视听作品著作权人或者录像制作者许可,并支付报酬;播放他人的录像制品,还应当取得著作权人许可,并支付报酬。"本条只涉及视听作品、录像制品,而且针对的是电视台。而本题中的星星电台为广播电台,播放的唱片属于录音制品,所以不适用本条规定。有考生对本条的适用范围掌握不清,错误地应用于本题,造成判断错误,务必要注意。

499. 出租权[BC]

[解析] 根据《著作权法》第 10 条第 1 款规定,出租权,即有偿许可他人临时使用视听作品、计算机软件的原件或者复制件的权利,计算机软件不是出租的主要标的的除外。据此,出租权的客体只包括视听作品、计算机软件。本题中,图书作品的著作权人不享有出租权,甲购买正版畅销图书用于出租的行为不属于侵犯出租权的行为,故 A 项不当选。B 项的正版杀毒软件属于计算机软件,C 项的正版唱片属于视听作品,其著作权人均享有出租权,故乙、丙的行为均构成侵权,B、C 项应当选。【总结提示】享有出租权的主体包括:(1)视听作品、计算机软件的著作权人。(2)表演者。《著作权法》第 39 条规定:"表演者对其表演享有

下列权利:……(五)许可他人复制、发行、出租录有其表演的录音录像制品,并获得报酬;……"(3)录音制作者。《著作权法》第 44 条规定:"录音录像制作者对其制作的录音录像制品,享有许可他人复制、发行、出租、通过信息网络向公众传播并获得报酬的权利;……"其中,表演者的出租权是 2020 年《著作权法》修改后新增加的内容。

《专利法》第 11 条规定:"发明和实用新型专利权被授予后,除本法另有规定的以外,任何单位或者个人未经专利权人许可,都不得实施其专利,即不得为生产经营目的制造、使用、许诺销售、销售、进口其专利产品,或者使用其专利方法以及使用、许诺销售、销售、进口依照该专利方法直接获得的产品。外观设计专利权被授予后,任何单位或者个人未经专利权人许可,都不得实施其专利,即不得为生产经营目的制造、许诺销售、销售、进口其外观设计专利产品。"据此,专利权人并没有对专利产品出租行为进行控制的权利,丁购买的专利产品属于其私人财产,可以自由处分,故丁有权将购买的专利产品出租。D 项不当选。

500. 合作作品著作权的归属及行使[B]

[解析]《著作权法》第 14 条第 1、2 款规定:"两人以上合作创作的作品,著作权由合作作者共同享有。没有参加创作的人,不能成为合作作者。合作作品的著作权由合作作者通过协商一致行使;不能协商一致,又无正当理由的,任何一方不得阻止他方行使除转让、许可他人专有使用、出质以外的其他权利,但是所得收益应当合理分配给所有合作作者。"

本题中,甲、乙、丙、丁四人合作创作的小说属于不可分割使用的作品,其著作权由各合作作者共同享有。若甲、乙、丙、丁四人对著作权的行使不能达成一致,又无正当理由,则每一个合作作者均有权独立实施除转让、许可他人专有使用、出质以外的其他权利。题干中的"甲、乙欲将该小说许可给某网站在网络上刊载,同时许可某电影制片厂改编后拍成电影",说明甲、乙主张的许可非专有许可,丙无故拒绝,则甲、乙可以自行行使相关权利,其他人不得阻止。故 B 项正确,A、C 项错误。D 项中,丁要反对需要有正当理由,如果无正当理由,不能阻止甲、乙行使权利,故 D 项错误。

501. 著作权的自动保护;演绎作品的著作权归属;对电视台法定许可的限制[A]

[解析]《著作权法》第 2 条第 1 款规定:"中国公民、法人或者非法人组织的作品,不论是否发表,依照本法享有著作权。"《著作权法实施条例》第 6 条规定:"著作权自作品创作完成之日起产生。"据此,中国人创作的作品,自创作完成之日起自动获得保护,不论是否发表或在何处发表,均受我国著作权法保护,此

为"自动保护原则"。本题中,李某的作品自 2006 年 8 月 4 日创作完成之日起即享有著作权,而非自 2007 年 3 月 5 日发表之日起才享有。故 A 项错误。

《著作权法》第 13 条规定:"改编、翻译、注释、整理已有作品而产生的作品,其著作权由改编、翻译、注释、整理人享有,但行使著作权时不得侵犯原作品的著作权。"本题中张某将李某的小说改编成剧本,故其对剧本享有著作权,只是张某在行使其对剧本的著作权时不得侵犯李某对小说的著作权。故 B 项正确。

《著作权法》第 16 条规定:"使用改编、翻译、注释、整理、汇编已有作品而产生的作品进行出版、演出和制作录音录像制品,应当取得该作品的著作权人和原作品的著作权人许可,并支付报酬。"据此,甲公司作为录音录像制作者将该剧本拍成电视剧,应取得改编作品著作权人张某和原作品著作权人李某的许可,并支付报酬。故 C 项正确。

《著作权法》第 46 条第 2 款规定:"广播电台、电视台播放他人已发表的作品,可以不经著作权人许可,但应当按照规定支付报酬。"这是对于广播者法定许可的规定。同时,由于视听作品、录像制品具有特殊性,法律又对电视台的法定许可作出限制。《著作权法》第 48 条规定:"电视台播放他人的视听作品、录像制品,应当取得视听作品著作权人或者录像制作者许可,并支付报酬;播放他人的录像制品,还应当取得著作权人许可,并支付报酬。"可知,乙电视台播放该电视剧(视听作品)应取得甲公司(视听作品著作权人)许可,并支付报酬。故 D 项正确。

502. 美术作品著作权的归属、剽窃;发表权;出版者侵犯著作权的责任承担[B]

[解析]《著作权法》第 20 条规定:"作品原件所有权的转移,不改变作品著作权的归属,但美术、摄影作品原件的展览权由原件所有人享有。作者将未发表的美术、摄影作品的原件所有权转让给他人,受让人展览该原件不构成对作者发表权的侵犯。"本题中,甲已取得《鸟巢》原件的所有权,故甲享有展览权,甲有权对《鸟巢》的原件进行营利性展览。故 A 项错误。

剽窃,即将他人的作品当作自己的作品发表、发行。本题中,《鸟巢》的著作权归乙所有,丙不享有著作权,其将《鸟巢》翻拍后以自己名义发表,构成剽窃。故 B 项正确。【关联记忆】《著作权法》第 52 条规定:"有下列侵权行为的,应当根据情况,承担停止侵害、消除影响、赔礼道歉、赔偿损失等民事责任:……(五)剽窃他人作品的;……"

发表权是一次性的权利,一经行使即消灭。若著作权人自行或许可他人将作品公之于众,则发表权用尽,此后就再无侵害发表权的可能性。本题中,《鸟巢》已经通过展览公之于众,其发表权已用尽,因此,丙不存在侵犯乙发表权的问题。故 C 项错误。

《著作权法》第 53 条规定:"有下列侵权行为的,应当根据情况,承担本法第 52 条规定的民事责任;侵权行为同时损害公共利益的,由主管著作权的部门责令停止侵权行为,予以警告,没收违法所得,没收、无害化销毁处理侵权复制品以及主要用于制作侵权复制品的材料、工具、设备等,违法经营额 5 万元以上的,可以并处违法经营额 1 倍以上 5 倍以下的罚款;没有违法经营额、违法经营额难以计算或者不足 5 万元的,可以并处 25 万元以下的罚款;构成犯罪的,依法追究刑事责任:(一)未经著作权人许可,复制、发行、表演、放映、广播、汇编、通过信息网络向公众传播其作品的,本法另有规定的除外;……"本题中,丁经丙同意将刊登在杂志上的《鸟巢》制作成挂历销售,这属于发行行为,应当征得著作权人乙的同意,而非丙的同意。丁未尽合理注意义务,对侵犯乙的著作权具有过错,应承担《著作权法》第 52 条规定的停止侵害、赔偿损失等民事责任。故 D 项错误。

503. 广播者权;表演者权;出租权;信息网络传播权[ABD]

[解析]《著作权法》第 47 条第 1 款规定:"广播电台、电视台有权禁止未经其许可的下列行为:(一)将其播放的广播、电视以有线或者无线方式转播;(二)将其播放的广播、电视录制以及复制;(三)将其播放的广播、电视通过信息网络向公众传播。"甲电视台对其播放的"广播信号"享有广播者权,有权禁止他人擅自转播、录制、通过信息网络向公众传播。故 A 项正确。

《著作权法》第 39 条第 1 款规定:"表演者对其表演享有下列权利:……(三)许可他人从现场直播和公开传送其现场表演,并获得报酬;……"本题中,某歌星对于其演唱会享有表演者权,有权禁止他人擅自直播和公开传送其现场表演,乙电视台未经许可对甲电视台直播的演唱会实况进行转播,侵犯了该歌星的表演权。故 B 项正确。

《著作权法》第 39 条第 1 款规定:"表演者对其表演享有下列权利:……(五)许可他人复制、发行、出租录有其表演的录音录像制品,并获得报酬;……"据此,某歌星是该 CD 的表演者,有权许可他人出租录有其表演的录音录像制品,故丁音像店出租 CD 应当取得该歌星的同意,并支付报酬。《著作权法》第 44 条规定:"录音录像制作者对其制作的录音录像制品,享有许可他人复制、发行、出租、通过信息网络向公众传播并获得报酬的权利;……"据此,丙广播电台是 CD 母带的制作者,有权许可他人出租其制作的录音录像制品,故丁音像店出租 CD 还应同时取得丙广播电台的同意,并支付报酬。综上,丁音像店应同时取得该歌星和丙广播电台的许可并向其支付报酬,C项中的"或"字表达错误。【特别提醒】表演者的出租权是2020年《著作权法》修改后新增加的内容。

根据上述《著作权法》第44条规定,作为录音录像制作者的丙广播电台,对其制作的CD享有信息网络传播权,戊将其上传至网络应取得丙广播电台的同意并支付报酬。故D项正确。

专题三十八 专利权

考点85 专利法

504. 专利的无效宣告[CD]

[解析]《专利法》第47条规定:"宣告无效的专利权视为自始即不存在。宣告专利权无效的决定,对在宣告专利权无效前人民法院作出并已执行的专利侵权的判决、调解书,已经履行或者强制执行的专利侵权纠纷处理决定,以及已经履行的专利实施许可合同和专利权转让合同,不具有追溯力。但是因专利权人的恶意给他人造成的损失,应当给予赔偿。依照前款规定不返还专利侵权赔偿金、专利使用费、专利权转让费,明显违反公平原则的,应当全部或者部分返还。"据此,宣告专利权无效的决定对于已经执行或履行的行为,不具有溯及力。本题中,专利局于2022年1月宣告该发明专利无效,2023年5月法院判决维持该宣告专利无效决定,宣告专利无效的时间应为2022年1月。

对于甲公司,在2022年1月之前甲公司已经支付的专利使用费,宣告专利权无效的决定对其不具有溯及力,甲公司无权请求陈某返还,故B项错误;至于尚未履行的部分,即2022年及2023年上半年的专利使用费,不必再履行,故A项错误。

对于乙公司,其于2021年12月被法院判决赔偿陈某20万元,在专利局宣告专利权无效的决定作出之前,该判决尚未执行,因此宣告专利权无效的决定对此有溯及力,乙公司不必再向陈某支付该20万元赔偿款;在宣告决定作出后支付的,乙公司有权请求陈某返还。故C项正确。

根据《专利法》第46条第2款规定,对国务院专利行政部门宣告专利权无效或者维持专利权的决定不服的,可以自收到通知之日起3个月内向人民法院起诉。故D项正确。

505. 开放许可[B]

[解析]《专利法》第51条第1款规定:"任何单位或者个人有意愿实施开放许可的专利,以书面方式通知专利权人,并依照公告的许可使用费支付方式、标准支付许可使用费后,即获得专利实施许可。"据此,甲、乙双方不需要签订专利许可合同,故A项错误。

《专利法》第51条第3款规定:"实行开放许可的专利权人可以与被许可人就许可使用费进行协商后给予普通许可,但不得就该专利给予独占或者排他许可。"故B项正确。

《专利法》第50条第2款规定:"专利权人撤回开放许可声明的,应当以书面方式提出,并由国务院专利行政部门予以公告。开放许可声明被公告撤回的,不影响在先给予的开放许可的效力。"据此,即使甲撤回开放许可声明,乙先前取得的开放许可也不受影响,因此乙不能要求甲返还使用费,故C项错误。

《专利法》第52条规定:"当事人就实施开放许可发生纠纷的,由当事人协商解决;不愿协商或者协商不成的,可以请求国务院专利行政部门进行调解,也可以向人民法院起诉。"据此,调解并非必经程序,可直接起诉,故D项错误。

506. 专利权的授予条件[BC]

[解析]《专利法》第24条规定:"申请专利的发明创造在申请日以前六个月内,有下列情形之一的,不丧失新颖性:……(二)在中国政府主办或者承认的国际展览会上首次展出的;……"本题中,甲、乙两公司均属于上述"在中国政府主办或者承认的国际展览会上首次展出"的情形,因此在申请日以前6个月内,两公司的发明创造均不丧失新颖性。但甲、乙两公司申请实用新型专利的时间为次年4月9日,距展出已经超过了1年,因此其新颖性已经丧失,不再具备授予实用新型专利权的条件。故B、C项正确,A、D项错误。

507. 方法专利侵权[AB]

[解析] 发明分为产品发明和方法发明,本题是对"方法发明"专利保护的考查。《专利法》第11条第1款规定:"发明和实用新型专利权被授予后,除本法另有规定的以外,任何单位或者个人未经专利权人许可,都不得实施其专利,即不得为生产经营目的制造、使用、许诺销售、销售、进口其专利产品,或者使用其专利方法以及使用、许诺销售、销售、进口依照该专利方法直接获得的产品。"《最高人民法院关于审理侵犯专利权纠纷案件应用法律若干问题的解释》第13条规定:"对于使用专利方法获得的原始产品,人民法院应当认定为专利法第十一条规定的依照专利方法直接获得的产品。对于将上述原始产品进一步加工、处理而获得后续产品的行为,人民法院应当认定属于专利法第十一条规定的使用依照该专利方法直接获得的产品。"据此,以下行为构成对方法专利的侵权:(1)未经许可"使用专利方法"。本题中,乙公司未获得授权,私自采用该方法培育C型对虾,构成侵权。(2)未经许可,使用、许诺销售、销售、进口"直接产品"(指依照该专利方法直接获得的产品,即原始产品)。根据

上述司法解释,使用原始产品加工处理获得后续产品的行为属于对直接产品的使用范围。本题中,乙公司将 C 型对虾卖给丙公司(销售原始产品),以及丙公司用 C 型对虾生产虾酱(使用原始产品加工成后续产品),都构成侵权。故 A、B 项当选。丁超市向丙公司批发大量虾酱用于销售,这属于对后续产品的销售行为,不构成侵犯专利权。故 C 项不当选。【特别提醒】方法专利一般仅控制直接产品,不控制后续产品。

《专利法》第 75 条规定:"有下列情形之一的,不视为侵犯专利权:……(四)专为科学研究和实验而使用有关专利的;……"戊科学研究所使用甲公司的方法专利是为了提升该专利方法,属于专为科学研究和实验而使用有关专利的情形,不视为专利侵权。故 D 项不当选。【特别提醒】构成专利侵权需要以"生产经营"为目的。

508. 外观设计专利侵权[AC]

[解析]《专利法》第 23 条规定:"授予专利权的外观设计,应当不属于现有设计;也没有任何单位或者个人就同样的外观设计在申请日以前向国务院专利行政部门提出过申请,并记载在申请日以后公告的专利文件中。授予专利权的外观设计与现有设计或者现有设计特征的组合相比,应当具有明显区别。授予专利权的外观设计不得与他人在申请日以前已经取得的合法权利相冲突。本法所称现有设计,是指申请日以前在国内外为公众所知的设计。"冯某对其绘制的熊猫图案享有著作权,德乐公司的外观设计专利侵犯了冯某的著作权,且与此在先权利相冲突,冯某有权申请其专利无效。故 A 项正确。

《专利法》第 77 条规定:"为生产经营目的使用、许诺销售或者销售不知道是未经专利权人许可而制造并售出的专利侵权产品,能证明该产品合法来源的,不承担赔偿责任。"专利的善意侵权者包括善意的使用者和销售者,不包括制造者,伯恩公司未经许可制造了专利产品,无论是否知情都应当认定为侵权且应承担赔偿责任。故 B 项错误。

《专利法》第 11 条第 2 款规定:"外观设计专利权被授予后,任何单位或者个人未经专利权人许可,都不得实施其专利,即不得为生产经营目的制造、许诺销售、销售、进口其外观设计专利产品。"外观设计专利权人控制的范围是"制造、销售、许诺销售、进口"的行为,不控制使用行为,喜登公司的行为属于"使用"行为,不属于权利人控制范围,不侵权。故 C 项正确,D 项错误。

509. 善意侵权[D]

[解析]《关于审理侵犯专利权纠纷案件应用法律若干问题的解释(二)》第 25 条第 1 款的规定:"为生产经营目的使用、许诺销售或者销售未经专利权人许可而制造并售出的专利侵权产品,且举证证明该产品合法来源的,对于权利人请求停止上述使用、许诺销售、销售行为的主张,人民法院应予支持,但被诉侵权产品的使用者举证证明其已支付该产品的合理对价的除外。"

本案中,甲公司获得专利,乙公司在甲公司获得专利后自主研发的技术不属于先用权,所以乙公司未经许可制造和销售的行为应认定为侵权行为,且需停止侵权,并承担赔偿责任,故 A 项错误。

丙公司和丁公司作为"善意销售者",其销售行为虽然为侵权行为,需停止侵权,但不承担赔偿责任,也不被行政处罚,故 B、C 项错误。

戊公司作为"善意使用者",构成为生产经营目的使用专利侵权产品,但有合法购货来源并支付了合理对价,因此不承担赔偿责任,且可以不停止使用,也无需支付费用,故 D 项正确。

510. 专利权的客体[D]

[解析]《专利法》第 25 条规定:"对下列各项,不授予专利权:(一)科学发现;(二)智力活动的规则和方法;(三)疾病的诊断和治疗方法;(四)动物和植物品种;(五)原子核变换方法以及用原子核变换方法获得的物质;(六)对平面印刷品的图案、色彩或者二者的结合作出的主要起标识作用的设计。对前款第(四)项所列产品的生产方法,可以依照本法规定授予专利权。"

本题中,甲设计的新交通规则,属于智力活动的规则和方法,不得申请专利,故 A 项错误。乙设计的新型医用心脏起搏器属于医疗器械,可以申请发明专利,故 B 项错误。丙通过转基因方法合成一种新细菌,虽细菌属于动物新品种,但该新细菌的生产方法可以申请发明专利,故 C 项错误。丁设计的儿童水杯,其新颖而独特的造型富有美感,可以申请外观设计专利;该设计又能防止杯子滑落,具有实用性,也可以申请实用新型专利权,故 D 项正确。

法条变更	《中华人民共和国专利法》根据 2020 年 10 月 17 日第十三届全国人民代表大会常务委员会第二十二次会议《关于修改〈中华人民共和国专利法〉的决定》第四次修正

511. 专利权的取得;先用权抗辩[CD]

[解析]《专利法》第 13 条规定:"发明专利申请公布后,申请人可以要求实施其发明的单位或者个人支付适当的费用。"本题中,甲公司于 2015 年 12 月取得发明专利权,丙公司于 2014 年 12 月至 2015 年 11 月使用甲公司的发明并不构成侵权,但应支付适当的费用。故 A 项错误。

商经法 [答案详解]

《关于审理专利纠纷案件适用法律问题的若干规定》第7条规定:"人民法院受理的侵犯发明专利权纠纷案件或者经国务院专利行政部门审查维持专利权的侵犯实用新型、外观设计专利权纠纷案件,被告在答辩期间内请求宣告该项专利权无效的,人民法院可以不中止诉讼。"故B项错误。

《专利法》第75条第2项规定,在专利申请日前已经制造相同产品、使用相同方法或者已经作好制造、使用的必要准备,并且仅在原有范围内继续制造、使用的不视为侵犯专利权。据此,乙公司可主张先用权抗辩。故C项正确。

《专利法》第67条规定:"在专利侵权纠纷中,被控侵权人有证据证明其实施的技术或者设计属于现有技术或者现有设计的,不构成侵犯专利权。"丙公司如能证明该技术属于现有技术,则丙公司不构成侵犯专利权。故D项正确。

512. 专利权[A]

[解析]《专利法》第77条规定:"为生产经营目的使用、许诺销售或者销售不知道是未经专利权人许可而制造并售出的专利侵权产品,能证明该产品合法来源的,不承担赔偿责任。"《关于审理侵犯专利权纠纷案件应用法律若干问题的解释(二)》第25条第1款规定,为生产经营目的使用、许诺销售或者销售不知道是未经专利权人许可而制造并售出的专利侵权产品,且证明该产品合法来源的,对于权利人请求停止上述使用、许诺销售或者销售行为的主张,人民法院应当支持,但被诉侵权产品的使用人证明其已经支付合理对价的除外。本题中,甲公司构成为生产销售目的使用专利侵权产品,但是甲公司以市场价格购买乙公司生产的设备,说明甲公司已经支付该产品的合理对价,且甲公司不知是未经许可制造的产品,是"善意使用者",因此甲公司既不承担损害赔偿责任,也不承担停止侵害的责任。故A项正确,B、C、D项错误。

513. 侵犯专利权;商标侵权行为[A]

[解析]《专利法》第11条第2款规定:"外观设计专利权被授予后,任何单位或者个人未经专利权人许可,都不得实施其专利,即不得为生产经营目的制造、许诺销售、销售、进口其外观设计专利产品。"由此可知,外观设计专利权的内容不包括使用权。本题中,车行的行为属于为生产经营目的而制造,陶某的行为则属于使用,所以陶某的行为未侵犯奔马公司的专利权,而车行的行为则侵犯了奔马公司的专利权。故A项错误,B项正确。

《商标法》第57条规定:"有下列行为之一的,均属侵犯注册商标专用权:(一)未经商标注册人的许可,在同一种商品上使用与其注册商标相同的商标的;……"车行擅自在相同的商品(汽车)上,使用与奔马公司注册商标标识相同的商标("飞天神马"),相关公众容易发生混淆,构成对奔马公司注册商标专用权的侵犯,故D项正确。陶某在专车服务中,擅自使用与奔马公司的注册商标相同的商标,容易导致相关公众混淆,构成对奔马公司注册商标专用权的侵犯,故C项正确。

514. 专利侵权行为的表现形式;不视为侵犯专利权的行为[C]

[解析]《专利法》第75条规定:"有下列情形之一的,不视为侵犯专利权:(一)专利产品或者依照专利方法直接获得的产品,由专利权人或者经其许可的单位、个人售出后,使用、许诺销售、销售、进口该产品的;(二)在专利申请日前已经制造相同产品、使用相同方法或者已经作好制造、使用的必要准备,并且仅在原有范围内继续制造、使用的;(三)临时通过中国领陆、领水、领空的外国运输工具,依照其所属国同中国签订的协议或者共同参加的国际条约,或者依照互惠原则,为运输工具自身需要而在其装置和设备中使用有关专利的;(四)专为科学研究和实验而使用有关专利的;(五)为提供行政审批所需要的信息,制造、使用、进口专利药品或者专利医疗器械的,以及专门为其制造、进口专利药品或者专利医疗器械的。"

根据第1项规定,A项"在L国购买由乙公司制造销售的该发动机,进口至我国销售"以及B项"在我国购买由甲公司制造销售的该发动机,将发动机改进性能后销售",均属于因"专利权用尽"而不构成侵犯专利权的情形。故A、B项错误。

根据第4项规定,制造该发动机用于碰撞实验虽然属于进行科学研究和实验,但只有为科学研究和实验"使用"有关专利才不构成侵犯专利权,"制造"发动机构成侵犯专利权。故C项正确。

根据第3项规定,该发动机属于在临时通过中国领陆的外国运输工具中,为运输自身需要而使用,不构成侵犯专利权。故D项错误。

515. 专利侵权[C]

[解析]《专利法》第13条规定:"发明专利申请公布后,申请人可以要求实施其发明的单位或者个人支付适当的费用。"据此,自2011年9月至2013年7月3日,甲公司有权请求实施其发明的乙公司支付适当费用。此乃出于公平,是乙公司对甲公司的补偿,而非损害赔偿(因2013年7月3日之前,甲公司尚未取得专利权)。故A项错误。

《专利法》第74条第2款规定:"发明专利申请公布后至专利权授予前使用该发明未支付适当使用费的,专利权人要求支付使用费的诉讼时效为三年,自专利权人知道或者应当知道他人使用其发明之日起计算,但是,专利权人于专利权授予之日前即已知道或者应当知道的,自专利权授予之日起计算。"本题中,甲公司于2012年10月即得知乙公司使用其发明,但甲公司于2015年7月3日才被授予专利,所以甲公司请求乙公司支付使用费的诉讼时效期间应自专利权授予之日起的次日(2013年7月4日)起算,至2016年7月3日止。甲公司于2015年6月起诉,诉讼时效并未经过,故B项错误。【特别提醒】《专利法》第74条于2020年修改,诉讼时效由2年改为了3年,与《民法典》统一,但对本题答案没有影响。

《专利法》第11条第1款规定:"发明和实用新型专利权被授予后,除本法另有规定的以外,任何单位或者个人未经专利权人许可,都不得实施其专利,即不得为生产经营目的制造、使用、许诺销售、销售、进口其专利产品,或者使用其专利方法以及使用、许诺销售、销售、进口依照该专利方法直接获得的产品。"据此,在甲公司获得专利权后,乙公司继续擅自制造、销售该发明专利产品的行为,侵犯了甲公司的专利权。故C项正确。

《关于审理侵犯专利权纠纷案件应用法律若干问题的解释》第12条第1款规定:"将侵犯发明或者实用新型专利权的产品作为零部件,制造另一产品的,人民法院应当认定属于专利法第11条规定的使用行为;销售另一产品的,人民法院应当认定属于专利法第11条规定的销售行为。"丙公司制造、出售的汽车将侵犯甲公司专利权的产品作为零部件,属于为生产经营目的未经许可而使用专利产品,侵犯了甲的专利权。故D项错误。

516. 专利实施许可;专利无效宣告[ABCD]

[解析] 本题中,甲公司将智能手机显示屏的发明专利权在中国大陆以独占许可方式许可给乙公司实施。独占许可,是指在合同约定的时间和地域范围内,知识产权权利人(许可人)只授权一家被许可人使用其智力成果,许可人和任何第三人均不享有使用权。依我国《专利法》和《专利法实施细则》的规定,不同类型的许可合同中被许可人享有不同的诉讼地位,独占被许可人可以作为当事人单独起诉侵犯知识产权的行为,故A项错误。

《专利法》第11条规定,专利权人享有许诺销售权,可以禁止他人在橱窗中展览专利产品或为专利产品做广告宣传。本题中,丙公司的行为仅是广告宣传行为,不构成销售行为,因其行为侵犯的是许诺销售权而非销售权。故B项错误。

《专利法》第47第1、2款规定:"宣告无效的专利权视为自始即不存在。宣告专利权无效的决定,对在宣告专利权无效前人民法院作出并已执行的专利侵权的判决、调解书,已经履行或者强制执行的专利侵权纠纷处理决定,以及已经履行的专利实施许可合同和专利权转让合同,不具有追溯力。但是因专利权人的恶意给他人造成的损失,应当给予补偿。"据此,即使专利无效,对于已经履行的专利实施许可合同也没有追溯力,甲、乙公司间的专利实施许可合同仍然有效,甲公司无需返还专利使用费。此外,题干中并未提及专利权人甲公司是否恶意以及是否明显违反公平原则,从而也无法判定甲公司是否应给予乙公司补偿。故C项错误。

《关于审理专利纠纷案件适用法律问题的若干规定》第7条规定:"人民法院受理的侵犯发明专利权纠纷案件或者经国务院专利行政部门审查维持专利权的侵犯实用新型、外观设计专利权纠纷案件,被告在答辩期间内请求宣告该项专利权无效的,人民法院可以不中止诉讼。"故D项错误。

517. 专利申请权转让的生效时间[C]

[解析]《技术合同解释》第8条第1款规定:"生产产品或者提供服务依法须经有关部门审批或者取得行政许可,而未经审批或者许可的,不影响当事人订立的相关技术合同的效力。"故乙公司尚未依法获得药品生产许可证不影响甲、乙公司订立专利申请权转让合同的效力。故A项错误。

《专利法》第10条规定,专利申请权和专利权可以转让。转让专利申请权或者专利权的,当事人应当订立书面合同,并向国务院专利行政部门登记,由国务院专利行政部门予以公告。专利申请权或者专利权的转让自登记之日起生效。据此,专利申请权转让采登记生效主义,登记后才发生转让效力,故C项正确。但专利申请权转让合同不适用登记生效,若无特约定,自合同成立时即生效,故B项错误。

《技术合同解释》第23条第1款规定:"专利申请权转让合同当事人以专利申请被驳回或者被视为撤回为由请求解除合同,该事实发生在依照专利法第10条第3款的规定办理专利申请权转让登记之前的,人民法院应当予以支持;发生在转让登记之后的,不予支持,但当事人另有约定的除外。"据此,甲乙已经办理完登记手续,虽然专利申请因缺乏新颖性被驳回,但乙公司无权解除合同。故D项错误。

518. 专利实施许可[BD]

[解析] 甲公司与乙公司签订的是中国地域内的专利独占实施合同,甲公司与丙公司的普通许可合同不在中国地域内,因此甲公司在A国地域内许可丙公司的行为不违反甲、乙公司的约定。故A项错误。

《民法典》第867条规定:"专利实施许可合同的被许可人应当按照约定实施专利,不得许可约定以外的第三人实施该专利,并按照约定支付使用费。"《专利法》第12条规定:"任何单位或者个人实施他人专利的,应当与专利权人订立实施许可合同,向专利人支付专利使用费。被许可人无权允许合同规定以外的任何单位或者个人实施该专利。"因此，乙公司擅自许可丁公司实施该专利的行为，对甲公司构成违约。故B项正确。

《专利法》第75条规定："有下列情形之一的，不视为侵犯专利权：（一）专利产品或者依照专利方法直接获得的产品，由专利权人或者经其许可的单位、个人售出后，使用、许诺销售、销售、进口该产品的；……"根据"专利权用尽"规则，丙公司经甲公司授权在A国制造并出售的专利产品，其上的专利权已经用尽。戊公司将丙公司生产的专利产品进口到中国销售的行为属于"平行进口"行为，不构成对甲公司在中国享有的专利权的侵犯，也不构成对乙公司在中国享有的专利独占实施权的侵犯。故C项错误。

侵权专利产品不适用"专利权用尽"规则。因未经专利权人甲公司许可，所以丁公司在A国制造并出售的专利产品属于侵权专利产品，不适用"专利权用尽"规则。庚公司将丁公司在A国生产的侵权专利产品进口到中国的行为，属于对甲公司在中国享有的专利权的侵犯。故D项正确。

519. 现有技术抗辩；专利无效宣告[B]

[解析]《专利法》第45条规定："自国务院专利行政部门公告授予专利权之日起，任何单位或者个人认为该专利权的授予不符合本法有关规定的，可以请求国务院专利行政部门宣告该专利权无效。"第46条第2款规定："对国务院专利行政部门宣告专利权无效或者维持专利权的决定不服的，可以自收到通知之日起3个月内向人民法院起诉。人民法院应当通知无效宣告请求程序的对方当事人作为第三人参加诉讼。"据此，专利无效宣告的流程实行行政程序前置，应当先向国务院专利行政部门提出宣告无效的请求，对国务院专利行政部门的决定不服的，才能向法院起诉。故B项不合法，当选；C项合法，不当选。

《专利法》第67条规定："在专利侵权纠纷中，被控侵权人有证据证明其实施的技术或者设计属于现有技术或者现有设计的，不构成侵犯专利权。"可知，本题中，乙公司发现该技术在专利申请日前已经属于现有技术，乙公司可无偿使用，不构成侵犯专利权。故D项合法，不当选。既然属于现有技术，可以实施该技术，那么便意味着可以在该技术基础上开发新技术，故A项合法，不当选。【思路拓展】A项，也可以从另一个角度考虑。《专利法》中约束的专利侵权行为是未经专利权人许可的"实施"专利的行为。"实施"包括：为生产经营目的的制造、使用、许诺销售、销售、进口其专利产品，"继续开发"并不属于"实施"行为。另外，国家鼓励技术开发，根据《民法典》第850条规定："非法垄断技术或者侵害他人技术成果的技术合

同无效。"不允许继续开发新技术即属于非法垄断技术，有类似规定的技术合同是无效的。

520. 不授予专利权的情形[BD]

[解析]《专利法》第25条规定："对下列各项，不授予专利权：（一）科学发现；（二）智力活动的规则和方法；（三）疾病的诊断和治疗方法；（四）动物和植物品种；（五）原子核变换方法以及用原子核变换方法获得的物质；（六）对平面印刷品的图案、色彩或者二者的结合作出的主要起标识作用的设计。对前款第（四）项所列产品的生产方法，可以依照本法规定授予专利权。"可知，A项中"发现了导致骨癌的特殊遗传基因"属于上述第1项"科学发现"，因此不能在我国申请专利。故A项不选。C项中"发明了如何精确诊断股骨头坏死的方法"属于上述第3项规定的"疾病的诊断和治疗方法"，也不能在我国申请专利。故C项不选。B项中"发明了一套帮助骨折病人尽快康复的理疗器械"以及D项中"发明了一种高效治疗软骨病的中药制品"都不属于上述规定的范围，可在我国申请专利。故B、D项当选。

521. 专利独占实施许可行为；强制许可的被许可人的权限；专利侵权行为；不视为专利侵权的情形[D]

[解析]《专利法》第12条规定："任何单位或者个人实施他人专利的，应当与专利权人订立实施许可合同，向专利权人支付专利使用费。被许可人无权允许合同规定以外的任何单位或者个人实施该专利。"A项中甲公司获得专利独占实施权后无权再许可其他公司实施该专利，包括其子公司乙公司。故甲公司的对外许可行为属于专利侵权行为，A项不当选。

《专利法》第61条规定："取得实施强制许可的单位或者个人不享有独占的实施权，并且无权允许他人实施。"因此，B项中甲公司的行为构成专利侵权，不当选。

《专利法》第77条规定："为生产经营目的使用、许诺销售或者销售不知道是未经专利权人许可而制造并售出的专利侵权产品，能证明该产品合法来源的，不承担赔偿责任。"可知，销售不知道是侵犯他人专利的产品并能证明该产品来源合法的行为本身仍是侵权行为，但因其主观上无过错，《专利法》免除其赔偿责任。C项中甲公司的行为属于专利侵权行为，不当选。

《专利法》第75条规定："有下列情形之一的，不视为侵犯专利权：……（五）为提供行政审批所需要的信息，制造、使用、进口专利药品或者专利医疗器械的，以及专门为其制造、进口专利药品或者专利医疗器械的。"据此，为提供行政审批所需要的信息，甲公司未经专利权人的同意而制造其专利药品的行为不属于侵犯专利权的行为，D项当选。

522. 职务发明创造的权益归属[BCD]

[解析]《专利法》第6条第1款规定:"执行本单位的任务或者主要是利用本单位的物质技术条件所完成的发明创造为职务发明创造。职务发明创造申请专利的权利属于该单位,申请被批准后,该单位为专利权人。该单位可以依法处置其职务发明创造申请专利的权利和专利权,促进相关发明创造的实施和运用。"《专利法实施细则》第13条第1款规定,《专利法》第6条所称执行本单位的任务所完成的职务发明创造,是指:(1)在本职工作中作出的发明创造;(2)履行本单位交付的本职工作之外的任务所作出的发明创造;(3)退休、调离原单位后或者劳动、人事关系终止后1年内作出的,与其在原单位承担的本职工作或者原单位分配的任务有关的发明创造。

因为王某在甲公司的职责是研发电脑鼠标,所以,即使王某利用业余时间研发出新鼠标,也属于执行其单位的任务,其专利申请权属于甲公司。故A项正确,不当选。同理,即使王某没有利用甲公司的物质技术条件研发出新鼠标,只要是执行本单位任务进行的研发,该新鼠标就属于职务发明,专利申请权仍属于甲公司。故B项错误,当选。若王某主要利用了单位的物质技术条件研发出新型手机,该新型手机虽不属于执行本单位的任务,但因主要利用了本单位的物质技术条件,也属于职务发明创造,专利申请权属于单位。故C项错误,当选。王某辞职后1年内作出的与其在原单位承担的本职工作或者原单位分配的任务有关的发明创造,都属于职务发明,专利申请权属于甲公司。故D项错误,当选。

法条变更	《中华人民共和国专利法实施细则》
	2023年12月11日《国务院关于修改〈中华人民共和国专利法实施细则〉的决定》第三次修订

523. 专利申请权和专利权的转让;单一性原则[D]

[解析]《专利法》第10条第1款规定:"专利申请权和专利权可以转让。"《专利法》第10条第3款规定:"转让专利申请权或者专利权的,当事人应当订立书面合同,并向国务院专利行政部门登记,由国务院专利行政部门予以公告。专利申请权或者专利权的转让自登记之日起生效。"据此,甲公司将专利申请权转让给乙公司,只有经登记并公告后,乙公司才能取得专利申请权。而转让合同的生效与否与登记和公告无关,该技术转让合同已生效。故A项错误。

《专利法》第22条规定:"授予专利权的发明和实用新型,应当具备新颖性、创造性和实用性。……实用性,是指该发明或者实用新型能够制造或者使用,并且能够产生积极效果……"可见,实用性要件并非要求申请人已经实际制造出了专利产品,仅要求所属领域的普通技术人员依照说明书的内容"可以"实施该专利(如可以此专利制造出专利产品)。故B项错误。

《专利法》第9条第1款规定:"同样的发明创造只能授予一项专利权。但是,同一申请人同日对同样的发明创造既申请实用新型专利又申请发明专利,先获得的实用新型专利权尚未终止,且申请人声明放弃该实用新型专利权的,可以授予发明专利权。"这是"单一性原则"的例外。按照单一性原则,一申请一发明,一发明一申请,一发明一专利权。《专利法》第9条对此有部分突破。突破在于,对于同一项发明创造,申请人可以同时提出发明专利申请和实用新型专利申请。尚未突破的地方在于,对于同一项发明创造仍然只能授予一项专利权(发明专利或实用新型专利)。故C项错误,D项正确。

524. 专利侵权诉讼的管辖及证据问题;专利权保护范围[BD]

[解析]《民诉法解释》第2条第1款规定:"专利纠纷案件由知识产权法院、最高人民法院确定的中级人民法院和基层人民法院管辖。"若乙公司所在地的基层法院恰好系最高人民法院指定的有权管辖第一审专利案件的基层法院,则说法正确,反之则不正确。故A项错误。

《专利法》第66条第2款规定:"专利侵权纠纷涉及实用新型专利或者外观设计专利的,人民法院或者管理专利工作的部门可以要求专利权人或者利害关系人出具由国务院专利行政部门对相关实用新型或者外观设计进行检索、分析和评价后作出的专利权评价报告,作为审理、处理专利侵权纠纷的证据;专利权人、利害关系人或者被控侵权人也可以主动出具专利权评价报告。"可知,法律规定的是人民法院"可以"要求专利权人提供由国务院专利行政部门出具的专利权评价报告,而没有强制要求专利权人起诉时必须提供专利权评价报告,甲公司起诉时未向受理法院提交国家知识产权局出具的该专利书面评价报告并无不妥。故B项正确。

关于发明和实用新型专利权的保护范围,《专利法》第64条第1款规定:"发明或者实用新型专利权的保护范围以其权利要求书的内容为准,说明书及附图可以用于解释权利要求的内容。"同时,《关于审理侵犯专利权纠纷案件应用法律若干问题的解释》第5条规定:"对于仅在说明书或者附图中描述而在权利要求中未记载的技术方案,权利人在侵犯专利权纠纷案件中将其纳入专利权保护范围的,人民法院不予支持。"据此,甲公司将仅在说明书中表述而未在权利要求中记载的技术方案纳入专利权的保护范围是无法获得法院支持的。故 C 项错误。

《关于审理侵犯专利权纠纷案件应用法律若干问题的解释》第 1 条第 1 款规定,人民法院应当根据权利人主张的权利要求,依据专利法第 59 条(现为第 64 条)第 1 款的规定确定专利权保护范围。权利人在一审法庭辩论终结前变更其主张的权利要求的,人民法院应当准许。可知,甲公司可以在举证期届满后法庭辩论终结前变更其主张的权利要求。故 D 项正确。

525. 专利侵权赔偿数额的确定[AC(原答案为 A)]

[解析]《专利法》第 71 条第 1 款规定,侵犯专利权的赔偿数额按照权利人因被侵权所受到的实际损失或者侵权人因侵权所获得的利益确定;权利人的损失或者侵权人获得的利益难以确定的,参照该专利许可使用费的倍数合理确定。据此,专利权人对侵犯专利权的损害赔偿数额可以选择按照其实际损失申请赔偿,也可以选择按照侵权人因侵权所获得的利益申请赔偿。本题中,甲和乙销售每件专利产品分别获利为 2 万元和 1 万元,甲因乙的侵权行为少销售 100 台,则甲的实际损失为 100×2 万 = 200 万元;乙共销售侵权产品 300 台,则乙的非法获利为 300×1 万 = 300 万元。因此,甲既可以选择按其实际损失让乙赔偿 200 万元,也可以选择按照乙的非法获利让乙赔偿 300 万元。故 A、C 项正确,B、D 项错误。【旧题新解】根据旧《专利法》,专利侵权赔偿数额,首先应依照专利权人的实际损失确定,实际损失难以确定的,才能依照侵权人的非法获利确定,因此原本只有 A 项正确。但 2020 年《专利法》对本条作出重大修改,专利权赔偿数额可以由专利权人在实际损失与非法获利中择一确定,没有先后顺序。因此,根据新法,本题 A、C 项均当选。【关联记忆】除了掌握《专利法》第 71 条第 1 款外,本条第 2~4 款也作出了修改,应一并掌握:权利人的损失、侵权人获得的利益和专利许可使用费均难以确定的,人民法院可以根据专利权的类型、侵权行为的性质和情节等因素,确定给予 3 万元以上 500 万元以下的赔偿。赔偿数额还应当包括权利人为制止侵权行为所支付的合理开支。人民法院为确定赔偿数额,在权利人已经尽力举证,而与侵权行为相关的账簿、资料主要由侵权人掌握的情况下,可以责令侵权人提供与侵权行为相关的账簿、资料;侵权人不提供或者提供虚假的账簿、资料的,人民法院可以参考权利人的主张和提供的证据判定赔偿数额。

526. 技术合同;合作开发的发明创造的权益归属[BCD]

[解析]《民法典》第 860 条规定:"合作开发完成的发明创造,申请专利的权利属于合作开发当事人共有;当事人一方转让其共有的专利申请权的,其他各方享有以同等条件优先受让的权利。但是,当事人另有约定的除外。合作开发的当事人一方声明放弃其共有的专利申请权的,除当事人另有约定外,可以由另一方单独申请或者由其他各方共同申请。申请人取得专利权的,放弃专利申请权的一方可以免费实施该专利。合作开发的当事人一方不同意申请专利的,另一方或者其他各方不得申请专利。"据此,合作开发完成的发明创造,申请专利的权利属于合作开发当事人共有,一方不同意申请专利的,其他各方不得申请专利。本题中,合作开发人乙不同意申请专利,则甲、丙不得申请专利。故 A 项正确,B、C 项错误。D 项中支付补偿费没有法律依据,故错误。

527. 职务发明创造的权益归属[BCD]

[解析]《专利法》第 6 条第 1 款规定:"执行本单位的任务或者主要是利用本单位的物质技术条件所完成的发明创造为职务发明创造。职务发明创造申请专利的权利属于该单位,申请被批准后,该单位为专利权人。该单位可以依法处置其职务发明创造申请专利的权利和专利权,促进相关发明创造的实施和运用。"《专利法实施细则》第 13 条规定:"专利法第 6 条所称执行本单位的任务所完成的职务发明创造,是指:(一)在本职工作中作出的发明创造;(二)履行本单位交付的本职工作之外的任务所作出的发明创造;(三)退休、调离原单位后或者劳动、人事关系终止后 1 年内作出的,与其在原单位承担的本职工作或者原单位分配的任务有关的发明创造。专利法第 6 条所称本单位,包括临时工作单位;专利法第 6 条所称本单位的物质技术条件,是指本单位的资金、设备、零部件、原材料或者不对外公开的技术资料等。"本题中,乙于 2007 年 3 月辞职到丙公司,2008 年 1 月开发出新型汽车节油装置技术,此时并没有超过 1 年,因此乙开发出的新型汽车节油装置技术仍然属于职务发明创造,申请专利的权利属于甲公司,申请被批准后,甲公司为专利权人。故 A 项正确,B、C、D 项错误。

528. 知识产权的侵权行为[B]

[解析] 著作权法的一个原理是:根据受控行为界定权利范围。《著作权法》第 10 条规定了著作权人享有的权利,包括 4 种著作人身权(发表权、署名权、修改权、保护作品完整权)和 12 种著作财产权(复制权、发行权、出租权、展览权、表演权、放映权、广播权、信息网络传播权、摄制权、改编权、翻译权、汇编权)。看一种行为是否侵犯著作权,关键要看这种行为是否落入著作权权利控制的范围。购买盗版书并阅读,并没有侵害上述著作权的任何一种权利,故不构成侵权。从理论角度而言,著作权法只规范对作品的使用行为(如发行、出租、改编等),而对作品的接触行为

· 136 ·

(如购买)和欣赏行为(如阅读、观看)并不侵犯著作权,不受著作权的控制。对于盗版图书而言,如果是制作盗版书则侵害了作者的复制权,如果是出卖盗版书则侵害了作者的发行权,但购买盗版图书或阅读盗版图书,则并不侵犯作者的著作权。故 A 项不当选。

《计算机软件保护条例》第 30 条规定:"软件的复制品持有人不知道也没有合理理由应当知道该软件是侵权复制品的,不承担赔偿责任;但是,应当停止使用、销毁该侵权复制品。如果停止使用并销毁该侵权复制品将给复制品使用人造成重大损失的,复制品使用人可以在向软件著作权人支付合理费用后继续使用。"可知,盗版软件(侵权复制品)的善意持有人无权继续使用盗版软件,应当立即停止使用、销毁该侵权复制品,否则构成侵权;若是恶意持有人,即明知是盗版软件还继续购买并安装使用的,本身构成侵权,既要停止使用、销毁该侵权复制品,也要承担赔偿责任。李某明知是盗版软件而购买并安装使用,其行为属于侵犯著作权的行为。故 B 项当选。

《商标法》第 57 条规定:"有下列行为之一的,均属侵犯注册商标专用权:(一)未经商标注册人的许可,在同一种商品上使用与其注册商标相同的商标的;(二)未经商标注册人的许可,在同一种商品上使用与其注册商标近似的商标,或者在类似商品上使用与其注册商标相同或者近似的商标,容易导致混淆的;(三)销售侵犯注册商标专用权的商品的;(四)伪造、擅自制造他人注册商标标识或者销售伪造、擅自制造的注册商标标识的;(五)未经商标注册人同意,更换其注册商标并将该更换商标的商品又投入市场的;(六)故意为侵犯他人商标专用权行为提供便利条件,帮助他人实施侵犯商标专用权行为的;(七)给他人的注册商标专用权造成其他损害的。"可知,侵犯注册商标专用权的行为限于假冒、制造、销售行为,不包括购买和使用行为,因此即明知是假冒注册商标的商品而购买并经营性使用,也不构成侵权。故 C 项不当选。

《专利法》第 11 条第 2 款规定:"外观设计专利权被授予后,任何单位或者个人未经专利权人许可,都不得实施其专利,即不得为生产经营目的的制造、许诺销售、销售、进口其外观设计专利产品。"可知,对于外观设计专利产品,未经许可,为生产经营目的的制造、许诺销售、销售、进口其外观设计专利产品,构成侵权行为。但外观设计专利权不能控制使用行为,四海公司经营性使用外观设计专利产品不构成侵权。故 D 项不当选。

529. 专利纠纷一审案件管辖;举证责任;现有技术抗辩;专利侵权法定赔偿金 [ACD(原答案为 C)]

[解析]《民诉法解释》第 2 条第 1 款规定:"专利纠纷案件由知识产权法院、最高人民法院确定的中级人民法院和基层人民法院管辖。"据此,最高人民法院确定的基层人民法院对专利纠纷案件有管辖权,故 A 项错误。【旧题新解】本项原是对 2001 年旧的《关于审理专利纠纷案件适用法律问题的若干规定》的考查,根据当年规定,专利纠纷案件只能由中级法院管辖。但《民诉法解释》对此作出了新的规定,根据新法 A 项是错误的。

《专利法》第 66 条第 1 款规定:"专利侵权纠纷涉及新产品制造方法的发明专利的,制造同样产品的单位或者个人应当提供其产品制造方法不同于专利方法的证明。"据此,新产品制造方法专利侵权的案件,适用举证责任倒置,由被控侵权人证明自己所用的制造方法不同于专利方法,即本题中应由白云公司来承担证明责任。故 B 项正确。

《专利法》第 67 条规定:"在专利侵权纠纷中,被控侵权人有证据证明其实施的技术或者设计属于现有技术或者现有设计的,不构成侵犯专利权。"该条规定了现有技术抗辩,被控侵权人只要举证证明自己所实施的技术属于现有技术,法院即可判决驳回原告的诉讼请求。被控侵权人是否另行申请宣告专利无效,由被控侵权人自行决定。因此,法院并没有告知白云公司另行提起专利无效宣告程序的义务。故 C 项错误。

《专利法》第 71 条第 2 款规定:"权利人的损失、侵权人获得的利益和专利许可使用费均难以确定的,人民法院可以根据专利权的类型、侵权行为的性质和情节等因素,确定给予 3 万元以上 500 万元以下的赔偿。"据此,如果侵犯专利权成立,即使没有证据确定损害赔偿数额,法院仍可以根据专利权的类型、侵权行为的性质和情节等因素,确定给予黑土公司 3 万元以上 500 万元以下的赔偿,故 D 项错误。【旧题新解】2020 年《专利法》将法院自由裁量的赔偿数额由"1 万~100 万元",提高到"3 万~500 万元"。根据旧法原本 D 项正确,但根据新法是错误的。

530. 技术转让合同 [CD]

[解析]《民法典》第 850 条规定:"非法垄断技术或侵害他人技术成果的技术合同无效。"据此,甲、丙间订立的技术转让合同侵犯了乙的商业秘密,无论丙是否知道或者应当知道该技术转让合同侵犯乙的商业秘密,甲、丙间的技术转让合同均属无效。故 A 项错误,D 项正确。

《技术合同解释》第 12 条第 1 款规定,根据民法典第 850 条的规定,侵害他人技术秘密的技术合同被确认无效后,除法律、行政法规另有规定的以外,善意取得该技术秘密的一方当事人可以在其取得时的范围内继续使用该技术秘密,但应当向权利人支付合理

商经法 [答案详解]

137

的使用费并承担保密义务。因此，如丙公司为善意，则有权在其取得时的范围内继续使用，但应向乙公司支付使用费。故 B 项错误。

《技术合同解释》第 12 条第 2 款规定："当事人双方恶意串通或者一方知道或者应当知道另一方侵权仍与其订立或者履行合同的，属于共同侵权，人民法院应当判令侵权人承担连带赔偿责任和保密义务，因此取得技术秘密的当事人不得继续使用该技术秘密。"因此，如丙公司为恶意，则与甲公司构成共同侵权，不得继续使用该技术秘密，且应与甲公司承担连带赔偿责任。故 C 项正确。

531. 专利权保护期限及其起算日[B（原答案为 A）]

[解析]《专利法》第 29 条第 1 款规定："申请人自发明或者实用新型在外国第一次提出专利申请之日起 12 个月内，或者自外观设计在外国第一次提出专利申请之日起 6 个月内，又在中国就相同主题提出专利申请的，依照该外国同中国签订的协议或者共同参加的国际条约，或者依照相互承认优先权的原则，可以享有优先权。"优先权制度是先申请原则的附属产品。根据优先权制度，该美国公司于 2005 年 5 月 9 日向中国专利局提出申请时，若申请了优先权，则可将其在中国的申请日提前到它在国外第一次提出申请的日期，即将 2004 年 12 月 1 日作为它在中国的申请日。而优先权对专利权保护期限的确定不产生影响。《专利法实施细则》第 12 条规定："除专利法第 28 条和第 42 条规定的情形外，专利法所称申请日，有优先权的，指优先权日。本细则所称申请日，除另有规定外，是指专利法第 28 条规定的申请日。"《专利法》第 28 条规定："国务院专利行政部门收到专利申请文件之日为申请日。如果申请文件是邮寄的，以寄出的邮戳日为申请日。"可见，专利权的保护期自申请日开始计算，但这个申请日指专利局实际收到申请文件之日（有邮戳日按邮戳日），而不是优先权日。故 B 项正确，A、C 项错误。

根据《专利法》第 42 条第 1 款规定，发明专利权的期限为 20 年，实用新型专利权的期限为 10 年，外观设计专利权的期限为 15 年，均自申请日起计算。药品专利属于发明专利，该药品专利权的期限应为 20 年。故 D 项错误。

532. 全面覆盖原则；等同原则[D]

[解析]《专利法》第 64 条规定："发明或者实用新型专利权的保护范围以其权利要求的内容为准，说明书及附图可以用于解释权利要求的内容。外观设计专利权的保护范围以表示在图片或者照片中的该产品的外观设计为准，简要说明可以用于解释图片或者照片所表示的该产品的外观设计。"《关于审理专利纠纷案件适用法律问题的若干规定》第 13 条规定，《专利法》第 59 条（现为第 64 条）第 1 款所称的"发明或者实用新型专利权的保护范围以其权利要求的内容为准，说明书及附图可以用于解释权利要求的内容"，是指专利权的保护范围应当以权利要求书中明确记载的全部技术特征所确定的范围为准，也包括与该全部技术特征相等同的特征所确定的范围。等同特征是指与所记载的技术特征以基本相同的手段，实现基本相同的功能，达到基本相同的效果，并且本领域的普通技术人员无需经过创造性劳动就能够联想到的特征。前述法条确定了判断发明和实用新型专利侵权的标准：全面覆盖原则（又称字面侵权）和等同原则。"全面覆盖原则"是指专利权利要求书中的全部技术特征一个都不少地出现在被控侵权物之中；"等同原则"是指与专利权利要求书中的全部技术特征相同或者等同的技术特征一个都不少地出现在被控侵权物中。

本题中，甲公司的发明专利包括 a+b+c+d 四个技术特征，只有这四个技术特征（或与其等同的技术特征）一个都不少地出现在被控侵权物中，才能认定专利侵权成立；否则，若被控侵权物的技术特征缺少权利要求书中的任何一个技术特征或者与其等同的技术特征（"变劣发明"除外），就不能认定侵权成立。

A 项中，被控侵权物只包含 b+c+d 三个技术特征，缺少技术特征 a，因此不构成侵权。故 A 项错误。同理，B 项中缺少技术特征 d，C 项中缺少技术特征 c，均不符合"全面覆盖原则"，不构成侵权。故 B、C 项错误。而在 D 项中，被控侵权物包含 a+b+c+d+e 五个技术特征，专利权利要求书中的全部技术特征 a+b+c+d 一个都不少地出现在被控侵权物之中，符合"全面覆盖原则"，因此构成侵权，虽然此时被控侵权物中多出了一个技术特征 e，但这不影响专利侵权的成立。故 D 项正确。

专题三十九　商标权

考点86　商标法

533. 外观设计专利；商标侵权[C]

[解析]《商标法》第 64 条第 1 款规定："注册商标专用权人请求赔偿，被控侵权人以注册商标专用权人未使用注册商标提出抗辩的，人民法院可以要求注册商标专用权人提供此前三年内实际使用该注册商标的证据。注册商标专用权人不能证明此前三年内实际使用过该注册商标，也不能证明因侵权行为受到其他损失的，被控侵权人不承担赔偿责任。"据此，注册商标专用权人 3 年未使用注册商标，不影响注册商标专用权本身的有效性，只会影响损害赔偿责任是否

成立。既然注册商标专用权依然有效，甲可据此提起侵权之诉，故 D 项错误。

对于乙的行为，《专利法》第 23 条第 3 款规定："授予专利权的外观设计不得与他人在申请日以前已经取得的合法权利相冲突。"乙以甲享有注册商标专用权的巧克力形状申请注册外观设计专利并获得授权，侵犯了甲在先已经取得的注册商标专用权，虽然甲 3 年未使用该商标，但不影响乙侵权行为的成立。故 A 项错误。

对于丙的行为，其既侵犯了甲的商标权，也侵犯了乙的专利权（甲尚未提起宣告专利权无效之诉，乙的专利权仍有效）。《专利法》第 67 条规定："在专利侵权纠纷中，被控侵权人有证据证明其实施的技术或者设计属于现有技术或现有设计的，不构成侵犯专利权。"根据《专利法》第 23 条第 4 款规定，本法所称现有设计，是指申请日以前在国内外为公众所知的设计。本题中，甲于 2019 年 6 月注册了一个巧克力形状的商标，但一直未使用，由此可知该巧克力形状的设计并未在国内外为公众所知。因此，丙无权以该巧克力设计属于现有设计作为抗辩理由对抗乙，故 B 项错误。由于甲 3 年未使用该注册商标，虽然丙侵犯了甲的商标权，但可以此为由不承担赔偿责任，故 C 项正确。

534. 注册商标的无效宣告；驰名商标的保护[AB]

[解析] 根据《商标法》第 45 条第 1 款规定，对于注册商标违反驰名商标相关规定的，自商标注册之日起 5 年内，在先权利人或者利害关系人可以请求商标评审委员会宣告该注册商标无效。对恶意注册的，驰名商标所有人不受 5 年的时间限制。本题中，"佳嘉"咖啡店作为在先权利人，可以申请宣告吴某使用的"佳嘉"商标无效，故 A 项正确。

《商标法》第 13 条第 2 款规定："就相同或者类似商品申请注册的商标是复制、摹仿或者翻译他人未在中国注册的驰名商标，容易导致混淆的，不予注册并禁止使用。"该条款规定了未注册的驰名商标禁止同类混同，但是并未认可未注册的驰名商标权利人请求损害赔偿。本题中，"佳嘉"咖啡店的商标并未申请注册，并不享有注册商标专用权，其无权请求吴某承担损害赔偿责任，故 B 项正确。【总结提示】只有针对注册商标，才享有损害赔偿请求权。

驰名商标奉行个案认定原则，不能将某个标志注册为驰名商标，故 C 项错误。

《商标法》第 14 条第 5 款规定："生产、经营者不得将'驰名商标'字样用于商品、商品包装或者容器上，或者用于广告宣传、展览以及其他商业活动中。"故 D 项错误。

535. 商标侵权[ABCD]

[解析]《商标法》第 57 条规定："有下列行为之一的，均属侵犯注册商标专用权：（一）未经商标注册人的许可，在同一种商品上使用与其注册商标相同的商标的；……（三）销售侵犯注册商标专用权的商品的；（四）伪造、擅自制造他人注册商标标识或者销售伪造、擅自制造的注册商标标识的；……"本题中乙公司、丙、丁、戊超市的行为明显都属于侵犯注册商标专用权的行为。需要进一步分析以下两个问题：

丙、丁、戊超市是否有权援引商标权用尽原则进行抗辩？商标权用尽原则是指对于经商标权人许可或以其他合法方式投放市场的商品，他人在购买后无须经过商标权人许可，即可将带有该商标的商品再次投入流通，而不构成对商标权的侵害。可知，商标权用尽原则要求带有该商标的商品以合法的方式进入市场。本题中，乙公司擅自生产 1 万盒蛋糕显然属于违法行为，对该商品不适用商标权用尽原则。

戊超市是否有权援引合法来源进行抗辩？《商标法》第 64 条第 2 款规定："销售不知道是侵犯注册商标专用权的商品，能证明该商品是自己合法取得并说明提供者的，不承担赔偿责任。"可知，合法来源抗辩只能免除赔偿责任，不能免除其他侵权责任，如停止侵害等，因此戊超市仍构成商标权侵权。

综上，本题 A、B、C、D 项均当选。

536. 商标侵权；驰名商标的认定；商标注册[BD]

[解析] 金丰大学的"金丰"商标用于农产品，而陈晓梅申请"金丰"商标用于办公用品，二者并非相同或类似商品，因此陈晓梅并未侵犯金丰大学的商标权。故 A 项错误。

陈琳注册成立了一家公司，名为金丰蔬果有限责任公司，其将金丰大学的"金丰"商标作为自己的企业名称，并用于相似的商品（蔬果与农产品类似），容易使相关公众产生误认。根据《最高人民法院关于审理商标民事纠纷案件适用法律若干问题的解释》第 1 条规定，将与他人注册商标相同或者相近似的文字作为企业的字号在相同或者类似商品上突出使用，容易使相关公众产生误认的，构成侵犯商标权。因此，陈琳侵犯了金丰大学的商标权。故 B 项正确。

对于驰名商标的认定，《商标法》第 14 条第 1 款规定，驰名商标应当根据当事人的请求，作为处理涉及商标案件需要认定的事实进行认定。据此，驰名商标认定采取的是个案认定主义，即在具体个案中根据案件审理需要对驰名商标作出认定。因此，金丰大学无权向商标局请求确认"金丰"为驰名商标，C 项错误。

根据《商标法》第 4 条第 1 款规定，不以使用为目的的恶意商标注册申请，应当予以驳回。本题中，陈晓梅申请"金丰"商标是为了转卖获利，在性质上属于恶意注册，应当予以驳回。故 D 项正确。

537. 注册商标无效;恶意注册商标[ACD]

[解析]《商标法》第64条第1款规定:"注册商标专用权人请求赔偿,被控侵权人以注册商标专用权人未使用注册商标提出抗辩的,人民法院可以要求注册商标专用权人提供此前三年内实际使用该注册商标的证据。注册商标专用权人不能证明此前三年内实际使用过该注册商标,也不能证明因侵权行为受到其他损失的,被控侵权人不承担赔偿责任。"我国鼓励商标实际使用,但不鼓励商标囤积行为。如果丁公司3年未实际使用该商标,被控侵权人甲公司无需承担赔偿责任。故A项正确。

《商标法》第44条第1款规定:"已经注册的商标,违反本法第四条、第十条、第十一条、第十二条、第十九条第四款规定的,或者是以欺骗手段或者其他不正当手段取得注册的,由商标局宣告该注册商标无效;其他单位或者个人可以请求商标评审委员会宣告该注册商标无效。"丁公司囤积商标,该行为应定性为"不以使用为目的的恶意商标注册申请"(《商标法》第4条),此类情形因为申请人主观恶意较大,他人请求宣告商标无效的,没有"5年"时间限制。故B项错误。

《商标法》第59条第3款规定:"商标注册人申请商标注册前,他人已经在同一种商品或者类似商品上先于商标注册人使用与注册商标相同或者近似并有一定影响的商标的,注册商标专用权人无权禁止该使用人在原使用范围内继续使用该商标,但可以要求其附加适当区别标识。"甲公司虽然没有注册商标,但其在同类或类似商品上使用白鸽商标并有一定影响力,形成了商标的"先用权",所以乙公司无权禁止甲公司在原有使用范围内继续使用该商标。故C项正确。

《商标法》第45条第1款规定:"已经注册的商标,违反本法第十三条第二款和第三款、第十五条、第十六条第一款、第三十条、第三十一条、第三十二条规定的,自商标注册之日起五年内,在先权利人或者利害关系人可以请求商标评审委员会宣告该注册商标无效。对恶意注册的,驰名商标所有人不受五年的时间限制。"乙公司是甲公司的供应商,其明知甲公司的白鸽商标存在仍恶意注册,甲公司可自该注册之日起5年内请求商标评审机构宣告该注册商标无效。此外,由题干可知,白鸽商标尚不构成驰名商标,应当受5年时间限制。故D项正确。

538. 商标优先权[A]

[解析]《商标法》第26条第1款规定:"商标在中国政府主办的或者承认的国际展览会展出的商品上首次使用的,自该商品展出之日起六个月内,该商标的注册申请人可以享有优先权。"本案中,博顿公司在向我国申请注册商标以前6个月内在我国政府举办的展览会上使用过"蓝天"商标,享有优先权,所以其申请日期应按2018年2月1日认定为优先权日。按照先申请原则,博顿公司的申请应该被初审并公告,蓝天公司的申请被驳回。故只有A项正确。

539. 商标专有权的无效;商标先用权抗辩[B]

[解析]《商标法》第59条第3款规定:"商标注册人申请商标注册前,他人已经在同一种商品或者类似商品上先于商标注册人使用与注册商标相同或者近似并有一定影响的商标的,注册商标专用权人无权禁止该使用人在原使用范围内继续使用该商标,但可以要求其附加适当区别标识。"本题中,因肖某就餐饮服务注册了"韦老四"商标,韦某虽在该商标注册前已经使用在先,但仅能在原范围内继续使用该商标,其在外地开设新店时,无权再使用"韦老四"标识,否则对肖某注册商标专有权构成侵犯。故A项错误。

《商标法》第64条第1款规定:"注册商标专用权人请求赔偿,被控侵权人以注册商标专用权人未使用注册商标提出抗辩的,人民法院可以要求注册商标专用权人提供此前3年内实际使用该注册商标的证据。注册商标专用权人不能证明此前3年内实际使用过该注册商标,也不能证明因侵权行为受到其他损失的,被控侵权人不承担赔偿责任。"本题中,如果肖某注册"韦老四"商标后立即起诉韦某侵权,无法证明3年内实际使用商标或者实际损失,无权主张损害赔偿责任。故B项正确。

《商标法》第32条规定:"申请商标注册不得损害他人现有的在先权利,也不得以不正当手段抢先注册他人已经使用并有一定影响的商标。"该法第45条规定,已经注册的商标,违反《商标法》第32条规定的,自商标注册之日起5年内,在先权利人或者利害关系人可以请求商标评审委员会宣告该注册商标无效。对恶意注册的,驰名商标所有人不受5年的时间限制。本题中,肖某恶意侵犯韦某的在先权利,韦某可请求宣告该注册商标无效,但受5年的时效期间限制。故C项错误。若肖某注册商标核定使用的服务类别超出其经营范围,并未侵害韦某的合法权益,韦某与此事项无法律上的利害关系,不能以此为由请求宣告注册商标无效。故D项错误。

法条变更	《中华人民共和国商标法》 2019年4月23日第十三届全国人民代表大会常务委员会第十次会议《关于修改〈中华人民共和国建筑法〉等八部法律的决定》第四次修正

540. 商标代理机构[A]

[解析]《商标法》第15条第2款规定:"就同一种商品或者类似商品申请注册的商标与他人在先使

用的未注册商标相同或者近似,申请人与该他人具有前款规定以外的合同、业务往来关系或者其他关系而明知该他人商标存在,该他人提出异议的,不予注册。"《商标法》第19条第3款规定,商标代理机构知道或者应当知道委托人申请注册的商标属于《商标法》第4条、第15条和第32条规定的情形的,不得接受其委托。本题中委托人申请注册"实耐"商标,属于《商标法》第15条规定的情形,相关利害关系人不得抢注,商标代理机构也不应接受委托。故A项正确。

《商标法》第10条第2款规定,县级以上行政区划的地名不得作为商标;根据《商标法》第11条第1款第1项的规定,仅有本商品的通用名称、图形、型号的标志不得作为商标注册。《商标法》第19条第2款规定:"委托人申请注册的商标可能存在本法规定不得注册情形的,商标代理机构应当明确告知委托人。"据此,B项中"营盘轮胎"因采用营盘市的地名,不得作为商标;C项中"普通的汽车轮胎图形"属于使用轮胎的通用名称、图形,也不得作为商标注册。这时商标代理机构只需要明确告知即可,并非必须拒绝接受委托。故B、C项错误。

《商标法》第19条第4款规定:"商标代理机构除对其代理服务申请商标注册外,不得申请注册其他商标。"故D项错误。

541. 注册商标的无效宣告;商标权的限制;商标注册程序;转让权[BD]

[解析]《商标法》第15条第2款规定:"就同一种商品或者类似商品申请注册的商标与他人在先使用的未注册商标相同或者近似,申请人与该他人具有前款规定以外的合同、业务往来关系或者其他关系而明知该他人商标存在,该他人提出异议的,不予注册。"《商标法》第32条规定:"申请商标注册不得损害他人现有的在先权利,也不得以不正当手段抢先注册他人已经使用并有一定影响的商标。"《商标法》第45条第1款规定,已经注册的商标,违反本法第13条第2款和第3款、第15条、第16条第1款、第30条、第31条、第32条规定的,自商标注册之日起5年内,在先权利人或者利害关系人可以请求商标评审委员会宣告该注册商标无效。对恶意注册的,驰名商标所有人不受5年的时间限制。本题中,甲对"香香"商标具有在先权利,可申请宣告乙注册的商标无效。"香香"牌果汁虽然产生一定的影响,但是并非驰名商标,因此应自商标注册之日起5年内提出申请。故A项错误。

《商标法》第42条第2款规定:"转让注册商标的,商标注册人对其在同一种商品上注册的近似的商标,或者在类似商品上注册的相同或者近似的商标,应当一并转让。"果汁与碳酸饮料属于类似商品,对于注册在类似商品上的相同商标,应当一并转让。故B项正确。

《商标法》第22条第2款规定:"商标注册申请人可以通过一份申请就多个类别的商品申请注册同一商标。"故C项错误。

《商标法》第59条第3款规定:"商标注册人申请商标注册前,他人已经在同一种商品或者类似商品上先于商标注册人使用与注册商标相同或者近似并有一定影响的商标的,注册商标专用权人无权禁止该使用人在原使用范围内继续使用该商标,但可以要求其附加适当区别标识。"故D项正确。

542. 注册商标侵权行为的认定[D]

[解析] A项中,甲虽在自己提供的服务上使用"佳普"二字,但使用的目的在于描述甲所提供之服务的功能、特点,不属于对佳普公司"佳普"注册商标的商标性使用(即使用的目的不在于表明服务的来源),不会造成相关公众对服务来源的混淆,不构成对佳普公司商标权的侵害。故A项不当选。

B项中,乙在其制造出售的"金兴"牌墨盒上使用"佳普"字样,目的在于说明、描述自己所提供墨盒产品的用途,不属于对"佳普"的商标性使用,不会造成相关公众对产品来源的混淆,不构成对佳普公司商标权的侵害。故B项不当选。

C项中,丙在打印机上使用"佳普"字样的行为属于说明、描述性使用,目的在于介绍自己制造出售的打印机使用的是"佳普公司制造的墨盒",这一行为不属于对"佳普"的商标性使用,不构成对佳普公司商标权的侵害。故C项不当选。

D项中,丁擅自在相同的商品(墨盒)上,使用与佳普公司注册商标"佳普"相同的标记,根据《商标法》第57条第1项,推定相关公众容易发生混淆,构成对佳普公司商标权的侵害。故D项当选。

543. 集体商标;证明商标;商标注册的条件;商标侵权[AD]

[解析]《商标法》第3条第2款规定:"本法所称集体商标,是指以团体、协会或者其他组织名义注册,供该组织成员在商事活动中使用,以表明使用者在该组织中的成员资格的标志。"故A项正确。

《商标法》第3条第3款规定:"本法所称证明商标,是指由对某种商品或者服务具有监督能力的组织所控制,而由该组织以外的单位或者个人使用于其商品或者服务,用以证明该商品或者服务的原产地、原料、制造方法、质量或者其他特定品质的标志。"故B项错误。

《商标法》第10条第2款规定:"县级以上行政区划的地名或者公众知晓的外国地名,不得作为商标。但是,地名具有其他含义或者作为集体商标、证明商标组成部分的除外;已经注册的使用地名的商标继续有效。"故C项错误。

盛联超市虽在销售的荔枝上添加自己的"盛联"商标,但并未去除原商标权人的"河川"商标,不属于侵犯商标权的"反向假冒"行为。同时,盛联超市虽在销售的荔枝上保留"河川"注册商标,但适用"商标权用尽规则",已不属于对"河川"注册商标权的侵犯。故D项正确。

544. 商标侵权行为[D]

[解析] 乙公司未经注册商标权人甲公司许可,擅自在相同的商品(汽车)上,使用与甲公司注册商标相同的标志("山叶"),属于《商标法》第57条第1项规定的"假冒"注册商标的行为,而非"仿冒"。故A项错误。

《商标法》第60条第2款规定,销售不知道是侵犯注册商标专用权的商品,能证明该商品是自己合法取得并说明提供者的,由工商行政管理部门责令停止销售。《商标法》第64条第2款规定:"销售不知道是侵犯注册商标专用权的商品,能证明该商品是自己合法取得并说明提供者的,不承担赔偿责任。"丙公司作为侵犯注册商标专用权商品的"善意销售者",若能证明该商品是自己合法取得并说明提供者的,不承担赔偿责任,但仍应承担停止侵权的责任(即停止销售)。故B、C项错误。

D选项涉及侵犯注册商标权的行政责任(罚款)。根据《商标法》第60条第2款的规定,工商行政管理部门认定侵犯注册商标专用权的行为成立,可责令侵权人立即停止侵权行为,没收、销毁侵权商品和主要用于制造侵权商品、伪造注册商标标识的工具,违法经营额5万元以上的,可以处违法经营额5倍以下的罚款,没有违法经营额或者违法经营额不足5万元的,可以处25万元以下的罚款。但是,"善意销售者"仅承担停止销售的责任,不承担罚款的行政责任。故D项正确。

545. 商标注册程序;驰名商标[BCD]

[解析]《商标法》第18条第2款规定:"外国人或者外国企业在中国申请商标注册和办理其他商标事宜的,应当委托依法设立的商标代理机构办理。"故A项正确,不选。

《商标法》第22条第2款规定:"商标注册申请人可以通过一份申请就多个类别的商品申请注册同一商标。"故B项错误,当选。

《商标法》第25条第1款规定:"商标注册申请人自其商标在外国第一次提出商标注册申请之日起六个月内,又在中国就相同商品以同一商标提出商标注册申请的,依照该外国同中国签订的协议或者共同参加的国际条约,或者按照相互承认优先权的原则,可以享有优先权。"据此,甲公司于2012年8月1日向A国在牛奶产品上申请注册"白雪"商标被受理后,又于2013年5月30日向我国商标局申请注册"白雪"商标,已经超出6个月的时间,不能享有优先权。故C项错误,当选。

《商标法》第14条第5款规定,生产、经营者不得将"驰名商标"字样用于商品、商品包装或者容器上,或者用于广告宣传、展览以及其他商业活动中。故D项错误,当选。

546. 注册商标的保护;商标侵权行为[B]

[解析] 首先,《商标法》第57条第1项规定,未经商标注册人许可,在同一种商品上使用与其注册商标相同的商标的,是侵犯注册商标专用权的行为。此外,侵犯注册商标专用权并不要求侵权人主观上具有过错。A项中,乙公司未经商标注册人许可擅自使用他人注册商标的行为构成商标侵权,至于乙公司主观上是否误认"冬雨之恋"属于未注册商标在所不问。故A项不当选。

其次,《商标法》第57条第5项规定,未经商标注册人同意,更换其注册商标并将该更换商标的商品又投入市场的,是侵犯注册商标专用权的行为。C项中,丁饭店将购买的甲公司"冬雨之恋"啤酒倒入自制啤酒桶,自制"侠客"牌散装啤酒出售,相当于更换了"冬雨之恋"的注册商标,构成商标反向假冒行为,侵犯了甲公司的商标权,故C项不当选。

最后,《商标法》第57条第6项规定,故意为侵犯他人商标专用权行为提供便利条件,帮助他人实施侵犯商标专用权行为的,是侵犯注册商标专用权的行为。同时,《商标法实施条例》第75条也规定,故意为侵犯他人注册商标专用权行为提供仓储、运输、邮寄、隐匿等便利条件的,属于侵犯商标权的行为。B项中,丙公司不知某公司假冒"冬雨之恋"啤酒而予以运输,由于丙公司不具有帮助侵权的故意,丙公司不构成侵权。故B项当选。D项中,戊公司明知某企业生产假冒"冬雨之恋"啤酒而向其出租仓库,因戊公司具有帮助侵权的故意,戊公司的行为侵犯了甲公司的商标权。故D项不当选。

547. 注册商标专用权;可获注册的商标;驰名商标保护[AB]

[解析]《商标法》规定商标权人对注册商标享有专用权,商标权人有选择如何使用商标的权利,《商标法》没有规定不得在一种商品上同时使用两件商标。故A项正确。

只有对注册商标才享有商标专用权。甲公司只对"美多"申请了注册商标,并未申请"薰衣草"注册商标,因此对"薰衣草"不享有商标专用权。故B项正确。

《关于审理涉及驰名商标保护的民事纠纷案件应用法律若干问题的解释》第13条规定:"在涉及驰名商标保护的民事纠纷案件中,人民法院对于商标驰名的认定,仅作为案件事实和判决理由,不写入判决主文;以调解方式审结的,在调解书中对商标驰名的事实不予认定。"故C项错误。

《商标法》第11条规定:"下列标志不得作为商标注册:(一)仅有本商品的通用名称、图形、型号的;(二)仅直接表示商品的质量、主要原料、功能、用途、重量、数量及其他特点的;(三)其他缺乏显著特征的。前款所列标志经过使用取得显著特征,并便于识别的,可以作为商标注册。""薰衣草"虽然仅直接表示了商品的主要原料,但经过使用已经取得显著特征,并便于识别,因此可申请注册为商标。故D项错误。

548. 商标注册申请;外国人的商标权保护;商标独立保护原则[D]

[解析]《商标法》第18条第2款规定:"外国人或者外国企业在中国申请商标注册和办理其他商标事宜的,应当委托依法设立的商标代理机构办理。"因此,外国企业在我国申请注册商标,不一定非要委托律师事务所,只要是依法设立的商标代理机构即可。故A项错误。

《商标法》第17条规定:"外国人或者外国企业在中国申请商标注册的,应当按其所属国和中华人民共和国签订的协议或者共同参加的国际条约办理,或者按对等原则办理。"据此,外国企业在我国申请注册商标,只要满足下列条件之一即可:(1)其所属国和我国签订了双边协议;(2)共同参加了商标保护的国际条约;(3)对等原则。故是否加入《保护工业产权巴黎公约》以及世贸组织都不是必要条件。故B、C项错误。

知识产权实行独立保护原则,即同一商标在各国的注册互不相关。换言之,某一商标注册在一个国家被宣布无效或因各种原因被撤销,仍有可能在另一个国家获准注册。在我国申请注册商标,能否获得注册,完全依照我国相关法律规定的标准审查。故D项正确。

549. 注册商标的异议程序;注册商标权的无效宣告;未注册商标的保护[CD(原答案为BCD)]

[解析]《商标法》第15条第2款规定:"就同一种商品或者类似商品申请注册的商标与他人在先使用的未注册商标相同或者近似,申请人与该他人具有前款规定以外的合同、业务往来关系或者其他关系而明知该他人商标存在,该他人提出异议的,不予注册。"根据《商标法》第33条规定,对初步审定公告的商标,自公告之日起3个月内,在先权利人认为存在上述15条情形的,可以向商标局提出异议。"逍遥乐"属于知名商品的特有名称,甚至可以说是未注册的驰名商标,乙公司抢先注册"逍遥乐"商标侵害了甲公司的在先权利,甲公司有权在异议期内向商标局提出异议。故A项正确,不当选。

《商标法》第59条第3款规定:"商标注册人申请商标注册前,他人已经在同一种商品或者类似商品上先于商标注册人使用与注册商标相同或者近似并有一定影响的商标的,注册商标专用权人无权禁止该使用人在原使用范围内继续使用该商标,但可以要求其附加适当区别标识。"据此,如"逍遥乐"被核准注册,甲公司有权主张先用权。故B项正确,不当选。

《商标法》第32条规定:"申请商标注册不得损害他人现有的在先权利,也不得以不正当手段抢先注册他人已经使用并有一定影响的商标。"《商标法》第45条第1款规定,已经注册的商标,违反本法第13条第2款和第3款、第15条、第16条第1款、第30条、第31条、第32条规定的,自商标注册之日起5年内,在先权利人或者利害关系人可以请求商标评审委员会宣告该注册商标无效。对恶意注册的,驰名商标所有人不受5年的时间限制。《商标法》修改后,"商标注册不当撤销制度"已为"注册商标无效宣告制度"所代替。若"逍遥游"被核准注册,在先权利人甲公司可在5年内请求商标评审委员会(而不是商标局)宣告该注册商标无效(而不是撤销)。故C项错误,当选。

根据《商标法》第32条、第33条以及第45条的规定,对于商标抢注行为,只能通过商标的异议程序或商标评审委员会的无效宣告程序反对抢注的商标,不能直接向法院起诉。只有在对商标评审委员会的裁定不服时,才可向人民法院起诉。此外,根据《商标法》第3条的规定,仅注册商标享有商标专用权。未注册商标虽受到一定程度的保护,但受限制,即使"逍遥游"属于未注册的驰名商标也是如此。根据《关于审理商标民事纠纷案件适用法律若干问题的解释》第2条的规定,侵犯未注册的驰名商标的,加害人仅承担停止侵害的责任,不承担赔偿损失的责任。故D项错误,当选。

550. 未注册商标的使用许可;注册商标的无效宣告[ABCD(原答案为C)]

[解析] 关于未注册商标使用许可合同的效力,有两种观点:(1)有效说。认为未注册商标也是一种财产权益,具有交易价值,因此未注册商标使用许可合同属于有效合同。(2)效力待定说。认为我国商标法原则上以登记注册作为取得商标权的依据,只有注册商标才能获得商标法的保护(仅有两个例外:未注册的驰名商标保护和抢注他人未注册商标的无效宣告),未注册商标只能获得反不正当竞争法的保护。因此,在获得注册之前,未注册商标的使用人并不享

有商标权。这样,以未注册商标为标的的使用许可合同,就属于无权处分的合同,应认定为效力待定。根据出题人给出的参考答案,出题人显然采用的是效力待定说。故 A 项错误。

《商标法》第43条第1款规定:"商标注册人可以通过签订商标使用许可合同,许可他人使用其注册商标。许可人应当监督被许可人使用其注册商标的商品质量。被许可人应当保证使用该注册商标的商品质量。"《商标法》第 43 条第 3 款规定:"许可他人使用其注册商标的,许可人应当将其商标使用许可报商标局备案,由商标局公告。商标使用许可未经备案不得对抗善意第三人。"这是关于"注册商标"许可的规定,而商标使用许可合同签订时,"一剪没"系未注册商标,不适用《商标法》第 43 条的规定。故 B 项错误。

《商标法》第 45 条第 1 款规定,已经注册的商标,违反本法第 13 条第 2 款和第 3 款、第 15 条、第 16 条第 1 款、第 30 条、第 31 条、第 32 条规定的,自商标注册之日起 5 年内,在先权利人或者利害关系人可以请求商标评审委员会宣告该注册商标无效。对恶意注册的,驰名商标所有人不受 5 年的时间限制。《商标法》第 15 条第 2 款规定:"就同一种商品或者类似商品申请注册的商标与他人在先使用的未注册商标相同或者近似,申请人与该他人具有前款规定以外的合同、业务往来关系或者其他关系而明知该他人商标存在,该他人提出异议的,不予注册。"抢注他人在先使用的"未注册商标",利害关系人可请求商标评审委员会(而不是商标局)宣告无效。因此,王小小有权自"一剪没"注册之日起 5 年内请求商标评审委员会宣告该商标无效。故 C、D 项错误。【旧题新解】本题原本是单选题,选择正确的一项,答案为 C,符合当时的商标撤销制度。2013 年《商标法》修改时引入了商标无效宣告制度,根据新法 C 项错误,导致本题无答案,故改为多选题。

551. 注册商标的许可使用;商标使用许可合同的备案;商标侵权的诉讼主体及免责情形[AD]

[解析]《商标法》第 43 条第 2 款的规定:"经许可使用他人注册商标的,必须在使用该注册商标的商品上标明被许可人的名称和商品产地。"可知,本题中,乙公司经许可使用甲公司的注册商标时,必须在其生产的"童声"儿童服装上标明乙公司的名称和产地。故 A 项正确。

《商标法》第 43 条第 3 款规定:"许可他人使用其注册商标的,许可人应当将其商标使用许可报商标局备案,由商标局公告。商标使用许可未经备案不得对抗善意第三人。"因此,商标使用许可合同的备案只是合同的对抗要件,而非生效要件,商标使用许可合同在依法成立时即已生效。故 B 项错误。

《关于审理商标民事纠纷案件适用法律若干问题的解释》第 4 条第 2 款的规定:"在发生注册商标专用权被侵害时,独占使用许可合同的被许可人可以向人民法院提起诉讼;排他使用许可合同的被许可人可以和商标注册人共同起诉,也可以在商标注册人不起诉的情况下,自行提起诉讼;普通使用许可合同的被许可人经商标注册人明确授权,可以提起诉讼。"可知,乙公司作为普通实施许可合同的被许可人,若有甲公司的明确授权,可以自己的名义作为原告起诉。故 C 项错误。

《商标法》第 57 条第 3 项规定,销售侵犯注册商标专用权的商品的行为属于侵犯注册商标专用权的行为。同时,《商标法》第 64 条第 2 款规定:"销售不知道是侵犯注册商标专用权的商品,能证明该商品是自己合法取得并说明提供者的,不承担赔偿责任。"本题中,个体户萧某销售假冒"童声"商标的儿童服装,且不能举证证明该批服装的合法来源,因此萧某应当承担停止销售和赔偿损失的侵权责任。故 D 项正确。

552. 商标变更;商标撤销与注销;商标转让[B]

[解析]《商标法》第 24 条规定:"注册商标需要改变其标志的,应当重新提出注册申请。"《商标法》第 41 条规定:"注册商标需要变更注册人的名义、地址或者其他注册事项的,应当提出变更申请。"据此,甲公司若欲将"霞露"变更成"露霞",应当"重新提出注册申请",而不是提出"变更申请"。故 A 项错误。

《商标法》第 57 条规定:"有下列行为之一的,均属侵犯注册商标专用权:……(二)未经商标注册人的许可,在同一种商品上使用与其注册商标近似的商标,或者在类似商品上使用与其注册商标相同或者近似的商标,容易导致混淆的;……"据此,甲公司在日用化妆品等商品上注册的商标为"霞露",而乙公司在化妆品上擅自使用"露霞"为商标,乙公司的行为属于在同一种商品上使用与甲公司的注册商标近似的商标,容易导致消费者混淆,侵犯了甲公司的注册商标专用权,甲公司有权禁止。故 B 项正确。

《商标法》第 49 条第 2 款规定:"注册商标成为其核定使用的商品的通用名称或者没有正当理由连续三年不使用的,任何单位或者个人可以向商标局申请撤销该注册商标。商标局应自收到申请之日起九个月内做出决定。有特殊情况需要延长的,经国务院工商行政管理部门批准,可以延长三个月。"因此,商标连续 3 年停止使用的,属于撤销的事由,而不是注销的事由。故 C 项错误。

《商标法》第 42 条第 1 款规定,转让注册商标的,转让人和受让人应当签订转让协议,并共同向商标局提出申请。因此,商标转让应由双方共同向商标局提出申请。故 D 项错误。

553. 商标注册申请;商标优先权[ABC]

[解析]《商标法》第25条规定:"商标注册申请人自其商标在外国第一次提出商标注册申请之日起六个月内,又在中国就相同商品以同一商标提出商标注册申请的,依照该外国同中国签订的协议或者共同参加的国际条约,或者按照相互承认优先权的原则,可以享有优先权。依照前款要求优先权的,应当在提出商标注册申请的时候提出书面声明,并且在三个月内提交第一次提出的商标注册申请文件的副本;未提出书面声明或者逾期未提交商标注册申请文件副本的,视为未要求优先权。"可见,享有优先权限于以下三种情形:(1)该外国同中国签订有协议;(2)该外国同中国共同参加有国际条约;(3)该外国同中国相互承认优先权。故A、B、C项正确,D项错误。

554. 注册商标的无效宣告[BCD]

[解析]《商标法》第47条第1款规定,依照本法第44条、第45条的规定宣告无效的注册商标,由商标局予以公告,该注册商标专用权视为自始即不存在。就"乡巴佬"注册商标专用权的消灭而言,注册商标的无效宣告具有溯及力,因此,"乡巴佬"商标权视为自始不存在。故A项正确。

《商标法》第47条第2款规定:"宣告注册商标无效的决定或者裁定,对宣告无效前人民法院做出并已执行的商标侵权案件的判决、裁定、调解书和工商行政管理部门做出并已执行的商标侵权案件的处理决定以及已经履行的商标转让或者使用许可合同不具有追溯力。但是,因商标注册人的恶意给他人造成的损失,应当给予赔偿。"本题中,甲公司向乙公司转让注册商标专用权的合同已经履行完毕,注册商标的无效宣告对已经履行完毕的转让合同不具有溯及力,除非甲公司恶意给乙公司造成损失,否则甲公司无需退还乙公司5万元转让费。故B项错误。"乡巴佬"商标被宣告无效时,法院作出侵权认定的判决书刚生效,尚未执行完毕,因此无效宣告对该判决书应有溯及力。故C项错误。

《商标法》第10条第1款第8项规定,有害于社会主义道德风尚或者有其他不良影响的标志不得作为商标使用。既然"乡巴佬"注册商标因有"不良影响"被宣告无效,丙公司亦不得将其作为未注册商标使用。故D项错误。

555. 注册商标侵权诉讼的原告资格;注册商标宣告无效的法律后果[BCD]

[解析]《关于审理商标民事纠纷案件适用法律若干问题的解释》第4条第2款规定:"在发生注册商标专用权被侵害时,独占使用许可合同的被许可人可以向人民法院提起诉讼;排他使用许可合同的被许可人可以和商标注册人共同起诉,也可以在商标注册人不起诉的情况下,自行提起诉讼;普通使用许可合同的被许可人经商标注册人明确授权,可以提起诉讼。"本题中,乙公司是排他许可合同的被许可人,可以和商标注册权人甲公司作为共同原告起诉。故A项正确。

《商标法》第47条第1、2款规定:"依照本法第四十四条、第四十五条的规定宣告无效的注册商标,由商标局予以公告,该注册商标专用权视为自始即不存在。宣告注册商标无效的决定或者裁定,对宣告无效前人民法院做出并已执行的商标侵权案件的判决、裁定、调解书和工商行政管理部门做出并已执行的商标侵权案件的处理决定以及已经履行的商标转让或使用许可合同不具有追溯力。但是,因商标注册人的恶意给他人造成的损失,应当给予赔偿。"据此,注册商标被宣告无效的,商标专用权视为自始不存在。但是,宣告注册商标无效的决定或裁定对甲公司与乙公司已经履行的商标使用许可合同不具有溯及力。因此,甲公司与乙公司的许可合同并非无效。故B项错误。既然许可合同仍有效,那么甲公司获得的侵权赔偿费不构成不当得利,不应返还丙公司,也无须转付丁公司。故C、D项错误。